数据驱动的
地方金融风险管理与监管措施

寇 纲 等 著

科学出版社

北 京

内 容 简 介

本书是国家社会科学基金重大招标项目和国家自然科学基金国际（地区）合作研究与交流项目的主要研究成果，由西南财经大学、天津大学、电子科技大学团队共同完成，并将各团队在地方金融监管的研究成果和实践进行了融合。本书主要介绍了数据驱动的地方金融监管理论与实践，系统梳理了我国地方金融管理体系，总结了我国地方金融监管工作的总体情况；从数据驱动和机器学习角度，总结了数智化地方金融风险管理的理论与实践；并结合团队在山东省的实践和经验，对当前地方金融风险管理技术、模型和应用进行了介绍。本书特色研究成果主要包括基于机器学习的个人风险评估、基于知识图谱的企业风险评估、基于演化实验的风险预警等。

本书适合监管机构和金融从业人员阅读，也适合大中院校的教师、学生阅读，可以作为机器学习和大数据课程的辅助读物。

图书在版编目（CIP）数据

数据驱动的地方金融风险管理与监管措施/寇纲等著. —北京：科学出版社，2024.4
　　ISBN 978-7-03-076698-4

Ⅰ. ①数… Ⅱ. ①寇… Ⅲ. ①地方金融－金融风险－风险管理－研究－中国 ②地方金融－金融监管－研究－中国 Ⅳ. ①F832.7

中国国家版本馆 CIP 数据核字（2023）第 199037 号

责任编辑：李　嘉/责任校对：姜丽策
责任印制：张　伟/封面设计：有道设计

科 学 出 版 社 出版
北京东黄城根北街 16 号
邮政编码：100717
http://www.sciencep.com
三河市春园印刷有限公司印刷
科学出版社发行　各地新华书店经销

*

2024 年 4 月第 一 版　开本：720×1000　1/16
2024 年 4 月第一次印刷　印张：23 3/4
字数：478 000
定价：286.00 元
（如有印装质量问题，我社负责调换）

序　言

地方金融安全是我国金融风险管控的重要环节，是国家安全的关键组成部分，是经济平稳健康发展的前提条件。本书的写作正值党的二十大召开之际，我国的金融监管正在经历着史无前例的巨大变革。

国务院金融稳定与发展委员会（以下简称金融委）①于 2017 年 11 月 8 日正式成立，标志着我国对金融业加强统一监管的整体思路已基本形成。2018 年以来，各省（自治区、直辖市）在过去金融工作办公室的基础上陆续成立地方金融监督管理局。中央和地方两级金融监管体系逐步形成。金融委充分调动了中央和地方两级积极性，识别了影子银行和地方债务等"灰犀牛"风险，遏制住了地方金融机构的盲目扩张，规范了民间借贷行为，有效化解了互联网金融风险，我国逐步构建起较为完善的现代金融监管体系。

虽然近年来我国在地方金融监管方面取得了诸多成绩，但也存在着地区间监管水平不均衡，基层金融监管能力不足、手段不多等问题。

一方面，自 2017 年 11 月 8 日金融委正式成立，中央和地方两级金融监管体系逐步形成，较为完善的现代金融监管体系已经建立。国家先后构建金融委办公室地方协调机制、金融工作议事协调机制和财政金融风险处置机制等地方金融监管工作机制，在识别影子银行、地方债务，规范民间借贷，遏制互联网金融风险等方面取得了一系列成果，地方金融风险整体收敛，金融体系总体稳健。另一方面，当前百年变局和世纪疫情交织叠加，国内外经济金融环境发生深刻变化，不稳定、不确定、不安全因素明显增多，金融风险诱因和形态更加复杂，地区间监管水平不均衡，基层金融监管能力不足、手段不多，监管与预警能力滞后等问题仍然突出。

党的二十大报告指出，"加强和完善现代金融监管，强化金融稳定保障体系，依法将各类金融活动全部纳入监管，守住不发生系统性风险底线"②。坚定不移走中国特色金融发展之路，就必须按照党中央决策部署，深化金融体系改革，推进金融安全网建设，持续强化地方金融风险防控能力。而大数据和人工智能技术的发展，为地方金融监管带来了新的机遇和挑战。从机遇而言，借助大数据、云计算、区块链及人工智能等核心基础技术，实时、全方位对跨行业、跨市场的金融

---

① 2023 年 3 月改为中央金融委员会。

② 习近平：高举中国特色社会主义伟大旗帜 为全面建设社会主义现代化国家而团结奋斗——在中国共产党第二十次全国代表大会上的报告[EB/OL]. https://www.gov.cn/xinwen/2022-10/25/content_5721685.htm[2022-10-25].

行为或存疑数据甄别、筛查、预警已经成为可能；从挑战来说，金融科技的快速发展使中小金融机构联盟趋势明显，与地方政府债务风险、资本市场风险等叠加，存在进一步形成区域系统性金融风险的可能。

基于上述背景，我们着手写了这本关于地方金融监管的著作。本书作为国家社会科学基金重大招标项目《地方金融运行动态监测及系统性风险预警研究》（项目号：19ZDA092）和国家自然科学基金国际（地区）合作研究与交流项目《面向信用风险防范的社交网络群体行为模式与决策研究》（项目号：71910107002）的主要成果，由西南财经大学、天津大学、电子科技大学团队共同完成，并将各团队在地方金融监管的研究成果和实践进行了融合，主要介绍数据驱动的地方金融监管理论与实践，总结我国地方金融监管工作的总体情况，展现当前地方金融风险特征、演化机理及评估预警方法；特色的成果主要包括基于机器学习的个人风险评估，基于知识图谱（knowledge graphs，KGs）的企业风险评估，基于演化实验的风险预警等。

本书内容可分为两部分：一是地方金融监管的理论介绍；二是数据驱动的监管方法与实践。第一部分包括第 1 章和第 2 章。第 1 章总论介绍了我国地方金融风险概貌与监管挑战，主要包括我国中央与地方金融监管构架、我国地方金融风险类型与特征、我国系统性金融风险的区域传导机制、大数据时代地方金融监管面临的挑战等四个部分。第 2 章为理论概述，从系统性金融风险传导理论与方法、地方金融运行动态监测理论与方法、监管沙盒（regulatory sandbox）与金融科技创新三个层面讲述了金融风险的基础理论。第二部分包括第 3 到第 6 章。第 3 章和第 4 章介绍了数据驱动的地方金融监管中的风险识别和评估方法。其中，第 3 章主要介绍个人级别风险识别和评估，第 4 章主要介绍企业级别风险识别与评估。第 5 章和第 6 章主要介绍数据驱动的地方金融监管的预警、评估、防范与处置。其中第 5 章讲述基于演化实验的地方金融风险预警，而第 6 章介绍地方金融风险评估、防范与处置。

本书由寇纲教授领衔，赵琳教授和徐亮教授共同担纲，张永杰、李友元、李铁、李彪、薛杉、李光旭、高洁、邱甲贤、张翔、赵奕奕、陈佳、武自强、刘陈等老师参与撰写和校稿工作。

由于地方金融监管尚属于新生事物，理论尚未完善，实践也处于变化过程中，本团队将已有的理论进行总结，并分享团队的经验和展望，希望为地方金融监管提供理论、政策和技术的参考。限于著者也尚处于逐步加深对地方金融监管的认识过程中，书中难免会有不妥和疏漏之处，恳请读者批评指正。

寇　纲

2023 年 3 月于西南财经大学

目　　录

第1章　我国地方金融风险概貌与监管挑战

在国家金融体系中，地方金融是该地区经济是否健康发展的一个重要体现。然而近年来地方金融的不完善逐渐体现出来，其中地方金融风险逐渐凸显。地方金融系统中微观主体众多，活动频繁，一旦发生地方金融风险，不仅会对地方经济产生重大影响，而且容易引发系统性金融风险。本章主要阐述了我国中央与地方金融监管模式的历史沿革，总结了中央与地方金融监管组织结构和权责分工现状，分析了中央与地方金融监管的协作以及存在的问题；介绍了地方金融风险的形成、地方金融风险的类型以及地方金融风险的特征等；分析了我国系统性金融风险的区域传导机制，按范围可将其分为区域内传导和区域间传导；总结了大数据时代地方金融监管面临的挑战，即信息共享的困境、金融新业态监管失位、地方监管技术有待提高、金融风险长效防控机制缺失等方面。

1.1　我国中央与地方金融监管构架

1.1.1　我国中央政府金融监管组织结构与权责分工

1. 我国中央政府金融监管模式沿革

我国根据金融业发展变化采用了不同的金融监管模式，由最初的中央垂直监管逐渐演变成现在中央和地方两级金融监管的模式。我国中央政府金融监管体制的沿革大致可以分为以下五个阶段。

第一阶段是新中国成立初期至1992年。从新中国成立初期到改革开放之前，中国人民银行既是金融监管机构和货币发行机构，也是经营银行业务的国家银行。1978年起我国实行改革开放，伴随着经济体制改革，金融体制改革也同步进行。1983年9月，国务院开始将中国人民银行和一般商业银行在业务上进行剥离，中国人民银行专门行使中央银行的职能。中国工商银行、中国农业银行、中国银行、中国建设银行等四大银行也是在那个时期从原有的人民银行和财政部中独立出来的。我国建立了多种金融机构并存的金融体系。这一时期，我国金融机构可同时经营多种金融业务，实质上属于混业经营。从银行体系内部而言，中国人民银行不再承担商业银行的职能，与各人行地方分行一同进行金融全面监管。在这一阶段，中国人民银行作为统一监管机构，在金融监管体制中处于核心地位，属于"大一统"的金融监管体制。

第二阶段为 1993 年至 2003 年。在这一阶段，我国多层次资本市场逐渐形成。在此背景下，1992 年 10 月，中国证券监督管理委员会（以下简称证监会）成立，负责对证券市场进行监管；1993 年，国务院印发《关于金融体制改革的决定》，明确提出了实行银行、信托、证券、保险分业经营的要求。我国开始实行金融分业监管体制。1998 年 11 月，中国保险监督管理委员会（以下简称保监会）成立，负责统一监督管理全国保险市场。2003 年，中国银行监督管理委员会（以下简称银监会）成立，负责统一监督管理银行业金融机构，标志着我国"一行三会"金融分业监管格局正式形成。

第三阶段为 2004 年至 2016 年。我国金融业快速发展，逐步走向金融业混业经营。之后，我国金融业混业经营与分业监管的冲突日益突出，"一行三会"分业监管体制已经不能满足新形势下金融风险防控的需求。因此，我国持续推进金融监管体制改革。2003 年，为了防范和化解系统性金融风险，中国人民银行设立金融稳定局。2004 年，银监会、证监会、保监会建立了"监管联席会议机制"，讨论协调有关金融监管的重要事项。2013 年，建立了金融监管协调部际联席会议制度，由中国人民银行牵头，负责"一行三会"之间监管政策的协调。2016 年，国务院设立了金融事务局，专门负责"一行三会"间的行政事务协调。在这一阶段，我国仍然保持着"一行三会"分业监管格局，但是逐步加强了各监管机构之间的合作与协调。

第四阶段是 2017 年至 2022 年。2017 年，国务院确定设立金融委办公室，作为国务院统筹协调金融稳定和改革发展重大问题的议事协调机构。金融委办公室是比"一行三会"更高级别的监管协调机构，进一步加强了金融监管的统筹协调。2018 年，我国推进新一轮机构改革，组建了中国银行保险监督管理委员会（以下简称银保监会），实现对银行业和保险业的全面监管，形成了我国中央层面"一委一行两会"的新监管框架，标志着具有中国特色的现代金融监管框架逐渐成形。2020 年，金融委办公室发文，将在各省（区、市）建立金融委办公室地方协调机制。至此，金融委不仅解决了我国金融监管的横向协调，还建立了纵向协调机制，成为我国金融监管体制改革迈出的关键一步。

第五阶段是 2023 年至今。2023 年 3 月 10 日，党的二十届二中全会通过了《党和国家机构改革方案》，明确撤销原银保监会，组建国家金融监督管理总局，统一负责除证券业以外的金融业监管工作。2023 年 3 月 16 日，按照《党和国家机构改革方案》决定，组建中央金融委员会和中央金融工作委员会。设立中央金融委员会办公室，作为中央金融委员会的办事机构，列入党中央机构序列。不再保留国务院金融稳定发展委员会及其办事机构，将国务院金融稳定发展委员会办公室职责划入中央金融委员会办公室。至此，具有中国式现代化特征、由党中央集中统一领导的"一委一行一会一总局"金融监管体制开始确立。

由上文可以看出，我国中央政府金融监管体制经历了从统一监管到分业监管的变革，并在新的形势下正在进行新一轮变革，不断加强分业监管下的协调和综合监管。

2. 我国中央政府金融监管组织框架

2023 年 3 月，中共中央、国务院印发了《党和国家机构改革方案》，组建中央金融委员会，正式形成了"一委一行一会一总局"的新金融监管格局。"一委一行一会一总局"金融监管框架如图 1-1 所示。其中"一委"是指中央金融委员会，"一行"是指中国人民银行，"一会"是指证监会，"一总局"是指国家金融监督管理总局。

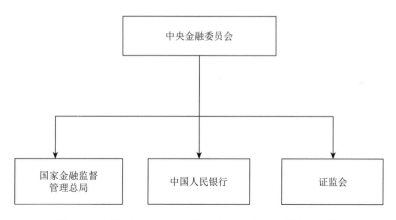

图 1-1　我国"一委一行一会一总局"金融风险监管框架

中央金融委员会是党中央决策议事协调机构；设立的中央金融委员会办公室，作为中央金融委员会的办事机构，列入党中央机构序列。从其职能权力和对全国经济以及金融系统安全的影响力来看，中央金融委员会的地位高于国务院直属的国家金融监督管理总局、中国人民银行和证监会。

中央金融委员会负责金融稳定和发展的顶层设计、统筹协调、整体推进、督促落实，研究审议金融领域重大政策、重大问题等，作为党中央决策议事协调机构。

中国人民银行是我国的中央银行，是国务院直属的正部级事业单位，主要职责是在国务院领导下制定和执行货币政策、维护金融稳定、提供金融服务，是宏观调控部门，对维护全国和地方系统性金融安全起到了重要作用。截至 2023 年 3 月，中国人民银行在全国共有 36 个派出机构，包括北京营业管理部和重庆营业管理部，上海分行、天津分行等 9 个分行，以及石家庄中心支行、太原中心支行等 25 个支行。2023 年 3 月 16 日，按照《党和国家机构改革方案》决定，撤销中国人民银行大区分行及分行营业管理部、总行直属营业管理部和省会城市中心支行，在 31 个省（自治区、直辖市）（不包含港澳台地区）设立省级分行，在深圳、大连、宁波、青岛、厦门设立计划单列市分行。不再保留中国人民银行县（市）支行，相关职能上收至中国人民银行地（市）中心支行。

证监会依照法律、法规和国务院授权，统一监督管理全国证券期货市场，维护证券期货市场秩序，保障其合法运行。证监会在 31 个省（自治区、直辖市）（不包含港澳台地区）以及深圳、大连、宁波、厦门、青岛 5 个计划单列市设有共 36 家证券监管局，并在上海、深圳设有证券监管专员办事处。两个证券监管专员办事处和其他各省（自治区、直辖市）证券监管局一样都是中国证监会的派出机构。2023 年 3 月，按照《党和国家机构改革方案》决定，证监会由国务院直属事业单位调整为国务院直属机构，强化资本市场监管职责，企业债券发行审核职责由国家发展和改革委员会划入证监会，由证监会统一负责公司（企业）债券发行审核工作。

国家金融监督管理总局是在银保监会的基础上组建，统一负责除证券业以外的金融业监督，并将中国人民银行对金融控股公司等金融集团的日常监管职责、有关金融消费者保护职责，证监会的投资者保护职责划入国家金融监督管理总局。

1.1.2　地方政府金融监管组织结构与权责分工

我国的金融监管制度总体属于中央主导模式，但是在不同的时期，中央对于地方金融监管的权力收放不同，这种现象本质上是由我国的总体金融监管制度设计所决定的。在中央主导的前提下，中央适度放权，有利于激励地方经济和金融发展。

1. 我国地方政府金融监管模式沿革

新形势下，我国一直在探索如何界定中央与地方在金融监管领域的权限与责任边界，这也是近年来业界和学界关注的热点。从 2008 年金融危机以来，为更好应对地方金融快速发展和金融风险日益增大的局面，我国地方金融监管的权限逐渐从中央下放到地方政府。2012 年，为了进一步促进经济增长，金融业开始面向民营经济开放，这为地方金融创新提供了有力的政策支撑。在此背景下，小额贷款公司、融资担保公司等非传统金融机构因为其补充作用和民营特征再次引起了人们的关注。同一时期，金融科技的兴起为地方金融发展提供了更多的选择，此后金融科技如火如荼的发展一方面给地方经济发展提供了新的动力源泉，另一方面由于相关监管措施的不完善，也引发了诸如非法集资、P2P（peer to peer lending，点对点网络借款）公司跑路和金融市场无序竞争等不良后果。这主要是因为金融科技的收益与风险承担主体不同加剧了地方政府的代理问题。地方政府一方面要发展金融业来为实体经济提供更多支持，另一方面肩负地方金融稳定和风险处置的责任，但是在经济走势不容乐观的情况下，地方政府更倾向于优先发展经济而非保证金融稳定。金融科技改变了以往金融业的竞争格局，一家金融科技公司虽然注册在本地，但是经营业务可能覆盖多个省（自治区、直辖市）甚至全国，因此风险具有外部性，当一家金融科技公司经营不善产生风险时，很容易扩散到其他区域，导致系统性金融风险。更重要的是，银行、证券、保险等传统金融行业受到严格的监管，地方政府不能像以往那样通过这些机构分担较多财政压力，而金融科技支撑下的互联网金融，则可以在一定程度上规避监管，减弱金融集权的约束，为地方政府分担一定的财政压力，以上原因导致地方互联网金融业野蛮生长，风险不断积聚。

此外，现行风险处置机制存在一定的问题，主要是地方金融监管部门的权力与责任不对等，例如，大型金融机构一般受到比较严格的制度约束，也基本处于不同监管部门的动态监测范围内，但是风险并不仅仅发生于大型金融机构，而且高发于县（市、区）级的地方金融机构，对于农村信用合作社、乡镇银行等小型地方金融机构，他们的市场准入和监管都是由中央金融监管机构的派出机构负责，但金融风险处置的责任落实在省级监管部门，并且省级政府在遭遇金融风险、出现资金短缺时，往往求助于中央政府，这就将地方金融风险的处置责任转移到了中央政府上。

面对以上问题，国务院曾先后多次发布文件明确中央和地方关于金融监管和风险处置的权力与责任，即国务院有关部门负责相关政策制定和指导省级监管部门，地方政府主要负责小额贷款公司、融资担保公司、典当行等机构的具体监管和处置。这些机构不像银行那样吸收公众储蓄，业务范围相对有限，风险外部性较低，因此交给地方政府负责具体监管，并且通过部门监管权力的下放，中央可以调动地方政府的积极性。事实上，这些地方金融机构快速发展，给各地的经济发展提供了很大的支持。2018 年，地方金融监管改革也开始稳步推进。各地方金融监管部门升级为地方金融监督管理局，初步形成了以地方金融监督管理局为核心，多部门密切配合的地方金融监管格局。地方政府在金融风险防控中的职责和功能定位也日益清晰和愈加重要。2020 年，金融委办公室在各省（自治区、直辖市）建立金融委办公室地方协调机制，加强中央和地方在金融监管、风险处置、信息共享和消费者权益保护等方面的协作。2023 年，《党和国家机构改革方案》提出，建立以中央金融管理部门地方派出机构为主的地方金融监管体制，统筹优化中央金融管理部门地方派出机构设置和力量配备。地方政府设立的金融监管机构专司监管职责，不再加挂金融工作局、金融办公室等牌子。调整后，地方金融监督管理局实际上将剥离金融发展和招商引资等职能，专司监管，这进一步明确了地方金融监管机构的职责，落实地方金融监管主体责任。

　　我国地方金融监管模式沿革如表 1-1 所示，伴随着中央层面改革的深入，各地方政府在金融风险防控中的职责和功能定位也日益清晰和愈加重要。

表 1-1　我国地方金融监管模式沿革

时间	部门或会议	文件	主要举措
2013 年 11 月	中国共产党第十八届中央委员会第三次全体会议	《中共中央关于全面深化改革若干重大问题的决定》	落实金融监管改革措施和稳健标准，完善监管协调机制，界定中央和地方金融监管职责和风险处置责任
2014 年 8 月	国务院	《国务院关于界定中央和地方金融监管职责和风险处置责任的意见》	明确了地方政府要承担对部分金融活动的监管职责，初步形成了中央和地方两个层面的金融监管体系
2017 年 7 月	第五次全国金融工作会议		地方政府要在坚持金融管理主要是中央事权的前提下，按照中央统一规则和权责一致原则，强化地方监管责任和属地风险处置责任
2017 年	中共中央、国务院	《关于服务实体经济、防控金融风险深化金融改革的若干意见》	完善中央与地方金融监管职责分工，赋予地方政府金融监管职责。强化地方金融监管部门对辖区内"7 + 4"类金融机构的监管
2018 年	银监会、保监会		整合成立银保监会
2018 年下半年	各地方金融监管部门		各地成立金融监督管理局，初步形成了以地方金融监督管理局为核心，多部门密切配合的地方金融监管格局
2020 年	金融委办公室	《国务院金融稳定发展委员会办公室关于建立地方协调机制的意见》	在各省（区、市）建立金融委办公室地方协调机制，加强中央和地方在金融监管、风险处置、信息共享和消费者权益保护等方面的协作
2023 年	中共中央、国务院	《党和国家机构改革方案》	组建中央金融委员会和国家金融监督管理总局。建立以中央金融管理部门地方派出机构为主的地方金融监管体制。地方政府要在坚持金融管理主要是中央事权的前提下，按照中央统一规则，强化属地风险处置责任

　　注："7 + 4"类金融机构包括小额贷款公司、融资担保公司、区域性股权市场、典当行、融资租赁公司、商业保理公司、地方资产管理公司这 7 类金融机构和辖区内投资公司、农民专业合作社、社会众筹机构、地方各类交易所

2. 我国地方政府金融监管组织框架

上海市人民政府于 2002 年开创性地设立了地方金融服务办公室作为地方金融监管的主要机构。由此,其他省市县级人民政府纷纷效仿开始陆续设立金融服务（工作）办公室（以下简称金融办）,形成了以金融办（地方金融监督管理局）为地方金融监管的主要载体的监管格局。以省市县三级金融办为依托,各级政府也开始陆续完善了地方金融监管议事协调机制,具体履行对所辖地区的金融监管和重大金融风险防范处理职能。省级地方政府金融工作议事协调机制由省政府分管领导任召集人,省政府分管副秘书长、省政府金融办主要负责同志任副召集人,人行省级分支机构、银保监会省级派出机构、证监会省级派出机构主要负责同志和省委组织部、省委宣传部、省发展和改革委员会、省科学技术厅、省工业和信息化厅、省公安厅、省财政厅、省农业农村厅、省商务厅、省国有资产监督管理委员会、省市场监督管理局等有关单位负责同志为成员。议事协调机制办公室设在省政府金融办,由省政府金融办主要负责同志兼任办公室主任。主要职责是贯彻落实党中央、国务院关于金融工作的决策部署,强化地方金融监管协作,推动防范化解地方重大金融风险,协同推进金融生态环境建设,协调解决全省金融改革发展中遇到的重点难点问题,完成省委、省政府交办的其他事项。各地级市和县级政府也相应建立了地方政府金融工作议事协调机制。

另外,2020 年,金融委办公室印发《国务院金融稳定发展委员会办公室关于建立地方协调机制的意见》,将在各省（区、市）建立金融委办公室地方协调机制,加强中央和地方在金融监管、风险处置、信息共享和消费者权益保护等方面的协作。2023 年,中共中央、国务院印发《党和国家机构改革方案》,提出组建中央金融委员会,并设立中央金融委员会办公室,作为中央金融委员会的办事机构。不再保留国务院金融稳定发展委员会及其办事机构,将国务院金融稳定发展委员会办公室职责划入中央金融委员会办公室。《党和国家机构改革方案》提出强化金融管理中央事权,建立以中央金融管理部门地方派出机构为主的地方金融监管体制,统筹优化中央金融管理部门地方派出机构设置和力量配备。同时,《党和国家机构改革方案》提出,压实地方金融监管主体责任,地方政府设立的金融监管机构专司监管职责,不再加挂金融工作局、金融办公室等牌子。这进一步明确了中央派出机构与当地政府的关系,强调了中央派出机构的权威性和主导地位,地方政府的金融监管部门要服从党中央集中统一领导,遵守金融监管相关政策,但在地方政府管辖范围之内的金融机构出现金融风险、金融危机,地方政府须承担相应责任。

我国各省（自治区、直辖市）也在积极探索以地方金融监督管理局为主要载体的地方金融监管体制，并取得一些成功的经验。例如，温州在地方金融监管方面勇于探索实践，走出了一条横纵联动的地方金融监管新机制。首先，成立20个由市级部门组成的温州地方金融监管工作协调小组，并建立了市、县两级监管部门联动机制，协调推进地方金融风险防范和处置工作。其次是建立网格化金融风险管控机制。在全市11个县（市、区）建立了"市-县-镇（街）-村（社区）"的四级金融风险管控机制，通过监管层级下沉到基层，有效掌握辖区内地方金融风险有关信息。最后是加强监管科技应用，建立大数据金融风险监管系统。温州市地方金融管理局高度重视使用技术手段来进行金融风险监管，建立了"温州地方金融非现场监管系统"，运用大数据、人工智能等技术分析监管数据，加强金融风险预警和防控。广州市人民政府建立的"金鹰系统"是国内第一个地方性的金融风险监测平台，该平台汇集了地方各类交易场所、融资租赁公司、商业保理公司、私募基金共四个行业数据，逐步实现地方金融行业的数字化监管。截至2020年8月，已对全省50万家目标企业进行风险监测，发现1500多家风险企业，通过提前预警风险和协同处置化解，广州市地方金融风险指数从2017年底的71.6逐步下降至2020年6月的60.66，防控中心在促进金融风险早发现、早介入、早处置中发挥着重大作用①。此外，广州是全国首个在小额贷款公司、融资担保公司等"7＋4"类金融机构中开展"监管沙盒"试点的城市，通过监管沙盒机制，能在有效管控金融风险的前提下鼓励和支持金融创新活动，为当地的金融机构提供健康稳定的金融监管环境。此外，北京、上海、天津、深圳、长沙、南昌、杭州、南宁、廊坊等地区都建设了地方金融风险监测平台，依托金融科技手段，加强地方金融风险防范和处置。

1.1.3 中央与地方金融监管的协作与存在的问题

1. 中央与地方金融监管协作的国际经验

由于各个国家的历史文化、政治体制、经济体制、法律体系和经济发展情况都存在较大的差异，各国金融监管体制也各不相同，中央与地方金融监管协作的方式也不同。即使同一个国家，在不同的历史阶段采用的金融监管体制也是不一样的。总体来看，国外中央与地方金融监管协作主要有以下三种模式。

---

① 广州市地方金融监管局：打造地方金融智能监管平台3.0版本[EB/OL]. http://gdjr.gd.gov.cn/gkmlpt/content/3/3063/mpost_3063289.html#1216[2020-08-12].

1）中央统一监管模式

中央统一监管模式是指由中央机构对不同类型的金融业务和金融机构实施全面监管，防范系统性金融风险，维护金融市场稳定。地方政府不负责金融监管，与中央机构也不存在直接协作。日本就是典型的采用中央统一监管模式的国家，主要由金融厅、日本银行和日本存款保险公司共同构成，其中金融厅负责对银行业、证券业、保险业、信托业和整个金融市场进行监管，保证金融市场功能的运转，日本银行和存款保险公司实施监督检查并维护金融体系稳定。1998 年，日本设立金融监督厅，作为金融监管机构。2001 年，金融监督厅改组为金融厅。金融厅成为内阁府的直属机构，独立全面负责金融监管业务，同时取消了地方财务局的金融监管权限，实现了金融监管的统一。后来，由于监管制度不完善、出现监管真空等问题，金融厅将小部分金融监管权限分配给地方政府。在这种中央统一监管的模式下，日本中央与地方政府之间的金融监管协作很少。该模式适合国土面积较小、政府层级较少的经济体。采用中央统一监管模式的国家还有新加坡等。

2）分权监管模式

在分权监管模式下，中央和地方分别针对不同领域实施监管，双方存在互动协作，但交集相对较小，协作层次不高[①]。美国就是采用分权监管模式的典型代表。在中央层面，由美国联邦储备委员会等联邦金融监管机构负责全国性的金融监管，防范系统性金融风险，还建立了美国金融稳定监督委员会（Financial Stability Oversight Council，FSOC），负责协调监管机构应对金融风险所采取的措施。在地方层面，联邦各州有各自的银行和金融监管机构，防范地方金融风险，主要侧重于行为监管和消费者保护。这种模式也被称为伞形监管。联邦中央与地方的协作主要是联邦政府机构与各州行政机构和立法机构等的协作。美国金融稳定监督委员会也强化了联邦中央与地方的金融监管机构间的协调合作。但是，总的来说，联邦中央和地方政府在金融监管领域各有分工，侧重点不同；在信息共享等领域实现了有限协作，但是协作的力度和深度都有限，这也带来了监管真空和监管重叠的双重挑战。

3）双层架构模式

双层架构模式是指中央和地方层面各有一套完整的监管架构，中央与地方监管的行业是重叠的，但侧重点或机构存在一定不同，中央层级具有更高权威，并对地方提供指导[①]。欧盟就是这一模式的代表。欧盟由 27 个成员国构成。欧洲中央银行设立了欧洲系统性风险委员会（European Systemic Risk Board，ESRB），负责宏观审慎管理，促进各国政策沟通协调，还设立了三个欧洲监管机构：欧洲银

---

① 陈盼. 央地金融监管协作：经验、回顾与展望[J]. 西南金融，2020，41（4）：22-33.

行管理局（European Banking Authority，EBA）、欧洲证券和市场管理局（European Securities and Markets Authority，ESMA）以及欧洲保险和职业养老金管理局（European Insurance and Occupational Pensions Authority，EIOPA），负责金融机构与金融市场层次的微观审慎监管，并且承担保护金融消费者权益的职责。但欧盟三大监管局没有替代欧盟各国的监管当局，而是和这些监管当局相互协调，并且会在涉及解决争议、跨国监管、执行欧盟法律、处理紧急事件、统一标准时起主导作用，还建立了银行业单一监管机制（Single Supervisory Mechanism，SSM）和单一处置机制（Single Resolution Mechanism，SRM）。单一监管机制是指欧洲的银行监管体系，包括欧洲中央银行和参与国的国家监管机构。在该框架下，欧洲中央银行主要引导并监管系统中重要银行，可以在必要的时候接手整个欧元区的银行监管任务。欧元区各国银行监管部门的职责是监督管理中小银行，以保证统一银行业监管机制工作高效运转。欧盟还在跨国监管层级建立了单一处置机制，实现跨境金融风险监测、管理及处置，降低成员国利益冲突，实现欧盟金融整合及稳定。欧盟中央和地方两个层级的金融监管架构是独立、完整的。欧盟层面主要负责应对系统性风险，各成员国主要负责其国内宏观审慎管理和金融机构监管。欧盟和各成员国以及各成员国之间建立了常态化的沟通协调机制。这种纵横互通的双层协调模式值得我国参考借鉴。

2. 我国中央与地方金融监管的协作

我国国情和西方国家差异较大。因此，国外中央与地方金融监管协作常见的三种模式并不合适我国，必须探索建立适合我国国情的具有中国特色的金融监管体制。

改革开放以来，随着我国金融业的快速发展，中央与地方金融监管协作也逐步深化。在 2003 年以前，我国实行中央统一监管。1992 年以前，中国人民银行独家行使金融监管职责。1992 年底，随着金融业改革的推进，我国逐步进入分业监管阶段，也是实行中央垂直监管。随着金融业务不断扩大，金融机构数量迅速增加，中央在金融风险监管中越来越力不从心。2003 年开始，我国进一步推动金融体制改革。2003 年成立了银监会，各省、市、县政府也陆续成立了地方金融办，并被中央赋予了一定的金融监管职责。2008 年以后，中央逐步允许地方政府试点批设地方金融机构，并将农村信用合作社的管理交给省级地方政府负责。地方政府的金融监管职能逐步得到扩充。在这一阶段，地方对金融监管的职能是比较有限的，中央与地方金融监管的协作也相对较少。2013 年8 月，国务院同意建立金融监管协调部际联席会议制度。联席会议由中国人民银行牵头，成员单位包括银监会、证监会、保监会、国家外汇管理局，必要时可邀请国家发展和改革委员会、财政部等有关部门参加。联席会议办公室设在中国人民银行，承担金融监管协调日常工作。随后，辽宁、四川等地方各级人民政府也建立了省级层面的协调机制。2013年11月，《中共中央关于全面深化改革若干重大问题的决定》提出，完善监管协调机制，界定中央和地方金融监管职责和风险处置责任。2014年8月，《国务院关于界定中央和地方金融监管职责和风险处置责任的意见》明确了地方政府要承担对部分金融活动的监管职责，初步形成了中央和地方两个层面的金融监管体系。在这一阶段，中央与地方金融监管的协作逐步深化，但是缺少中央层面的指导和顶层设计，中央和地方的联动不足。2017年7月，第五次全国金融工作会议对金融监管框架进行了顶层设计，明确在地方设立地方金融监督管理局，并对"7+4"类金融机构实施监管。中央与地方金融监管的协作开始进入新的阶段。2017年，国务院确定在中国人民银行设立金融委办公室，作为国务院统筹协调金融稳定和改革发展重大问题的议事协调机构，取代了原来的金融监管协调部际联席会议制度。2020年，《国务院金融稳定发展委员会办公室关于建立地方协调机制的意见》提出，将在各省（区、市）建立金融委办公室地方协调机制，加强中央和地方在金融监管、风险处置、信息共享和消费者权益保护等方面的协作。2023年，《党和国家机构改革方案》提出强化金融管理中央事权，建立以中央金融管理部门地方派出机构为主的地方金融监管体制，统筹优化中央金融管理部门地方派出机构设置和力量配备。在这一阶段，中央与地方金融监管的协作更注重顶层设计，着重加强中央和地方层面的联络互动。

从上文中央与地方金融监管协作的发展历程可以看出，我国中央和地方金融监管的协作不断加强，协作机制逐步完善。但是，我们也要看到，中央与地方金融监管机制还存在许多问题和挑战有待解决。

3. 我国中央与地方金融监管存在的问题

目前，我国初步形成了"一委一行一会一总局"金融监管新框架，进一步改进和优化了地方金融监管机制，但中央与地方金融监管面临着亟待解决的问题，在职权层面、协调机制层面存在着需要解决、优化的地方，主要体现在以下两个方面。

第一，地方金融监管职权有限及边界不清。首先，地方金融风险存在多个监管机构，如金融监督管理局、商务局等，这些机构都要参与地方金融风险的监管，监管的权责不清、分散化，使得地方金融监管机构在数量上和资源上都存在明显不足，容易出现金融监管短板，使金融风险扩散。其次，地方金融监管机构在执行监管职责的过程中，没有完善的监管制度和法律的界定与约束，更多地倾向于"重发展，轻监管"，容易导致在金融监管中由于能力不足而对监管问题进行一刀切的现象。

第二，央地金融监管协调机制不完善。首先，2023 年，《党和国家机构改革方案》提出建立以中央金融管理部门地方派出机构为主的地方金融监管体制，这一机制还需在实践中探索和完善。就目前实际情况来说，地方金融监管部门与中央金融监管部门派出机构的协调不足，还未形成健全有效的信息沟通及协调机制，导致中央对地方金融风险的监管存在辐射力度不足的问题，地方金融风险监管缺乏中央监管的及时指导，使得对地方金融风险的管控存在效率不高的问题。其次，金融风险监管过程中仅在省级层面设置了协调机制，而县级的金融活动更为活跃，县级金融机构仅需要与省级金融监督管理局进行沟通和汇报，使得中央和地方（特别是县域）监管部门缺乏有效沟通，降低了中央金融监管信息的沟通效率。最后，由于中央监管机构的派出机构不容易抵达县级以下的行政区域，在监管和风险处置上可能会存在客观失灵的问题。

1.2　我国地方金融风险类型与特征

1.2.1　地方金融风险的形成

我国的金融管理体系由中央和地方两级组成，地方金融风险管理是我国金融风险管控中的重要环节。地方金融组织同一般金融组织一样，拥有一些共性特点，但是又有自身独特的属性。地方金融组织不同于中央管辖的金融组织或全国性的金融组织，其管辖权属于当地政府，因此其税收、业务和管理都是基于一定行政区划的，进一步地，地方金融组织的治理机构相对简单，但是又是整个金融稳定研究和金融政策制定中不可忽视的方面。地方金融风险是与我国地方金融组织紧密相关的风险，一般将地方金融风险纳入区域金融风险（regional financial risk）进行研究探讨，此时，地方金融风险主要代表地方金融系统中存在的风险。地方金融系统是指各地方金融组织、企业、家庭/个人和地方政府等微观主体进行活动的系统。

作为我国金融体系中重要的组成部分，地方金融组织主要是由地方政府、单位和个人等建立、运营的服务地方经济发展的金融企业。根据《地方金融监督管理条例（草案征求意见稿）》的范围界定，地方金融组织包含依法设立的小额贷款公司、融资担保公司、区域性股权市场、典当行、融资租赁公司、商业保理公司、地方资产管理公司以及法律、行政法规和国务院授权省级人民政府监督管理的从事地方金融业务的其他机构。随着经济的快速发展，多年以来，我国地方金融系统与地方经济发展的联系越来越紧密，而且地方金融系统在很大程度上承担了地方政府的金融职能，因此地方金融风险的形成有多方面因素，大致可分为以下几个方面。

1. 地方政府的盲目投资行为与债务扩张

由于地方金融机构的主要目的是服务地方经济发展，因此地方金融机构与地方政府关系密切，成为地方政府融资的重要途径之一。在 2015 年我国实施地方政府债务改革治理前，地方政府为了能够给区域内项目建设提供资金支持，普遍通过地方融资平台、国有企业等方式向地方金融机构进行贷款融资，形成了大量隐性债务。虽然通过该方式为地方项目建设提供了资金来源、维持了地方经济的持续发展，但是也给地方金融风险埋下了隐患。特别是为了维持较高的经济增速和出色的政绩，我国一些地方政府加大基础设施投资建设，形成了大量债务负担。地方政府大量隐性债务的形成不仅加剧了财政资金的紧张，而且使得地方政府债务风险与地方金融风险紧密交织，进一步加剧了地方金融风险爆发的可能。

2. 缺乏有效的金融创新约束机制和市场退出制度

近年来，随着互联网金融、小额贷款公司、各类民间金融机构的诞生，在缺乏有效的金融创新约束机制的背景下，各地注册的大量新型金融形态造成了金融市场乱象频生和野蛮生长。某些地方金融组织借助互联网平台将金融服务拓展到全国，打着普惠金融旗号的金融平台越来越多，导致其在运营过程中难免会出现资金兑付困难、平台倒闭以及跑路等现象，严重干扰了金融市场秩序，并给地方金融市场带来了不稳定因素，使得地方金融风险范围蔓延。

3. 地方金融机构受到地方政府较大的行政主导

地方金融组织不同于中央管辖的金融组织或全国性的金融组织，其管辖权属于当地政府，因此地方政府对辖区内的金融机构具有较大的影响力。同时，地方政府对当地的经济有着扶持、引导和发展的重要任务，并且需要吸引企业在当地进行投资建厂等，这不可避免就会出现地方政府应用行政手段对地方金融机构及其风险问题进行引导和干预。在金融风险问题处置过程中，为了维护地方的稳定和保护地方相关企业与机构，地方政府往往不愿主动暴露其存在的问题，可能无法对问题和相关风险进行及时分析，主动采取风险监控和处置措施。因此，相对于专业金融机构来说，行政主导的金融组织在处理金融风险问题中存在拖延、隐瞒和专业性不足等问题，这些因素也会导致部分金融风险问题不能被及时且有效地解决，从而造成地方金融风险问题的进一步扩大。

1.2.2　地方金融风险的类型

近年来，随着我国金融行业的迅速发展，地方金融机构规模的快速扩张导致地方金融风险逐渐暴露。各类地方金融机构借助互联网平台将业务范围扩大到全国，地方政府监管面临困难，地方金融风险进一步加剧，继而导致各类地方金融风险问题频发。当前，地方金融风险类型主要有地方政府融资平台面临的风险、地方金融机构等放贷机构面临的风险以及由民间集资借贷活动导致的地方金融风险等。

1. 地方政府融资平台面临的风险

20 世纪 80 年代末，地方政府融资平台开始形成和发展，国务院发布了《关于印发投资管理体制近期改革方案的通知》，提出了需要建立专业化的市政投资实体，使其运用自身信用为地方基础设施建设进行投融资，从而实现投融资市场化运作的方案。作为政府的重要融资载体，地方政府融资平台在我国市场经济体制中起到了越来越重要的作用。随着地方政府融资平台的不断发展和逐渐壮大，政府的融资负债也逐渐增加，这为地方的财政带来了一定的风险。另外，地方政府为了顺利实施其保证投资项，往往会通过多个融资平台向多个地方金融机构寻求贷款，而此时，金融机构无法准确地了解地方政府的财政状况，这也加剧了金融风险。

然而，随着基于地方政府融资平台进行的贷款与担保开始进入还款期，且由地方政府所担负的债务也到期，一些地方政府融资平台中出现了贷款逾期、信用违约等多种风险和问题。挪用贷款、短贷长投和违规担保等不少失范经营行为更加剧了地方政府融资平台的风险。由于地方政府融资平台的投资项目一般工期较长，同时该投资往往具有较强的公益色彩，这也导致地方政府无法按期还款。另外，地方政府的财政担保一般缺乏约束，当财政出现危机时，地方政府可能无法承担部分债务，这也导致无法按期还款，因此地方金融机构也会不可避免地出现一些赖账和坏账的损失。2014 年，某银行发放给某市某区城市建设综合开发公司（即地方政府融资平台）一笔 3507 万元的贷款本金违约，被许多人视作地方政府融资平台银行贷款违约个案。实际上，地方政府融资平台引发的地方政府债务信用违约风险，已引起中央政府和相关监管机构的高度重视，但是如何对地方政府融资平台引发的风险进行化解，还需要地方政府等监管部门的努力。

2. 地方金融机构等放贷机构面临的风险

地方金融机构的快速发展及其推出的相关业务，可以为我国城市和农村市场主体的很多活动提供充足的资金支持，并降低了该过程中的融资成本和投资难度，同时有助于解决中小企业发展过程中的融资难问题。但是,地方和城市商业银行等较多地方金融机构也会面临一些经营难题,其中,地方和城市商业银行等地方金融机构的资金储备较少、规模相对较小,资本相对紧缺。目前,以城市商业银行为代表的地方金融机构往往过分依赖贷款利息,银行的营利能力稍有不足,地方金融机构等放贷机构的不良资产所占比例偏高。同时,在各地的地方保护的措施倾向下,一些地方商业银行等放贷机构的经营往往是不对外公开的,这也导致银行内部和外部的监管不足,所有这些因素和问题,都可能导致地方金融机构等放贷机构面临可能的风险。

另外,地方金融机构在发展过程中往往受历史和体制等多种原因的影响,其信贷风险的监管和防控一直是薄弱环节之一。近年来,随着我国经济的快速发展,地方金融机构的信贷规模也随之快速扩张,由于监管的缺失,信贷风险持续暴露,同时,信贷风险的评估方式的不健全,也导致信贷风险防控的滞后。信用风险是银行最复杂的风险种类之一,也是银行面临的最主要的风险。信用风险又称为信用违约风险,是指债务人或交易对手由于种种原因未能履行合同中所规定的相关义务或者其信用质量发生变化,从而给金融机构带来一定损失的可能性。近年来,随着精细化管理以及风险控制系统的逐步完善,国有大型银行和股份制银行的信用风险已得到了较为有效的控制。但是,中小银行,尤其是城商行和农商行,在信贷风险管理方面仍存在较多不足,如银行内部管理薄弱,"重抵押、轻管理",对信贷管理体系和风险处置流程建设的投入不足;对宏观经济金融政策和区域产业结构调整的研究成效不显著,且无法制定更加有效的信贷政策以防止信用风险的发生;目前并未建立完善的客户信用风险评级系统,对客户的风险评级大多是参考客户经理的主观判断,这也会带来诸多的风险隐患。

3. 由民间集资借贷活动导致的地方金融风险

改革开放以来,随着民营企业和民营经济的快速发展,民间资本和财富的积累也越来越高,并且资本的拥有量十分惊人,受国家宏观政策和金融环境的影响,绝大部分的民间融资资金被用作部分企业的流动资金,或者是其固定资产投资的资金。民间金融的发展对我国地方经济的发展,特别是农村地区的社会经济的发展,均有一定的推动作用。在某些地方,民间集资借贷活动甚至成为不少中小微企业的主要融资方式和渠道,面对民间集资的"高息"诱惑,很多人把钱借给承诺给予高额利息的企业或者个人,并期望通过融资获取较高的收益,但是,不规范的民间金融活动,尤其是民间集资借贷活动也给地方金融和经济的稳定、安全埋下了隐患,造成一定危害。而相对于正规金融,民间金融的高利率、贷款制度比较简单、从业人员素质低等原因促发地方金融风险。

例如,某市的民间借贷危机的出现就反映了民间集资借贷危机可能带来的地方金融风险。根据 2011 年该市发布的民间借贷市场分析报告，当时该市有 60%的企业参与了民间借贷。外部经济环境的恶化，中小企业主的资金链断裂，导致了贷款违约的进一步扩大，这也导致了更大的民间集资借贷危机，从而使得地方金融流动性紧张，地方金融机构背负收贷的沉重压力。

1.2.3　地方金融风险的特征

在经济转型过程中，我国原有的经济发展方式、经济结构和经济增长动力的平衡关系被打破，同时在国内外经济形势变化和体制变革的相互影响下，存量风险和增量风险相互叠加，我国的经济发展进入风险易发的窗口期。与一般性的金融风险相比，地方金融风险不仅会受到宏观政策的影响，还跟地方经济制度、地方政府管理密切相关，制度的缺失和不完善很容易导致地方金融风险的发生。地方政府经济决策的科学性和有效性会直接影响区域经济效益。地方政府的经济决策失误，特别是投资决策失误，会造成金融资源浪费，抑制区域经济发展，导致地方区域资金短缺的恶性循环，形成或加剧地方金融系统性风险。此外，地方政府对地方经济活动的过度干预也会增加道德风险。区域内的金融组织与地方政府之间通常具有难以分割的关联网络，金融组织在投资活动中倾向于追求高风险投资，这个过程中的风险承担者是地方政府，而这种隐含的政策担保也会使投资者对经济预期过度乐观，进而刺激更多的过度借贷，这种行为的后果是加大银行资产价值收缩的风险。此外，还有政府机制、体制方面的改革不彻底，投融资体系、债务管理体系不完善等，也会对地方金融体系的良性发展起到负向作用。地方金融机构存在资金实力弱、管理制度和风险监管不完善等问题，使得地方金融风险防控面临前所未有的压力，呈现出脆弱性、传染性和隐蔽性等特征。

1. 地方金融机构的脆弱性

期限错配、高杠杆运营是金融行业的主要特点，这既是金融机构经营过程中不稳定因素存在的根源，也是金融脆弱的重要微观基础。地方金融机构作为金融体系中等级相对较弱的机构，其脆弱性主要体现在以下四个方面。

（1）地方金融机构普遍竞争能力较弱，尤其是村镇级别的金融机构，它们不仅在资金运营方面实力较弱，而且金融服务范围受到严格限制，因此它们很难在与金融巨头激烈的市场竞争中占据优势，无法获得庞大的客户群体和资金规模使得其具有相对更大的脆弱性。各地的地方金融组织主要还是服务于当地的经济发展，跨区分支机构较少，所以地方金融组织和当地的经济主体联系较紧密，和其他地方的金融机构联系相对较弱。地方金融组织的服务范围和业务广度也相比全国性的金融机构要小。在重大危机发生之前，环境都是不确定的，任何政府和机构都无法保证危机是否出现以及以什么样的速度扩散。某些机构或者政府部门虽然会有一定的判断和决策，但是也难免会出现判断和决策失误。区别于一般性的金融风险，地方金融风险不仅会受到宏观政策的影响，还跟地方经济制度、地方政府管理密切相关，制度的缺失和不完善很容易导致地方金融风险的发生。

（2）地方金融机构的运营风险相对较高，这主要是由于地方金融机构规模偏小，抗风险能力相对较差。为了吸引客户存款不得不提供相对较高的利率，这使得资金成本提高。同时地方金融机构吸收的授信群体大多是小微企业，即长尾客户群体，这些客户群体有着相对较高的违约风险，容易发生违约，从而导致地方金融机构面临较高的不良贷款率，运营风险进一步加剧。例如，1997 年 2 月，汕头市商业银行采取高息揽储的方式，吸引了大量存款，导致其利息负担显著增加。为了缓解利息支付的压力，汕头市商业银行将这些储户存进来的资金，以无担保抵押的方式贷给借款方，来获得高额收益。然而随着资金的不断流出，汕头市商业银行出现了现金流断裂的问题，最终导致其无法按时偿还私人储户约 15 亿元人民币的债务。2001 年 8 月中国人民银行勒令汕头市商业银行全面停业整顿，直到 2011 年，汕头市商业银行才被重组为广东华兴银行股份有限公司。

（3）地方金融机构更容易发生挤兑危机。由于地方小型银行在资金规模、运营管理和资金监管方面存在一定劣势，储蓄者对其安全性存在信息不足，因此一点风吹草动都可能引发储蓄者对存款的担心，极有可能导致挤兑行为的发生，这在一定程度上使得地方金融机构变得更加脆弱。通常而言，银行等金融机构都面临最低存款准备金的要求，以降低流动性风险，但是，当经济受到冲击，储户挤兑行为发生时，银行等金融机构流动性风险加大。地方金融组织关系众多地方企业、家庭/个人和地方政府，当某个地方金融组织面临流动性风险时，可能会产生连锁反应，影响整个地方的金融稳定。例如，2001 年，某城市信用社发生挤兑风潮，两天内大批储蓄者涌到该信用社挤提存款近两亿元，而当地政府对该城市信用社注入 4905 万元资金仍无济于事，一周后该城市信用社终因无力支撑而关闭。再比如 2022 年安徽、河南等地发生的村镇银行事件，当部分储蓄者发现存款难以兑现时，消息在短时间内被迅速传开，众多储户到对应银行进行兑款，快速加剧了风险的进一步恶化，政府不得不采取垫付等措施来安抚人心，稳定社会情绪。

（4）地方金融机构收益和风险的不对称性。风险和收益的不对称性主要体现在两个方面：首先是收益和损失不对称，地方金融风险的起源一般是单一金融机构，但是一旦风险发生，造成的影响和损失却是无限的；其次是享受收益和承担损失的主体可能不同，地方金融组织采取一定的风险行为，贷款给中小企业，获得的收益是属于自身的，但是当风险发生时，往往需要地方金融系统以及地方政府介入处理，甚至需要中央政府去化解危机。因此，地方金融系统存在显著的收益和风险的不对称性。

2. 地方金融风险的传染性

金融机构之间总是存在千丝万缕的联系，紧密的链条使得金融风险能够沿着这些链条迅速传染，造成传染性金融风险。金融风险的传染性主要是通过金融市场所形成的网络进行传播、扩散，它传递的是一种金融市场风险的外部属性。地方金融系统中各微观主体形成了一个复杂关联网络，使得金融风险会在复杂网络中传导、蔓延。地方金融网络是由各地方金融组织和其他地方企业组成的网络。网络效应是指风险会在地方金融网络中传染、蔓延和放大以至于产生共同波动的效应。地方金融系统是一个动态变化的系统，单一金融机构或企业的风险转化为地方金融风险的过程是随着时间的变化累积的，并且具有不可逆性，这种风险随时间累积且不可逆的特性就是风险的动态叠加性。当风险动态叠加到一定程度，便会引发更大的地方金融风险。地方金融活动处于监管的边缘薄弱地带，容易发生重大金融风险事件。这种地方金融风险造成的重大风险可称为"边缘革命风险"，即在复杂金融网络系统中，导致危机的风险往往从比较边缘和薄弱的地方爆发，由小变大，不断蔓延，最后导致系统性金融风险的发生。

通常来说，当人们聚焦于特定的市场风险时，这一风险大体上将处在一个快速传播的时期，并且感染性的特点更加显著。另外，传染性也存在大小的区别，包括时间上的累积和空间上的累积。由于银行间存在拆借关系、银企间存在借贷关系，受到冲击的银行将会把损失传递给债权银行，而受到冲击的企业将会把损失传递给担保企业，再进一步传导至债权银行，或直接传递给债权银行，最终金融风险就会在金融机构之间、银企各部门之间传染。1997年发生的亚洲金融危机和2008年美国次贷危机充分证明了金融风险具有较强的传染性。

地方金融机构作为金融体系中的重要组成部分，不仅在股东结构上与其他金融机构存在关联关系，而且在业务上与投行证券、地方政府融资平台、国有企业存在密切往来，这使得地方金融机构风险与投行证券运营风险、地方政府债务风险之间紧密交织，任何一方发生危机都有可能导致风险在关系链条上传开，继而进一步扩大为区域性、全国性金融风险。

此外，地方金融风险关联机制是多维的，主要包括资产负债关联、风险偏好与集体情绪因素关联、共同风险环境与冲击应对关联等。另外，地方金融风险空间关联层次也是多维的，包括金融机构之间的关联，金融体系与区域内政府、企业、家庭等各部门之间的关联，区域与区域之间的关联等。因此，考虑到地方金融风险关联机制和地方金融风险空间关联层次，地方金融风险的传导可以通过多元机制下的部门渠道、机构渠道以及跨区域渠道等，形成多维度的广泛传染力。例如，在 2022 年河南村镇银行事件中，风险就存在金融机构渠道和区域间传染，有不少储户表示自己是通过第三方互联网平台才接触到河南村镇银行的存款项目，而这些平台基本上都是利用广告链接等方式，进行合作引流。在这个过程中，互联网平台起到了引流和产品推荐的作用，坐享银行方的手续费收入的分成。而这些产品下架之后，储户便会接到银行电话和短信的引导，将存储的资金转移至村镇银行微信小程序继续储蓄。事实上，无论是网络平台还是银行，这个操作已经踩踏了"政策红线"。因为在 2021 年 1 月，中国银保监会办公厅、中国人民银行办公厅联合印发的《关于规范商业银行通过互联网开展个人存款业务有关事项的通知》就已明确指出商业银行不得通过非自营网络平台开展定期存款。然而，因为互联网平台的广泛传播和吸收储户，使得原本属于个别地方的金融风险被传染扩散到全国各地，加深了金融风险的复杂性和严重性。该事件也引发了储户对村镇小型银行风险的担忧，未来可能导致村镇银行的处境变得更加困难。

3. 地方政府隐蔽的行政干预

在行政职能上，地方政府拥有较大的自由决策权利，这对地方的企业和地方金融机构都有着不容忽视的影响。地方政府的一些隐蔽行为，甚至可以直接决定地方金融机构的发展。总体来看，地方金融机构能否防控风险、稳健经营，在较大程度上取决于地方政府的行政干预。在现实中，一些地方政府通过种种行政措施的开展对地方金融机构进行干预，并要求地方金融机构向一些指定的企业和行业给予一定的贷款支持，形成指令性贷款。而地方金融机构在该过程中，因为利益的驱动，往往也会通过对有政府背景的投资项目进行考察，直接或者不得不将贷款发放给承担地方政府融资平台功能的各类建设投资公司。

长期以来，金融机构有明确的行政级别，地方政府对其辖区内的金融机构有较大的影响力，从而导致地方金融机构的决策被地方政府行政干预。然而，这些由地方政府行政干预的贷款背后隐藏着较大风险：首先，地方融资平台一般隶属政府部门，多数没有营业收入的现金流，不是真正意义上的经营性企业，且法人治理结构不规范，仅仅是地方政府为了融资而成立的公司，地方政府相当于实际担保和控制人，如果地方政府财政面临压力，这笔资金将很容易成为不良贷款，给地方金融机构造成严重损失。其次是法律风险。大多由当地政府出具担保或者还款承诺的贷款并不能得到中央政府和法律的认可，从而导致担保无效，形成法律风险。地方政府对金融机构的行政干预使得地方金融机构的部分业务与地方政府债务风险紧密联系，导致地方金融机构背后隐藏着风险隐患。

1.3　我国系统性金融风险的区域传导机制

地方金融风险是金融风险在区域层面的一种表现和放大。金融风险首先在某个区域内部出现，随后当金融风险突破了可控的区域边界，跨区域进行传染和辐射时，将有可能变成系统性金融风险，这时对国家和地方稳定的金融环境和经济发展产生较大的消极作用①。因此需要通过研究我国系统性金融风险的区域传导机制来对金融风险进行监控和预防。不仅需要全面了解地方金融风险的成因，还需要深入分析其传导机制，才能采取科学有效的预警和防范措施。我国系统性金融风险的区域传导按范围可分为区域内传导和区域间传导②。

1.3.1　我国系统性金融风险的区域内传导机制

我国系统性金融风险可以通过金融机构的各种渠道在金融系统形成区域内传导，其传导途径主要包括三个方面：一是银行之间通过市场同业往来的直接业务关联进行风险传导，二是通过影子银行与金融机构资产负债表的直接或间接联系进行传导，三是通过有同类或相似性质的业务和资产组合的金融机构之间的共同风险暴露来进行传导③。

1. 银行间的风险传导

金融机构通过银行间市场的同业往来或者衍生品市场交易，彼此之间构成债权债务关系，当区域内某一家金融机构破产，将没有能力偿还其他金融机构，不能履行合同义务。而这种情况将风险传染扩散到更多与这些金融机构有直接或间接业务关联的其他机构，从而产生链式反应，最终影响整个区域内的金融系统的运行，产生区域内系统性金融风险。

如图 1-2 所示，银行间的风险主要通过同业拆借市场这一渠道进行传导，一旦受到外部冲击，债务银行将无力按期偿还债务，其风险首先会透过资产负债表在银行同业拆借层蔓延，而当受影响的银行数目越来越多时，则会进一步波及各家银行。当出现流动性危机时，债权银行难以收回借出的资金，并将面临难以偿还其他债务的困境而不得不出售资产，资产在出售时又将以一定的折扣率交

---

① 翟立荣. 宏微观视角下的区域金融风险探究：以河北省为例[J]. 西部金融，2020，41（3）：94-96.
② 裴棕伟，顾伟忠. 关于区域金融风险传导机制及其防范研究[J]. 价格理论与实践，2019，39（8）：8-11.
③ 陶玲，朱迎. 系统性金融风险的监测和度量：基于中国金融体系的研究[J]. 金融研究，2016，59（6）：18-36.

易，所以银行需要卖出高于账面价值的资产来填补资金空缺，这也使银行进一步遭受损失①。

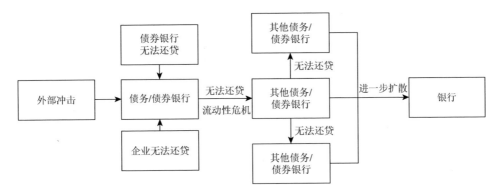

图 1-2　银行间的风险传导

2. 影子银行的风险传导

影子银行是指可能导致系统性风险或在银行管制套利制度以外的信贷中介体系，它包含了不同的相关机构和经营行为。目前，我国的影子银行可以分为广义和狭义两类。其中广义影子银行包括同业特定目的载体投资、委托贷款、资金信托、信托贷款、银行理财、非股票公募基金等。狭义影子银行是拥有更加显著的影子银行特征、风险程度更为突出的产品和活动，以同业特定目的载体投资、同业理财和投向非标债权为代表②。影子银行在信用方面的作用类似于商业银行，同时与传统金融体系有着密切的资本和业务往来，因此很容易与传统金融体系建立风险传染渠道。由于影子银行的监管尚不成熟，甚至处于监管边缘，影子银行风险的爆发能够将地方存在的金融风险传导至整个银行体系区域并在此后容易冲击整个金融体系，从而引发整个区域内的系统性金融风险。

从资产负债表的角度，影子银行将通过直接和间接两种方式引发系统性金融风险。

（1）直接方式。影子银行通过货币市场、债券市场及同业市场等与银行等各类金融机构相互之间持有资金和一系列金融产品，由此形成了各自资产负债表中的资产和负债，如图 1-3 所示，影子银行和金融机构之间存在资产、负债的直接联系，这一关联同时也为风险在区域内的传导提供了空间与机会。如果影子银行体系中某一机构发生违约，资产状况恶化，将导致持有该机构产品的银行等金融

① 戚晶晶. 基于银企间多层金融网络的系统性风险传导机制及建模研究[J]. 金融，2019，9（4）：350-364.

② 中国银保监会政策研究局课题组，中国银保监会统计信息与风险监测部课题组. 中国影子银行报告[J]. 金融监管研究，2020，9（11）：1-23.

机构的资产减少，当金融机构的资产无法偿还当期的负债时，就会产生流动性风险或信用违约，一旦数家金融机构被该机构影响，流动性的短缺将会波及整个市场，从而引发区域性金融风险。

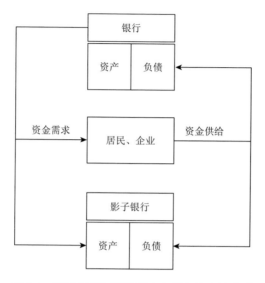

图1-3　影子银行与银行资产负债表的直接联系

（2）间接方式。即使影子银行体系的资产负债表与区域内银行体系的资产负债表之间不存在直接联系，也会因二者之间存在共同的存、贷款人而被相互关联起来，两者关系如图1-4所示。

图1-4　影子银行与银行资产负债表的间接联系

居民和企业的资金既可以流入银行，也可以流入影子银行；同样，居民和企业的资金需求既可以从银行获得，也可以从影子银行获得。风险传染渠道将通过规模挤占和"羊群效应"在二者之间形成。当民众对某个金融机构丧失信任时，就会出现"羊群效应"，从而导致金融机构出现恐慌性的赎回，而这会产生挤占。当一个地方的金融市场的风险被大众预测，那么它的影响就会从地方层面扩大到其他的金融市场，从而影响到整个金融系统的运行，进而导致整个银行体系区域性的系统性风险。

3. 金融机构间的风险传导

各金融机构之间的风险传导机制非常复杂，而且具有一定的内在变化性。

第一，就风险的溢出敏感度和外溢程度而言，与其他金融部门相比，证券部门所引发的系统性金融风险的影响面最大。例如，当股价下跌时，股票市场的资金流向将会减少，而投资者会在股票市场上投入更多的资金以增强股票市场的流动性，这些资金一般是通过出售其他金融市场的资产得到的，这样其他金融市场的资产就会减少，进而导致资产价格下降，产生连锁反应。当股票价格下跌的时候，还容易影响其他金融市场的参与者的信心，促使他们出售在其他金融市场中的资产，又会导致这些金融市场的资产价格下降。一旦出现冲击，投资者的负面情绪会迅速传染，导致风险扩大，并极易传导至其他机构。在这个过程中，金融风险就从股票市场传导至其他的金融部门[①]。

第二，银行业的风险会对其他金融领域造成风险溢出。在银行与信托公司的合作中，银行部门的风险将会成为信托部门系统性风险的主要源头。而这些部门间存在相互传导风险的可能性。

第三，我国金融部门间系统性风险的传导在不同的事件背景下表现出不同的特征。例如，如果在"钱荒"事件阶段，商业银行成为系统性金融风险的源头，而如果在股市"熔断"阶段，证券部门则成为系统性金融风险的源头[②]。

第四，货币市场与其他各类金融市场都有紧密的联系，因此与其他机构之间的系统性金融风险传导具有显著的双向传导特征。

另外，同类或相似金融机构之间存在共同风险暴露的风险。尽管没有直接的商业联系，但是共有风险的金融机构也会受到风险的影响。而经济周期、自然灾害等冲击也可能会通过相同的途径在金融机构间进行风险的传导和扩散。

1.3.2 我国系统性金融风险的区域间传导机制

如果将地方金融风险与传统的宏观和微观金融风险进行对比，那么它的产生传导机制和危害性位于二者之间，这一问题不仅可以由地方的微观金融风险的扩展和蔓延而来，还可以由地方外部相关的金融风险的冲击而产生。在识别和监测地方金融风险之时，除了要对地方内部金融机构存在的相关风险进行防范和提前预警，还需要关注和了解不同地方区域之间金融风险的传导机制，从而能够提前采取相应措施预防区域性金融危机在更大范围内蔓延和扩散。货币和大宗商

---

① 李媛媛. 金融机构系统性风险的传导机制研究[J]. 现代经济信息，2018，39（12）：300.
② 张仲，刘瑾. 系统性金融风险的传导机制和防范建议[J]. 中国物价，2020，33（4）：10-13.

品的汇率波动、货币政策紧缩、其他国家和地区的贸易保护主义政策等因素使得国内的跨区域金融风险传导速度通常会更快，造成的影响通常会更加恶劣①。地方金融风险的产生机制是复杂的，而我国地方金融风险积聚在房地产市场、地方政府债务、金融市场这几个领域最为突出，影响也最显著，因此可以将风险在区域间的传导分为以下三种类型。

1. 地方政府债务的传导

地方政府债务风险是指债务到期时地方政府不能偿付的风险，以及由此带来的各种风险。地方政府债务风险常常隐藏在相关债务活动的背后，一旦积累到一定程度，就会很快引发债务危机，这样的债务风险会在政府、银行和企业间互相传导，对金融稳定性造成不利影响。经济下行背景下，许多地方政府开始通过融资平台举债维持经济运行，缓解财政压力，造成近几年地方政府负债不断增加。目前我国显性债务风险虽整体可控，但是，负债比率每年都在增长。许多地方政府的显性和隐性债务负担已超过其偿还能力，由于其债权方主要是银行等金融机构，因此地方政府债务中存在的隐患可能会导致系统性金融风险。

通过区域内银行等金融机构承担地方政府的不良债务是我国地方政府在金融市场层面传导转嫁其债务风险的重要途径。这种方式会使银行等金融机构的资产质量下降，甚至会导致违约风险。对整个金融风险关联网络来说，关联度越高，则越容易传播金融风险，从而增加风险传播的破坏性和影响范围。另外，地方经济发展不平衡带来的区域间金融安全情况差别较大，金融机构与地方政府之间的大量信息不对称甚至有可能引发区域金融危机，由此加剧区域间系统性金融风险的传导，微小的冲击也可能扩散传染至整个金融系统。

刘冰②以重庆市为例，研究了重庆市政府债务风险的传导机制。首先，政府之间的上下级传导路径可以从下级政府垂直传导至上级政府。其次，银行面临较高的债务且偿债能力差时会面对较高的融资成本，融资规模缩小，由此流动性风险上升。再次，从实体经济角度来说，如果当地政府无力偿付，那么还债压力将不得不转嫁到土地操作上，而土地交易的最大受益方往往是房地产。如果房地产泡沫出现，地方政府的压力无疑会继续往上转移。最后，从资本市场角度来看，随着社会经济的发展，银行借款已经不再是唯一的融资途径，然而，新的融资方法会带来新的风险，也会加深地方政府与资本市场的关系，这使得如果地方政府债务风险发生，就会很迅速地扩散到资本市场，给市场带来较大的损失。

---

① 裴棕伟，顾伟忠. 关于区域金融风险传导机制及其防范研究[J]. 价格理论与实践，2019，39（8）：8-11.
② 刘冰. 地方政府性债务风险传导路径与免疫机制：以重庆市为例[D]. 重庆：重庆理工大学，2015.

一般来说，当地方政府面临比较严重的债务风险时，如果风险得不到有效的解决和缓解，那么地方政府不得不将债务风险转移出去，从而减轻自身压力。而由于风险的传导性，风险会沿着相关金融实体的连接传导到另一个实体，因此通过不同的传导机制，地方政府债务风险也会扩散到整个地方金融市场，从而引发金融风险的跨区域传导。

2. 区域房地产市场的传导

房地产行业涉及和占用的资金体量较大，并且与当地政府、银行等金融机构关系密切，对地方的经济发展和金融稳定具有重要的影响，房价对地方财政的稳定起着举足轻重的作用[①]。房地产风险存在溢出效应，同时具有较强的隐蔽性。又由于其对社会资本具有较强的吸引力，不同地方的地产企业、银行、政府和居民关系密切，房地产价格的泡沫和崩溃，会使区域间地产投资相关企业的资金链断裂，银行和金融机构也随之出现大量不良贷款，产业链和资金链上的企业接连出现经营和金融问题。

具体而言，一旦房地产市场泡沫发生破裂，银行给房地产开发商的贷款无法收回，形成不良贷款，银行直接面临信用风险，银行体系的稳定性被破坏。进一步地，银行不继续给房地产市场提供资金，这将加剧地方房地产市场崩盘的风险。房地产市场泡沫破裂也会影响与房地产相关联行业企业的经营效益和偿债能力。同时，因大量贷款以房产作为抵押物，房产持续贬值造成风险间接向银行传导[②]，进而导致区域间出现系统性金融风险，并且通过地方房地产市场的产业链迅速蔓延和扩散到我国其他地方的金融市场。

3. 区域金融市场的传导

由于各区域之间的资本和贸易往来越来越密切和频繁，当某一地方的金融环境恶化或爆发金融风险，金融机构的资产状况迅速恶化，贷款人和企业无法对贷款金额进行偿付时，金融机构在很大程度上可能会通过在不同地方之间向同业拆借市场调配头寸这种方式来缓解兑付危机，从而将风险转移和扩散到其他地方的金融体系。区域金融风险集聚的根源在于资本利益最大化的特点，伴随市场化的提高，不同地方的资源倾斜加深，不同省份和城市的金融发展水平与结构形态存在较明显的差异。目前我国的区域间金融风险在三个领域体现出较为普遍和突出的风险，并且风险产生原因和传导机制较为复杂[③]。此外，地方金融风险

① 黄锐，唐松，常曦，等. 中国"去杠杆"与区域金融风险防范研究：基于杠杆率的区域结构差异视角[J]. 学习与实践，2018，41（1）：26-37.
② 裴棕伟，顾伟忠. 关于区域金融风险传导机制及其防范研究[J]. 价格理论与实践，2019，39（8）：8-11.
③ 李飞，郑美莲. 对区域金融风险传导的研究：文献综述视角[J]. 区域金融研究，2018，40（11）：31-37.

传导路径不是单向的，风险的传导与被传导是同时并行存在的；传递的层次不是相互独立的，它主要覆盖系统、区域、个体这几个具体的层次。

另外，地方金融风险通常还通过金融市场的创新型债务和金融衍生品进行跨区域传播。跨区域金融风险的传导通常体现为转移性风险和流动性风险。转移性风险是指由于金融风险的关联性，某一地区之外的金融风险会蔓延和扩散到本地，并危害当地的金融生态稳定和安全。在单一的区域经济发展模式下，地方金融风险可能会受到单一因素的影响而爆发，并且爆发后会在发展模式相似的地方之间快速地扩散，并产生成倍的负面效应，当这种地方的金融风险和负面影响扩散积累到一定程度时就会最终演变成对国家危害较大的系统性金融风险①。此外，流动性金融风险也在区域间风险传播中占据重要地位。随着市场经济的发展和金融行业产品的创新，当前涌现出经济信用化和信用证券化等现象，这些创新的金融产品使各地的资源可以实现较高的流动性，而资本的流动性也出现了较明显的增加。流动性风险主要体现在地方金融市场内的金融机构中，包括银行等无法对客户的大量赎回请求进行支付的风险。当一个地方金融市场出现了流动性危机时，无论是发生在大型金融机构还是小型信贷公司，最终都可能会快速传导扩散，演变成严重的区域间系统性金融风险。

1.4　大数据时代地方金融监管面临的挑战

由于互联网技术和平台的广泛出现，近年来在地方，金融风险及金融乱象主要的表现有违法违规行为增多，民间金融活动有地方金融机构违规参与、乱办金融、无照经营、非法集资、金融诈骗等事件。除此之外，跨区域的地方金融违法行为更具隐蔽性，这不仅会给地方金融经营行为带来混乱，而且更重要的是极有可能造成市场秩序的失衡，并使得金融纠纷大幅增加。另外，由于民间金融案具有金额大、利率高、信贷期限较短等特点，并且跨省份的地方金融之间的联系越来越密切，不仅造成此类案件多存在"执行难"的问题，成为各个地方政府面临民众上访的主要原因之一，而且也给地方金融的有效监管提出了挑战。其中，地方金融监管面临的主要挑战总结如下。

1. 信息共享的困境

对于地方金融监管机构，地方金融工作部门将会负责"7＋4"类金融机构的资本监管、行为监管和功能监管。但是，目前对这类金融机构的监管还存在许多问题。例如，部分信息以纸质文件存档，没有形成电子存档，从而导致使用数据

---

① 王擎，刘军，金致雯. 区域性金融风险与区域经济增长的相关性分析[J]. 改革，2018，35（5）：66-75.

和查看数据相当不方便；部门与部门之间的信息共享没有打通。省级地方金融监督管理局在多数情况下只有几十名工作人员，而市级以下金融机构配备的工作人员往往仅有个位数，而且很多工作人员缺乏金融管理工作所需的系统知识和实践经验，平时工作一般是行政管理、公文处理等。从监管方式的角度来看，地方金融监督管理局重视事前审查，而忽视掉了更为重要的对日常经营的监管。另外，开展非现场监测和现场检查所需的信息资源与监管技术的相互配合能力不强。监管能力不足以致地方金融监督管理局难以有效履行职责，无法及时识别和处置金融风险。

2. 金融新业态监管失位

金融科技的发展加速推进了一系列以科学技术驱动服务模式的金融创新。金融科技发展的同时，新型金融风险也随之而来，如网络诈骗、信息技术安全和隐私泄露、非法集资和非法网贷等。由于金融科技活动产生的风险具有隐蔽和易传染等特点，小的风险若不加以及时有效控制，也可能发展为系统性金融风险，为系统性金融风险的预警和处置带来巨大的困难，金融风险也从原本集中在传统金融业转移到非传统金融领域，从原本线下的形式转移到线上的形式。但是我国地方金融监管制度仍在发展完善中，对于金融科技和互联网金融的制度规范还不够明确，在实际落实中也存在诸多问题。其中地方金融监管部门在金融发展新业态下普遍缺乏统一制度安排。金融科技促进产生了一批新兴的金融业务形态，监管当局在制定监管政策时往往是基于已有的金融业务来确定，但是新金融业务又具有交叉融合的特点，因此监管政策的确定常常侧重于某个方面，而缺乏不同政策之间的协调。此外，在当前的监管体系下，地方金融监管除了涉及地方金融办和中央金融监管机构在各地方的派出机构，还涉及国有资产监督管理委员会、市场监督管理局和商务局等不同的职能部门，这就使得地方金融监管在一部分功能上可能存在重合，但是又在另一些方面存在监管不足，成为"灰色地带"，降低了整体监管的效果。另外是监管强度的确定。金融科技的发展几乎颠覆了原有的金融业态，给经济增长注入了新的动力，与此同时，金融科技的发展也伴随风险外部性等特点，确定合适的监管强度，既能促进地方金融的稳定发展，又能使风险可控，不至于造成严重的后果。

3. 地方监管技术有待提高

大数据技术关系到地方监管预警的准确性。大数据监测预警需要整合各类数据，数据加工清洗、数学建模、产品架构设计、稳定性保障、产品调优等每个环节都需要过硬的技术保障。同时，非传统金融机构数量多而体量小，缺乏相对应的资源投入，这也使得部分非传统金融得不到有效监管，积累了风险。伴随着技术的飞速发展，传统的依靠人工核对审批的监管方式面对数量众多的新设立金融机构企业显得捉襟见肘，传统的财务指标监管、现场检查和市场准入等也不能有效地发现日益复杂的金融业务中存在的问题。具体而言，传统监管采用非现场监管和现场监管结合的方式，前者对后者形成指导，但是在人工智能、大数据、云计算等技术快速发展的大背景下，传统的非现场监管数据不足以支撑监管部门从中发现金融机构存在的问题，因此对于现场监管的指导作用就减少很多，而当下金融业务往来基本都已实现电算化，现场监管就会缺乏时效性，有可能当监管部门到现场没多久，数据已经隐藏，此外，现场监管也不能深入分析企业的风险。如果监管当局仅仅依赖金融公司定期提交的统计数据，那么监管部门很难形成有效的事中监管，由于缺乏对数据和风险的主动分析，对企业可能发生的风险就不能及时感知。综上，由于金融业务的复杂特性，监管对相应的技术人才和监管工具的要求也更高，但是目前的监管能力总体仍然落后于金融业的发展。

4. 金融风险长效防控机制缺失

地方金融风险的长效防控需要在"微观基础"上得到改善。地方金融监管要拓展其监管的覆盖性和穿透性。具有地方特色的"地方金融非现场监管系统"由地方金融监管机构围绕数据采集、数据分析、政务监管、金融服务四个模块来构建，其中数据采集是数据分析的基本保障。可供采集的数据十分丰富，包括小额贷款公司、私募股权管理公司、典当行、融资性担保公司、非融资性担保公司、农村资金互助社、代销公司、各类投资公司、P2P 公司等的基本集资、日常活动信息；外部职能机构（市场监督管理局、法院、中国人民银行等）综合信息数据；各国有银行、商业银行、城商行等驻地方分部和各保险公司、证券公司等驻地方分部的金融数据。采集完原始数据后，数据采集系统会自动完成对原始数据的分类、相关逻辑检测和完整性检测等，保证提交的数据质量高、没有缺失值并且有效。在数据分析方面，数据系统的建立要结合地方金融监管统计分析规则，运用多种技术如数据分析技术和数据挖掘技术，形成综合的监管分析报告。系统可以就所监管的不同公司提供的海量数据统计报告，运用信息化技术手段，从本质上使金融监管人员摆脱大量复杂且烦琐的日常监管工作。数据系统的主要分析统计功能包括各公司月度经营状况比较、不同类型金融运行主体融资成本综合比较、各类公司数据报告监测、动态资金流向分析、宏观数据综合分析等。从预防风险的角度来看，系统应内置针对不同类型公司的风险预警模型，实时提醒各监管人员各类型公司的风险状况，掌握各公司的发展变化和潜在风险。在数据系统的帮助下，为了适应业务发展的变化，系统管理员可以根据实际工作需求随时调整风险模型，进而能够更好和更准确地进行风险预警。

第 2 章　地方金融风险传导与管理

地方金融风险传导与管理理论是地方金融风险预警和防控的基础和支撑，本章主要阐述了地方金融风险传导与管理的相关理论基础和方法。首先，介绍了系统性金融风险传导理论与方法。建立了一个系统性金融风险传导中的风险承担、传导和放大的理论框架，然后系统阐述了系统性金融风险传导中的相关经济理论，从信息传递角度梳理了金融风险传导的建模方法；利用复杂网络理论来构建金融网络模型，从整体全局的视角对金融风险的传导进行研究以便更全面完整地掌握金融风险传导的路径及传导机制，为提出有效的解决措施提供可行性；分析了金融风险传导方法面临的挑战。其次，介绍了地方金融运行动态监测理论与方法。阐述了地方金融运行动态监测数据来源与指标体系，总结了地方金融运行动态监测机器学习方法，研究了复杂金融实体交互关系，建立异构网络并以此完成金融实体交互关系的表示工作。最后，介绍了监管沙盒的概念、由来以及制度设计，对监管沙盒的运行机制进行了国家/地区层面的比较，总结了监管沙盒在我国的实践经验。

2.1　系统性金融风险传导理论与方法

2.1.1　系统性金融风险传导的基本理论

系统性金融风险是指一个或几个重要金融机构的失败将通过金融机构之间的相互联系引起其他金融机构的失败，进而对更广意义上的经济产生实质性的负面影响。由上述系统性金融风险的定义可以看出，由金融机构之间的关联性带来的风险传导是系统性金融风险爆发的主要原因。因此为了详细分析系统性金融风险的传导过程，我们需要介绍系统性金融风险传导的基本理论，建立一个可以用于分析系统金融风险传导中风险承担、传导和放大机制的理论框架，为后续的建模方法打下理论基础。

1. 系统性金融风险的理论框架

假设一个金融系统中有 N 个金融机构，某个金融机构 i 的风险敞口由 x_i 表示。α_i 为风险敞口 x_i 中系统风险因素的权重因子，则 $1-\alpha_i$ 为金融机构 i 的特异性风险因素的权重因子。因此金融机构 i 的系统风险敞口为 $y_i^S = \alpha_i x_i$，特异性风险敞口为 $y_i^I = (1 - \alpha_i) x_i$。因此在这个金融系统中所有金融机构的累计系统风险敞口可以表示为 $y^S = \sum_{i=1}^N y_i^S$。此外所有金融机构之间具有直接的关联关系，如同业拆借或者金融衍生品，这些关联关系由 $N \times N$ 的矩阵 B 表示，其中元素 $b_{i,j}$ 则表示金融机构 i 相对于金融机构 j 的风险敞口。

金融机构 i 的系统风险因素和特异性风险因素的回报分别为 $\rho^S + \varepsilon^S$ 和 $\rho^i + \varepsilon^i$，其中 ρ^S 和 ρ^i 是常数项，而 ε^S 和 ε^i 为独立分布且均值为零的随机变量。$\hat{\pi}_i$ 表示金融机构 i 在该系统中没有其他金融机构时会获取的基准收益，可以抽象表示为 $\hat{\pi}_i \left(y_i^S, y_i^I, \varepsilon^S, \varepsilon^i \right)$。对于所有的金融机构，可以简单设定为

$$\hat{\pi}_i = (\rho^S + \varepsilon^S) \times y_i^S + (\rho^i + \varepsilon^i) \times y_i^I \qquad (2\text{-}1)$$

因为所有的金融机构都受到系统风险因素的影响，所以当巨大的负面冲击 ε^S 发生时，所有的金融机构会同时遭受损失。我们将这种形式的风险叫作系统风险。

然而，系统性金融风险不仅仅是系统风险。由于金融机构 i 处于整个金融体系中，其真实的回报不同于 $\hat{\pi}_i$，还取决于其他金融机构的特异性风险敞口和与其他金融机构的关联关系。如果用 π_i 表示金融机构 i 的真实回报，ε^I、Y^S 和 Y^I 为 $N \times 1$ 的向量，分别表示特异性风险冲击、系统风险敞口和特异性风险敞口，π_i 可以表示为 $\pi_i(Y^S, Y^I, B, \varepsilon^S, \varepsilon^I)$。系统性金融风险的显著特征之一就是 $\pi_i(Y^S, Y^I, B, \varepsilon^S, \varepsilon^I) \neq \hat{\pi}_i(y_i^S, y_i^I, \varepsilon^S, \varepsilon^i)$。

基于上述系统性金融风险的理论框架，我们可以将系统性金融风险传导的基本理论划分为以下三大类。

（1）风险承担机制中的基本理论。该类理论主要研究金融系统中风险敞口 x_i 和系统风险敞口的权重因子 α_i 的分布。其中一些理论主要解释为什么有些金融机构选择承担更多的系统性金融风险，也就是金融机构内生性地选择了风险敞口 x_i 和系统风险敞口 $\alpha_i x_i$，但是上述选择高于在财富最大化中的值。

（2）风险传导机制中的基本理论。该类理论主要研究为什么金融机构 i 的真实回报 π_i 会降低，即使仅仅在金融机构 j 由于其特异性风险敞口 y_r^I 遭受损失的情况下。因此该类理论主要研究上述理论框架中的关联矩阵 B，由此传导效应的定义标准之一就是在没有系统风险冲击的情况下，两个金融机构的收益是正相关关系：

$$\text{Cov}\left(\pi_i, \pi_j \big| \varepsilon^S = 0 \right) > 0 \qquad (2\text{-}2)$$

（3）风险放大机制中的基本理论。该类理论主要研究为什么一个可以影响许多金融机构的很小冲击，如对系统因素的冲击，可以造成巨大的损失。这里可以举一个简单的例子，如一个小的负面冲击 ε^S 对于具有高系统风险敞口 y_i^S 的金融机构产生的巨大的影响，这些金融机构需要出售其资产，由此带来的价格效应会加剧其他市场参与者的损失。风险放大机制取决于系统中所有金融机构的系统风险

敞口 y_i^S，特别是他们的累计系统风险敞口 y^S。风险放大机制的基本特点之一就是累计系统风险敞口 y^S 越大，系统冲击 ε^S 的影响越大：

$$\frac{\partial^2 \mathbb{E}(\pi_i)}{\partial \varepsilon^S \partial y^S} > 0 \qquad (2\text{-}3)$$

当然上述三个风险机制可以结合在一起共同发生作用。例如，对于金融机构 i 的特异性冲击会迫使该机构去杠杆化，如果其系统风险敞口 y_i^S 较大，会对市场价格造成重大影响。如果 α_j 较大，这种价格效应则会影响到金融机构 j，而金融机构 j 因为与金融机构 i 的直接关联关系又会直接受到其违约的影响。这些效应的结合可能会导致金融机构 j 的违约，从而影响到金融机构 k。

在上述系统性金融风险的理论框架下，下面我们分别从风险承担、风险传导和风险放大三大机制介绍系统性金融风险传导的基本理论。

2. 系统性金融风险承担机制中的基本理论

在一个金融体系中，如果金融机构投资相同的资产，他们就会承担相同的风险。这也是系统性风险承担机制中的主要研究问题之一，针对该问题，有外部性理论和搭便车理论两个理论可以解释。

（1）外部性理论。在经济学中，外部性是由另一方（或者多方）活动的影响对未参与的第三方造成的间接成本或收益。该理论由著名经济学家庇古（Pigou）[1]在 19 世纪 20 年代提出。该理论最早被用于解释系统性风险承担机制问题，例如，阿查里亚（Acharya）[2]的研究发现一家银行的倒闭导致了总体风险投资水平的降低，从而提高了均衡状态安全资产的回报率，并挤压了幸存银行的利润。因此，倒闭的银行对于幸存的银行施加了负外部性，即"衰退溢出效应"，因此为了最大限度地减少这种负外部性，银行有动力投资相同的资产。阿查里亚（Acharya）和约鲁尔马泽（Yorulmazer）[3]研究了类似的机制，该研究中的外部性是理性的债权人会将给定银行的违约视为其他银行在未来倒闭的信号。在这种外部性的存在下，监管机构本身会带来一种"羊群效应"，即当所有银行一同倒闭的时候，资产清算会对经济产生巨大影响，从而迫使政府救市。因此银行通过承担相同的风险，可以最大限度地从未来的政府纾困行为中获益，这也是"大而不能倒"的来源之一。

---

① Pigou A C. The Economics of Welfare[M]. New York：Routledge，2017.

② Acharya V V. A theory of systemic risk and design of prudential bank regulation[J]. Journal of Financial Stability，2009，5（3）：224-255.

③ Acharya V V，Yorulmazer T. Cash-in-the-market pricing and optimal resolution of bank failures[J]. Review of Financial Studies，2008，21（6）：2705-2742.

（2）搭便车理论。在经济学中，搭便车问题是一种市场失灵的表现，当那些从资源、公共产品或者服务中受益的人不支付费用或者少支付费用时，这种市场失灵就会发生。搭便车理论常用于解释系统性金融风险承担机制中的流动性风险承担问题，如早在巴塔查里亚（Bhattacharya）和盖尔（Gale）[①]的研究中就发现，如果银行对非流动资产的投资过多，整个金融系统就会面临总体流动性短缺的风险。而这种情况就可以用搭便车理论解释，一些银行投资易于变现的资产可以达到总体最优，如果一些银行面临可预期的流动性撤出，他们通过同业市场向具有流动性资产的银行借款，这些银行就会清算其持有的部分资产来为贷款融资。因此，如果金融系统受到冲击，银行就有动机仅投资非流动性资产并向其他银行寻求流动性。在均衡状态下，所有的银行都会过度投资非流动性资产，因此当流动性冲击发生时，所有银行都会面临流动性风险。

系统性金融风险承担机制中另一个主要研究的问题是金融机构倾向于以一种相关的方式增加其风险敞口，也就是上述理论框架中的 x_i 存在正相关关系。这个问题通常由宏观经济学中的杠杆周期理论解释。

3. 系统性金融风险传导机制中的基本理论

系统性金融风险传导机制主要研究损失如何从金融系统的一部分溢出到另一部分。在系统性金融风险传导机制中主要用到的理论是金融网络理论。

金融网络是描述任何金融实体（如交易者、公司、银行和金融交易所）的集合以及它们之间的联系的概念，在理想情况下是通过直接交易关联或促成交易能力关联的。在系统性金融风险传导的研究中，金融网络理论占据着主要地位，例如，艾伦（Allen）和盖尔（Gale）[②]的研究表明银行同业市场是银行参与风险分担的主要金融网络，该网络的存在降低了银行违约的可能性。同时他们发现完全连接网络，也就是在银行同业网络中所有银行两两之间都具有正相关的关联 $b_{i,j}$，比非完全连接网络更加稳定。这是因为金融机构 i 和 j 之间的非直接关联已经足以使两者发生风险传导效应，但是由于没有直接关联关系，金融机构 i 和 j 之间的风险共担机制就会减弱，从而降低了整个金融网络的稳定性。鲍勤和孙艳霞[③]基于中国银行业数据，利用最大熵理论评估了中国银行间的资产负债关系，建立了一个中国银行业的金融网络，该研究表明相较于完全连接网络，中心-边缘的层级网络将增大金融风险传染的程度和范围。

① Bhattacharya S, Gale D. Preference shocks, liquidity, and central bank policy[C]//Barnett W A, Singleton K J. New Approaches to Monetary Economics: Proceedings of the Second International Symposium in Economic Theory and Econometrics. Cambridge: Cambridge University Press, 1987: 69-88.

② Allen F, Gale D. Financial contagion[J]. Journal of Political Economy, 2000, 108（1）: 1-33.

③ 鲍勤, 孙艳霞. 网络视角下的金融结构与金融风险传染[J]. 系统工程理论与实践, 2014, 34（9）: 2202-2211.

在系统性金融风险的传导机制研究中，除了研究网络类型对风险传导的范围和程度的影响之外，也有一些研究网络的哪些一般性特征增强了这种传染性。例如，克劳斯（Krause）和吉安桑特（Giansante）[1]模拟了一个银行同业拆借网络，通过网络研究了银行破产风险的传导机制。研究发现，首个倒闭银行的规模是是否发生传染的主导因素，但是对于传导风险的蔓延程度而言，银行同业拆借网络的拓扑特征最为重要。肖欣荣等[2]也研究了机构投资者关联网络的拓扑特征与股票市场风险之间的关系。

4. 系统性金融风险放大机制中的基本理论

系统性金融风险放大机制主要研究相对小的冲击为什么会导致巨大的累积效应，特别是当这个冲击会影响很多机构的时候。流动性危机就是系统性金融风险放大机制中一个很好的例子，当市场价格下跌时，金融机构需要清算其资产以满足流动性需求。这些清算又会进一步放大经济的低迷状态，从而导致新的资产清算，以此循环往复。对于上述以及类似的风险放大现象，一些学者认为其背后根本的原因是市场的不完全性。

该机制中最主要的理论是金融脆弱性理论。金融脆弱性是指金融系统面临金融危机时表现出来的脆弱性。Allen 和 Gale[3]则直接将金融脆弱性定义为"小冲击产生不成比例的巨大影响"程度。以流动性危机为例，由于债权人之间的协调问题，银行和其他金融机构本质上是脆弱的，因此一家银行出现流动性问题，将会造成更大的挤兑危机。近年来的研究表明，现代金融市场的制度设置可能使它们比最初想象的更脆弱。He 和 Xiong[4]的研究表明，只有当公司的债权人预期未来的债权人也会实行相同行为的时候才会采取行动，如对公司短期债务的展期，因此"动态债务运行"是可能存在的。

2.1.2　金融风险传导建模方法——信息传递方法

金融市场是一个复杂的系统，各个参与者不仅受到自身过去发展的影响，还会受到其他参与者的影响。这是由于各个参与者之间往往存在线性和非线性联系，如果我们将整个金融市场中不同的组成部分划分成一个个的子系统，那么在这些

① Krause A，Giansante S. Interbank lending and the spread of bank failures：a network model of systemic risk[J]. Journal of Economic Behavior & Organization，2012，83（3）：583-608.

② 肖欣荣，刘健，赵海健. 机构投资者行为的传染：基于投资者网络视角[J]. 管理世界，2012，28（12）：35-45.

③ Allen F，Gale D. Financial fragility，liquidity，and asset prices[J]. Journal of the European Economic Association，2004，2（6）：1015-1048.

④ He Z G，Xiong W. Dynamic debt runs[J]. The Review of Financial Studies，2012，25（6）：1799-1843.

子系统的内部以及子系统之间同样存在各种各样的联系，这种联系是金融系统运行的内在机制之一。而金融风险作为金融系统运行中的一种具有传播效应的因素，对它的分析同样离不开对金融系统各个组成部分之间信息传递的建模，针对这个问题，很多研究将目光投向了信息传递方法。信息传递方法是指通过分析金融市场不同主体或者不同组成部分之间存在的线性和非线性联系进而分析整体金融市场的方法。当前，金融风险传导的信息传递方法主要包括两类：①转移熵度量；②波动溢出度量。

1. 转移熵度量

香农（Shannon）首先在信息论中引入熵的概念，并公式化地定义了信息熵，用来衡量事件或者系统的不确定程度。当熵趋于无穷大的时候，表示不确定性最大；当熵等于 0 时，表示没有不确定性。Shannon[1]定义随机变量 X 的熵为

$$H(X) = E[I(X)] = E[-\log_b P(X)] \tag{2-4}$$

其中，$P(X)$ 为随机变量 X 的概率函数，在 X 为连续变量的情况下，$P(X)$ 为 X 的概率密度函数，如果 X 是离散变量，x_i 为 X 可能的取值。则信息熵的计算可以进一步明确为

$$H(X) = \sum_i P(x_i)I(x_i) = -\sum_i P(x_i)\log_b P(x_i) \tag{2-5}$$

熵具有四种特点：①连续性，即熵的变化随随机变量 X 概率分布的改变而产生连续变化；②对称性，即随机变量 X 取值、排序的变化不影响计算的结果；③当 X 所有可能取值的概率相等时，熵的计算结果达到最大；④对随机变量 X 进行划分不影响计算结果。

进一步地，可以定义随机变量 X 与随机变量 Y 的条件熵 $H(Y|X)$，即给定随机变量 X，随机变量 Y 的信息熵。计算如下：

$$H(Y|X) = \sum p(x)H(Y|X=x) = -\sum_{i,j} p(x,y)\log\frac{p(x,y)}{p(x)} \tag{2-6}$$

当且仅当随机变量 X 和随机变量 Y 为独立变量时有 $H(Y|X) = H(X,Y) - H(X)$ 以及 $H(Y|X) = H(X|Y) - H(X) + H(Y)$。

转移熵在条件熵的基础上发展而来，度量了不同时间序列间信息流动的强度和方向。假设 X 和 Y 分别代表两个时间序列，即 X_i 和 Y_i，$i=1,2,\cdots,n$，则给定时期 p 和 q，两个时间序列间的转移熵可以定义为

$$H_{(Y\to X)} = H\left(X_{(n+1)}\middle|X_n^p, Y_n^q\right) - H\left(X_{(n+1)}\middle|X_n^p\right) \tag{2-7}$$

① Shannon C E. A mathematical theory of communication[J]. The Bell System Technical Journal，1948，27（3）：379-423.

其中，

$$X_n^p = X_{(n-p)}, X_{(n-p+1)}, \cdots, X_{(n-1)}, X_n$$

$$Y_n^q = Y_{(n-q)}, Y_{(n-q+1)}, \cdots, Y_{(n-1)}, Y_n$$

转移熵的特点使得它被应用于金融时间序列中，用于衡量金融风险传染。例如，Yue 等[1]对中美股票市场不同行业部门之间的信息传递进行了比较研究，得到了以下四条结论。①信息交换中最活跃的行业是中国市场的非银金融行业和美国市场的技术装备行业。②对于各个行业的净信息流传递，研究发现主要信息来源是中国市场的银行行业和美国市场的能源行业，而信息流汇集中心是中国市场的非银金融行业和美国市场的技术装备行业，两个市场中信息流入量最大的两个信息汇集中心正是信息传递最多、表现最活跃的行业。③同一行业可能在两个市场中扮演不同的角色。例如，房地产行业是中国市场的信息汇集中心，但却是美国市场的信息来源。发达的金融市场中技术能源类行业占据主导地位，而在欠发达的市场中金融银行类行业更能驱动市场。④在市场动荡时期，平均符号传递熵和平均不对称信息流都低于稳定状态，即股市在动荡时期比在稳定时期更加一体化。

转移熵被广泛应用于股票市场中解释和度量市场风险的转移与互相影响。Yue 等[2]还对中国股票市场不同行业之间的信息传递进行了比较研究，基于转移熵构造了以各个行业为节点的信息流网络。采用最小生成树（minimum spanning tree，MST）技术，即最小生成树，检测整个股票市场不同行业之间信息传递的结构，对信息流网络提取重要的信息流传递路径。研究得到三个主要的结论：①在信息流网络传出的最小生成树中，综合行业位于中心，影响着整个市场；②非银金融行业是信息流入最小生成树的根节点，在股票市场中扮演信息汇集的角色；③与中国股票市场信息流出最小生成树的根节点行业相比，作为信息汇集中心的信息流入最小生成树的根节点行业可能更具代表性。奥赛（Osei）和亚当（Adam）[3]使用转移熵观察了市场上个股之间的信息传递强度和方向性，具体而言，研究者使用加纳股票市场 32 只股票从 2009 年 1 月到 2018 年 2 月间的股票价格数据和股指数据，发现加纳股指和它的成分股之间存在双向和无向的信息流。Xie 等[4]使用从 1996 年到 2018 年间 48 只全球股指

① Yue P，Fan Y，Batten J A，et al. Information transfer between stock market sectors：a comparison between the USA and China[J]. Entropy，2020，22（2）：194.

② Yue P，Cai Q，Yan W，et al. Information flow networks of Chinese stock market sectors[J]. IEEE Access，2020，8：13066-13077.

③ Osei P M，Adam A M. Quantifying the information flow between Ghana stock market index and its constituents using transfer entropy[J]. Mathematical Problems in Engineering，2020，2020：1-10.

④ Xie W J，Yong Y，Wei N，et al. Identifying states of global financial market based on information flow network motifs[J]. The North American Journal of Economics and Finance，2021，58：101459.

数据，构建了股指转移熵网络，表征了不同经济体股票市场之间的信息传递。通过分析转移熵网络的结构，研究者将全球股票市场划分成不同的状态，发现在重大金融事件期间，全球股市的信息流显著增加，表明全球股票指数相互影响，相互之间关系密切。奥乌苏·朱尼尔（Owusu Junior）等[1]在新的去噪频域熵框架中分析了从新冠疫情大流行到全球股票市场的混乱信息传输，结果证实了中短期内多元化潜力更强的观点。

2. 波动溢出度量

金融市场中的组成部分既受到自身过去波动的影响，同时也受到其他组成部分波动的影响，这种效应被称为"波动溢出效应"[2]，主要包含均值溢出和波动溢出两种类型。前者指市场价格或回报的变动对其他市场产生的影响，后者指市场波动的变化对其他市场产生的影响。

Shen 等[3]利用股票市场数据，通过波动溢出来揭示中国行业内部的风险扩散渠道。基于向量自回归（vector autoregressive，VAR）模型构建的广义方差分解（generalized variance decomposition，GVD）框架，不仅揭示了中国股票市场板块之间的溢出效应，还强调了对中国股市风险传染模式的深刻理解。其研究结论如下。①中国股票市场板块间的波动关联性分析表明，17个行业（机械设备、电气设备、公用事业等）是风险传递者，11个行业（国防、银行、非银行金融等）是风险承担者。经济联系紧密的行业相互之间容易受到影响。②在极端风险事件下，互联互通措施显著增加，金融部门在稳定经济体系中发挥缓冲作用。中美贸易摩擦对通信、计算机等行业也产生了重大影响，相关行业从风险承担者向风险传递者转变。Wen 等[4]修正了非对称条件在险价值（conditional value at risk，CoVaR）模型，以捕捉系统范围内收益和单个机构收益之间的时变非线性尾部协同运动结构。使用这种改进的方法，研究者调查了个人的困境从单一机构蔓延到整个系统的程度，研究结果如下。①在不同的经济状态下，尾部相互依赖的动态关系随着时间的推移而演变。特别是，个别市场价值下跌对系统的影响仅略大于在平静年份的增长。然而，在危机期间，整个系统对下行损失比对上行收益变得更加敏感。②使用面板回归确定系统风险的决定因素，结果表明，机构规模越大，波动性越大，系统风险越大。

---

① Owusu Junior P，Frimpong S，Adam A M，et al. COVID-19 as information transmitter to global equity markets：evidence from CEEMDAN-based transfer entropy approach[J]. Mathematical Problems in Engineering，2021，2021：1-19.

② 胡秋灵，马丽. 我国股票市场和债券市场波动溢出效应分析[J]. 金融研究，2011，54（10）：198-206.

③ Shen Y Y，Jiang Z Q，Ma J C，et al. Sector connectedness in the Chinese stock markets[J]. Empirical Economics，2022，62（2）：825-852.

④ Wen F H，Weng K，Zhou W X. Measuring the contribution of Chinese financial institutions to systemic risk：an extended asymmetric CoVaR approach[J]. Risk Management，2020，22（4）：310-337.

2.1.3　金融风险传导建模方法——复杂网络方法

金融风险的传导是指金融危机所带来的风险和波动在不同国家的扩散。在全球经济一体化的大背景下，金融风险的迅速蔓延让人们意识到世界各国经济已经形成了一个紧密相连的网络。相互作用、相互联系的国家或机构就像是网络中的节点，风险在节点之间沿着连接边传导，因此，利用复杂网络理论来构建金融网络模型，从整体的视角对金融风险的传导进行分析，有助于全面完整地掌握金融风险传导的路径及传导机制。

1. 复杂网络方法的特征

对复杂网络理论的研究最早出现在 18 世纪，进入 21 世纪，随着计算机能力和数据量的显著提高，复杂网络成为各个科学用来描述交互单元体之间依存关系的一种通用工具。复杂网络理论已经被用于经济金融、军事、医学、气候等多个领域。随着全球化程度的加深，国家之间的经济贸易密切联系和往来使得这些国家形成了一个复杂而庞大的网络，所以将复杂网络理论用于研究国家之间和单一国家行业间的金融风险传导是恰当的。

钱学森将复杂网络定义为一个具有部分或全部自相似、自组织、吸引子、小世界、无标度性质的网络。某个特定的复杂网络由若干个节点（nodes）构成，节点之间通过相应的边（edges）连接起来。复杂网络用于研究金融风险传导时，其中的节点为国家（地区）或金融机构（行业），边则展示了这些国家（地区）或金融机构（行业）之间的依存关系。根据网络是否有向、是否含有权重等标准，一般将复杂网络分为四种类型：无向不含权网络、无向加权网络、有向不含权网络和有向加权网络。网络中边的权重是根据两个节点之间的距离计算得来的。两个节点的距离较小，说明其依存度更高，连接这两个节点的边应当赋予较大的权重；反之，赋予较小的权重。对于节点之间依存关系的度量，可以通过线性和非线性相关性来计算，相关性和距离的度量是构建网络的重要基础。

在一个特定网络图中，与任一节点 i 直接连接的节点数称为度，用 k_i 表示；通常情况下节点度越大表明该节点在网络中的重要性越高。金融系统也可以看作一个金融网络，该网络中节点的度可理解为该金融市场与其他市场的关联程度。如果度的数值越大，那么该金融市场在系统中的地位就越高，能够对整个系统产生较大的影响。将网络中各节点的度运用分布函数来展示，从而得到复杂网络度的分布特征，该分布特征对于判断网络的类型起到关键作用，例如，泊松分布所对应的网络为完全随机网络，幂律分布则对应无标度网络。

在整个复杂网络中，任意两个节点 i、j 间的距离被定义为这两个节点间最短路径的边数，而网络的直径则是所有两个节点距离的最大值。网络的平均路径长度，也被称为特征路径长度，是指网络中所有节点对距离的平均值。有研究表明，复杂网络中节点数与平均路径长度成反比关系。复杂网络中节点联系得越紧密，网络的平均路径长度往往较小，当网络的联系较松散时，网络的平均路径长度则较大。

在复杂网络系统中，各相连的节点之间往往相互存在紧密联系，即与任一节点有直接联系的其他节点相互之间也会存在一定的关系，这种现象被称为网络的聚类特征。通常用聚类系数来反映网络中节点聚集的程度。将网络中各个节点的聚类系数进行平均，就可以得到网络的平均聚类系数 C，$C \in [0,1]$。当网络中的节点相互之间都没有联系，均为孤立节点时，C 取值为 0；而当网络中的节点相互之间都有直接相连的边，构成一个全连通网络时，C 取值为 1。与其他复杂网络相比，金融网络中的节点更易于聚集在一起，尤其是在动荡时期。因此，在一定程度上可以通过网络的平均聚类系数来评估金融体系的风险状况。

构建网络的基础是需要度量节点之间的相关性，线性相关是构建金融网络常见的方法，许多研究使用相关系数来计算距离以构建复杂网络，其中皮尔逊（Pearson）相关系数最为普遍。两个随机变量的协方差与这两个变量标准差乘积的比值就被称为 Pearson 相关系数。Pearson 相关系数取值范围为 –1 到 1，该系数大于零时说明节点之间是正相关，小于零时则为负相关；该系数的绝对值越大则说明两个节点之间的线性依存关系越强。由于在复杂网络构建中需要对距离进行刻画，而 Pearson 相关系数刻画的正相关和负相关在网络中表示的依存度是相同的，所以得出 Pearson 相关系数矩阵后，需要对所有系数取绝对值，再进行距离的计算。

2. 最小生成树与风险传播路径

在多个主体之间关系的研究中，复杂网络图是一种很有效的方法，而金融风险的传导也是沿着网络进行的，在实际分析中，我们往往关注金融风险传导的最短路径，这个路径可以用最小生成树模型来构建。风险从一个节点最先传导到与之距离最近、联系最密切的另一个节点，这也是金融网络图中需要关注的点。

最小生成树是一个无向加权的树状网络，通过寻找节点之间的最短距离来构建网络，节点之间的连接状态不可能存在闭环的形式。复杂网络可以用 $G = \{V, E\}$ 来表示，其中 V 代表节点，E 代表边。同样地，最小生成树也同样可以用此来表示。最小生成树在 1999 年被提出后，就被广泛地用来分析节点之间的风险传导路径。最小生成树是某个网络中连通全部节点的路径最短的全局极小子图。金融危机发生传导时一般首先从被感染国家蔓延到与其关系最为密切的国家，然后再逐步扩展；也就是说在该金融网络中金融危机会通过网络中的最短、最快路径进行扩散，这与最小生成树图的思想不谋而合。最小生成树是一种有效的方法，可以帮助国家监控金融系统风险以预测即将到来的危机，并监督一些关键节点来实现金融系统稳定[①]。

最小生成树图作为原图的极小连通子图，既将原图中的所有节点包括在内，又保持了图连通所需的最少边，具有全局最小的权重和。普里姆（Prim）和克鲁斯卡尔（Kruskal）算法是最小生成树方法中应用最广泛的两种算法，其中普里姆算法是基于节点构建的，而克鲁斯卡尔算法是基于网络的边构建的。

3. 网络结构和金融风险传导

在系统中由于一个或多个因素的冲击，风险快速地由一部分节点传导到系统中每一个节点，并最终形成重大危机。这种使系统遭受重大危机的风险被称为系统性风险。金融系统中的各组成部分相互之间存在大量的交错关系，这也决定了系统性金融网络的复杂性；由于经济金融系统发生危机往往会造成非常严重的后果，因此研究该系统中的复杂联系以防范金融经济危机的发生显得尤为重要。

1）网络结构对风险传导的影响

金融系统往往表现为"既稳健又脆弱"，这说明金融系统很难被一些小的冲击和风险影响，但是一旦问题出现，这种影响将会广泛传导。除此之外，在金融系统中，由"太大而不能倒"向"太复杂而不能倒"和"太关联而不能倒"的进化趋势变得更为明显。金融系统中的复杂网络模型通常由节点和边构成，节点代表了金融系统中的组成部分（如国家或行业机构），边代表了系统中组成部分的联系和相关性，同时边也是节点之间的风险传导路径。网络中节点的加入或退出表示一个国家（机构）是否与其他国家（机构）有关联或相互作用，网络中边的变化则描述了节点之间的关系变化以及连接路径变化。对于网络结构的分析可以基于拓扑指标来进行，网络结构的变化也可以反映风险在同一个系统不同时期的传导特征。

除了拓扑结构会影响金融网络中的风险传导情况，网络的类型也会影响风险传导。金融网络作为真实社会中的网络更像是一个小世界网络而不是随机网络，因为金融网络中节点是存在聚集性的。小世界网络的特性（较低的平均路径长度

---

① Memon B A，Yao H X. Structural change and dynamics of Pakistan stock market during crisis: a complex network perspective[J]. Entropy，2019，21（3）：248.

和较大的聚类系数）使得网络中节点与节点之间的平均距离很短，风险可以通过很少的几步就传导到整个系统，所以在小世界网络中风险传导速度非常快。金融风险冲击如果作用于金融网络中心节点或高连通度节点，也即该网络中某些关键的节点出现崩溃时，系统很可能发生系统性风险，可能造成整个系统崩溃。因此，防止高连通度节点和中心节点出现风险可以在很大程度上提高金融网络的稳定性。

2）最小生成树与风险传导路径

最小生成树是关联网络的树状结构，主要基于贪心算法得到。在生成金融关联网络时，通常选取阈值来使具有相关性的节点之间有连接边[①]，但是，这种连接边在网络中往往数量较多，难以区分其相关性强度的大小，只能用于判断风险传导的存在性，不能辨别出风险传导的主要路径。所以在现实复杂网络中，既要应用关联网络分析，判断市场的关联情况，又要剔除冗杂信息，找到影响程度最高的信息。

最小生成树可以通过不同的算法选择出距离最小、最相关的节点并通过边将它们相连，以此构成一个非闭合的树状图。因此，由最小生成树规则所构成的连通网络通常会形成风险传导影响程度最高、速度最快的路径，这些节点的相连就使得风险通过一条最短的路径传导到整个网络中。综上所述，通过最小生成树来展示金融风险传导的路径，割裂最小生成树中任意两个节点之间的连接都可以有效地组织风险在网络中的快速传导。

乔哈里（Djauhari）和甘（Gan）[②]发现直径、总路径长度和特征路径长度可以用来选择最优的最小生成树，这三个指标的数值越小，最小生成树越优。

3）风险传导中节点的作用

在金融网络中，对于风险传导的研究不只是基于网络的结构，分析网络中节点的作用和其承担的角色也有利于防范和应对金融风险。在网络中，不是所有的节点都有同等的重要性，连接度较高的节点和中心节点对于保持网络的稳定性有更大的作用，所以在金融网络中，需要识别哪些是中心节点，以及哪些节点承担着桥梁的作用。最小生成树中相连的节点往往是风险传导速度最快、程度最高的路径，这些节点的相连就使得风险通过一条最短的路径传导到整个网络中。切断最小生成树中任意两个节点之间的连接都可以有效地阻止风险在网络中的快速传导。根据最小生成树图，对于节点的分析主要基于以下四种中心性度量。

① 谢赤，胡雪晶，王纲金. 金融危机 10 年来中国股市动态演化与市场稳健研究：一个基于复杂网络视角的实证[J]. 中国管理科学，2020，28（6）：1-12.

② Djauhari M A, Gan S L. Optimality problem of network topology in stocks market analysis[J]. Physica A: Statistical Mechanics and Its Applications，2015，419：108-114.

（1）度中心性（degree centrality）。度中心性是对节点重要性的局部度量，该指标是网络分析中刻画节点中心性最直接有效的指标。某个节点的度越大就意味着这个节点的度中心性越高，该节点在网络中就越重要。由于中心节点与网络中大多数节点关联，这种关联必然使得风险传导范围加大，因此，一方面政府和相关机构的风险预警中要注意保护中心节点不能受到冲击；另一方面，要防范中心节点之间过大的"关联"，从而有效把控金融风险的传导。

（2）紧密中心性（closeness centrality）。紧密中心性主要是通过度量两个节点之间的接近程度从而展现节点的重要性。如果一个节点与其他很多节点都很接近，该节点处于网络中心位置的可能性也越大。一个点的紧密中心性越高，表明该节点到网络中其他各节点的距离总体来说越近，反之则越远。紧密中心性的一种度量方法是某一节点到相连的所有节点距离之和的倒数。

对于国际金融网络或国家金融网络，如果某一国家或某一金融机构的紧密中心性较大，一旦它们出现风险或受到冲击，那么对整个网络的稳定性是不利的，并且风险扩散的速度也会很快，可能在很短时间内，网络中大部分国家或金融机构就已经暴露在风险之下，导致系统性金融风险。

（3）介数中心性（betweenness centrality）。介数中心性是以经过某个节点的最短路径数目来刻画节点重要性的指标。介数中心性指的是一个节点担任其他两个节点之间最短路径桥梁的次数。一个节点充当"中介"的次数越多，它的介数中心性就越大。如果一个节点位于其他节点必须通过的唯一路径，那么该节点拥有较高的介数中心性；一旦该节点消失，其他节点之间的交流将会变得困难，甚至可能无法进行交流。

金融风险的传导路径同样和介数中心性高的节点息息相关，如果将介数中心性高的节点从网络中去除掉，那么网络中大部分节点对之间的连接会被切断，风险也将无法通过距离最短的路径传导。这就为国家或金融机构的金融风险防控提供了很好的途径。

（4）特征向量中心性（eigenvector centrality）。特征向量中心性是通过考虑其"邻居"的重要性来衡量网络中节点影响力的指标。某个节点的"邻居"的中心性越高，该节点的中心性也相应越高。特征向量中心性不仅取决于"邻居"的数量（即该节点的度），还取决于"邻居"的重要性。"邻居"的重要性又取决于其"邻居"的重要性，以此类推。因此，特征向量中心性表明节点的重要性取决于其"邻居"的中心性。

特征向量中心性实质上更强调节点所处的周围环境（节点"邻居"的数量和质量），它表明一个节点的重要性程度由它的"邻居"的重要性之和所决定，节点可以通过连接很多其他重要的节点来提升自身的重要性，重要程度比较大的节点要么和大量的一般节点相连，要么和少量重要性很高的节点相连。对于特征向量中心性高的国家或金融机构，对风险的防控不应该独善其身，要共同防范风险，提高抵御能力。

4）复杂网络与系统性风险研究

Allen 和 Gale[1]与弗雷萨斯（Freixas）等[2]开创性地提出利用复杂网络的方法来研究金融市场系统性风险的想法。从实践来看，大多数的研究主要从金融市场网络的拓扑结构来研究系统性金融风险。例如，布斯（Boss）等[3]利用中央银行的数据研究了奥地利银行间市场的网络拓扑结构，并分析了这种网络拓扑结构对风险传播的影响。索拉麦基（Soramäki）等[4]和贝赫（Bech）等[5]分别研究了美国银行间市场和联邦资金市场的网络拓扑结构，马丁内斯-杰拉米洛（Martinez-Jaramillo）等[6]研究了墨西哥银行间的敞口与支付网络，霍姆斯（Hommes）和范德莱伊（van der Leij）[7]验证了荷兰银行间网络呈现出典型的核心-边缘的小世界特性。阿克格鲁（Akoglu）等[8]认为，图结构数据具有很强的表达能力，因此在欺诈检测领域的关联分析方法可以更加关注欺诈者和其他个体间的关系图。阿加瓦尔（Aggarwal）等[9]认为基于连接行为，如大规模网络图上的动态社区划分算法，能够及时检测网络结构中的异常情况。异常节点往往同时属于多个社区，基于此莫拉蒂（Moradi）等[10]开发了新的社区检测算法，挖掘出这些异常的属于多个社区的节点。

国内也有许多学者开展利用复杂网络的思想来进行金融系统性风险测度的研

---

① Allen F，Gale D. Financial intermediaries and markets[J]. Econometrica，2004，72（4）：1023-1061.

② Freixas X，Parigi B M，Rochet J C. Systemic risk，interbank relations，and liquidity provision by the central bank[J]. Journal of Money，Credit and Banking，2000，32（3）：611-638.

③ Boss M，Elsinger H，Summer M，et al. Network topology of the interbank market[J]. Quantitative Finance，2004，4（6）：677-684.

④ Soramäki K，Bech M L，Arnold J B，et al. The topology of interbank payment flows[J]. Physica A：Statistical Mechanics and Its Applications，2007，379（1）：317-333.

⑤ Bech M L，Chapman J T E，Garratt R. Which bank is the "central" bank? An application of Markov theory to the Canadian Large Value Transfer System[R]. Ottawa：Bank of Canada Working Paper，2008.

⑥ Martinez-Jaramillo S，Alexandrova-Kabadjova B，Bravo-Benitez B，et al. An empirical study of the Mexican banking system's network and its implications for systemic risk[J]. Journal of Economic Dynamics and Control，2014，40：242-265.

⑦ Hommes C，van der Leij M. The formation of a core periphery structure in heterogeneous financial networks[D]. Amsterdam：Universiteit van Amsterdam，2014.

⑧ Akoglu L，Tong H，Koutra D. Graph based anomaly detection and description：a survey[J]. Data Mining and Knowledge Discovery，2015，29（3）：626-688.

⑨ Aggarwal C C，Zhao Y，Yu P S. Outlier detection in graph streams[R]. Hannover：2011 IEEE 27th International Conference on Data Engineering，2011.

⑩ Moradi F，Olovsson T，Tsigas P. Overlapping communities for identifying misbehavior in network communications[C]//Tseng V S，Ho T B，Zhou Z H，et al. Pacific-Asia Conference on Knowledge Discovery and Data Mining. Berlin：Springer，2014：398-409.

究。例如，黄聪和贾彦东[①]利用我国银行间的支付结算数据生成了关联网络，并利用该网络进行了有关监管的实证研究；贾彦东[②]基于机构在网络图中的结构研究了其系统重要性，并从图的角度出发分析金融机构对系统的风险贡献；基于我国大额支付数据，童牧和何奕[③]生成了金融机构网络图，并讨论了在危机情况下政府应该对处于哪些地位的金融机构进行救助，或者该机构发生风险可能造成的风险溢出效应有多大。从银行同业交易的角度来看，王晓枫等[④]、李程枫等[⑤]直接利用银行同业交易构建复杂网络，静态地研究微观风险在网络中可能传导的路径以及相应的危害，而冯超和王银[⑥]则从宏观的角度来研究当银行网络出现系统性风险时可能的风险化解措施。另外，晏富贵和倪志凌[⑦]还利用该网络结构实证研究了资产证券化业务的审慎监管问题。除了同业交易，银行间的共同信贷持有也是构成关联关系的重要途径，方意和郑子文[⑧]就利用该数据生成了银行间网络，研究信贷风险如何在银行网络中进行传播；陈少炜和李旸[⑨]也生成了我国银行间网络并分析了其结构特征；同时，胡志浩和李晓花[⑩]还验证了我国的金融网络图表现出典型的无标度特征，并利用无标度特征分析了我国金融网络的风险传播特点。图计算广泛应用于包含图结构的网络，如信用网络和具有复杂金融互动的社交网络。在这类网络中，需要图计算来分析彼此之间的连接数据。在具体实践中，为了适应地方金融海量的数据集，一般利用分布式大数据集群构建智能风险管理平台，例如，将分布式大数据方法部署在 Apache Spark 3.0 作为大数据基础架构，以提高计算的效率。Spark 集群管理器根据需要为所有工作节点提供资源，并相应地操作所有节点，其集群管

---

① 黄聪,贾彦东. 金融网络视角下的宏观审慎管理:基于银行间支付结算数据的实证分析[J]. 金融研究,2010, 53（4）:1-14.

② 贾彦东. 金融机构的系统重要性分析:金融网络中的系统风险衡量与成本分担[J]. 金融研究,2011,54(10): 17-33.

③ 童牧,何奕. 复杂金融网络中的系统性风险与流动性救助:基于中国大额支付系统的研究[J]. 金融研究, 2012, 55（9）:20-33.

④ 王晓枫,廖凯亮,徐金池. 复杂网络视角下银行同业间市场风险传染效应研究[J]. 经济学动态, 2015, 56（3）:71-81.

⑤ 李程枫,陈可嘉,陈一非,等. 基于网络传导分析法的我国银行间风险传染效应研究[J]. 金融发展评论, 2015, 22（1）:67-86.

⑥ 冯超,王银. 我国商业银行系统性风险处置研究:基于银行间市场网络模型[J]. 金融研究, 2015, 58（1）:166-176.

⑦ 晏富贵,倪志凌. 资产证券化的宏观审慎监管:基于网络模型的模拟研究[J]. 当代经济科学, 2015, 37（5）: 44-51, 125.

⑧ 方意,郑子文. 系统性风险在银行间的传染路径研究:基于持有共同资产网络模型[J]. 国际金融研究,2016, 33（6）:61-72.

⑨ 陈少炜,李旸. 我国银行体系的网络结构特征:基于复杂网络的实证分析[J]. 经济问题, 2016, 38（8）:56-63.

⑩ 胡志浩,李晓花. 复杂金融网络中的风险传染与救助策略:基于中国金融无标度网络上的 SIRS 模型[J]. 财贸经济, 2017, 38（4）:101-114.

理模式是 Hadoop YARN，它作为一个分布式计算框架，主要作用是维护作业调度和资源管理，使得主节点和从节点具有高可用性。同质性假设认为具有相同特征的个体倾向于联系在一起。Wei 等[1]的研究表明在风险评价中使用网络数据能够改善评价结果。米西瓦（Misheva）等[2]从一家金融科技公司收集了 9 年多的数据，证明在诸如逻辑回归（Logistic regression，LR）或分类回归树（classification regression tree，CART）等评分算法中加入度中心性或距离中心性这样的网络中心性特征，可以提高评价结果的准确性。

图结构还有利于为地方金融的风险传染链建模。例如，在经济扩张阶段，中小企业能够通过相互担保形成复杂的贷款网络，并从银行获得贷款。然而，来自外部的冲击可能削弱稳健性，偶然违约可能蔓延至整个网络，导致大规模违约甚至系统性危机。因此，对担保网络中的违约传染链进行预测和评级以减少或防范潜在的系统性金融风险的方式引起了监管机构和银行的高度关注。银行业现有的信用风险模型是利用机器学习方法为每个客户生成信用评分。这种方法消除了担保链的传染风险，但是模型需要具有深厚领域专业知识的广泛特征工程。为此，Cheng 等[3]提出了一种基于深度神经网络（deep neural network，DNN）的银行业传染链风险评估方法，并利用图结构贷款行为数据的时间链间的注意力网络来计算传染链的风险分数。

克劳斯（Kraus）等[4]的研究分析了四种神经网络架构，包括多层感知器（multi-layer perception，MLP）、卷积神经网络（convolutional neural network，CNN）、二维卷积神经网络（2D-convolutional neural network，2D-CNN）、长短期记忆网络（long short-term memory，LSTM），在预测标准普尔发布的企业信用评级方面的性能。随着图神经网络（graph neural networks，GNN）的出现，卡赞（Khazane）等[5]和 Cheng 等[3][6]基于贷款担保网络建立了一些基于图的模型。在经济扩张阶段，

---

① Wei Y H，Yildirim P，van den Bulte C，et al. Credit scoring with social network data[J]. Marketing Science，2016，35（2）：234-258.

② Misheva B H，Giudici P，Pediroda V. Network-based models to improve credit scoring accuracy[R]. Turin：2018 IEEE 5th International Conference on Data Science and Advanced Analytics（DSAA），2018.

③ Cheng D W，Niu Z B，Zhang Y Y. Contagious chain risk rating for networked-guarantee loans[C]//Gupta R，Liu Y. Proceedings of the 26th ACM SIGKDD International Conference on Knowledge Discovery & Data Mining（KDD'20）. New York：Association for Computing Machinery，2020：2715-2723.

④ Kraus M，Feuerriegel S，Oztekin A. Deep learning in business analytics and operations research：models，applications and managerial implications[J]. European Journal of Operational Research，2020，281（3）：628-641.

⑤ Khazane A，Rider J，Serpe M，et al. DeepTrax：embedding graphs of financial transactions[R]. Boca Raton：2019 18th IEEE International Conference On Machine Learning And Applications（ICMLA），2019.

⑥ Cheng D W，Zhang Y Y，Yang F Z，et al. A dynamic default prediction framework for networked-guarantee loans[C]//Zhu W，Tao D，Cheng X，et al. Proceedings of the 28th ACM International Conference on Information and Knowledge Management. New York：ACM Press，2019：2547-2555.

企业之间相互担保，形成复杂的贷款网络，从银行获得贷款。虽然这些方法被广泛使用，但现有的深度学习模型需要大量的特征构建和特定的背景知识来设计代表性特征。另外这些特性需要花费大量的时间从财务数据中汇总。而且，基于图的模型通常将单个企业作为图中的一个节点，建立它们之间的关系，而忽略了单个企业中的特征交互。而 Feng 等[1]提出了一种新的基于图神经网络的企业信用评级方法（corporate credit ratings via graph neural networks，CCR-GNN）。与之前基于图的全局结构方法相比，该模型从一个新的角度来看待这个问题，在图结构中将企业看作一个图而不是一个节点，它可以描述详细的特征-特征关系。个体图的建立采用了公司-图的方法，该方法分析了特征之间的关系。然后利用注意机制和图神经网络，即图注意网络，将特征节点的信息传播到相邻节点。

2.1.4　金融风险传导方法面临的挑战

"十四五"时期，我国防范金融风险工作取得重要进展，然而，我国经济仍在快速发展，与此同时，经济结构调整、市场多变会带来新的金融风险。金融风险具有传播性强、潜伏期长、不确定性、普遍性等特点，很难从根本上彻底消除，只能尽量去减少金融风险发生的概率，因此，坚持不懈地预防和化解金融风险是金融机构及经济学者工作的重点。目前，通过查阅各类文献发现，从金融风险传导的角度对金融风险进行分析缺乏完整的理论框架，其主要面临以下挑战。

1. 金融数据泄露，增加金融数据的安全风险

数据是信息的核心，金融领域作为产生数据最丰富的领域之一，其特征是数据类型复杂多样、数据量巨大。随着金融行业信息化技术的不断发展，金融服务和业务往来均运行在信息化基础设施上。在不同的基础设施生产运用的过程中，业务的扩大发展，会产生多种的数据资产。新兴技术如云计算、大数据、区块链的深入应用，使得金融数据逐渐地从信息化资产转变为金融生产要素。金融行业相关企业面临的数据安全风险并不一致，特别是由于金融行业的特殊性，不管是业务数据还是客户数据，均存在较高的商业价值。近些年屡屡发生数据安全事件（如大量客户数据泄露），给相关机构带来了巨大的行业影响和声誉影响。数据泄露、滥用等使安全遭受威胁的影响也从金融机构内部逐渐扩大到行业间，甚至影响了国家、社会安全与公众利益。

---

① Feng B J，Xu H，Xue W，et al. Every corporation owns its structure: corporate credit ratings via graph neural networks[C]//Yu S，Zhang Z，Han J W，et al. Pattern Recognition and Computer Vision. Berlin: Springer，2022：13534.

2. 信息不对称导致金融风险溢出效应上升

在市场经济中，对交易双方而言，获取信息都是非常重要的，但由于信息传导机制在金融市场间还未发展健全，信息在金融市场间无法方便快捷地传递，信息不对称使金融机构双方收到的信息并不完全一样，导致金融风险在各市场之间溢出强度不同，从而产生风险溢出的情形。2008 年全球爆发金融危机以来，全球经济呈现出低利率和高债务的现象，金融风险发生的概率居高不下。在全球金融危机的新形势及新冠疫情冲击下，金融风险溢出加大。我国的金融风险溢出表现出不稳定、不对称性，对整个金融系统具有较强的传染性。

3. 部门杠杆率影响金融风险的稳定

近年来，国内外研究越来越关注杠杆率与金融风险之间的关系，其原因是杠杆率对金融稳定的影响越来越大，因此杠杆率已被纳入宏观审慎和风险预警系统中。首先，在金融市场不完全信息的背景下，由于投资者面对的信息呈现出有限性和复杂性的特征，导致交易主体不能有效地识别风险，出现了有限认知和不完全理性的行为。而投资者的个人行为易受到"羊群效应"的影响，演变为群体行为，导致金融风险的积累。其次，如果实体经济的内在需求驱动了加杠杆行为，则高杠杆并不一定意味着金融市场的高风险。

4. 缺乏从网络关联角度分析金融风险传染机制

在已有关于金融风险传染模型的研究中，多是基于 SIS（susceptible-infected-susceptible，易感-感染-易感）与 SIR（susceptible-infected-recovered，易感-感染-康复）这两类经典的传染模型，这两类模型虽然从整体上可以把握金融风险的传染问题，但却忽略了金融市场主体之间的差异以及主体之间的关联强度，简化了复杂性和稳定性在金融市场中的作用。另外，已有的传染模型主要偏向对传染的机理与传染过程的研究，欠缺对金融网络关联性的研究，导致现有传染模型的构建不能够准确表达现实金融市场网络的复杂性。除此之外，为了更贴近真实的金融风险网络行为，需要研究基于金融主体相对权重的内容，但是目前这方面的研究比较少。有关金融风险传染机制的研究还可以用来说明金融危机从"小冲击"到"大危机"的演化，并阐述造成金融风险的因素，包括微观因素和宏观因素。综上所述，构建金融风险的复杂网络，从网络关联分析的角度通过网络分析金融风险的传染特点和演化机理，对投资者规划金融资产的配置，对金融监管部门建立科学合理的金融风险预警机制都具有重要的参考价值和现实意义。

5. 金融网络结构多变，缺乏利用数理模型对金融风险传导机制的相关研究

金融市场从理论上来看，包含大量的时间序列和样本数据，且呈现出复杂的非线性动力系统特征，而金融风险主要通过金融网络作为路径传染，因此近年来常用复杂网络方法来分析金融市场内部的复杂关系和演化特点，研究金融市场的风险传染机制。

现有研究大多是从实证性、描述性等实证统计的角度出发研究金融市场网络，其网络结构是探索金融市场发展趋势的基础，但很少有研究从数理模型的角度来探讨金融风险传染机制与金融风险网络动态演化之间的关系，这方面大部分的研究者是具有物理统计、系统动力学背景的专家学者，而金融领域的相关专家较少，因此这方面具有较大的研究空间。

金融网络是一个多方参与的动态网络，因此可以利用加权网络、二分网络、动态网络、多元复杂网络的方法去探讨金融市场网络的结构特征，但是目前学者并未进行这方面的研究，其原因如下。首先，目前关于金融市场网络的研究主要集中在金融市场各方参与者的相互影响。其次，关于金融风险网络结构的研究主要集中在无标度、小世界的网络结构上，关于社区、模块这类比较细致的网络研究较少。虽然无标度网络与小世界网络从某些方面来看可以体现出网络的演化过程，但是在金融市场风险中经常出现更加复杂的网络节点连接，因此未来的研究方向将重点放在研究网络模型中更贴近实际的金融市场风险的结构上。再次，在金融市场中，参与主体存在贸易活动或相互持股等行为，导致金融机构在各方面会受到影响，产生"多米诺骨牌效应"，演变为全球性的金融危机。因此，构建金融风险波动溢出复杂网络，识别关键节点对降低金融风险的发生率具有重要意义。最后，学界关于度量金融网络结构和金融风险的差异的标准不一致，在利用金融网络结构分析金融风险传染的问题上没有达成共识，关于这方面的研究还有较大的空间。

因此，在金融市场的大背景下，针对不同的金融风险，未来的研究重点是构建更符合实际的金融网络，研究更为系统的金融风险度量方法，挖掘金融网络结构与风险传染的一致性方法及内在关系。

在全球经济一体化的大背景下，金融风险会在不同国家和地区传播、扩散，以各国、各地区联系的紧密程度为基础迅速蔓延，形成一个巨大的风险网络。因此，利用复杂网络理论来构建金融网络模型，从整体全局的视角对金融风险的传导进行研究，将有助于更全面完整地掌握金融风险传导的路径及传导机制，为提出有效的解决措施提供可行性。金融风险所具有的传播性强、潜伏期长、不确定性、普遍性等特点，致使目前难以从根本上将其彻底消除，为此，坚持不懈地预防和化解金融风险仍是金融机构及经济学者长期攻克的重点。

2.2　地方金融运行动态监测理论与方法

地方金融运行的过程中，各个主体的行为是构成地方金融运行动态监管的主要内容。主体主要分为个人和企业两个层级，主要的行为包括信贷行为、担保行为等。监测的主要对象集中在异常行为的监测，即与大多数主体不一致的行为和表现。随着机器学习和人工智能技术的发展，越来越多的人工智能技术被用于金融运行中的异常监测，本节我们主要介绍这些理论与方法。

2.2.1　地方金融运行动态监测数据来源与指标体系

地方金融是一个与"国家金融"相对的层级差异概念，2003 年中央通过了《中共中央关于完善社会主义市场经济体制若干问题的决定》①，大量的民间资本参与了部分金融领域的业务发展，大量地方非银行业金融机构蓬勃发展，形成了国家正规金融之外的第二片市场。这些市场的发展伴随着监管的需求，地方政府如何有效地管理金融行业成为发展的必要。地方金融监管是指地方一级政府金融管理部门在地方政府和国家金融监管机构的统一领导下，在国家法律法规的赋予权限内对管辖的一定地域范围内的地方金融组织实施各项监督和管理措施，目的是保证金融行业的健康发展和金融机构的健康运行，促进地方经济和金融行业的和谐发展。

近年来，随着改革开放的深入，我国经济发展进入了全新的发展阶段。金融行业在经济发展中扮演的角色越来越重要，金融对各行各业的发展起到了极大的促进作用，同时非法集资、非法证券等违法行为时有发生，这些导致地方金融的快速发展和风险防范压力的增大。另外，我国地方金融监管体制改革相比行业的发展亟须加速，地方金融健康发展成为金融行业发展的重要因素。2017 年 7 月第五次全国金融工作会议指出，地方政府要在坚持金融管理主要是中央事权的前提下，按照中央统一规则，强化属地风险处置责任。这次会议指明了我国地方金融管理的方向，但金融机构的监管是一个复杂、专业、长期的任务，地方政府在指导的框架下，如何构建适合本地行业发展现状的管理机制，需要大量的研究和实践。

根据陶玲和朱迎②对现有的材料整理发现，国内主要从以下五个方面构建了系统性金融风险的监测和度量：一是以国外研究成果为基础，构建中国的系统性金

---

① 中共中央关于完善社会主义市场经济体制若干问题的决定[EB/OL].http://www.gov.cn/gongbao/content/2003/content_62494.htm [2003-10-14].

② 陶玲，朱迎. 系统性金融风险的监测和度量：基于中国金融体系的研究[J]. 金融研究，2016，59（6）：18-36.

融风险监测指标，进行实证分析；二是利用国外的金融风险模型和我国的相关数据测算我国系统性金融风险的程度或传染性；三是根据特定的情况具体分析某种类型的外部冲击对我国系统性风险产生的影响，如金融对外开放、货币政策、资产价格波动等；四是参考国外研究成果研究金融子系统风险，如银行、证券、保险等；五是基于我国行情构建符合国情的宏观审慎监管框架和监测系统性风险的操作工具。

我国的金融管理自 1949 年起发展，迄今为止的发展历程可以总结为金融监管权在不同的管理部门之间的横向维度权力划分和中央与地方间的纵向管理分权。如何划分权力是我国金融发展和改革的核心问题。

我国的金融制度中，中央作为金融资源的供给者，一直在国家金融资源中具有绝对支配地位，以中国工商银行、中国农业银行、中国银行、中国建设银行以及交通银行等五大商业银行为例，其资产和负债占据了金融行业的 50%左右。高度集中的中央金融资源导致金融资产主要流向国有大型企业和主要行业，而流向地方的金融资源相对较少。因此地方政府利用地缘优势和行政权力大力促进地方金融机构和组织的发展，通过促进地方金融机构和组织的发展，结合本身对金融资源的强大需求以及地方民间资本对进入金融业的强烈愿望，逐步形成了地方金融体系。

随着地方新金融业态的兴起，中央与地方金融权力和利益发生了新的变化。2003 年以来实行的"一行三会"中央垂直监管模式在地方金融的管理中遇到了越来越多的问题，2018 年，金融监管机构进行了改革，银监会与保监会职责整合组建了银保监会，与中国人民银行、证监会合称"一行两会"，共同接受金融委的监管协调。这种监管架构下，在缺乏相应法律制度界定中央和地方的金融权力边界前，难以对地方金融风险做出有效的防控。2023 年，《党和国家机构改革方案》提出在银保监会的基础上组建国家金融监督管理总局，我国金融监管体系从"一行两会"迈入"一行一会一总局"新格局。2002 年以来，我国大多数省（自治区、直辖市）和部分城市开始相继设立地方金融办，主要是为了加强地方金融监管，支持地方金融健康发展，维护金融市场的秩序。目前，各地的金融风险监管机构大多是地方金融监督管理局所属事业单位，其承担的业务内容包括金融风险数据的归集、分析和金融风险监测、研判、评估、预警；负责管辖范围内金融运行态势、风险形势分析和案例研究，为地方金融监管、风险防范处置提供决策建议和咨询意见等。与此同时，地方金融发展形成的新型金融机构组织有民间金融小额贷款公司（未经"一行三会"批设）、地方金融管理部门审批的融资性担保机构等民间金融机构；在工商、农业、商务等部门登记注册的各类投资公司、典当、农村资金互助组织、P2P 网贷等准金融组织等。

1. 地方金融监管主体的设立机制

2002 年，上海市设立了金融服务办公室，之后，各地效仿设立了（省、市、县三级）金融服务的工作机构，形成了以地方金融办为主要载体的地方金融监管局面。地方成立的金融办最初的定性为中央和地方监管之间的议事协调机构，主要提供事务性和服务性工作，贯彻党和国家对银行、证券、期货等金融工作的方针政策和法律法规，落实执行省（自治区、直辖市）等有关金融工作的部署，制定本区域的金融行业的发展规划和工作内容，以维持地方金融的稳定，促进地方经济发展。由于多数地方金融办的性质属于政府办公厅的挂靠机构，其机构的权力和人员编制都会有很大的局限性。2008 年起，中央开始对地方政府进行机构改革，金融办的独立性开始增强，因此，各地方金融办的机构设置和人员编制等方面均得以提升，部分金融办完成部门性质的转变，如 2009 年广东省金融办由金融服务办公室更名为金融工作办公室，并从省政府办公厅的挂靠机构升级为政府直属机构，2016 年长沙市金融办由直属事业单位调整为政府工作部门，等等，这些改变有利于强化地方金融机构的监管权限以及扩充人员编制。另外，也有部分金融办升级为金融局，如 2009 年北京市金融办升级为金融工作局。升级的工作更有实质性，相应的监管权力和人员编制均得以改善，监管独立性得到提升，监管事务方面也更加清晰。总体来看，各地方金融办改革向着强化监管职能的方向发展。2023 年，党的二十届二中全会通过了《党和国家机构改革方案》，方案提出建立以中央金融管理部门地方派出机构为主的地方金融监管体制，统筹优化中央金融管理部门地方派出机构设置和力量配备。地方政府设立的金融监管机构专司监管职责，不再加挂金融工作局、金融办公室等牌子。在机构调整后，地方金融监管部门专门负责地方金融机构的监管，致力于地方金融风险防控，是对中央金融监管的有利补充，防止地方金融活动出现监管真空。

2. 地方金融监管的职能及技术指标

地方金融监管机构现在承担三个主要职能：一是防范风险，尤其是非法集资风险，该风险现在有衍生成金融风险的趋势；二是常态的监管，对象是"7 + 4"类金融机构，如小额贷款公司、融资担保公司、融资租赁公司；三是要协同地方金融机构去服务实体。同时，地方金融监管机构也存在一定的工作难点，具体是监管权责不一，监管资源的匮乏，包括人力资源的匮乏和监管行政手段的匮乏，以及专业人才有限，监管技术不完善，现在主要的监管方式还是现场检查和核查，对于非现场的一些必要的信息资源和监管技术还尚待完善。总体上，防控地方金融风险的五个难点在于发现难、研判难、决策难、控制难和处置难。

监管科技重塑了金融监管新范式。传统的监管模式是相对被动、粗放、独立的，主要通过违规违法事件的发生，运用逻辑判断寻找问题，是对突发事件的应急决策。大数据监管模式是主动监管、动态监管、协同监管，实时采集企业相关的动态信息进行自动分析，并应用技术手段协同多个部门监管。所以大数据的监管模式实际上是挖掘数据、量化分析，寻找相关关系，及早地预测风险，是预判式监管。而基于监管科技的创新监管方法，是对所监管的机构进行画像，对其信用进行图谱分析，对其行为做自动的风险监测，实施穿透式监管。关于监管科技的应用，一方面，人民银行正在加大推进监管科技的部署，包括各地"监管沙盒"的试点，证监会也成立了科技监管局，并推出监管科技的长期发展计划。另一方面，监管科技更能在地方金融监管中发挥作用，各地的地方金融办逐渐成立地方金融监督管理局，其监管对象是民间的类金融机构和 P2P 这样的金融创新企业。

传统的金融监管主要基于内部的行政数据和银行的资金数据，这些数据的覆盖面不足以支撑当前的地方金融风险预警工作。地方金融监管要拓展其覆盖性和穿透性，金融科技的运用已经必不可少。地方金融监管机构需要围绕数据采集、数据分析、政务监管、金融服务四大模块构建符合当地特色的"地方金融非现场监管系统"。其中数据采集是数据分析的基础，全面的数据分析为政务监管提供了良好的保障和服务，有效的监管能够充分降低监管人员的工作压力，可以节省更多的人力用于服务地方金融机构的发展。

在数据采集方面，整合互联网舆情信息、政府行政资源数据、银行资金数据三大类数据进行大数据监测预警，结合非法集资案件风险企业的特征，从"人""资金""业务"三条主线构建预警分析模型，在海量企业中识别高风险企业。通过对非法集资等涉众金融风险行为的监管，达到早发现、早预警、早处置的目的。可采集的数据类型包括小额贷款公司、民间资本管理公司、典当行、融资性担保公司、非融资性担保公司、农村资金互助会、寄售行、各类投资公司、P2P 公司等的基本集资、日常经常活动信息，外部职能机构（市场监督管理局、法院、人民银行等）综合信息数据，以及各大国有银行、商业银行、城商行等驻地方分部和各保险公司、证券公司等驻地方分部的宏观金融数据。同时，数据采集系统会自动完成原始数据的分类、数据质量校验、关联逻辑及完整性检验等，确保所报送的数据完整有效。

在统计分析方面，数据系统的构建需要结合地方金融监管统计分析规则，运用数据分析和数据挖掘技术，形成综合性监管分析报告，及时提醒工作人员。系统可针对所监管的不同类型的公司提供大量数据统计报表，运用信息化技术手段，从根本上将金融监管工作人员从大量繁复的日常监管工作中解放出来。其主要分析统计功能可包括：各公司月度经营情况对比、针对不同类金融运行主体的融资成本综合对比、各类公司数据上报监测、动态式资金流向分析、宏观数据综合分析等。

在风险预警方面，系统内置针对不同类型公司的风险预警模型，实时提醒各监管工作人员各类型公司的风险情况，了解掌握各公司的发展变化及可能的潜在风险。同时为更好地适应业务发展变化，系统管理员可以根据实际工作需要随时调整风险模型，以便更好、更准确地进行风险预警。

在征信报告方面，系统将根据已采集的原始数据及系统批量加工的衍生数据，结合内部征信模型，自动生成地方金融体系征信报告。作为人民银行征信的有效补充，地方金融征信体系将是地方金融健康发展的基础，同时与人民银行征信形成互补。

在地方融资担保圈监管方面，系统可将地方金融业务活动与银行在本地区的放贷活动融合，全面执行数据挖掘技术，建立健全地方金融运行担保圈，即针对当前某一企业贷款的担保人，找出为该担保人贷款的担保人，以此类推深入挖掘出连保、互保等关联关系链，发现深藏的贷款风险。同时，统计各担保人的担保次数、担保频率、担保头寸等指标，计算担保风险指数。

不仅如此，完善的"地方金融非现场监管系统"能够根据本地区不同金融组织类型的所有公司经营情况、一定的规则及权重关系自动抽象计算出本地区融资指数等金融指数，作为指导性宏观数据供各个公司在本地区融资参考等，并对地方金融宏观数据进行趋势分析，了解并掌握地方宏观金融发展状态，为引导地方金融公司、预防地方金融风险等提供更好的数据支撑。另外，通过建立移动应用程序（application，App），将非现场监管功能由个人电脑（PC机）转向移动化应用，实现监管工作与移动技术的整合，提升监管工作时效性、及时性。移动化监管的实现，将与管理驾驶舱功能结合，监管人员在会议、外出考察时均可随时掌握总体情况及进度状态。

2.2.2 地方金融运行动态监测机器学习方法

金融科技的发展是一把双刃剑，会增加金融系统性风险，加大传统金融脱媒风险，同时也存在技术风险、信息安全风险和监管套利。而监管科技能够给金融机构和金融科技公司提供更好的合规解决方案，针对监管机构能够解决信息不对称带来的监管套利问题，监管机构加上技术的力量，可以更好地识别、应对区域性和系统性的金融风险。监管科技的根本目的在于保护在金融科技发展的背景下的普通金融消费者的利益，并化解金融风险的隐患，最终落脚点是服务实体经济。

监管科技的技术主要分为三大板块。一是人工智能，即基于机器学习自然语言理解，使监管政策能被计算机理解，并能把企业的违规金融行为和监管条例进行匹配，让系统辅助人工，甚至帮助人工去判断一些风险的信号。二是区块链，主要用于解决信任问题，比如银行受银保监会监管，需要报送数据给银保监会；地方的小额贷款公司和担保公司也需要报送报表，但是仍然存在信息不对称问题，比如企业经营或金融业务行为能否准确报送，如何解决漏报和瞒报问题。而区块链技术使监管机构与从业机构都在一个可信任网络上，让计算机基于可信的数据进行计算，这样也可以大幅提升监管效能。三是云计算结合大数据技术，通过互联网进行传递和计算，对企业的行为、基本信息、经营异常信息进行挖掘预测，进行数据关联，从而判断企业的风险信号。

随着我国人民收入增长和消费水平的提高以及互联网的发展，消费形式和观念得到了巨大的转变，消费需求呈多样化且快速发展趋势。自 2009 年以来，国务院等部门先后出台的很多政策都旨在增加对消费信贷的支持，促进消费信贷市场发展。根据易观和融之家在 2017 年发布的《2017 年中国消费信贷市场专题分析》，可以看到当年我国传统金融机构消费信贷的规模总额已经占 GDP 总数的 12.32%。消费金融服务及业务不断创新，满足人们对新消费模式的需求，逐渐完善国家消费体制机制，促进社会金融和经济的发展。

银行授信往往基于对客户信用风险的评估，根据客户资质和银行资金情况确定。银行授信额度通常为银行承诺在一定时期内按约定条件提供贷款给借款人的最高贷款金额。从授信对象来看，在大多数情况下企业依旧是商业银行的主要贷款客户，而企业的授信通常依赖管理者经验积累[1]。相较于企业，个人消费贷款具有金额小、用户数量大、贷款期限灵活等特点。因此，在个人消费信贷流程中，如何以较低成本高效准确评估个人信用风险是关键。个人信用评分一般是指第三方评估机构通过相关的数据基础，对个人的信用进行数据建模、分析，用所得到的信用结果预测贷款申请者或现存借款人将发生违约或拖欠的概率。其中，信用卡作为个人消费信贷的主要途径之一，埃纳夫（Einav）等[2]认为信用评分最广泛和最成功地应用于个人信用卡消费信贷。目前，国内外个人信用风险评估模型主要包含逻辑回归模型、支持向量机（support vector machine，SVM）、神经网络模型、决策树（decision tree，DT）模型等。此外，国内外学者也尝试在单一信用模型的基础上进行拓展，如克鲁帕（Kruppa）等[3]提出了一个估计个人消费信贷风险机器学习方法的总体框架；石庆焱[4]将神经网络模型和逻辑回归模型进行组合建立个人信用评分模型；贝克（Bequé）和莱斯曼（Lessmann）[5]分析了超限学习机

---

① 沈利生，王恒. 授信风险限额的人工神经网络模型检验[J]. 数量经济技术经济研究，2007，24（3）：108-117.

② Einav L，Jenkins M，Levin J. The impact of credit scoring on consumer lending [J]. The Rand Journal of Economics，2013，44（2）：249-274.

③ Kruppa J，Schwarz A，Arminger G，et al. Consumer credit risk：individual probability estimates using machine learning[J]. Expert Systems with Applications，2013，40（13）：5125-5131.

④ 石庆焱. 一个基于神经网络：Logistic 回归的混合两阶段个人信用评分模型研究[J]. 统计研究，2005，22（3）：45-49.

⑤ Bequé A，Lessmann S. Extreme learning machines for credit scoring：an empirical evaluation[J]. Expert Systems with Applications，2017，86：42-53.

（extreme learning machines，ELM）在消费信贷风险评估中的效果；索萨（Sousa）等[1]在历史数据静态设置的主流信用评分模型上进行扩展，提出了一种新的信用风险评估的动态建模框架。关于客户授信额度，大量文献从不同角度研究了相关问题，如授信额度定价问题[2][3][4]、影响授信额度的因素[5]、授信额度对企业的影响[6]、企业在授信额度的基础上进行项目调度[7]等。目前对确定授信额度的研究还较少，斯坦豪斯（Stanhouse）等[8]的研究通过假设顾客不同时间的贷款需求是服从布朗运动的，从客户资金需求的角度构建了商业银行的授信额度确定模型；陈林和周宗放[9]使用多目标决策方法，对企业授信额度的优化模型进行了研究；刘燕霞等[10]介绍了内蒙古农村信用社个人客户授信限额模型及其验证；沈利生和王恒[11]利用人工神经网络模型检验银行的授信风险限额；索恩（Sohn）等[12]针对信用卡消费授信额度与客户违约概率等因素之间的关系，为客户寻找最优调整的信用额度等。通过研究可以看出，传统的信贷风险评估方法可以分为以下几种。

1. 监督模型

有监督学习方法是一类机器学习任务的统称，它从有标记的训练数据中学习出一个预测函数，从而在给定任意一个新的数据时，能通过该函数推导出新数据的标签。

有监督学习模型是当今机器学习领域最主要的分支，也是应用最广泛、效果最显著的一系列模型，用于预测数据类别的模型称为分类器。分类器的类别众多，

---

① Sousa M R，Gama J，Brandão E. A new dynamic modeling framework for credit risk assessment[J]. Expert Systems with Applications，2016，45：341-351.

② Acharya V V，Almeida H，Campello M. Aggregate risk and the choice between cash and lines of credit[J]. The Journal of Finance，2013，68（5）：2059-2116.

③ Hau A. Pricing of loan commitments for facilitating stochastic liquidity needs[J]. Journal of Financial Services Research，2011，39（1/2）：71-94.

④ 秦学志，胡友群，肖汉. 基于 ES-TV 的贷款承诺极端风险测度模型[J]. 系统工程理论与实践，2014，34（3）：656-662.

⑤ 应千伟，罗党论. 授信额度与投资效率[J]. 金融研究，2012，33（5）：151-163.

⑥ 马光荣，刘明，杨恩艳. 银行授信、信贷紧缩与企业研发[J]. 金融研究，2014，35（7）：76-93.

⑦ 任世科，何正文，徐渝. 基于银行授信额度的 Max-NPV 项目调度问题研究[J]. 管理工程学报，2009，23（2）：85-91.

⑧ Stanhouse B，Schwarzkopf A，Ingram M. A computational approach to pricing a bank credit line[J]. Journal of Banking & Finance，2011，35：1341-1351.

⑨ 陈林，周宗放. 商业银行集团客户统一授信额度的优化配置研究[J]. 中国管理科学，2015，23（2）：39-43.

⑩ 刘燕霞，刘学工，顾湘，等. 农村信用社个人客户授信限额模型研究：以内蒙古农村信用社为例[J]. 金融理论与实践，2018，40（1）：109-112.

⑪ 沈利生，王恒. 授信风险限额的人工神经网络模型检验[J]. 数量经济技术经济研究，2007，24（3）：108-117.

⑫ Sohn S Y，Lim K T，Ju Y H. Optimization strategy of credit line management for credit card business[J]. Computers & Operations Research，2014，48：81-88.

但都遵循相似的原理，即分类器的本质就是一个预测函数。不同的分类器其核心的预测函数复杂程度各异，因此这也决定了在相同的数据集中，训练不同的分类器，最终预测效果会存在较大差异。

1）传统机器学习方法

A. 多元线性判别分析

多元线性判别分析（multivariate-linear discriminant analysis，MDA）在财务相关预测研究中的基本思想是，根据已知的两个不同的总体，即一组陷入困境的公司和一组非困境公司，以及若干个反映观察对象特征差异的随机变量（财务指标），根据历史资料采用一定的统计方法筛选出具有显著差异的指标体系，拟合一个最优的线性判定模型用于对新事物的分类。判别函数的一般形式是

$$Z_1 = \alpha + \sum_{j=1}^{k} \beta_j X_{jt} Z_2 \qquad (2\text{-}8)$$

其中，Z_1、Z_2 为两个不同的总体；X_{jt} 为反映研究对象的特征变量；β_j 为各变量的判别系数；α 是噪声，通常设置为 0。

B. 逻辑回归模型

逻辑回归模型是通常用于解决二分类问题的最基础的机器学习模型之一，其作为一种广义的线性模型，要求数据集必须线性可分。虽然其准确率一般无法达到很高的水平，但因实现简单、速度快、易于并行化，被大量运用于工业界。

C. 多层感知器

多层感知器是最经典的一种神经网络模型，包含多个节点层，每一层节点全部连接到下一层，每个节点都是一个带有非线性激活函数的神经元。多层感知器的基本结构分为三部分：第一层的输入层、最后一层的输出层以及中间的隐藏层。其中隐藏层的数量可变，且数量大于 1，因此深度神经网络通常泛指这种拥有多个隐藏层的广义神经网络模型。多层感知器将输入向量通过输入层逐层向后映射，最终到达输出层即为模型预测的类别。该类模型拥有极强的拟合能力，因此特别适合应用于海量且高维的数据集，在很多复杂的分类任务中都有远远高出传统机器学习的表现。但是由于其计算代价较高，模型结构中的层数、节点数、激活函数的选择都需要经过大量实验以匹配目标数据集，因此实施难度较大。

D. 决策树

决策树，顾名思义，是用树形结构表达对象属性与对象值间的映射关系。树中每个节点表示在某个属性上的判断，每个分支代表一个判断结果的输出，最终的叶子节点则代表分类的结果。数据从决策树的根节点开始，根据不同节点的判断条件最终会找到一条通往某个叶子节点的路径，而该叶子节点则代表模型对数据预测的分类。决策树的预测过程类似于多个规则的复合，与人为设定的规则不

同的是，这些规则都是在训练过程中，由模型自行学习得来的。决策树模型相比其他机器学习模型有一个显著的优势，即它能提供相对较高的可解释性。

E. 支持向量机

支持向量机的基本模型是定义在特征空间上的间隔最大的线性分类器，由于可通过核方法使其支持非线性分类，因此该模型可适应多种场景下的分类任务。由于其泛化能力较强，能解决高维问题，因此在深度学习模型出现之前几乎是最受关注的一类模型。该模型的缺点在于，要想达到最佳的分类效果，必须寻找跟数据分布最匹配的核函数，而且计算量较大，在海量数据集上的训练较为困难。

F. 集成模型

集成模型将多个相同或不同的分类器同时训练，并最终由一定的规则得出预测结果。常见的模型有随机森林（random forest）、bagging[1]（bootstrap aggregating，引导聚集，又称装袋）算法、boosting[2]（提升）算法和 stacking 多种集成方法。

a）随机森林

随机森林采用了集成学习的概念，将多个不同的决策树模型组合起来，通过汇总所有决策树的输出从而给出最终的分类结果。通常在训练每棵子树时，都会从原始训练集中随机抽样一部分数据，同时也会随机选择部分特征为这棵子树形成一个独特的训练集。如此形成的多个子树即从不同的角度学习到了数据特征与数据类别间的关系，因此总体来看，随机森林模型具有相当高的预测精度，并且由于每棵子树的计算逻辑相互独立，该模型也非常适合并行化计算。

b）bagging

bagging 将单个分类器在不同的数据子集（基于重复采样）上训练，然后再把训练好的基分类器进行集成。例如，随机森林[3]就是多个决策树模型的集成。有相关研究表明，在企业信用评估中，随机森林模型分类效果比 AdaBoost（adaptive boosting，自适应增强）集成学习方法的效果更理想[4]。

马景义和谢邦昌[5]对分类问题、制造业上市公司财务预警问题和金融行业预测问题进行研究，发现随机森林误判成本小，相比其他众多算法具有较小偏差的优势。孙治河和张雷[6]分别运用随机森林与支持向量机构建中小企业信用评估模型后

① Breiman L. Bagging predictors[J]. Machine Learning，1996，24（2）：123-140.

② Freund Y，Schapire R E. Experiments with a new boosting algorithm[C]//Xu J，Ahmed S E，Cooke S L，et al. Proceedings of the Thirteenth International Conference on International Conference on Machine Learning. San Francisco：Morgan Kaufmann Publishers，1996：148-156.

③ Breiman L. Random forests[J]. Machine Learning，2001，45（1）：5-32.

④ 朱菁婕，吴怀岗. 企业信用评估指标体系及信用评估模型研究[J]. 南京师范大学学报（工程技术版），2020，20（3）：81-86.

⑤ 马景义，谢邦昌. 用于分类的随机森林和 Bagging 分类树比较[J]. 统计与信息论坛，2010，25（10）：18-22.

⑥ 孙治河，张雷. 基于机器学习算法的中小企业信用评估研究[J]. 无线互联科技，2021，18（12）：94-95.

发现，通过随机森林构建的模型具有更好的预测效果。也有学者将随机森林与支持向量机进行融合，例如，陈军飞和张强[1]先利用随机森林算法度量变量的重要性，在进行特征选择后，结合支持向量机构建企业信用评级模型，对沪深证券交易所中发行企业债的企业进行研究，其实证结果表明，随机森林-支持向量机模型的效果相比单独应用这两种方法效果更好。马晓君等[2]采集 2800 余家我国上市企业的数据构建加权随机森林模型，在 PSO（particle swarm optimization，粒子群优化）的基础上，模型有较高的准确率，比决策树模型、支持向量机模型和传统的随机森林算法有更好的表现。

王飞祥[3]在小微企业信用预测研究中，采用决策树、随机森林、支持向量机、GBDT（gradient boosting decision tree，梯度提升决策树）等多种方式构建了多个模型，通过调整参数优化模型，使用精确率、召回率、F1 值以及 AUC（area under the curve，曲线下面积）值对算法模型进行评价。通过综合对比，随机森林模型对小微企业信用预测的效果相对更好。

c）boosting

boosting 将基分类器"串联"起来，按照基分类器的顺序依次进行训练。常见的基于 boosting 的模型有 AdaBoost[4]、LightGBM（light gradient boosting machine，光梯度提升机）[5]和 XGBoost（extreme gradient boosting，极致梯度提升）[6][7][8]等。与单个分类器相比，集成模型通常有更好的分类表现和鲁棒性[9][10][11]。

① 陈军飞，张强. 基于随机森林-支持向量机的企业债主体信用评级研究[J]. 金融理论与实践，2016，38（3）：80-84.

② 马晓君，董碧滢，王常欣. 一种基于 PSO 优化加权随机森林算法的上市公司信用评级模型设计[J]. 数量经济技术经济研究，2019，36（12）：165-182.

③ 王飞祥. 基于机器学习的小微企业信用预测研究[D]. 贵阳：贵州财经大学，2021.

④ Margineantu D D，Dietterich T G. Pruning adaptive boosting[C]//Thomas G D，Becker S. Proceedings of the Fourteenth International Conference on Machine Learning. San Francisco：Morgan Kaufmann Publishers，1997：211-218.

⑤ Ke G，Meng Q，Finley T，et al. LightGBM：a highly efficient gradient boosting decision tree[C]//Luxburg U V，Guyon I. NIPS'17：Proceedings of the 31st International Conference on Neural Information Processing Systems. Red Hook：Curran Associates，2017：3149-3157.

⑥ Chen T，Guestrin C. XGBoost：a scalable tree boosting system[C]//Krishnapuram B，Shah M，Shen D，et al. Proceedings of the 22nd ACM SIGKDD International Conference. San Francisco：ACM Press，2016：1-13.

⑦ Friedman J H. Stochastic gradient boosting[J]. Computational Statistics & Data Analysis，2002，38（4）：367-378.

⑧ Rodriguez J J，Kuncheva L I，Alonso C J. Rotation forest：a new classifier ensemble method[J]. IEEE Transactions on Pattern Analysis and Machine Intelligence，2006，28（10）：1619-1630.

⑨ Alfaro E，Rubio N，Gámez M，et al. Bankruptcy forecasting：an empirical comparison of AdaBoost and neural networks[J]. Decision Support Systems，2008，45（1）：110-122.

⑩ Leshno M，Spector Y. Neural network prediction analysis：the bankruptcy case[J]. Neurocomputing，1996，10（2）：125-147.

⑪ Doumpos M，Zopounidis C. Model combination for credit risk assessment：a stacked generalization approach[J]. Annals of Operations Research，2007，151（1）：289-306.

　　将 boosting 集成算法应用到企业信用风险评估中的做法十分常见,何黎松[①]将 boosting 集成方法运用到创业企业公司风险识别任务中。其变量类别分为市场因素、盈利因素、企业自身因素三类,共包含 25 个变量。基于 209 个创业企业的数据进行企业风险评估,通过 boosting 集成决策树算法生成集成模型,其预测准确度能达到 98.09%,为评估企业信用风险提供一定的参考。杨俊和夏晨琦基于 Gradient boosting 算法[②]对建设银行 5.1 万户表现正常的小企业进行信用风险分析,同时采用逻辑回归和专家规则建模作为比较,结果体现了集成模型在预测精度和模型稳定性方面的优势。李丽和周宗放[③]将 AdaBoost 算法与支持向量机结合用于企业信用风险评估,得到了较高准确率的集成模型。

　　对于金融机构而言,小微企业的真实财务数据难以获得,并且小微企业能提供的信用也不完全,因此在分析小微企业信用风险时,将小微企业多方面的行为数据纳入分析具有重要意义。石涛[④]在分析小微企业信用风险时,采集企业的变更、分支机构、投资、招聘等方面数据构建 XGBoost 集成模型。相比随机森林算法构建的模型,运用 XGBoost 集成模型有更高的正确率,并且性能也相对稳定,对小微企业进行信用评估时具备更强的指导意义。

　　还有一些学者在研究企业信用风险时,将 boosting 集成模型和 bagging 集成模型进行融合。范诗语等[⑤]在采集到的 43 766 笔上市企业数据的基础上,将方差过滤法与随机森林相结合,筛选出 20 个显著影响企业信用风险的指标,而后构建了 XGboost、LightGBM、CatBoost(categorical boosting,分类提升)和随机森林四个模型,在进行参数优化后,将四个模型进行融合,最后得到的模型表现最好。

　　d)stacking

　　不同于 bagging 和 boosting 这两种集成学习方法,stacking 集成方法首先通过训练得到多个基于不同算法的基模型,然后再通过训练一个元模型来对其他模型的输出结果进行融合。

　　陈文兵[⑥]在研究中小板上市企业的信用风险时,收集 920 家中小板上市企业 8 年的相关数据进行分析,将 Logistic、SVM 和 GBDT 作为基分类器,进行

---

① 何黎松. 基于集成学习的创业公司风险识别[J]. 科技经济市场, 2019, 35(9): 115-117.

② 杨俊, 夏晨琦. 基于 Gradient Boosting 算法的小企业信用风险评估[J]. 浙江金融, 2017, 69(9): 44-50.

③ 李丽, 周宗放. 企业集团信用风险评估 SVM 集成分类器的构建与应用[J]. 技术经济, 2013, 32(11): 65-70.

④ 石涛. 基于 XGBoost 的企业倒闭风险预测[J]. 无线互联科技, 2018, 15(8): 102-104.

⑤ 范诗语, 耿子悦, 田芮绮, 等. 基于集成学习的上市企业违约风险评价[J]. 统计与管理, 2021, 36(2): 62-68.

⑥ 陈文兵. 中小板上市企业信用违约风险预测研究[D]. 武汉: 中南财经政法大学, 2020.

stacking 融合，集成模型有着较高的准确率和良好的稳定性。还有学者在进行 stacking 融合时，全部选用集成模型作为基分类器，以此对企业信用评估问题进行研究。祖任重[①]选取 XGBoost 模型、LightGBM 模型、随机森林模型和 GBDT 模型作为 stacking 融合的基分类器，但是其实验结果表明，基于这四类集成模型的融合结果却并不如单个集成模型的效果好，而基于这四类集成模型的同质随机扰动集成模型却能提升集成模型的效果。还有学者不仅仅构建单层 stacking 融合，还采取两层 stacking 融合机制。例如，夏江流云[②]在构建企业贷款违约风险预警模型时，在备选的 8 种基分类器中结合交叉验证法与网格搜索（grid search，GS）寻找各个模型的最优参数，选出 k 最近邻、支持向量机、AdaBoost、XGBoost、随机森林和极限树（extra tree，ET）共 6 种模型作为基分类器，构建两层企业信用风险评估模型，模型的精准率、召回率、F1 值和 AUC 值都有较好的表现。

总之，在企业信用风险评估中，集成学习的效果通常优于单个分类器，且具有鲁棒性。但是，和神经网络一样，集成学习的可解释性也较差。

G. 总结

模型的复杂程度一般决定了其学习能力的上限，即对数据的拟合能力。例如，将最简单的逻辑回归模型应用于高维度海量数据的分类任务时，往往难以获得理想的准确率，这是因为逻辑回归模型仅仅能捕捉到特征之间的线性关系，假如特征间隐含的非线性关系对推测数据的类别有重要影响，则逻辑回归模型可能会忽略这种影响。相比之下，多层感知器模型可以表示为一个经过多层线性与非线性变换嵌套而来的预测函数，因此在复杂的数据集上也可以获得较好的拟合效果。

将有监督学习模型运用于异常交易检测时，实质上是将检测任务视作区分"正常交易"与"异常交易"的二分类任务。一般的建模过程分为以下几个步骤：①收集有标签的数据集，即提取历史交易流水库中最近一段时间的数据，对有明确记录为非法交易的数据标记为异常交易，其余的数据需通过人工分析或是一些简单筛选手段确定最终的样本标签；②根据业务经验对需要关注的特征进行衍生，丰富数据集的信息表达能力；③将预处理好的数据集分割为训练集与测试集；④利用训练集训练模型，在测试集上验证训练后的模型效果，适当调整训练参数，优化训练效果；⑤将最终训练好的模型部署至检测系统中正式使用。

---

① 祖任重. 基于集成学习的企业失信研究[D]. 大连：大连理工大学，2020.
② 夏江流云. 基于 Stacking 融合算法的企业贷款违约风险预警模型设计与应用[D]. 南昌：江西财经大学，2021.

2）深度学习方法

A. 神经网络

尽管在小规模数据上，支持向量机表现优异，但是支持向量机在训练时需要求解一个二次规划问题，而当数据规模较大时，整个模型训练过程会非常慢，此时使用支持向量机并不合适，而神经网络则能很好地处理大规模数据。神经网络可以拟合任何博雷尔可测函数，因此，对于数据之间的复杂非线性关系，神经网络也可以进行准确的刻画[①]。正是因为这一点，当训练数据较少时，神经网络更容易发生过拟合，只有当训练数据很多且特征维度很高时，神经网络所学到的映射关系才是更接近真实的数据映射关系。

B. CNN

CNN 是神经网络的一种，包括卷积层、池化层和全连接层。卷积层通过卷积计算和权重共享原理，学习并提取时间序列数据的局部关联特征。池化层对卷积层提取的特征进一步压缩，在提取输入时间序列数据的主要特征的同时，可以有效降低神经网络的复杂度，进而提高神经网络的泛化能力。全连接层将经过卷积层和池化层提取出的特征组合，实现对金融时间序列数据的预测。

卷积层是 CNN 非常重要的一个模块，通过一个过滤器提取输入数据的特征，即对前一层特征向量实施滑动的卷积运算得到提取的特征向量。该过程充分考虑了输入金融时间序列数据的局部关联特征，且权重共享有效降低了神经网络模型的复杂程度，减少了神经元间连接权重的数量。将上述得到的卷积层通过激活函数进一步做非线性映射，纳入数据的非线性特征，常选用整流线性单元（rectified linear unit，ReLU）激活函数，形式为

$$f(x) = \max\{0, x\} \tag{2-9}$$

池化层的作用是在提取卷积层中的特征向量重要信息的同时，进一步降低数据规模，减少神经网络中所需计算的参数数量，有效缓解过拟合问题。CNN 可通过卷积层和池化层提取输入特征向量的重要特征，充分捕捉时间序列数据间的局部关联特征，但难以处理金融时间序列数据所存在的长期和短期依赖特征。

C. 循环神经网络

循环神经网络（recurrent neural networks，RNN），与传统 BP（back propagation，反向传播）神经网络及 CNN 有所区别，主要对具有时间序列特性的数据预测效

---

① Heaton J，Goodfellow J I，Bengio Y，et al. Deep learning[J]. Genetic Programming Evolvable Machines，2018，19：305-307.

率较高，可以挖掘数据中的时序信息。因此，目前多被应用于语言模型、机器翻译及时序分析等问题。结构如图 2-1 所示，包括输入层、输出层及隐藏层。其中输入层记为 $\{x_0, x_1, \cdots, x_t, x_{t+1}, \cdots\}$，输出层记为 $\{o_0, o_1, \cdots, o_t, o_{t+1}, \cdots\}$，隐藏层记为 $\{s_0, s_1, \cdots, s_t, s_{t+1}, \cdots\}$。$U$ 表示输入层到隐藏层的权重矩阵，V 表示隐藏层到输出层的权重矩阵，W 表示隐藏层之间的权重矩阵。

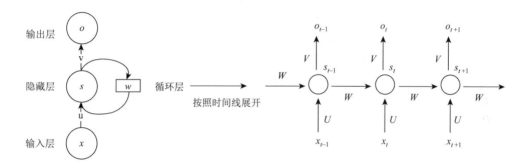

图 2-1 RNN 结构

在 t 时刻，由 s_{t-1} 和当前的 x_t 作为输入，得到的计算结果 o_t 为输出且传递给 $t+1$ 时刻。由此得到的 RNN 网络具备较强的记忆性，利用相连接的隐藏层，将前一时刻的状态传至下一时刻。

D. 图神经网络

随着机器学习、深度学习的发展，语音、图像、自然语言处理（natural language processing，NLP）逐渐取得了很大的突破，然而语音、图像、文本都是很简单的序列或者网格数据，是很结构化的数据，深度学习很善于处理该种类型的数据。然而现实世界中并不是所有的事物都可以表示成一个序列或者一个网格，如社交网络、知识图谱、复杂的文件系统等，也就是说很多事物都是非结构化的。相比简单的文本和图像，这种网络类型的非结构化的数据非常复杂，处理它的难点包括：①图的大小是任意的，图的拓扑结构复杂，没有像图像一样的空间局部性；②图没有固定的节点顺序，或者说没有一个参考节点；③图经常是动态图，而且包含多模态的特征。

相比神经网络最基本的网络结构全连接层（特征矩阵乘以权重矩阵），图神经网络多了一个邻接矩阵。计算形式很简单，三个矩阵相乘再加上一个非线性变换。一个比较常见的图神经网络的应用模式如图 2-2 所示，输入是一个图，经过多层图卷积等各种操作以及激活函数，最终得到各个节点的表示，以便进行节点分类、链接预测、图与子图的生成等任务。

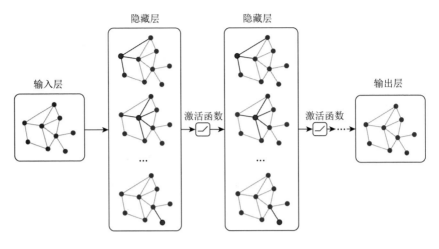

图 2-2　图神经网络的应用模式

2. 无监督模型

无监督机器学习一般指在不依赖数据标签的情况下，由模型自行学习数据的分布，从而实现特征降维、聚类等目的，并将这些结果应用于后续的工作中。传统的应用场景包括：将经过降维的数据集用于后续的有监督学习模型中以提升分类的效果，将聚类的结果用于数据分析任务。

无论是降维模型还是聚类模型，模型学习的过程本质上都是对数据分布的归纳总结。因此基于异常数据仅占整体数据的极少一部分，且异常数据在某些特征组合上一定与正常数据存在差异的假设下，利用无监督学习的特性，可以设计出以度量数据相似度为原理的异常检测模型。

1）基于 K-means 聚类的异常检测方法

基于 K-means（K 均值）聚类的异常检测，该模型广泛运用于聚类任务中，它根据设定的参数 K，按照样本间距离的大小，将数据集划分为 K 个簇，使得簇内的数据尽可能紧密的同时，簇间的距离尽可能大。此时，则可以规定不属于这些簇或是远离这些簇心一定距离的数据为异常数据。此模型实现较为简单，逻辑清晰，但是在实际运用中存在很多困难，如没有统一的标准和有效的手段确定 K 的值，训练数据中存在的异常数据会对簇心位置的确定施加较大的影响等。由于此类聚类模型存在不确定性，也无法保证高度的稳定性，因此在异常检测场景下的实际效果有限。

2）基于主成分分析的异常检测方法

主成分分析（principal component analysis，PCA）是一种常用的线性降维方法，它利用正交变换来对一系列可能相关的变量进行线性变换，从而投影到低维特征空间。假设数据集中大部分都为正常数据，模型将数据投影到低维空间的特征向量应该表现出数据分布的共性和原始特征间的内在联系，那么如果把一条正常数据的低维表示重新投射回原始特征空间中，则还原出的数据应该与原始数据的差异不大，这种差异被称为还原误差（reconstruction error）。相反，一条异常的数据经过投影再还原时，它的还原误差理应高于平均水平。基于此原理，可以划定一个误差阈值，任意一条数据的还原误差高于该值即可认为是异常数据。该方法相较于聚类的方法减少了不确定性，但由于经典的主成分分析方法仅支持线性变换，因此当变量间存在非线性关系时通常表现不佳。

3）基于自动编码器的异常检测方法

自动编码器（auto encoder，AE）是一种无监督的深度学习模型，其结构类似多层感知器，模型分为编码器、解码器两个部分，其中编码器将原始数据向量经过多层非线性变换压缩成低维空间上的向量,解码器则尝试将低维向量还原成原始数据空间上的向量,目标是最小化还原误差。该模型本质上与主成分分析类似，都可用于数据降维，但自动编码器在降维过程中使用的是非线性变换。在异常检测应用中,其实现逻辑与采用主成分分析的异常检测方法一致。樱田（Sakurada）和亚里（Yairi）[1]将自动编码器应用于异常检测任务中，并比较了其与主成分分析模型在相同任务中的异常检测效果,揭示了自动编码器能检测到一些主成分分析所不能发现的异常,并且能学习到特征之间的非线性关系。

将无监督学习模型运用于异常检测任务时，建模过程分为以下几个步骤：①根据业务经验对需要关注的特征进行衍生，丰富数据集的信息表达能力；②将预处理好的数据集送入模型进行无监督训练；③划定合适的分类阈值并记录到整体的模型中，作为检测新数据时的判断依据；④将最终训练好的模型部署至检测系统中正式使用。

3. 对比评估

有监督学习模型是当前检测效果最好的技术，能从历史数据中自动总结异常交易的模式并准确识别出未知数据的异常交易，在模型训练中也无须大量的业务专家参与，通过定期利用新数据进行滚动训练即可达到模型自我更新的效果。然而在实际运用时会面临许多困难，首先，有标注的数据是模型训练的必要前提，数据标注往往需要花费大量的时间和人力，这在一定程度上限制了有监督学习模型的应用范围。其次，模型的效果会受到训练参数的影响，而训练参数通常不存

① Sakurada M，Yairi T. Anomaly detection using autoencoders with nonlinear dimensionality reduction[C]//Rahman A，Deng J，Li J Y. MLSDA'14: Proceedings of the MLSDA 2014 2nd Workshop on Machine Learning for Sensory Data Analysis. New York：Association for Computing Machinery，2014：4-11.

在通用的配置，越是复杂的模型，可调的参数就越丰富，调参的过程既需要花费大量时间，又需要有经验的算法工程师参与。

　　相比有监督的检测方法，基于无监督机器学习的检测方法摆脱了对数据标签的需求，因此省去了数据收集过程中对数据进行标注的成本。同时其采用的模型相对简单，训练容易，而且在检测的逻辑上更适合捕捉从未出现过的异常模式。然而其缺点也较明显，通过该方法检测出的异常交易是缺乏指向性的，其中可能会包含一些与真正风险无关的交易，实际的误报率相对偏高。由于在大部分情况下训练集都没有标签，因此难以设计有效的模型评价机制，无法准确评价模型效果则意味着对模型的优化也缺乏方向。

2.2.3　地方金融运行中复杂金融实体交互关系监测

　　关于金融实体交互关系的研究，可以依赖的信息除了金融实体机构的关系，还包括金融实体机构交易、股东关系网络、共同的高管、高管的社交网络和资金流水等信息，因此，本节首先对这些金融实体复杂交互关系展开研究，其次完成交互关系相关信息的抽取工作，最后建立异构网络并以此完成金融实体交互关系的表示工作。复杂金融实体交互的重要任务就是识别非正规金融机构以及可疑交易。

1. 金融实体复杂交互关系介绍

　　金融行业作为推动我国经济发展的重要动力，近些年来一直表现出昂扬的发展姿态。但是随着我国经济的飞速发展，越来越多的问题开始在金融行业中出现，尤其是经济体制转型后，很多正规的金融机构资金供给表现出不良状态。同时，为保证国家经济的平稳发展，各体制外的资金供给开始大量涌进市场，这就产生很多非正规的金融机构。这些由个人、团体组织以及公司企业组成的非正规金融机构，可以不经过政府监管体系进行商品交易活动，伴随而来的是很多违法行为的出现。至此，由正规金融实体机构与非正规金融实体机构形成的金融实体交互关系诞生。将两者的交互关系与各自特点归纳如表 2-1 所示。

表 2-1　金融实体交互关系的介绍

机构	定义	特点
正规金融机构	受一般法律约束并接受专门的银行监管机构监管的金融机构。这些机构可以是开发银行、商业银行、邮政储蓄银行以及经过合法注册的提供金融服务的非银行金融机构	财力雄厚、流程规范、交易可靠、业务范围广等
非正规金融机构	在政府批准并进行监管的金融活动（正规金融）之外存在的游离于现行制度法规边缘的金融机构	不吸收公众存款，活力强、流动性强，小额、分散的资金交易，交易流程简化等

2. 金融实体交互关系研究回顾

关于金融实体交互关系的研究，学界存在不同的结论，关于两者关系的研究也随着时代的发展而变化，但是整体而言，正规金融机构和非正规金融机构之间一直存在互补、竞争以及转化的关系，具体来说，两者的关系研究可以描述如下[①]。

1）互补关系

正规金融机构和非正规金融机构之间的合作关系尤为明显，这一点是自两者存在之始就得到认可的，具体而言，两者的互补关系体现在以下三个方面[②]：补缺效应、信息分享效应、示范效应（图 2-3）。

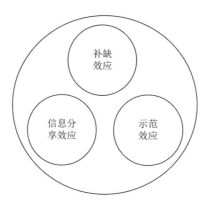

图 2-3　金融实体间的互补关系

（1）补缺效应：只要有正规金融未及的地方，就有非正规金融生存的空间，非正规金融产生的领域正是正规金融最薄弱的环节。出于对规模经济、利润最大化及防范风险等因素的考虑，正规金融网络往往存在于经济发达、人口稠密的地区和信息成本较低的客户群，而经济欠发达、地域偏僻的地区或者信息成本较高的客户群则成为正规金融网络的盲点。

而非正规金融以其特有的比较优势，在正规金融网络的盲点中如鱼得水般地迅速发展。首先，在血缘、人缘、地缘和业缘基础上，非正规金融的信贷业务市场的交易半径非常小，借贷方之间深度信息共享，从而能够在一定程度上解决正规金融机构所面临的信息不对称问题，防止道德风险和逆向选择的出现。其次，非正规金融通过灵活的担保安排，有效缓解低收入的农民和中小企业面临的担保约束。这些担保安排包括：正规金融市场上的非担保物，如房产、土地等由于管

① 王芳，吕刚正，赵启越，等. 内生金融与外生金融：一个历史视角[J]. 货币金融评论，2003，（9）：1-30.

② 刘民权，徐忠，俞建拖. 信贷市场中的非正规金融[J]. 世界经济，2003，（7）：61-73，80.

理和处置成本较高而不被正规金融机构当作担保品的财物、以金融的信贷业务市场以外的交易关系作为担保的关联契约（interlinking contracts）及以社会关系作为担保的隐性担保（implicit collateral）机制等。最后，非正规金融操作简单易行、灵活、便捷、小规模等特点使其有效节约了正规金融机构运行所需要的高昂交易费用。可见，非正规金融以其特有的信息、担保及交易成本优势，对正规金融的真空地带形成了补缺效应，更好地满足了金融市场不同层次的需求。

（2）信息分享效应：根据信贷配给理论，在信息不对称的条件下，为了避免逆向选择和道德风险，金融机构往往采取信贷配给方式来解决信贷供不应求的问题。因此，正规金融机构倾向于以较低的利率将资金贷给有足够担保的大企业。大企业则因与那些不能进入正规金融市场的小企业有密切的业务往来关系，对其资信状况和还款能力有相当的了解。在没有更好投资机会的情况下，有资格进入正规金融市场的大企业以更高的利率将资金贷给小企业。

除了通过转贷实现两个市场之间的信息共享之外，正规金融也可以通过共同融资机制来实现同样的目的。正规金融部门可以通过要求企业同时从两部门融资来达到甄别客户的目的，因为劣质客户无法从熟悉他们私人信息的非正规金融部门获得所需要的贷款，能否获得非正规金融部门贷款对正规金融部门来说就成为一种信号。他们可以利用这种信号来甄别优质客户，从而达到利用非正规金融部门比较优势的目的。

（3）示范效应：非正规金融的生成和发育打破了正规金融一统天下的垄断格局，形成竞争性的市场环境。由于非正规金融内生于民间经济中，并与民间经济天生地结合在一起。它适应了民间经济的发展，给正规金融带来了极大的冲击，使正规金融机构不得不在服务方式、服务品种、经营管理方式、内部运行机制等方面做出改变，以适应金融竞争的需要。非正规金融为正规金融机构的组织和产品创新提供了优秀的范例，有利于正规金融机构完善自我，并带动整个金融体系效率的提高，使金融业整体上获得新的增长。

2）竞争关系

前文介绍了两者在发展过程中出现的合作关系，现在介绍两者的竞争关系。显而易见的是，非正规金融机构的诞生就是为了撼动正规金融机构的垄断地位，所以考虑到两者之间存在的业务重叠，两者必然存在竞争关系。可以从两者的服务对象看到这一现象，非正规金融机构主要的服务对象是普通群众、交易流水和金额较低的用户，而正规金融机构面向的是大企业、交易流水和金额较大的用户[①]。

在我国金融机构中，正规金融的发展自身具有较大的局限性，不是所有企业

---

① 姜旭朝. 中国民间金融研究[M]. 济南：山东人民出版社，1996.

形式都能通过这些机构获得资金，还有很大的市场没有被正规金融机构普及，中小企业或农村市场他们往往需要资金支持，但又苦于没有融资渠道。而民间金融机构的出现，恰恰弥补了正规金融机构的缺失。在我国中小企业或农村市场中，民间金融的市场较大。但是值得注意的是，由于中小企业或农村市场对资金存在需求，他们会根据自身的情况及还款能力进行贷款。但是民间金融机构在获取信贷人的相关信息时却很难实现信息对称性，很多业务是经过相关人员长期接触了解的，因此对于还款信用等方面的信息很难掌握，这也成为民间金融机构运行和发展的瓶颈。民间金融与正规金融相比，担保优势是最大的特点。很多正规金融机构对担保内容的要求较为严格，而民间金融担保的内容相对更加广泛，形式多样，如土地、房屋等。很多信贷活动建立在双方互信的基础上，因此在贷款申请或审批阶段程序简单，操作灵活方便。特别是在农村市场，能够快速获得资金是民间金融规模迅速扩大的直接原因，与此同时这也为正规金融带来较大的冲击。过去的金融市场，正规金融一家独大，难免造成垄断局面，很多资金被民间金融机构吸纳，这也给银行等正规金融机构带来很大的经营压力。而民间金融机构根据市场需求，不断推出相关金融产品及服务，其创新性更高，因此，这两类金融机构存在较强的竞争关系。

具体来讲，两者在贷款方面的竞争关系可以用图 2-4 来表示，从图中可以看到 *OA* 和 *OB* 分别代表了正规金融机构的资金流入和贷款流出水平，*CB* 和 *CA* 则表示非正规金融机构的资金流入和贷款流出水平。*OC* 方向表示正规金融机构的资金变动和供给扩展水平（*O*→*C*），相反方向（*C*→*O*）则代表非正规金融机构的资金变动和供给扩展水平。

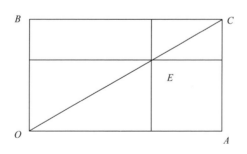

图 2-4 金融实体间的竞争关系

3）转化关系

民间金融是金融领域中非官方的金融市场，它可以是个体、单位或集团，其在金融领域主要从事的交易行为是借贷等相关业务。

两者的转化关系体现为两者在金融业务上的优势互补关系，非正规金融机构的出现填补了正规金融机构一家独大而无法照顾到个人业务和小规模企业业务的空缺，因此一些交易金额过小而办理时长超出预期的业务就会转移至非正规金融机构，相反地，非正规金融机构面对无法处理的规模超标的业务时，则会建议客户将该业务转交至正规金融机构办理（图 2-5）。这样便可以极大化地做到需求平衡，保证金融市场的流动性。

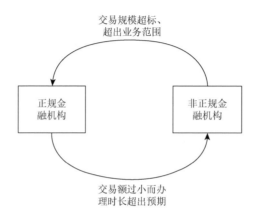

图 2-5　金融实体间的转化关系

　　通过上述分析，我们不难看出，正规金融与民间金融两者是存在相互竞争关系的，但是两者又是相互依存、相互交互的关系，两者共同存在才构成了我国金融行业的井然秩序，因此补充、合作、竞争共同构成了两者的关系，也正因为这两者才能使我国经济发展得到必要的保障。

　　3. 金融实体交互关系分析的流程

　　为了保证金融实体交互关系的数据收集和处理工作，搭建基于金融实体机构交互关系的抽取系统，该系统由四个部分组成，分别是数据预处理、候选样例构建、知识表示学习、交互关系抽取。

　　1）数据预处理

　　首先对金融实体交互关系进行识别，根据识别结果选定数据处理方案，经过讨论后使用数据归一化的方法来完成预处理的操作。第一步，对训练集和检验集中的数据进行识别和归一处理。对于训练集，使用 GNormPlus 工具完成信息的标注任务，同时还需要使用该工具完成实体信息的标注任务；对于检验集，仅需要使用 GNormPlus 工具完成实体信息的标注任务，如果未能标注信息，则该信息不会出现在之后的关系抽取中。第二步，去除异常值。之后，采用的数据变换方法为最大-最小归一化方法，主要用于将数据缩放到[0, 1]范围内，避免数据的分布太过广泛。第三步，完成上述预处理后对金融实体交互关系数据进行信息提取，包括股东名称、公司名称、社会关系以及日常交易流水等文本和数字信息。

2）候选样例构建

关于候选样例的构建，需要遵循以下原则：第一，实体交互关系的数据间隔应该控制在 3～50 个单位内；第二，实体交互关系形成的句子间距应该控制在 3 个单位内。具体来说，第一个原则根据交互关系的信息之间的词距离设置，要求距离小于 50 个词的目的和第一个原则相同，要求距离大于 3 个词的目的是把存在并列交互关系的信息对过滤掉。最终两个候选实体信息对之间的文本，以及第一个实体信息的左边 3 个词和第二个实体信息的右边 3 个词，构成了这一对实体信息的一个候选样例。第二个原则根据交互关系的信息对的句子距离设置，过滤掉了很多距离过长的交互关系的信息实体对，通常这些交互关系的信息对不存在交互关系。

3）知识表示学习

使用的知识库有 BioGRID（Biological General Repository for Interaction Datasets，交互数据集的生物通用存储库）和 IntAct（IntAct Molecular Interaction Database，分子相互作用数据库），从中获得交互关系的信息交互关系三元组，再利用 UniProt（Universal Protein，通用蛋白质）数据库将两个知识库不同的交互关系的信息 ID 统一映射为 Entrez Gene（恩特拉兹基因）ID。将从两个知识库中抽取的三元组集合取并集，去掉重复的三元组，构成本节需要使用的知识库。考虑到性能和效率的问题，使用 TransE（translating embedding，嵌入翻译）模型在知识库的三元组集合上训练并获得实体和关系表示。我们将构成交互关系的信息单词的词向量的平均作为实体的初始表示，将关系表示使用均匀分布进行初始化，初始化范围是(-1, 1)，实体和关系表示的维数相同。为了训练 TransE 模型以获得知识表示，定义如下损失函数：

$$\text{loss} = \sum_{(e_1, r, e_2) \in S} \sum_{(e_1', r, e_2') \in S'} \max\left(0, \gamma - \|e_1 + r - e_2\| + \|e_1' + r - e_2'\|\right) \quad (2\text{-}10)$$

其中，γ 为间隔距离，是一个可以调节的超参数；S 为成立的三元组（e_1, r, e_2）的集合；S' 为不成立的三元组（e_1', r, e_2'）的集合。知识库中的三元组集合均是成立的，即均是正例。为了 TransE 的训练，需要人为引入负例，即不成立的三元组集合。

4）交互关系抽取

完成上述数据关系处理后对金融实体交互关系数据进行信息提取，借助自然语言处理工具 LTP-Cloud（Language Technology Platform-Cloud，语言技术平台云）对股东名称、公司名称、社会关系以及日常交易流水等文本和数字信息进行依存分析，并得到最短依存路径；同时获取特征：词性标记、实体类别和语法关系。即通过输入 A 股东名称联想到相关的社会关系网络中包含的公司名称等信息，通过输入 2021 年 12 月 12 日的日期，联想到当日的各金融机构的交易流水，通过输入 A 股东名称与 2021 年 12 月 12 日的日期，可以联想到 A 股东所持有股份的金融机构当日的交易流水信息。

4. 金融实体交互关系中高风险机构和行为识别

在网络图的建模实现方法上，我们通过对大量金融网络图的研究，发现了两个重要的特征：①金融网络图的模式是随着时间的推移而不断演变发展的；②随着经济社会的进步，金融网络图的复杂程度越来越深，需要通过越来越多相关的和连接的团体来组织与实施。图是由许多节点和连接每个节点的边组成的抽象结构[1][2]，用来描述事物之间的特定关系。关系网络图是指由节点和边组成的基于图的数据结构。每个节点代表一个实体，以及一个实体和另一个连接的实体之间的关系。关系网络图根据不同实体之间的关系将它们连接起来，从而提供了从"关系"的角度分析问题的能力。

正规的金融机构一般都具有相似的实体间交互特征。例如，银行、保险、证券行业的从业机构都与金融监管机构间具有稳定的监管关系，从业机构之间也具有相对稳定的交易、投资与现金流水关系；而非正规金融机构一般很难具有以上稳定的交易、投资与现金流水关系，在网络图中通常表现出和正规金融机构节点差异较大的局部网络连接特点（甚至为孤立节点）。通过提取金融机构与其他相关机构之间的监管、投资、交易等方面的综合交互特征，可以较容易地检测到机构节点间的差异性，从而识别异常的（非正规的）金融机构。

另外，单独从交易关系的角度看，风险交易通常具有相似的子网络结构模式，通过对金融参与机构的子交易网络结构进行检测，可以较容易地发现高风险的交易行为。例如，常见的风险交易有圈内交易、循环交易、短时频繁交易等，通过对金融实体间的投资圈、股东圈、交易圈、担保圈等网络社区结构或其他子网络结构的检测，即可发现这些金融实体间的高风险交易行为。

2.3　监管沙盒与金融科技创新

2015 年，监管沙盒在全球范围内被大规模应用，人们对其实现金融监管现代化的潜力充满期待。监管沙盒由英国金融行为管理局（Financial Conduct Authority，FCA）率先大规模开发，企业能够在受控环境中对新的金融产品、技术和商业模式进行测试，同时允许企业以较低的风险快速将创新引入市场。

---

① Pan Z, Yi X, Zhang Y, et al. Efficient in-loop filtering based on enhanced deep convolutional neural networks for HEVC[J]. IEEE Transactions on Image Processing, 2020, 29: 5352-5366.

② Wu Y, Wang B, Li W. Heterogeneous hyperedge convolutional network[J]. Computers Materials & Continua, 2020, 65（3）: 2277-2294.

作为测试与学习等监管工具演变的里程碑，监管沙盒很快就成为具有前瞻性的金融监管机构的标志性项目。如今，全世界 60 多个司法管辖区已经宣布建立了监管沙盒，对它们的兴趣仍然没有减弱的迹象[①]。本节首先介绍监管沙盒的概念、由来以及制度设计，其次对监管沙盒的运行机制进行国家/地区层面的比较，最后总结监管沙盒在我国的实践经验。

2.3.1　监管沙盒理论概述

1. 监管沙盒的概念

监管沙盒的概念最早由英国政府于 2015 年 3 月提出。在被定义为"安全空间"的监管沙盒里，企业可以在不太严格监管的情况下测试创新的产品和服务等。这能够减轻企业的监管压力，促进企业将创新方案实施推广。在此过程中，既能有效管控风险又能实现金融科技创新。

2. 监管沙盒的引入原因

监管沙盒是一种工具，通过降低事前监管成本，让有益的创新进入市场。考虑以下现实生活中的例子：某家科技公司为保险公司提供了一种工具，该工具使用自然语言处理来评估保单覆盖率和消费者保险保单中的缺口。监管机构认识到帮助消费者理解和管理复杂保险单的潜在好处，但也认识到如果该工具提出的建议使个人暴露于未发现的风险或责任中，则可能造成伤害。因此，监管者使用沙盒将自然语言处理建议的结果与现场调查结果进行比较，由保险专业人员审查相同的保单。沙盒结果让监管机构满意，自然语言处理发现了与现场评审员发现的类似的覆盖率问题和差距，监管机构批准该产品在市场上推出。

在这种情况下，新技术带来了难以评估的潜在风险。它还明确了如果不允许该技术进入市场，将会失去潜在的消费者利益。对实时数据的实验有助于证明这些技术能够正常运行，并产生潜在的消费者利益。

此外，监管沙盒还具有以下潜在优势。

1）以更低的成本、更短的时间争取上市

监管不确定性导致的延迟阻碍了创新者。来自其他行业的证据表明，通过原始的方式，成本约为产品寿命期收入的 8%，上市时间可以增加约 1/3。

2）提供更好的融资渠道

金融创新依赖投资，其中大部分是通过股权融资。由于监管的不确定性，金

---

① Appaya M. How regulators respond to FinTech：evaluating the different approaches-sandboxes and beyond[R]. Washington：World Bank Group，2020.

融科技公司更难筹集资金和实现更低的估值。来自其他行业的证据表明，估值可能会降低约 15%。

3）提高创新水平

由于监管的严格或存在不确定性，一些创新在萌芽时期不得不被放弃。沙盒框架使公司能够在测试阶段管理监管风险，因此可能会试用更多的解决方案，并在稍后将其引入市场。

4）提升服务水平

监管沙盒能为消费者带来好的结果。例如，通过测试发现服务漏洞，促使企业改善服务。

3. 监管沙盒制度设计

监管沙盒的设计与实施大致需要以下步骤。

第一步：确定沙盒目标。

监管者经常为其沙盒计划引入三个首要目标：促进创新和竞争、解决创新的监管障碍以及促进市场发展。

第二步：设置企业申请使用沙盒的准入要求。

制定一个公开标准，企业进入沙盒需要满足一定的先决条件，将有助于确保政府公平透明地对待所有企业，同时确保专注于真正有利于消费者的主张。参考英国 FCA 创新中心拟定的审核标准，其内容为：考察公司是否在范围内，即监管沙盒是否能为企业提供实质性的帮助；考察企业是否具备创新性，即企业的产品或方案是新颖的还是与现有产品或方案无显著差异；是否满足消费者利益，即创新是否为消费者提供了良好效用。

虽然监管沙盒有诸多好处，但是其构建成本也较大，且要承担一些风险。因此，在考核企业时还要结合企业实际情况，明确监管沙盒是不是最合适的解决办法，有无其他成本更低也能起到类似效果的解决方案，即充分考量企业是否真正需要在沙盒框架内进行测试，再决定其能否进入监管沙盒项目中。

第三步：监管沙盒的运行。

法律框架、市场条件和能力、参与主体、参与时间、可用资源等都是监管沙盒需要确定的要素，具体内容还需根据企业和政府的实际情况拟定。确保沙盒正常运行的关键步骤包括：授权参与企业，提供内部支持，明确实施流程，明确保障措施，以及测试、监督和退出。

1）授权参与企业

建立一个定制的授权流程，允许需要获得授权的公司测试新产品或服务。沙盒公司将首先获得限制性授权，允许实行部分测试活动，一旦公司能够满足"完全授权"要求，限制就可以取消。在英国 FCA 的实践中，企业在申请完全授权时不仅要达到一定要求，还需要时间和资源。此外，欧盟立法限制了 FCA 在设定某些授权要求方面的灵活性，对于这些公司，沙盒保护伞被认为是更合适的方案。

沙盒保护伞公司允许未经授权的公司在其庇护下提供服务。沙盒保护伞公司首先要获得一定的授权才能开展活动，然后由 FCA 作为其他授权公司进行监督。创新公司无须申请授权并自行满足授权要求。行业主导的保护伞能够更好地评估沙盒公司并为其提供建议，促进整体创新。FCA 将通过创新中心帮助建立保护伞，并提供持续支持和建议。

2）提供内部支持

针对获得授权的企业，内部支持的方式可以借鉴 FCA 发布的无强制措施声明、特别指导和规则豁免等，帮助申请公司抵御以后可能会遇到的法律政策风险。

无强制措施声明：FCA 可以发布一份无强制措施声明，声明在其合理确信测试活动未违反要求或损害 FCA 及大众利益的情况下，不会对其采取强制执行行动。

特别指导：FCA 还可以就公司可能开展的测试活动相关适用规则的解释向公司发布特别指导。

规则豁免：如果测试活动不符合规定，但测试公司满足弃权测试，FCA 可以允许其暂时违反规则。

3）明确实施流程

确切的申请流程和金融管理部门的参与将取决于所使用的特定模块、公司的监管状态、正在测试的解决方案以及消费者参与的程度。图 2-6 概述了向金融管理部门申请监管沙盒的历程。

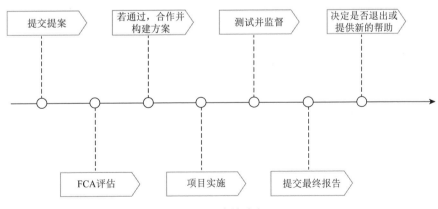

图 2-6　实施流程

公司向金融管理部门提交提案，列出其创新项目、诉求以及证明其符合标准。金融管理部门审核提案，如符合资格标准，将被接受，并指定工作人员成为其联络人，若不被接受，应对提案进行修改或放弃申请。若提案被接受，金融管理部门将与公司合作建立最佳沙盒方案，之后便交付方案并开始实施项目。

金融管理部门将监督整个沙盒实施过程，检查其是否符合规定并保障各方利益。项目尾声时，参与沙盒项目的公司应当撰写结题报告提交金融管理部门。金融管理部门审核报告后，决定是否退出或提供新的帮助。

4）明确保障措施

监管沙盒为企业带来的好处是能够通过改善服务和产品，使消费者获益。然而，当创新金融产品或服务在现实生活中进行测试时，可能会损害客户利益。金融管理部门可以采取一些方法来保护参与测试的客户。例如，规定进行沙盒试验的企业必须赔偿客户的任何损失，并且必须证明他们有资源来做到这一点。此外，金融管理部门需根据实际情况，对客户进行适当保护。

5）测试、监督和退出

测试计划通常由沙盒参与者提出，并由沙盒团队根据具体情况进行评估。测试计划应进行定制，为针对具体创新提出的监管问题提供证据。在审查拟定的测试计划时，监管机构必须确认该计划全面且清晰，它应做到以下几点。

（1）确定总体时间表和预算。

（2）确定正在测试的内容，以及如何测试和为什么测试。

（3）定义里程碑和成功标准。

（4）定义风险和缓解措施。

（5）确定员工及其职责。

（6）制定在整个测试期间与监管机构接触并向其报告的规则。

监管者监督测试作为其监督任务的一部分。沙盒参与者应定期向监管机构报告。监管机构有权在任何时候要求其提供额外信息，进行现场访问，或在监管机构认为合理的情况下停止沙盒测试。当沙盒参与者不遵守适用的规则、不实施强制的保障措施时，应允许其自行决定停止测试并有序脱离。

一旦测试结束，由沙盒参与者或独立审计师编写最终报告，最终报告必须在规定的期限内提交，监管机构应迅速做出最终决定。退出后有三个选项，第一，获得执照。沙盒参与者可以按照监管要求上市。第二，其他正式批准。沙盒参与者可以根据监管要求在市场上推出创新产品或服务，但需获得许可，这也可能包括与持牌金融机构的强制性合作关系。第三，监管变化。经过测试的解决方案属于监管机构的授权范围，但在法律和监管框架未发生变化的情况下，不允许使用。

2.3.2 监管沙盒的国际经验

近年来，随着监管沙盒这一创新监管机制日益发展成熟，全球多个国家/地区相继推出了本土化监管沙盒创新方案。在监管沙盒首创地英国，FCA 已于 2019 年 1 月正式建立全球金融创新网络（Global Financial Innovation Network，GFIN）[①]，并同其他 10 个国际金融监管机构和相关组织合作，包括澳大利亚证券与投资委员会（Australian Securities and Investment Commission，ASIC）、立陶宛银行、百慕大金融管理局、加拿大证券管理局、巴林中央银行、美国消费者金融保护局、迪拜金融服务管理局、根西岛金融服务委员会、中国香港证券及期货事务监察委员会、以色列证券管理局，致力于进行监管沙盒的跨境试验和各种其他形式的监管合作。在我国境内，中国版"监管沙盒"——"金融科技创新监管试点"逐步扩容，截至 2022 年 4 月底，29 个省（自治区、直辖市）推出 156 项金融科技创新监管试点项目[②]。

不同国家/地区监管沙盒的设计和运行呈现出不同特点，总结梳理监管沙盒实施的境内境外经验，对于我国境内进一步推动监管沙盒理论和实践具有重要意义。本节将基于已有文献、智库报告和监管机构官方网站信息等，对各个国家/地区的监管沙盒运行机制进行比较分析，具体从监管沙盒监管主体、适用对象、测试流程、风险防控、退出安排等环节进行梳理和提炼。

1. 监管主体

监管沙盒的监管主体通常为国家/地区的金融监管相关机构，主要分为三类，具体根据监管体制和设计实施目的的不同，表现为不同的权责分配和设计特点。

第一类监管主体是中央银行。马来西亚、沙特阿拉伯、新加坡等国家/地区的监管沙盒由本国中央银行或者负有央行职能的政府机构负责。马来西亚国家银行（Bank Negara Malaysia，BNM）自 2016 年 10 月发布其监管沙盒框架，主要目的是促进金融科技的发展。BNM 创建了金融科技赋能集团（Financial Technology Enabler Group，FTEG），该集团主要负责金融科技监管沙盒。在 2020 年马来西亚政府制定的短期经济复苏计划里，拨款 1 亿林吉特成立的国家科技创新沙盒监管机构为马来西亚科学、技术和创新部。不同于以往的金融科技试验，此次沙盒的主要目的是试验无人机送货、自动驾驶汽车等新技术。同在 2016 年，沙特阿拉伯推出"2030 愿景"（Saudi Vision 2030）计划，目标是使沙特阿拉伯摆脱对石油行业的依赖，发展多元经济结构，如金融、健康、教育、基础设施建设、娱乐和旅游等。其监管沙盒是"2030 愿景"计划的组成部分，拟尝试现有金融科技的新

---

① FCA，GFIN Members. Global Financial Innovation Network（GFIN）：regulators launch global sandbox pilot[EB/OL]. https://ncfacanada.org/global-financial-innovation-network-gfin-regulators-launch-global-sandbox-pilot/[2019-01-31].

② 零壹财经. 金融科技创新监管试点报告（2022）[EB/OL]. https://www.01caijing.com/article/323643.htm[2022-05-19].

应用或者吸引国际的新科技，沙特阿拉伯货币局为此金融科技监管沙盒的主导监管机构①。新加坡金融监管局是新加坡具有中央银行和金融监管双重职能的政府机构②，其在 2016 年 11 月发布了《金融科技沙盒监管指导方针》（FinTech Regulatory Sandbox Guidelines），明确在新加坡开展监管沙盒项目。

第二类监管主体是中央层面的金融监管机构，包括国家/地区单个或多个金融监管机构。譬如，FCA 和 ASIC 为其国内中央层面金融科技监管沙盒单一金融监管机构，FCA 主导银行、保险、证券及投资业务监管，ASIC 则对澳大利亚的金融体系、机构和从业人员行使金融监管的职能③。印度等国家/地区则实施分业监管，印度储备银行、印度证券交易委员会和印度保险监管局分别监管银行、证券、保险领域的沙盒。

第三类监管主体是地方层面的金融机构，包括中央银行地方分行或地方金融监管机构。加拿大的地方金融监管机构在加拿大证券管理局指导下开展了监管沙盒设计实施的试点。如加拿大安大略省在地方层面推行监管沙盒，在地方层面测试通过后再于全国范围内运行③。我国境内的金融科技创新监管试点工作由中国人民银行启动，具体由中央银行地方分行审核和发布试点项目，实施中由核心城市试点向省（自治区、直辖市）试点扩散。2021 年 11 月 19 日，"资本市场金融科技创新试点"在北京实施④，证监会北京监管局、北京市地方金融监督管理局主导监管。随后深圳、上海、广州等地的"资本市场金融科技创新试点"工作启动，由地方金融监管机构主导监管。

2. 适用对象

监管沙盒作为一个缩小版真实市场的"安全空间"，具有引领商业创新、培植创新科技的功能。监管沙盒大多面向金融机构、科技公司、金融服务公司等机构开放申请，但在不同国家/地区申请机构的资质特点和业务范围等不尽相同。英国的监管沙盒强调"创新性"、"必要性"和"可行性"，自 2014 年至 2022 年 3 月，其支持的企业大多在申请时不受监管授权。84%⑤的企业是没有开展任何商业活动的初创企业。按"入盒"的主要技术分析，企业技术分类包括分析（5.81%）、机器人咨询（7.74%）、人工智能/机器学习（9.68%）、监管科技（11.61%）、开放式银行（14.19%）、非技术驱动的创新（14.84%）、分布式账本/区块链/加密货币

① Saudi Central Bank. SAMA governer and CMA chairman express gratitude to Saudi leadership for approving FinTech strategy [EB/OL]. https://www.sama.gov.sa/en-US/News/Pages/news-760.aspx[2022-05-24].

② Monetary Authority of Singapore [EB/OL]. https://www.mas.gov.sg/[2022-08-10].

③ 朱太辉，张夏明. 监管沙盒设计和实施的国际经验[J]. 金融博览，2020，16（4）：30-33.

④ 零壹财经. 金融科技创新监管试点报告（2022）[EB/OL]. https://www.01caijing.com/article/323643.htm[2022-05-19].

⑤ FCA. Innovation Hub：market insights[EB/OL]. https://www.fca.org.uk/data/innovation-market-insights [2022-03-28].

（36.13%）^①。涉及的行业包括零售支付、零售贷款、零售投资、金融市场、保险、养老金和退休金等。中国香港仅允许银行等金融机构作为沙盒申请主体，科技公司或初创企业无法单独申请“入盒”，但可匹配银行等进行测试。加拿大监管沙盒对所有具有创新商业模式的初创企业和成熟企业开放。澳大利亚监管沙盒的测试对象为没有获得澳大利亚金融服务许可证或信贷许可证的金融科技公司，主要对金融产品的顾问、分销和信用类创新服务开展测试；其最新的沙盒也放开了对持证许可的公司测试未获授权业务。中国境内的金融科技创新监管试点则注重“严监管＋控制风险”，通过试点申请的企业资质普遍较高且拥有核心技术，据统计，截至 2022 年 4 月底，在 218 家金融科技创新监管试点参与机构中银行类金融机构有 121 家（55.50%）^②，国有六大行（中国工商银行、中国建设银行、中国农业银行、中国银行、中国邮政储蓄银行、交通银行）参与试点的项目达 57项。科技公司有 52 家（23.85%），其余主要有支付公司、征信公司、金融服务公司等^②。监管沙盒主要涉及的技术包括大数据、人工智能、区块链、物联网等，人工智能中涉及较多的有机器学习、图像识别等核心技术。可见，中国境内的金融科技创新监管试点更像是致力于推动安全保证的传统金融行业的信息化。

3．测试流程

不同国家/地区的沙盒测试流程大体相同，分为申请、评估、批准、测试、退出几个阶段。以 FCA 为例，从 2021 年 8 月开始，企业在全年的任何一个时间点均可以提交沙盒申请，最短申请评估和小组讨论时间共计 10 周左右，最长的申请评估和讨论时间共计 15 周左右，如果是限制授权的企业，可能还需要额外单独 6～12 个月的申请流程。获得批准的企业可以运用沙盒工具测试至多 6 个月^③。在测试期结束时，测试企业需要提交一份最终测试报告详细说明测试目标及测试结果。不同国家/地区的沙盒测试时长有所不同，3～24 个月不等。允许沙盒测试时间最长的是美国，亚利桑那州的监管沙盒可测试时间长达 2 年^④。ASIC 于 2020 年 9 月发布的“改进版的监管沙盒”（enhanced regulatory sandbox，ERS）也将信贷业务和金融服务业务的沙盒测试时间延长到了 24 个月^⑤。其余国家/地区的测试时间基本不会超过 1 年。

① FCA. Innovation Hub：market insights[EB/OL]. https://www.fca.org.uk/data/innovation-market-insights[2022-03-28].
② 零壹财经. 金融科技创新监管试点报告 [EB/OL]. https://www.01caijing.com/article/323643.htm[2022-05-19].
③ FCA. Apply to the regulatory sandbox [EB/OL]. https://www.fca.org.uk/firms/innovation/regulatory-sandbox/apply[2022-04-03].
④ 沈艳，龚强. 中国金融科技监管沙盒机制设计研究[J]. 金融论坛，2021，26（1）：3-13.
⑤ ASIC. Enhanced regulatory sandbox [EB/OL]. https://asic.gov.au/for-business/innovation-hub/enhanced-regulatory-sandbox/[2020-08-25].

4. 风险防控

监管沙盒的风险防控机制可分为事前风险防控、事中风险防控两种类型。在事前风险防控方面，监管机构秉持"严进严出"的规则，就企业提交的申请书开展详尽的评估和讨论，具体包括企业资质、业务范围、消费者保护措施、补偿安排、纠纷解决等内容。以 ERS 为例，相较于 ASIC 原有监管沙盒，用于测试产品的客户人数由 100 个零售客户放松到无限制，但依然有 500 万美元的客户总风险敞口、1 万美元的单个零售客户敞口、2.5 万美元的信贷合同敞口、至少 100 万美元的赔偿安排、不公平合同条款保护等措施，同时企业需要向客户进行金融服务指导、建议指导、信贷指导和产品指导[①]。除此之外，申请企业还需完成两项新的测试，公众净福利测试和创新性测试。在事中风险防控方面，监管机构可要求企业按频次对客户进行信息披露，包括产品或测试发生重大变化或终止、业务暂停、产品或业务是否已经获取执照等。监管机构也会运用科技监管的手段，例如，FCA 探索运用数字化监管报告技术、监管科技、机器学习、自然语言处理等监测沙盒测试企业的风险，定期进行现场监管检查，并规范提升监管报告的效率和安全性[②]。

5. 退出安排

在测试时间结束以前，部分国家/地区参与测试的企业可以根据实际情况向监管机构申请延长测试时间，也可以根据实际情况申请提前终止测试，监管机构也可以因评估测试企业的产品有较大缺陷或者风险勒令其提前终止测试并退出，这三种方式的共性是在测试期内可以提交申请或者着手退出。在达到测试时间以后，参与测试的企业可以提交报告申请正常退出，监管机构评估测试结果以后选择是否批准产品"出盒"，最终推向市场的产品可谓成功退出。部分国家/地区的监管机构如果对测试结果不甚满意，可能还会对参与测试企业予以一定的惩罚或者限制性措施[③]。据统计，截至 2015 年 11 月，英国 FCA 批准了约 50 家企业进行监管沙盒测试，批准率约 34.25%（50/146）[④]，而最终推广到市场的产品数据未能得知，但从其 2016 年发布的监管沙盒专项报告中可知，参与测试的企业中约 75% 可以完成一轮沙盒测试，完成测试的企业中约 90% 可以寻求更广阔的市场机遇，约 77% 的企业参与了下一轮的沙盒测试[⑤]。这样看来，从参

---

① ASIC. Enhanced regulatory sandbox [EB/OL]. https://asic.gov.au/for-business/innovation-hub/enhanced-regulatory-sandbox/[2020-08-25].

② 朱太辉, 张夏明. 监管沙盒设计和实施的国际经验[J]. 金融博览, 2020, 16（4）：30-33.

③ 陈伟. 监管沙盒退出机制的国际经验及本土化研究[J]. 南方金融, 2020, 42（12）：44-53.

④ FCA. Innovation Hub: market insights[EB/OL]. https://www.fca.org.uk/data/innovation-market-insights[2022-03-28].

⑤ FCA. Regulatory sandbox lessons learned report[EB/OL]. https://www.fca.org.uk/publications/research/regulatory-sandbox-lessons-learned-report[2017-10-01].

加沙盒测试到进一步推广到市场，有 67.5%（0.75×0.9）的成功率。从我国境内的金融科技创新监管试点情况来看，截至 2022 年 4 月，成功"出盒"的创新应用项目有 7 项[①]，具体为"基于物联网的物品溯源认证管理与供应链金融"、"基于区块链的产业金融服务"、"AIBankInside 产品"、"百行征信信用普惠服务"、"支持重庆地方方言的智能银行服务"、"基于区块链的数字函证平台"以及"磐石智能风控产品"，仅占总批准测试项目的 4.49%（7/156）。但需要注意的是，我国金融科技创新监管试点产品"出盒"，意味着在金融创新监管领域的应用相对成熟，能够逐步落地，和 FCA 报告中所称的更广阔的市场推广率不可同日而语。

2.3.3　我国监管沙盒的实践经验

1. 监管沙盒在我国应用的可行性

1）监管沙盒规则的合法性

从本质上来看，监管沙盒和我国设立的自由贸易区有着异曲同工之处，前者由相关的金融监管部门运用其豁免权来适度放宽相关法律对金融创新主体的适用限制从而在限定的环境中进行金融创新测试，后者则主要是通过对当前规则的变通执行从而实现在划定区域内的先行试验，二者共同遵循的原则是不与现行法律框架相冲突和在法律的授权范围之内，自由贸易区的设立在法律层面上为监管沙盒有关豁免规则的合法性奠定了良好的基础。

2）监管沙盒适应包容性的互联网金融监管理念

从 2013 年开始，我国互联网金融生态开始高速发展。我国的网络替代金融的交易量从 2013 年的 55.6 亿美元高速增长到 2014 年的 243 亿美元，年增长率达到了 337%；2015 年的交易量较 2014 年继续大增 319%达到近 1017 亿美元[②]。2015 年 7 月，中国人民银行等部门联合印发了《关于促进互联网金融健康发展的指导意见》，其中确立了对互联网金融"依法监管、适度监管、分类监管、协同监管、创新监管"的指导性原则。从中可以看出，这种颇具包容性的监管理念所体现的"先发展、后规范"的方式及鼓励创新、防范风险并重的指导要求，与监管沙盒在风险可控及限制放宽的真实情境下进行创新业务测试的机制非常接近，这为监管沙盒在我国的创建、适应与发展提供了理念上的温床。

---

① 零壹财经. 金融科技创新监管试点报告（2022）[EB/OL]. https://www.01caijing.com/article/323643. htm[2022-05-19].

② 刘志云，刘盛. 金融科技法律规制的创新：监管沙盒的发展趋势及本土化思考[J]. 厦门大学学报（哲学社会科学版），2019，94（2）：21-31.

3）监管沙盒兼容协调性的监管体制

一方面，金融监管部门与金融创新主体之间的对立不利于金融科技的创新与发展，而互动型的监管框架成为更好的选择，例如，2015 年 12 月由中国人民银行牵头成立的中国互联网金融协会，通过行业内的自律管理及沟通协调，规范金融从业机构的市场行为，进而推进行业的健康运行，这种互动型的监管关系也是监管沙盒的内在要求。另一方面，金融科技加持的混业经营现状，使得金融风险更具传染性，再加上日益突出的监管重叠及监管真空等问题，都对我国各金融监管部门之间的协调监管提出了越来越高的挑战和要求。多年来，我国金融监管机构在协调监管方面做了多方面努力，例如，2013 年 8 月由中国人民银行牵头多部门配合而建立的金融监管协调部际联席会议，2020 年 1 月在各省（自治区、直辖市）陆续建立的金融委办公室地方协调机制，这些金融监管部门间的协调机制也是监管沙盒内在要求的另一体现。

4）监管沙盒符合中国金融改革试点的需要

从本质上来看，金融改革试点和监管沙盒都是在划定的范围内进行金融创新方面的试验，通过实践中的试错和调整，不断总结经验来促进创新，从而最终惠及金融消费者。我国有丰富的改革试点的实践经验，且监管沙盒的短期性及试错性的特点和我国金融改革试点的理念相通，这就为监管沙盒的本地化提供了指引和借鉴。我国的金融改革试点普遍基于地理空间上的试错机制，而监管沙盒是一种针对金融主体的金融产品及服务的试错机制，倘若把监管沙盒和金融改革试点有效结合起来，将会增强监管沙盒机制的灵活性和效率，有助于完善监管沙盒的设计和运作。

5）监管沙盒顺应了中国金融创新的需要

金融创新是金融行业持续发展的重要主题和推动力。一方面，监管沙盒可以根据金融创新企业需求和监管的需要适度放宽及调整相关监管规则，进而给金融创新提供比较明确、宽松的发展环境，以此加快金融产品和服务的“出盒”上市。与此同时，监管沙盒可帮助金融创新企业降低监管层面的不确定性，从而有助于大大降低参与测试的金融创新企业获得投融资的难度。另一方面，通过监管部门和受测企业之间形成的长效沟通机制，监管沙盒能够帮助企业对金融创新可能带来的风险进行有效的预测和合理的应对。企业通过监管沙盒运行过程中监管主体和金融消费者的评价与建议，做出金融产品及服务的相关改进与完善。此外，不满足一般监管要求的产品或服务（这有可能促进监管方面的补充）也有可能通过监管沙盒测试获得一定豁免而进入市场，金融创新的广度和深度得以扩大。

6）监管沙盒运行过程形成的规范可为现行法律法规的完善做出适当补充

金融监管的合法合规是金融创新的必要保障。但法律法规普遍存在滞后性，特别是在当前高速发展的互联网金融领域，我国尚未形成比较完善的针对金融创新进行有效监管的法律法规。在目前混业经营的背景下，金融创新风险和金融监管之间的矛盾将日益突出，而监管沙盒可以在新产品及服务优化的测试期内一定程度上降低某些监管规则和法律框架的要求，在相对宽松的金融环境下探索金融风险防范的最佳途径，对相关法律法规的不完善之处做出适当补充，在一定程度上有助于解决相关立法滞后的问题。

2. 我国监管沙盒的实际应用情况

2019 年 8 月，中国人民银行印发《金融科技（FinTech）发展规划（2019—2021 年）》。2022 年 1 月，中国人民银行继续印发第二阶段的《金融科技发展规划（2022—2025 年）》，再次明确对金融科技创新的审慎监管，并要求在全国范围内建立健全与金融数字化相适应的监管规则体系。2022 年 1 月，国务院办公厅印发《要素市场化配置综合改革试点总体方案》，明确支持具备条件的试点地区进行金融监管方式和工具的创新。

从 2020 年 1 月起北京市率先开启金融科技创新监管试点（即中国版的监管沙盒）到 2022 年 4 月，全国范围内的金融科技创新监管试点工作已经陆续推进到了第四批，共计有 156 个项目"进盒"试点。其中，城市（包括直辖市）申报通过的试点项目共有 113 个（占比 72.4%），省/自治区申报通过的试点项目共有 43 个（占比 27.6%），共有 7 个试点项目通过测试成功"出盒"。

我国监管沙盒的推广呈现出渐进特征。从试点范围来看，2020 年首批开展试点的 9 个地区以省会城市和副省级城市为主，且大都来自经济发展较好的东部及沿海地区。而从 2021 年 6 月到 2022 年 4 月，试点范围显著扩大，地区全面延伸至中西部，现已扩展到 29 个省（自治区、直辖市），并且测试范围也已拓展到全国。

从试点类型来看，在 156 项试点项目中，有 108 项（占比 69.2%）属于金融服务，48 项（占比 30.8%）属于科技产品。而在截至 2021 年 6 月共 90 项试点项目的数据中，有 47 项（占比 52.2%）属于金融服务，43 项（占比 47.8%）属于科技产品。由此可见，金融科技创新监管试点由金融服务提升和科技产品研发并重逐渐转向以赋能业务优化、提升金融服务为主。

在我国当前的监管要求下，"入盒"主体必须是持牌金融机构，所以"持牌金融机构＋科技公司"这种打包"入盒"的方式，成为我国当前监管沙盒试点的主要特点。在公示的 156 个试点项目中，超过 2/3 的试点主体通过与在相关细分领域有较强综合实力的科技公司联合申报的方式"入盒"。以中国银联为例，2020 年 1 月，中国银联分别与中信银行及度小满、小米数科及京东数科合作，先后申报了"中信银行智令产品""手机 POS 创新应用"，并最终都入选了北京市第一批监管沙盒试点。此后，中国银联还多次与科技公司进行打包"入盒"。

随着首批多个创新应用的顺利"出盒"，我国金融科技监管沙盒的闭环已初步形成，监管沙盒的成效已初步显现，其影响已逐步渗透到其他相关领域。如 2020 年 5 月，北京市海淀区在中关村科学城推出"监管沙盒"机制，旨在引导和规范网络直播及短视频购物的持续健康发展；2021 年 12 月，资本市场金融科技创新试点（北京）专项工作组已完成首批项目的筛选、评估与公示，证监会版"监管沙盒"在京落地。

3. 基于物联网的物品溯源认证管理与供应链金融监管沙盒案例

"基于物联网的物品溯源认证管理与供应链金融"项目由中国工商银行主推，是基于物联网技术和区块链技术推出的创新供应链金融服务。具体来看，该技术的主要核心在于通过采集产品在生产制造、质检、库存、物流、销售等全生命周期的特征数据，将其记录在区块链上，并接入中国工商银行物联网服务平台及企业智能管理系统，对整个产品生产过程做到全程质量管控，以实现自动化和信息透明化。

该项目的创新主要表现在结合物联网和区块链技术，提供物品追溯和认证服务，将传统的支付、融资等银行金融服务与企业的生产链条和销售链条结合起来，在商品的各个环节提供便利的金融服务，努力打造产业生态圈。

采集产品流转全生命周期特征数据并记录在区块链上，有以下几方面主要应用。第一，为政府提供产品质量安全的追溯管理，实现国家质检部门对产品质量的有效监督；第二，为对公企业提供一站式品控溯源增信的解决方案和配套金融服务，解决企业融资难问题，助力企业快速发展，逐步构建产业生态体系；第三，为消费者进行产品信息查询提供便利，让消费者买得放心、用得放心，切实保护消费者利益。该项目全面推广后，预计为超过 30 万名个体客户提供金融服务。

4. 我国监管沙盒应用中存在的问题及相应的对策

1）监管沙盒进退机制方面

我国监管沙盒的准入机制尚不完善。一方面，监管沙盒的申请主体不明确，界定不清。因持牌限制，我国的非持牌金融机构无法直接向社会提供金融服务。对于符合条件的创新产品或服务，根据竞争中性原则，也可以被允许进行"入盒"测试。另一方面，目前我国的监管沙盒测试主要看重金融机构本身，对产品和项目创新的重视程度不够，这在一定程度上打击了金融科技企业的积极性。因此必须明确沙盒测试准入主体和标准，推动科技企业的创新发展。

测试失败后的企业有待妥善处理。对于测试失败的企业，可以通过下面两种方式进行差异处理：第一，终止测试，退出沙盒；第二，适当延期处理。测试失败的原因很多，可能因为产品周期长，未能在规定时间内获得理想回报，诸如此类企业，应当考虑延长测试时间。而对于确实不能达到"出盒"标准的企业，应立即退出沙盒测试。

因此需要优化监管沙盒测试流程，制定合理的退出机制。不断吸纳创新金融科技投资或项目，逐步扩大监管沙盒范围。既要保障参与沙盒测试企业的合法权益，又要提高沙盒测试的效能，真正推动金融科技发展。

2）监管沙盒主体方面

一是企业自身。企业缺乏核心竞争力和沙盒测试时间固化，使得沙盒测试的效果不佳。对于进入监管沙盒的初创金融科技企业，要在规定的测试时间内获得最大化收益是非常困难的。此外，沙盒测试的时间设置不合理，未能充分考虑企业的实际情况和产品周期，如果测试期限过短，不能反映企业或服务的真实情况，将阻碍金融初创企业的成长。

二是试验样本及消费者保护机制。目前我国的沙盒测试主要实行试点制，那么参与监管沙盒的消费者将存在区域性、有偏性，不能代表中国整个市场的消费群体。在沙盒测试中表现良好的企业或项目，在面对整个市场消费者的偏好多样性时，可能会触及消费者利益，给消费者带来不利影响。另外，也要特别关注金融消费者的权益和隐私，在沙盒测试初期，提前告知消费者可能存在的相关风险并协商好损失赔偿制度，同时公开投诉路径。在监管沙盒测试的整个周期内，要突出普惠金融，要降低金融风险，还要保护好消费者的隐私安全。

三是评定监管主体及其权责边界。对于监管沙盒的成立，相应政策的制定和监管都需要专门的机构负责。目前我国监管沙盒评定主体和监管主体不明确，中央和地方存在一定差异。试点项目申请后，由谁评定、怎么评定尚不明晰。试点项目申请通过后，监管工作分工尚不明确。监管部门还需要进一步明确权责，一方面，要与企业充分沟通交流，制定符合实际、更加科学合理的监管沙盒测试；另一方面，监管部门要切实保护消费者利益和隐私，防止企业盲目追求利益最大化。

因此为了提升我国金融科技监管沙盒效能，必须明确监管主体及其权责，实行央地协调，中央金融委员会统筹，多部门联动，构建多功能监管框架，实行动态有效监测。在加强分类协同监管的同时，也要健全外部监管，接受社会公众的监督。

3）法律问题方面

一是法律适用问题。我国监管沙盒还处于初始阶段，相应的制度还不健全，这也给一些不法企业带来了监管套利的机会。主要包含两种套利方式：①针对监管部门间的套利，不同监管部门可能出现协调不均，导致监管漏洞，进而诱发企业追求监管套利；②针对政府的套利，政府会给予入驻的优质企业各种优惠政策，适当放宽监管，不法企业借此获得监管套利。

二是国际合作的法律差异问题。不同的国家对于监管沙盒的政策不同。在进行跨国经营或者跨国合作时，一定要事先知悉各国的相关法律政策，并制定科学合理的监管措施，避免出现监管漏洞或重叠，给中国产品与服务的全球化推广造成不利影响。因此必须完善沙盒监管法律法规，加强监管沙盒顶层设计。要做到沙盒测试中的相关法律全覆盖，特别是一些金融科技前沿技术领域，使得监管沙盒得以在全国顺利推行。

4）理论与实践方面

一是企业的实际适应性较差。通过沙盒测试的企业和项目，在实际市场中可能表现很差。由于在沙盒中的环境与实际市场环境的不匹配，并且沙盒中的监管属于微观监管，在面对复杂的实际环境时，企业面临的不确定性更大，风险增加，进而出现监管失效。由于市场具有规模效应，"出盒"后的金融科技产品可能引发系统性风险。因此，在沙盒测试中，应充分考虑测试环境与实际环境的差异，使得通过测试的企业和项目在实际市场中平稳过渡、健康运行。

二是公平性问题。一方面，要规范沙盒监管者行为，合理行使自由裁量权，防止监管者过度参与评估指标设计，使得评估指标特殊化，导致沙盒测试的不公平。另一方面，监管者要严格把关，全面审查企业测试项目的可行性、合法合规性、技术安全性以及风险防控。防止劣质企业和服务进入沙盒测试，占用公共资源，影响正常市场竞争。因此，要加强沙盒监管设计，通过大数据、区块链等新型技术的应用，为测试企业进行精准画像和风险评估，精准定制测试方案，促进监管科技和金融科技良性循环。

第3章 基于机器学习的微观主体风险评估

本章首先分析地方金融运行中微观主体风险评估的基本方法,其次基于目前实践中风险监控的主要问题提出相应的应对方案,最后在山东省城市商业银行合作联盟有限公司(选取其中 34 家城市商业银行,以下简称山东城商行合作联盟)中实践结果。本章提出微观主体监控和评估方法,为系统性风险评估和演化提供微观基础,并成为系统性风险应对的基础。本章内容逻辑框架如图 3-1 所示。

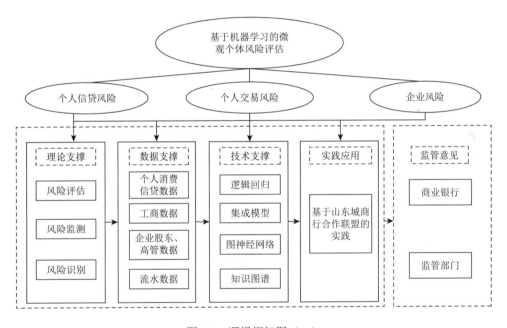

图 3-1 逻辑框架图(一)

3.1 微观主体监测评估方法与实践引言

在地方金融运行中,微观主体的行为和风险演化是整个地方金融风险的基础。主要的微观主体包括个人和企业两个主体。个人和企业的风险主要体现在信贷风险,而交易的风险主要体现在风险交易(包括欺诈和洗钱等)。

3.1.1 微观主体监测评估方法

金融风险防范是当前消费信贷面临的挑战和问题。以信用卡为代表的银行消费信贷业务，在其授信规模快速增长的同时，授信不良资产也逐年增加。对于商业银行来说，综合准确地对个人信用风险进行评估，并基于此开展精准、个性化的金融服务，已经处于商业银行个贷风控的核心环节。

在地方金融实际操作中，个人的交易风险在金融风险的数量中占比高，影响面大。银行仅仅知晓哪些交易被识别为异常通常是没有太多意义的，最终的目的一定是甄别真正的非法交易行为，并采取相应行动。即便拥有了足够多的数据，我们也永远无法训练出能完全识别非法交易且不发生误判的模型，因此无论后续的任务是反欺诈还是反洗钱，对筛选出的异常交易进行人工核查都是必经的工序。例如，在反欺诈场景中，银行可能需要核实一笔异常交易是否为客户本人亲自操作，以确定该笔交易是否发生了身份盗用行为。而在反洗钱场景中，银行则需要核实一笔异常交易的意图是否属实，背后的资金来源是否存在不合理的现象等。这些调查的目的存在差异，但可能都涉及对客户的访谈以及外部信息的收集分析等，因此必须由拥有相关经验的工作人员执行。

地方金融运行中，金融风险防控对象并不仅仅是个人，还有企业，因此识别和评估企业风险是很有必要的。相较于识别和评估个人交易中潜在风险的任务而言，对企业风险进行识别和评估涉及的因素更多，因此在分析时也更为复杂。中小微企业在规模和处理事务的标准上与大型企业有较大的差异，因此中小微企业与大型企业在信用风险特征上也有所不同。随着研究技术的发展，基于人工智能方式的企业风险识别与评估方式逐渐兴起，为企业风险的识别与评估提供了更多优质的选择。

3.1.2 微观主体监测实践

对金融机构而言，小微企业的真实财务数据难以获得，并且小微企业能提供的信用信息也不完全，因此在分析小微企业信用风险时，将小微企业多方面的行为数据纳入分析有着重要意义。传统的企业风险评估方法要么依靠专家经验，要么使用逻辑回归等简单的统计模型。这些方法具有较强的可解释性，同时结果也很容易理解。但是，这些方法在风险识别上仍然过度依赖财务报告等数据，随着银行等机构所能够收集和存储的数据越来越多，可用于企业风险识别的数据也得到了很大的扩展。各级政府部门从发展经济和市场健康循环的角度出发，一直引导和督促相关的金融机构强化对小微企业的相关金融服务业务，督促其通过创新金融产品和丰富多元化融资方式的手段完善支持力度,力图有效解决小微企业融资难题,借用大数据和人工智能技术,有助于银行等机构从多个视角全方位地评价企业的信用风险。

随着计算能力和储存能力的提升,同时伴随着机器学习相关理论和应用的发展,越来越多的工业领域从学术领域中引入了机器学习。从学界的视角,机器学习的基础是统计分析技术,通过对数据的处理、分析,进而训练出适合数据特点的决策机制,用来精准、实时地完成风险评估任务。模型首先从数学统计方法的视角入手构建相关模型,进而对相关数据隐藏规律进行深度的挖掘,训练过程中持续修正决策模型的相关参数,对数字化金融欺诈的适应能力得到不断的提升,最终的模型可以有效地防范控制欺诈风险。从研究的发展趋势可以看到,在异常交易检测领域中,机器学习模型的应用是未来研究的重点。经过多年的发展,涌现出大量结构各异的分类器,复杂度也逐步上升。近年来随着计算能力的提升,以深度神经网络为核心的各式深度学习模型也开始走进实际应用的场景中。

3.2　地方金融运行中个人信贷风险评估

本节归纳总结了传统个人交易风险监测方法和基于逻辑回归模型的个人信贷风险评估技术,阐述了在山东城商行合作联盟个人授信的实践结果,并提出针对性的监管意见。

本节的逻辑框架如图 3-2 所示。

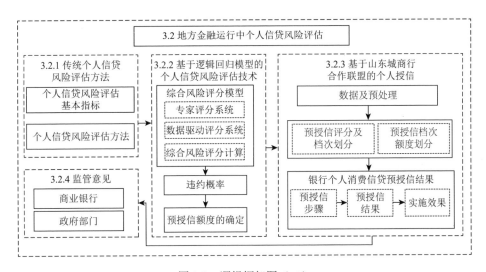

图 3-2　逻辑框架图(二)

3.2.1　传统个人信贷风险评估方法

银行根据客户资质和银行资金情况确定客户信用风险。银行授信额度通常是银行承诺在一定时期内按约定条件提供贷款给借款人的最高贷款金额。随着数字化的普及，银行的信贷评估方法摆脱了过去的管理者经验，越来越多的统计方法、机器学习方法、人工智能方法被引入。这些方法是基于大量结构化的有效数据进一步分析处理。如何界定好个人信贷的评估指标，如何选择最优的模型成为巨大的挑战。

1. 个人信贷风险评估基本指标

目前，国内外主要使用的个人信贷风险评估指标具有不同的分类标准。一般来说，在个人信贷风险评分任务中，构建能够准确反映个人信贷风险的评估指标体系是比较核心的工作。主要是依据相应的评价算法对个人信贷风险进行分析预测，最终完成个人信贷风险的评估工作。

1）指标构建原则

一般来说，构建个人信贷风险评估体系时，需要考虑几个基本的原则。

一是系统性。指标体系的系统性要求构建的指标体系能够最大程度覆盖客户的各种信息，比如其个人收入、工作状态、背景以及财务状况等。指标体系只有尽可能地覆盖客户的各种信息，才能更好地反映其信贷风险，才能为银行提供可靠的评估依据。

二是侧重性。对于所构建的指标体系，并不是每个指标都具有很强的区分能力，这个时候我们需要侧重于某些指标，比如对个人信贷能力影响较大的指标，如个人收入状况、财产情况等应该给予较高权重。对区分能力较强的指标赋予较高权重，而对区分能力较弱的指标降低其权重，这样能够得到比较有效的算法效果。

三是客观性。指标评估体系的客观性针对以往的评估体系大多根据专家的经验来进行评估，会导致评估体系的主观因素太强，没有泛化能力。因此，构建指标体系时，应该尽可能地保证指标的客观公正性，能够客观地反映客户的真实信贷能力，而不应该凭个人的喜好来建立指标体系。

四是科学持续性。指标体系的科学持续性，主要是要求所构建的指标体系具有一定的代表性，能够全面地对客户的信贷能力进行评估，有效地反映客户个人信贷能力发生改变的状况。能够保证指标在未来可以持续地获得数据，保持指标的长久有效，保证整个指标体系的完整性。如此才能保证构建的指标体系能够持续发挥作用。

五是本土化。由于各个国家和地区之间的文化、政治、经济以及生活习惯等存在差异，这些差异往往会导致个人信用数据的不同。因此建立个人信贷风险指标体系应该符合本土的情形，一味地照搬其他国家和地区的指标体系，往往会导致"水土不服"，无法达到预期效果。因此，在构建个人信贷风险指标体系时，需要结合本国的实际情况，甚至对不同地区构建相应的指标体系，即构建地方指标体系。

2）常用的基本指标

一般来说，常用的指标体系包括客户基本情况指标、反映客户偿还能力的指标以及反映客户偿还意愿的指标。常用的客户基本情况指标包括以下四种。

（1）年龄。一般要求进行信贷的客户达到法定年龄。一般认为，年龄小的客户，收入较低，稳定性差，通常违约的概率会有所增加。而随着年龄的增长，客户违约的概率在不同的国家和地区会有一定区别，在一些福利制度健全的国家其违约率会有所降低；而在福利制度不健全的国家，老年人的违约率会有所增加。

（2）性别。目前，有的国家和地区已经认识到，将性别作为信贷风险评估带有一定的歧视，因此美国已经做出相应规定，在授信过程中，信贷机构不得使用有关性别、种族等带有歧视含义的信息。对于我国来说，这类指标在一些商业银行的授信过程中也渐渐被取代。

（3）婚姻状态。通常来说，已婚客户的违约概率相对较低。这是因为已婚客户的工作相对稳定，考虑到其子女的因素，一般不会轻易违约。

（4）教育情况。如果客户属于高学历人群，受过良好的教育，那么可以简单地认为客户基本属于高收入人群以及具备较高的道德水平，因此不会轻易违约。

反映客户偿还能力的指标有以下五种。

（1）居住状况。居住状况主要指借款人的居住环境、居住条件以及是否拥有自己的住房等情况。通常一个人的居住条件反映了借款人的经济实力。如果借款人居无定所，没有自己的住房，那么其违约的概率相对会有所增加。

（2）职业。职业指标包括借款人的单位、工作类型以及工作性质、单位性质等，这从侧面反映了借款人的稳定性等。

（3）收入。收入是最直接反映借款人偿还能力的指标，因为借款人的信贷主要通过收入来偿还。显然，收入越高的借款人其违约率概率越低。不过一般情况下借款人的收入信息可能是保密的，所以可以使用其他间接反映收入的指标。

（4）资产情况。借款人的资产包括金融资产和其他的资产，如固定资产。该指标可以反映借款人除直接收入来源之外的其他收入信息，或者借款人的其他支出信息。

（5）债务情况。借款人的债务情况是收入的抵消因素。借贷人的债务支出一般情况下会增加借款人的违约概率，债务的固定支出抵消了收入的偿还能力，在一定程度上影响借款人的偿还能力。

反映客户偿还意愿的指标有以下两种。

（1）信用记录。借款人的信用记录直接反映了借款人的还款意愿，是一个重要的指标。有时候借款人完全具有支付能力，却不愿意或者推迟还款，这也会增加银行的风险。因此，借款人过去的信用支付记录通常是用来分析借款人过去支付习惯以及还款意愿的重要因素。通常来说，信用记录越好的借款人其违约的概率越低。

（2）银行与借款人的关系指标。该指标主要是从银行与借款人之间的业务往来和人员交往出发，借款人与银行之间的业务往来时间跨度越长，业务交往越频繁，银行对借款人的了解就越多，获得的信息就越准确。因此，银行与借款人关系越紧密，银行面临的违约风险就越低。

2. 个人信贷风险评估方法

1）专家法与评级方法

1970 年以前，依据相关专家的经验进行主观分析，属于最早的信用评估方法，这类方法有 5C 分析法。5C 分析法一般是相关专家通过对借款人的品质（character）、能力（capacity）、资本（capital）、担保（collateral）和条件（condition）这 5 个方面进行分析，最后得出专家的判断的方法。信用评级法主要依靠专业的评级机构，通过专业的评级机构对借款人进行可信度评估，得出相关的信用等级。杨巍[1]基于我国借贷平台，使用层次分析法（analytic hierarchy process，AHP）来构建 P2P 平台的信用评级模型。李海峰[2]从中小型商业银行的角度出发，探索了信用评级研究对中小型商业银行的意义，然后引入内部评级法，以 W 银行为例，对内部评级法进行研究，其结果表明 W 银行建设内部评级法体系的必要性。

2）传统的统计方法

这类方法的主要代表是多元判别分析。多元判别分析通过从一堆信用指标中选择一定的指标，寻找这些输入指标的最优线性组合来建立模型，利用该模型对研究对象进行分类预测。多元统计分析可以分为线性判别分析（linear discriminant analysis，LDA）、多元判别分析（multiple discriminant analysis，MDA）等。多元统计分析方法具有相当长的发展历史，因此表现出很多使用方面的限制，但当今世界许多著名评级机构如标准普尔、穆迪等，仍将该类方法作为信用评级的工具之一。

周泽慧[3]使用上市公司年度财务报表数据，同样使用多元判别分析方法，对上

① 杨巍. 基于层次分析法的我国 P2P 网络借贷平台信用评级研究[D]. 厦门：厦门大学，2018.
② 李海峰. 基于内部评级法的对公客户信用评级研究：以 W 银行为例[D]. 济南：山东财经大学，2019.
③ 周泽慧. 新会计准则的实施对企业信用评估的影响[D]. 天津：天津财经大学，2008.

市公司在以前的会计制度下进行了分析，得出其多元判别模型。张镇宇[①]对我国上市公司进行了研究，同时使用逻辑回归和多元判别方法作为风险分析模型。不过其结果表明逻辑回归在实用性方面依旧具有优势。俞磊[②]对上市公司财务困境进行了预警研究，并对神经网络算法和多元判别分析两种方法进行了比较。

3.2.2　基于逻辑回归模型的个人信贷风险评估技术

尽管个人消费信贷违约率在近几年增长较快，但对于大多商业银行而言，违约样本仍然非常小，特别是中小型商业银行，往往面临没有违约样本数据的情况。如果相关数据无法获取，就意味着无法刻画出违约客户的相关用户特征，因此难以根据现有的数据样本筛选出影响违约概率的重要指标，从而刻画违约客户的画像。另外，实践表明大部分申请客户具有较低的违约概率。因此，信贷违约风险控制的关键在于如何识别与大多数申请者不同的用户。对此，本节综合专家评分系统和基于数据驱动的决策支持系统的优点，提出基于专家评分的数据决策预授信风险控制模型，如图 3-3 所示。

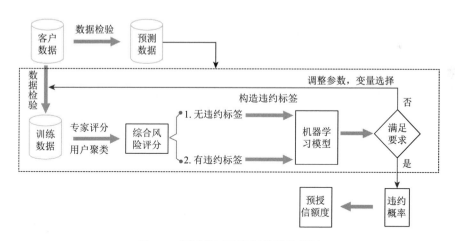

图 3-3　预授信风险控制模型流程图

首先，相关领域的专家根据自身业务经验提出影响贷款违约的因子，构建因子库，对因子的评价进行打分；其次，通过基于用户数据的决策支持系统模型对相关用户聚类；最后，整理综合各专家评分和基于数据驱动的决策评分，两者的综合得分为每位用户的风险得分。

① 张镇宇. 我国上市公司信用风险识别模型的比较研究[D]. 南京：南京农业大学，2014.
② 俞磊. 基于多元判别模型和 BP 神经网络模型的上市公司财务困境预警[D]. 长春：吉林大学，2011.

1. 综合风险评分模型

模型从专家知识和数据驱动的角度出发，综合运用专家评分和用户聚类的方式来计算客户的风险评分，见图3-4。

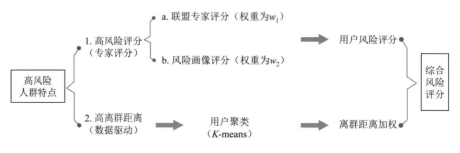

图 3-4 综合风险评分流程图

由于专家是在某领域具有一定经验和技能的专业人员，能较好解决在没有违约客户数据时对用户的风险进行评估的问题，因此，专家评分系统是管理决策中常用的方法和手段。但是专家评分系统取决于专家的个人决策能力水平，专家的多样性导致难以保证各个专家决策的一致性和准确性，大规模应用存在局限性。针对这个问题，我们在风险评分模型中引入了基于数据驱动的决策支持系统和专家评分系统共同决策。数据驱动的方法从数据本身出发，通过模型探索目标与数据现有各个因素之间在统计、数学上的关系，通过数据的关联规律刻画决策目标在统计上的变化规律，最终提高决策效率和准确性。数据驱动的决策支持系统一方面依赖大量的真实用户画像数据，学习数据内部隐含的价值规律，基于非真实数据拟合的统计规律也会是伪相关关系。另一方面，数据驱动的决策支持系统高度依赖所选择的有效影响因子。在大数据中，由于影响因子具有低价值密度，因此挖掘与目标相关的有效因子对模型的最终表征能力至关重要。尽管金融机构缺少违约客户数据，如前文所说，实践经验表明大部分的贷款申请客户都是较低违约概率的用户，因此网贷违约风险控制在于识别与大多数申请者不同的用户。对此，模型采用对用户聚类的方式来计算客户的风险评分。

1）专家评分系统

在专家评分环节，我们邀请了 A 城市商业银行联盟的信贷风控人员和大数据专家分别根据银行客户各项指标对用户风险进行评估。

A. 商业银行评分系统

银行联盟的信贷风控人员的评分主要根据银行"评分指标"打分，每一位客户各项指标得分加总得到联盟专家评分（UnionScore）。

B. 大数据专家评分

大数据专家根据银行客户指标从还款能力和消费欲望两个维度刻画用户风险画像：①还款能力，即薪长是否小于三个月；月工资范围是否小于 2000 元（1640 元是该城市的最低工资水平）；②消费欲望，即年消费是不是年工资的 1.5 倍。

较低的薪长和月工资范围往往意味着客户工作不稳定，流动性较大，如临时工人、合同工人等，这一类人群具有较高的违约风险。年消费在年工资中的占比过高意味着用户的消费欲望比较强烈，具有较高的负债率，因此存在一定的违约风险。对于同时具有低还款能力和高消费欲望的客户，其风险画像评分为 0，否则为 1，得到用户的风险画像评分（ExpScore）。通过对两种方法加权，得到用户风险评分。

2）数据驱动评分系统

由于变量之间存在量纲效应，不同变量在数值上不具有可比性，从而使得变量间的四则运算失去意义。此外，对于基于空间距离（space distance）的机器学习算法模型，如果多个特征数值之间有较大差异，那么算法的收敛将会很慢。因此我们对变量进行无量纲化处理，然后利用处理后的数据进行聚类分析。大多数研究使用的方法有最大最小归一化、Z-Score 等，考虑到客户数据可能存在离群点，因此本模型采用 Z-Score 方法。该方法表示为

$$x' = \frac{x - \text{mean}(x)}{\text{sd}(x)} \tag{3-1}$$

其中，x 为需标准化的数据；$\text{mean}(x)$ 为 x 的均值；$\text{sd}(x)$ 为 x 的标准差。经过处理后的数据符合标准正态分布。然后，我们采用 K-means 聚类方法根据用户的不同属性，把用户分为若干类，每一类都有一个聚类中心，每一个用户都属于某一类。若某个用户离聚类中心越远，则该用户的离群距离越大。K-means 聚类是一种比较常用的算法，每个聚类的中心点通过计算该类数据点之间距离的均值得到。聚类的目标是使各类的类间距离和最小，即最小化目标函数为

$$J = \sum_{k=1}^{K} \sum_{i=1}^{n} \text{dis}(x_i, \mu_k) \tag{3-2}$$

其中，K 为事先设定的类别个数；n 为样本个数；μ_k 为第 k 个类别的均值向量；$\text{dis}(\cdot)$ 为距离测度。

3）综合风险评分计算

数据驱动评分系统中，高离群距离往往意味着该用户与大众群体差异较大，可能是一个异常的离群点。异常离群点未必是高违约风险人群，如极个别的高收入用户，但是高风险的人群往往具有高离群距离，如低收入、高消费人群。因此，

将从数据驱动评分系统中获得的用户的离群距离作为总体权重，乘以基于专家评分系统获得的风险评分，得到最终的综合风险评分（RiskScore）。

假设第 i 个用户的联盟专家评分为 US_i，风险画像评分为 ES_i，离群距离为 Dis_i，其无量纲化和归一化后分别为 UZS_i、EZS_i 和 SDi_{s_i}，又假设联盟专家评分和风险画像评分的权重分别为 w_1 和 w_2，则综合风险评分为

$$RiskScore_i = (UZS_i \times w_1 + EZS_i \times w_2) \times SDi_{s_i} \qquad (3\text{-}3)$$

2. 违约概率

在没有违约样本的情况下，违约客户的识别主要依赖综合风险评分。对于全监督学习，选择前 tau_low 个最低综合风险评分的样本作为违约样本，剩下的作为非违约样本；对于半监督学习，选择前 tau_low 个最低综合风险评分的样本作为违约样本，后 tau_high 个最高综合风险评分的样本作为非违约样本，其余的作为未知样本。结合两种模型的结果可以综合两种模型优点，使输出结果更加稳健可靠。我们对全监督学习和半监督学习结果采用等权重加权的方式，得到最终的违约概率，流程图如图 3-5 所示。其中，S3VM（semi-supervised support vector machine，半监督支持向量机）是支持向量机在半监督学习上的推广。

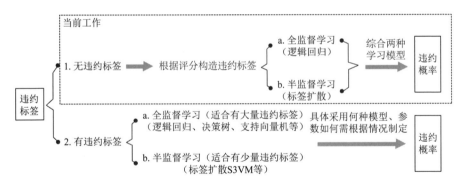

图 3-5　监督学习流程图

在全监督学习模型中，逻辑回归作为基本模型之一，适用于信贷领域中的小样本数据情形。给定二值响应变量 Y 和自变量 X，则客户违约概率可表示为

$$P(Y=1\,|\,X) = \frac{\exp(\beta^{\mathrm{T}} X)}{1+\exp(\beta^{\mathrm{T}} X)} \qquad (3\text{-}4)$$

其中，β 为自变量 X 的系数。

则违约发生与不发生的概率比，即机会比（odds ratio，OR）为

$$OR = \frac{P(Y=1|X)}{1-P(Y=1|X)} \tag{3-5}$$

由于给所有的数据都进行标记的成本非常高，或难以实现，因此存在部分数据缺失标签。目前，在半监督学习中主要有平滑假设、聚类假设、流形假设三个常用的基本假设。其中，聚类假设是指当两个样本位于同一聚类簇时，它们在很大的概率下有相同的类标签。结合数据特征和目标，模型主要基于聚类假设建立标签数据与违约概率的关系。

此外，半监督学习的学习方法采用标签扩散算法（label spreading algorithm，LSA），其基本假设是相近或具有相似结构的样本具有相同的标签。假设具有样本集合 $\chi = \{x_1, \cdots, x_l, x_{l+1}, \cdots, x_n\} \in \mathbb{R}^m$ 以及标签集合 $\mathcal{L} = \{1, \cdots, c\}$，样本 $\{x_i | i \leq l\}$ 有标签 $y_i \in \mathcal{L}$，且剩下的样本为无标签样本。设 $\mathcal{F}$ 为具有非负元素的 $n \times c$ 矩阵，则 $F = \left[F_1^{\mathrm{T}}, \cdots, F_n^{\mathrm{T}}\right]^{\mathrm{T}} \in \mathcal{F}$ 表示每个样本对应不同标签的概率，即 $F = \chi \to \mathbb{R}^c$，$Y \in \mathcal{F}$ 表示选中的标签，其中 $y_{ij} = 1$，如果样本 x_i 的标签为 j，完整的算法流程如下。

（1）定义样本的相似性矩阵 $W_{ij} = \exp\left(-\dfrac{\|x_i - x_j\|^2}{2\sigma^2}\right)$，当 $i = j$ 时令 $W_{ii} = 0$。其中 σ 为参数。

（2）对 W_{ij} 进行归一化，得到归一化矩阵 W，进一步得到矩阵 $S = D^{-\frac{1}{2}} W D^{\frac{1}{2}}$，其中 D 为对角矩阵，D_{ii} 为 W 矩阵第 i 行的元素之和。

（3）迭代计算 $F(t+1) = \alpha S F(t) + (1-\alpha) Y$ 直到收敛，其中 $\alpha \in (0,1)$ 为调节参数。

（4）令 F^* 表示 $\{F(t)\}$ 的极限，则样本 x_i 的标签 $y_i = \arg\max x_{j \leq c} F_{ij}^*$。

从流程可见，该算法体现了样本标签在网络结构上的扩散与重构。通过定义样本间的相似矩阵，从而构建定义在样本集 χ 上的图网络 $G = (V, E)$，其中 V 代表样本节点，W 代表边界权重，$\alpha S F(t)$ 代表样本点邻居的标签信息，Y 代表样本的原始标签信息。通过迭代的方式，邻居的标签信息在网络中不断扩散，使得最终的结果为邻居的标签信息与原始标签信息的综合。当后期积累了一些违约标签和非违约标签之后，可以验证模型的正确性，从而挑选出重要的违约影响因子并调整参数优化模型。

3. 预授信额度的确定

由于目前绝大多数企业通过银行代发工资，因此对于银行而言，存在丰富的工资的流水信息，这有助于了解客户的还款能力。在当前银行实践中也往往采用工资的倍数，如 12 倍工资作为预授信额度。对此，针对银行个人客户，我们提出基于违约概率测度的预授信额度分配模型，从而优化客户的预授信额度，使得总体的期望损失（expected shortfall，ES）最小。

首先根据贷款被拒绝的比率拒绝若干评分最低的客户。然后在剩下的非拒贷客户中，假设第 i 个客户工资为 s_i，违约概率为 p_i，贷款年利率为 r_i，响应概率为 re_i，决策变量 x_i 为其工资倍数（$L \leqslant x_i \leqslant U$），且工资倍数为整数。假设银行总信贷规模为 T，个人贷款上限为 A，决策的目标为最小化 ES，即有

$$\max_{x_1,\cdots,x_n} \sum_{i=1}^{n}[\mathrm{re}_i \times (1-p_i) \times s_i \times x_i \times (1+r_i) - \mathrm{re}_i \times p_i \times x_i \times r_i] \qquad (3\text{-}6)$$

$$\text{s.t.} \quad \sum_{i=1}^{n} \mathrm{re}_i \times s_i \times x_i \leqslant T$$

$$L \leqslant x_i \leqslant U$$

$$x_i \in \mathbb{Z}$$

$$s_i \times x_i \leqslant A$$

$$\forall i = 1,\cdots,n$$

该模型从理论上阐述了不确定环境下的风险控制和决策。其中，第一条约束表示总的期望授信规模不超过总信贷规模，第二条约束表示最高和最低的工资倍数，第三条约束表示工资倍数为整数，第四条约束表示个人贷款额度不超过个人贷款上限。

在实践过程中，由于每个样本的响应概率难以获得，对此，我们在一定假设条件下，提出了风险控制更加严格的鲁棒预授信额度分配模型。根据客户的违约概率，把非拒贷客户从低到高按照升序排序，根据 L 和 U，把样本均匀分为 K 类。其中，$K = U - L + 1$，集合 K_i 表示第 i 类客户样本集合，则第一类人群是风险最低人群。U_j 表示第 j 类客户样本集合。

假设每一类客户的响应概率为 re_i，$i = 1,\cdots,K$，有

$$\max_{x} \sum_{i=1}^{K} \tau_i \qquad (3\text{-}7)$$

$$\text{s.t.} \quad \tau_i = \min_{v_i} \sum_{j \in v_i} (1-p_j) \times s_j \times x_j \times (1+r_j) - p_j \times x_j \times r_j$$

$$|v_i| \geqslant \mathrm{re}_i \times |K_i|$$

$$\sum_{i=1}^{K} \sum_{j}^{v_i} s_j \times x_j \leqslant T$$

$$L \leqslant x_i \leqslant U$$

$$x_i \in \mathbb{Z}$$

$$s_i \times x_i \leqslant A$$

$$\forall i = 1, \cdots, n$$

其中，v_i 表示每一类相应的人数；第一条约束表示每一类客户在最坏情况下的利润 τ_i；第二条约束保证了每一类的响应人数；第三条约束表示最坏收益情况下的授信规模不超过总信贷规模；第四条约束表示最高和最低的工资倍数；第五条约束表示工资倍数为整数；第六条约束表示个人贷款额度不超过个人贷款上限。

3.2.3 基于山东城商行合作联盟的个人授信

1. 数据及预处理

本节的研究数据来源于山东省城市商业银行（以下简称 B 银行）的企业代发客户数据，并基于数据通过构建的个人消费信贷预授信风险控制模型完成对申请用户的实时预授信。B 银行客户数据包括 25 个字段共 28 000 条样本数据，见表 3-1。

表 3-1 B 银行企业代发客户数据字段

字段类别	名称	说明
代发企业评级	企业属性及规模 ENT_SCOPE	无数据，删除
	所属行业 ENT_IND	
	账户年日均余额 ENT_AVG_BAL	
	是否在我行有授信额度 IS_ENT_CRED	全为无授信，删除
	授信额度 ENT_CRED_AMT	全为 0，删除
	授信企业还款情况（如果有授信）ENT_LN_REPAY	全为正常，删除
	抵质押情况（如果有授信）ENT_GUAR	无数据，删除
用户基本属性	年龄 AGE	
	性别 GENDER	
	婚姻状况 MARG	
	学历 EDU_LVL	无数据，删除
个人资产状况及信用	账龄 ACCT_AGE	
	客户年日均资产（理财、贵金属、活期、定期、基金、保险等）AST_AVG_Y	
	本行以往借贷情况 LN_HIS_CDTS	
	本行以往借贷还款状态 LN_STS	

字段类别	名称	说明
个人收入及 消费特征	代发薪长 AG_WAGE_DURA	
	月工资范围 AG_WAGE_SCOPE	
	过去 12 月内线上线下消费总额（微信、支付宝、京东） ON_OFF_LINE_TX_AMT	
加减分数项	工资卡当前余额 WAGE_CRD_BAL	
	有贷款的客户是否在我行有按揭贷款 IS_MORT_LN	
	信用卡（公务卡）是否有逾期 IS_BUSS_CRD_OVERDUE	
	是否持有大额存单产品 IS_HLD_DEP_RECP	
	资产变化趋势（两年间）AST_AVG_Y_CHG_AMT	
	消费变化趋势（两年间）ON_OFF_LINE_TX_Y_CHG_AMT	
	工资变化趋势（两年间）AG_WAGE_AVG_Y_CHG_AMT	

在该数据的基础上，首先，删除了没有数据的字段，具体包括企业属性及规模、抵质押情况以及学历。实践表明该字段对客户贷款授信具有指导作用，因此在数据允许的情况下，相应补充相关字段的信息。其次，模型中删除了常量数据，具体包括是否在我行有授信额度、授信额度以及授信企业还款情况。由于常量数据对是否违约不具有区分效果，因此在训练模型时做了删除处理。然而，对其他银行而言，这些数据不一定是常数，因此在模型部署时还应考虑每个成员行的具体数据。

在计算联盟的风险评分时，根据联盟上述的评分指标，邀请联盟的信贷风控人员讨论上述指标的意义并为指标打分，把原数据转化为风险得分，并对得分进行标准化处理。同时，在刻画用户风险画像时，通过对变量进行衍生，利用还款能力和消费欲望两个维度来刻画用户风险，并对风险得分进行标准化处理。在用机器学习训练模型时，对连续变量做了归一化处理，对离散变量做了 one-hot（独热）编码处理。

2. 预授信评分及档次划分

根据该预授信模型，在训练模型的默认参数下，得到的归一化风险评分分布如图 3-6 所示。

其中深色线代表联盟评分，浅色线代表违约概率调整后的综合风险评分（以下简称综合风险评分）。从结果可见，综合风险评分分布相对更加集中，低风险和高风险人群数量均少于联盟评分下的人群数量。这是因为在有了一定的违约样本之后，模型对贷款人群的违约风险刻画更加深刻，从而对联盟评分起到纠偏作用。

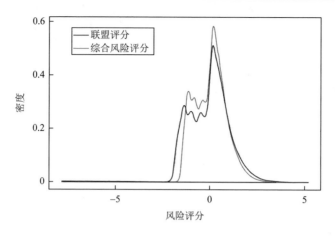

图 3-6　归一化风险评分分布

　　根据综合风险评分的分布，我们把客户分为 24 档。档次越高，则客户的违约风险越低，如第 1 档代表综合风险评分低于客户总体 1% 分位数。授信额度档次与风险评分对照关系见表 3-2。

表 3-2　授信额度档次与风险评分对照表

档次	风险评分	档次	风险评分	档次	风险评分
1 档	≤1%	9 档	(30%, 35%]	17 档	(70%, 75%]
2 档	(1%, 5%]	10 档	(35%, 40%]	18 档	(75%, 80%]
3 档	(5%, 6%]	11 档	(40%, 45%]	19 档	(80%, 85%]
4 档	(6%, 10%]	12 档	(45%, 50%]	20 档	(85%, 90%]
5 档	(10%, 15%]	13 档	(50%, 55%]	21 档	(90%, 95%]
6 档	(15%, 20%]	14 档	(55%, 60%]	22 档	(95%, 96%]
7 档	(20%, 25%]	15 档	(60%, 65%]	23 档	(96%, 99%]
8 档	(25%, 30%]	16 档	(65%, 70%]	24 档	>99%

　　为进一步考察联盟评分和综合风险评分在客户划分上的差异，表 3-3 给出了两种不同评分方法的混淆矩阵。其中，行代表联盟评分档次，列代表综合风险评分档次，矩阵单元格内的数字代表客户数量。例如，行 2 档列 1 档的数字为 381，说明有 381 位客户在联盟评分规则下定为第 2 档，但在综合风险评分规则下定为第 1 档。

表 3-3　风险评分混淆矩阵

	1档	2档	3档	4档	5档	6档	7档	8档	9档	10档	11档	12档	13档	14档	15档	16档	17档	18档	19档	20档	21档	22档	23档	24档
1档	1	182	5	14	22	19	14	31	29	62	175	0	0	0	0	0	0	0	0	0	0	0	0	0
2档	381	2258	74	44	68	34	44	59	55	36	44	0	0	0	0	0	0	0	0	0	0	0	0	0
3档	31	352	151	48	6	6	2	4	2	0	1	0	0	0	0	0	0	0	0	0	0	0	0	0
4档	93	51	454	2348	207	13	9	8	6	1	0	0	0	0	0	0	0	0	0	0	0	0	0	0
5档	50	0	0	409	2685	42	7	5	2	2	0	0	0	0	0	0	0	0	0	0	0	0	0	0
6档	31	0	0	0	500	3168	31	9	2	0	1	0	0	0	0	0	0	0	0	0	0	0	0	0
7档	17	0	0	0	0	247	3078	16	2	2	0	0	0	0	0	0	0	0	0	0	0	0	0	0
8档	8	0	0	0	0	0	344	3331	18	4	0	0	0	0	0	0	0	0	0	0	0	0	0	0
9档	5	0	0	0	0	0	0	77	3291	6	0	0	0	0	0	0	0	0	0	0	0	0	0	0
10档	2	0	0	0	0	0	0	0	345	3176	0	0	0	0	0	0	0	0	0	0	0	0	0	0
11档	4	0	0	0	0	0	0	0	0	36	3346	191	0	0	0	0	0	0	0	0	0	0	0	0
12档	1	0	0	0	0	0	0	0	0	0	2	4029	0	0	0	0	0	0	0	0	0	0	0	0
13档	0	0	0	0	0	0	0	0	0	0	0	3	2866	0	0	0	0	0	0	0	0	0	0	0
14档	0	0	0	0	0	0	0	0	0	0	0	0	8	3674	0	0	0	0	0	0	0	0	0	0
15档	0	0	0	0	0	0	0	0	0	0	0	0	0	4	3265	348	0	0	0	0	0	0	0	0
16档	0	0	0	0	0	0	0	0	0	0	0	0	0	1	8	3756	0	0	0	0	0	0	0	0
17档	1	0	0	0	0	0	0	0	0	0	0	0	0	0	0	8	2936	734	0	0	0	0	0	0

续表

	1档	2档	3档	4档	5档	6档	7档	8档	9档	10档	11档	12档	13档	14档	15档	16档	17档	18档	19档	20档	21档	22档	23档	24档
18档	0	0	0	0	0	0	0	0	0	0	0	0	0	0	0	1	5	3162	0	0	0	0	0	0
19档	1	0	0	0	0	0	0	0	0	0	0	0	0	0	1	0	2	8	3230	0	0	0	0	0
20档	4	0	0	0	0	0	0	0	0	0	0	0	0	0	0	1	1	3	12	3503	178	0	0	0
21档	10	0	0	0	0	0	0	0	0	0	0	0	0	0	1	0	0	3	0	7	3265	73	0	0
22档	17	0	0	0	0	0	0	0	0	0	0	0	0	0	0	0	0	0	0	0	8	2035	65	0
23档	11	0	0	0	0	0	0	0	0	0	0	0	0	0	0	0	0	0	0	0	0	6	635	93
24档	39	1	0	0	0	0	0	0	0	0	0	0	0	0	0	0	0	0	0	0	0	0	1	612

由结果可知，两种方法的结果基本一致。而且，联盟评分规则下 1 档的客户在综合风险评分规则下最高档次为 11 档，而综合风险评分规则下 1 档的客户在联盟评分规则下最高为 24 档，说明综合风险评分识别了某些联盟评分识别不了的高风险客户。

3. 预授信档次额度划分

根据联盟自身的基于工资的计算方法，以及行内基于整体放贷规模的方法，我们基于授信档次，制定了相似的授信额度规则。不同拒贷率下的授信额度结果如表 3-4 所示。

表 3-4　各档次授信额度

档次	授信额度	档次	授信额度	档次	授信额度
1 档	拒绝	9 档	15 倍工资	17 档	23 倍工资
2 档	12 倍工资、5%拒贷率下拒绝	10 档	16 倍工资	18 档	24 倍工资
3 档	12 倍工资	11 档	17 倍工资	19 档	25 倍工资
4 档	12.5 倍工资	12 档	18 倍工资	20 档	26 倍工资
5 档	13 倍工资	13 档	19 倍工资	21 档	27 倍工资
6 档	13.5 倍工资	14 档	20 倍工资	22 档	28 倍工资
7 档	14 倍工资	15 档	21 倍工资	23 档	29 倍工资
8 档	14.5 倍工资	16 档	22 倍工资	24 档	30 倍工资

按照 B 银行的客户特征，模型将客户划分为 24 个档次，对应相应的额度工资，即总体放贷规模/预计客户占比 = 预期总体放贷规模。根据银行预期放贷规模，确定每个档次客户的授信额度，计算方法如下。

（1）确定每个档次的额度分配，如平均分配 500/24 = 20.83；

（2）按照概率从低到高依次选取各档客户，直到该档额度分配完毕。如第 24 档，对应概率最低客户工资乘以 30 倍，次低客户工资乘以 30 倍，以此类推直到客户总额度超过 20.83。

4. 银行个人消费信贷预授信结果

1）预授信步骤

对于预授信额度的确定，先是根据违约概率排序，然后根据拒贷率或者拒贷人数选取对应拒贷档次的客户，最后确定贷款额度。模型输出结果如表 3-5 所示。

表 3-5　模型输出结果（部分样本数据）

CUST_ID	UnionScore	UnionZScore	ExpScore	ExpZScore	RiskZScore	ViolationProb
***8336	0.374	2.076	1	0.137	1.107	0.000 045
***8244	0.273	0.681	1	0.137	0.409	0.000 043
***8089	0.247	0.322	1	0.137	0.230	0.000 043
***7950	0.292	0.943	1	0.137	0.540	0.000 045
***7302	0.179	−0.618	1	0.137	−0.240	0.000 043
***7034	0.249	0.349	1	0.137	0.243	0.000 043

注：第一列是脱敏之后的用户 ID

其中，UnionScore 是 B 银行规则下因子得分，UnionZscore 是 B 银行规则下因子标准化得分（减去均值除以方差），ExpScore 是根据最低工资标准和月度消费额度筛选出的高危客户（0 为高危客户），ExpZScore 是对应高危客户和正常客户的标准化得分，RiskZScore 是根据最低工资标准规则得到的客户危险系数（该系数用于聚类中的距离调整），ViolationProb 是每个客户的违约概率评价。

对拒贷客户的选取和授信额度的确定，主要分为以下三步。

第一步，对客户违约概率从高到低进行排序。

第二步，选取拒贷客户（两种方式）：①选择拒贷率，如拒贷概率为 0.7471，则违约概率大于 0.7471 的客户被拒绝；②选择拒贷人数，如拒绝违约概率最高的前 4 名客户。

第三步，确定贷款额度。

根据上述的授信额度准则，可测算不同贷款参数下的资金分配情况，假设客户的响应概率为 5%，即只有 5% 的客户选择接受信贷，根据 24 个档次，对应相应的额度工资，按照总体放贷规模/预计客户占比 = 预期总体放贷规模，如 500 万元/0.05 = 1 亿元。

2）预授信结果

根据各档次授信人数响应概率可计算出贷款人数，加总各档次贷款客户可获得的消费信贷利润总额：

$$\pi = \sum_{i=\min}^{24} \sum_{j=1}^{n} \text{Dbt\_amt}_j \times \text{IR} \times (1 - \text{ViolationProb}_j) \tag{3-8}$$

$$\text{s.t.} \quad \text{Dbt\_amt}_j \leqslant \text{Wage}_j \times \text{Wage\_times}_i$$

其中，Dbt_amt_j 为第 i 档第 j 个客户的贷款金额；IR 为贷款利率；ViolationProb_j 为模型评估得出的该客户违约概率；n 为根据各档次授信人数响应概率测算出的贷款人数；Wage_j 为该客户每次工资金额；Wage-times_i 为该客户每年发放工资次数。基于预授信模型，测算结果见表 3-6。

表 3-6 预授信人次的预算

预授信客户档次	额度（工资倍数）	贷款人数/人							
		拒绝率=5‰, 总资金=3000万元, 个人上限=10万元	拒绝率=5‰, 总资金=5000万元, 个人上限=10万元	拒绝率=5‰, 总资金=1亿元, 个人上限=10万元	拒绝率=1%, 总资金=3000万元, 个人上限=10万元	拒绝率=1%, 总资金=1亿元, 个人上限=10万元	拒绝率=5%, 总资金=3000万元, 个人上限=10万元	拒绝率=5%, 总资金=5000万元, 个人上限=10万元	拒绝率=5%, 总资金=1亿元, 个人上限=10万元
1 档	拒贷	353	353	353	705	706	3 529	3 529	3 529
2 档	不贷	63 300	57 769	40 808	62 948	40 455	60 124	54 593	37 632
3 档	12 倍	427	852	2 209	427	2 209	427	852	2 209
4 档	12.5 倍	398	782	2 080	398	2 080	398	782	2 080
5 档	13 倍	395	758	1 966	395	1 966	395	758	1 966
6 档	13.5 倍	365	747	1 864	365	1 864	365	747	1 864
7 档	14 倍	341	655	1 779	341	1 779	341	655	1 779
8 档	14.5 倍	352	655	1 748	352	1 748	352	655	1 748
9 档	15 倍	327	622	1 620	327	1 620	327	622	1 620
10 档	16 倍	320	593	1 481	320	1 481	320	593	1 481
11 档	17 倍	315	541	1 380	315	1 380	315	541	1 380
12 档	18 倍	305	547	1 275	305	1 275	305	547	1 275
13 档	19 倍	297	509	1 202	297	1 202	297	509	1 202
14 档	20 倍	288	502	1 130	288	1 130	288	502	1 130
15 档	21 倍	288	489	1 068	288	1 068	288	489	1 068
16 档	22 倍	284	479	1 036	284	1 036	284	479	1 036
17 档	23 倍	281	480	1 003	281	1 003	281	480	1 003
18 档	24 倍	280	467	973	280	973	280	467	973
19 档	25 倍	279	468	956	279	956	279	468	956
20 档	26 倍	278	465	941	278	941	278	465	941
21 档	27 倍	277	464	935	277	935	277	464	935
22 档	28 倍	277	461	928	277	928	277	461	928
23 档	29 倍	273	460	924	273	924	273	460	924
24 档	30 倍	273	455	914	273	914	273	455	914

3）实施效果

B 银行于 2018 年 5 月底通过基于该预授信风险控制模型的系统，面向行内代发工资白名单客户在网上开展消费信贷业务。截至 6 月底，后台数据库中数据统计显示：该信贷产品每日的申请量为 1～2 笔；申请人次共计 38 人；共发放贷款总量为 178 万元，贷款余额为 150 万元；申请的客户中有 20 人申请贷款被拒，18 人申请贷款成功；客户最高申请额为 14 万元，最低为 1.3 万元。申请成功客户的贷款额度分布为：1 万元≤贷款额度<3 万元，4 人；3 万元≤贷款额度<5 万元，5 人；5 万元≤贷款额度<10 万元，7 人；10 万元≤贷款额度<15 万元，2 人。申请贷款被拒的主要情况是：6 位客户因目前持有多笔贷款，造成授信额度过低被拒；4 位客户因贷记卡有逾期情况被拒；10 位客户因工资收入不能覆盖当月应还款，造成还款能力欠佳被拒。

将该模型系统的授信结果与被拒客户的征信和工资水平进行核对，均符合实际，有效地避免了银行因市场竞争而在开发客户时审核放水、逾期放水等行为。此外，使用该系统银行放贷效率高，降低了成本；对于客户来说，返回评估结果快（秒级），增强了客户黏性。

5. 结论

当前个人消费信贷快速发展，商业银行也加速了个人消费信贷市场的发展。然而，对于大多数商业银行而言，仍面临没有客户违约样本或客户违约样本少的情况，银行在预授信过程中难以知道违约客户的用户特征，这无疑会提高授信成本及风险，这也是近几年以信用卡为主的消费信贷逾期率不断攀升的原因。另外，随着信息及支付技术的发展，绝大多数企业均采取银行代发员工薪酬的方式来减少支付成本。因此，商业银行具有大量的代发企业客户资源及丰富的工资流水信息。对此，本书综合了专家评分系统和基于数据驱动的决策支持系统的优点，构建了无违约样本的个人消费信贷预授信风险控制模型。该模型从专家知识和数据驱动的角度出发，首先，邀请了商业银行信贷风控人员和大数据专家分别根据银行客户各项指标对用户风险进行评估，在数据驱动评分系统中根据客户代发薪酬及消费等数据特点通过归一化处理和聚类计算出客户离群距离，得到客户综合风险评分；其次，在没有违约样本的情况下，根据客户综合评分构造违约标签，分别建立了逻辑回归全监督学习模型和标签扩散半监督学习模型，并综合两种学习模型得到客户违约概率；最后，基于客户违约概率及银行总信贷规模，提出了基于违约概率测度的预授信额度分配模型。

在所构建的个人消费信贷预授信风险控制模型的基础上，对 B 银行客户数据进行处理，在结合 B 银行授信额度准则和客户特征的基础上，将客户划分为 24 档，并为每档客户提供了建议授信额度。结果显示，模型综合风险评分与联盟评分具有较高的一致性，其差异主要表现为对高风险人群的判别，综合风险评分识别了某些联盟评分识别不了的高风险客户。而基于模型的信贷系统的应用，有效地识别了申请贷款客户的风险类型和程度，极大减少了银行成本，提高了客户体验。

与此同时，该模型在样本标签方面，使用样本聚类下的离群距离调整专家评分，可以在一定程度上纠正专家评分带来的偏误，但是离群距离不能完全反映客户的违约风险，因此生成的违约样本标签与真实情况存在一定偏差，从而导致预测的违约概率不能真实反映风险。随着违约样本的不断累积，该问题会在一定程度上得到解决，或可通过引入外部数据的方式来进一步纠正结果偏差。此外，在预授信额度分配模型中，由于客户的响应概率无法明确得知，只能采用测算的方式预估，随着模型的应用和数据累积，可对客户的响应概率进行较精准的估计。

3.2.4　监管意见

西方发达国家已经将个人信用风险评分广泛应用于政府监管，且已经实现了很多年。比如美国和英国的税务部门在进行税务管理时并不是对全部的纳税人进行审查，而是根据个人的信用评分情况来决定对哪些人进行审查。在我国，将个人信用风险评分应用于政府监管依旧是一个很新的领域，需要持续建设。根据本章的研究，提出以下监管意见。

1. 商业银行

信用卡业务是商业银行业务的一个重要板块，信用卡不良率上升将会在该领域对银行产生冲击。比如，中央银行发布的《2019 年第二季度支付体系运行总体情况》表明，信用卡逾期半年未偿信贷总额 838.84 亿元，占信用卡应偿信贷余额的 1.17%，占比较上季度末上升 0.02 个百分点。可见不良率的攀升从 2019 年开始，就已经有了苗头，2020 年以来，受全球新冠疫情的影响，商业银行信用卡业务遭受了较大冲击，特别是消费贷领域。因此，在此情形下，银行首先应该做到自查自检，在发放更多信用卡之前，首先清理一批资质较差、信用记录较差的用户。同时，加强对信用卡发放审查环节的监管，通过建立个人用户画像，运用大数据技术对借款人进行多维度、多方面的审查，保证信用卡背后主体的质量。其次，不能一味追求发卡量，应将大量发卡转换为发高质量的卡。再次，通过建立专家审查系统和基于数据驱动的决策支持系统，加强对信用卡套现等信用风险的分析，采取有效措施防范信用风险。最后，加强对授信额度的监管，商业银行应该至少每年对借款人进行授信额度的检查，设置合理的调额额度、调额频率、调额周期等，保障信用卡在消费领域使用，不能流向其他行业，如生产、投资、购房等。此外，目前出现的一些代理处置信用卡债务的现象也值得关注，商业银行对这方面的监管需要加强，避免自身也陷入违法陷阱，因此银行应对自身客户负责，提醒信用卡用户，如不轻易泄露个人财务信息给其他人；正确使用信用卡，理性用卡；若有财务问题，使用官方渠道进行解决等。

2. 政府部门

对于金融监管部门，出台相关法律法规至关重要。一方面，制定相关法律法规，鼓励商业银行间分享数据信息，打通数据壁垒，有助于商业银行建立健全的监管系统，防范相关风险的发生。另一方面，为了防止银行泄露用户信息，监管部门应结合目前国家出台的相关个人信息保护法，保护个人信息的安全。具体来说，监管政策的重点在于规范商业银行的信用卡发放和管理行为，但是也要充分考虑信用卡业务的特点，对正当性商业行为做出深入分析。同时，可以积极利用大数据、区块链等技术，提高监管效率。

3.3　地方金融运行中个人交易风险监测

在地方金融实际操作中，个人的交易风险在金融风险数量中占比高，影响面大。本章首先从传统方法和机器学习方法两个角度汇总概述地方金融运行中个人交易风险的监测方法，其次针对个人交易风险监控问题提出两种相应的解决方案，最后在研究方法的基础上，构建了智能化银行卡异常交易监管体系。本章相关结果为系统性风险评估和监管提供微观基础，并成为系统性风险解决方案的参考。

本节的逻辑框架如图 3-7 所示。

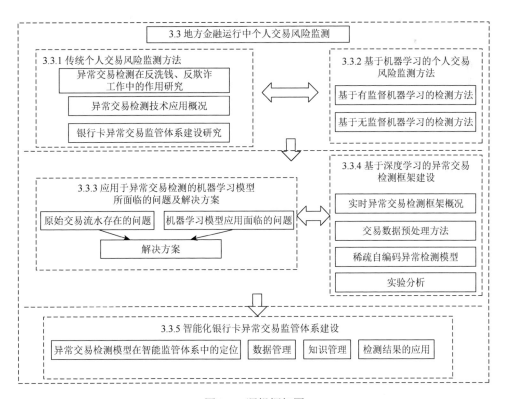

图 3-7　逻辑框架图

3.3.1 传统个人交易风险监测方法

进入信息时代初期，各个金融机构开始研究自动化的反洗钱、反欺诈系统，这个时期的信息化趋势是将人工的业务流程逐渐转为自动化的过程，其实现简单，响应迅速，规则易于理解与管理，因此以规则引擎为主导的专家系统在金融机构中获得了广泛的应用。

规则引擎通常是指依据设定好的规则做出决策的引擎，广泛运用于商业决策中。在信息化浪潮初期，虽然自动化的决策系统能极大地提升决策效率，但是由于决策规则需要依赖于专业的技术人员将其编码为决策逻辑，因此为了持续更新系统，使用此类系统的机构不得不投入大量技术、人力进行维护。规则引擎将业务规则从应用程序代码中抽离出来，从而使得业务人员在无须了解技术实现的前提下，通过简单的语义或配置，自行编辑调整决策逻辑，同时可以将易于人类理解的逻辑以规则配置的形式储存、组织起来，形成知识库，便于对决策结果进行解释。目前工业界普遍使用的规则引擎有 Drools、IBM ILOG。

在构建以规则引擎为核心的检测系统时，通常由技术人员对数据进行对象化封装，提供一系列基础的数据转换、统计工具，然后赋予规则引擎自由调用这些计算方法的能力，同时提供可视化的配置平台交予业务人员使用。由于规则引擎所提供的规则语义通常是简洁直观的，因此业务人员可以轻松地配置出判断条件，将多种条件组合成一条完整的规则。在实际检测过程中，规则引擎会针对每一条交易流水自动调用相应的数据预处理方法和计算方法，输出规则判断的结果。

例如，业务人员可配置规则"当日累计转账＞50 000 元，且当日累计交易次数＞10 次，则该交易风险评分上升 10 分"。检测时规则引擎会自动调用"当日累计转账"与"当日累计交易次数"的统计流程，将统计结果与阈值"50 000 元""10 次"分别进行比较，满足条件则累加该条交易流水的风险评分。依据相同的计算流程，规则引擎可以对交易流水计算出所有检测规则的风险评分，最终输出一个综合的分值。

业务人员可以随时增加、删除规则，也可以依据整体交易形态的变化调整各个规则中的条件阈值，从而实现检测模型的优化。被检测为异常的交易还可以回溯每条规则的子分值以及各规则的权重，从数据原始特征层面解释交易异常的原因。

基于规则引擎的检测系统最大的特点是风险决策逻辑和应用逻辑基本实现了分离，从而给予业务人员配置反欺诈规则的自主权。田江和刘锦淼[1]从银行业务的

---

[1] 田江，刘锦淼. 银行智能化欺诈风险预测模型研究与应用[J]. 金融电子化，2017，48（10）：84-86.

角度出发发现,这种特点带来的好处相当明显,业务人员不需要了解太多的技术细节就能将以往总结出来的反洗钱、反欺诈经验转化为自动化系统的规则,系统通过这些规则给出的预警信息拥有足够的解释度,这为接下来的干预手段提供了明确的依据。同时由于规则涉及的计算通常都不是很复杂,因此整个系统的效率能满足绝大多数情况下的需要。规则引擎技术经过多年的发展,提供了大量成熟的系统集成方案,可以用较低的成本实现与银行现有系统的融合。然而人工设定的规则存在一定的局限性,检测规则通常从业务人员的经验与以往非法交易的特征中人工总结而来,对于判断条件的设计、阈值的选取均存在一定主观性,因此不能枚举所有业务场景,无法对各类非法行为进行全面的覆盖。与此同时,违法分子会针对性地对已有规则进行回避,导致检测规则始终处于被动调整的位置,难以跟上违法手段的更新换代。另外,当检测规则积累到一定数量后误报率通常会比较高,可能影响实际风险决策制定和实际业务开展。

1. 异常交易检测在反洗钱、反欺诈工作中的作用研究

近年来,随着计算机和网络技术的成熟,面对逐渐增加且形态多变的金融欺诈行为,金融机构不得不投入资源研究自动化的反洗钱、反欺诈系统,以适应科技的发展,满足快速响应的需求。

当前银行业主要面临的欺诈可以分为三大类型:客户交易欺诈、内部欺诈和洗钱。根据以往的报告来看,客户交易欺诈和洗钱对金融机构造成的损失占欺诈损失的一半以上。何毅勇和余挈[1]发现银行卡诈骗与洗钱活动往往都会暴露出与客户交易习惯不相符或与客户身份不相符的异常特征。吴朝平[2]认为虽然反洗钱与银行卡反欺诈在实际工作中有一些差异,但反洗钱工作多年发展所形成的客户身份识别、大额和可疑交易报告、客户身份资料和交易记录保存三大核心体系对反欺诈工作有重要的借鉴意义。这两类非法活动都需要通过银行的交易业务完成资金的转移,银行卡作为所有交易渠道的账户,其交易流水所体现出来的行为模式将作为判断交易是否可疑的重要因素。

高增安[3]将交易模式依据合法性程度划分为五类:合法交易、惯常交易、异常交易、可疑交易、非法交易,其合法性依次递减。其中惯常交易指符合客户长期行为习惯的交易,对于一个正常的客户,他的惯常交易都为合法交易,而对于长期参与洗钱的犯罪分子来说,他的交易行为很可能是可疑甚至非法的;异常交易则体现在其特征与以往的历史记录表现不一致或是与大多数交易表现不一致;可疑交易是指因不同于历史记录和(或)同类参照组而值得怀疑的交易,如满足《金

① 何毅勇, 余挈. 关于银行业反欺诈的思考[J]. 银行家, 2013, 88 (4): 78-80.
② 吴朝平. 反洗钱对银行卡反欺诈工作的借鉴意义[J]. 中国信用卡, 2011, 12 (11): 33-35.
③ 高增安. 基于交易的可疑洗钱行为模式与反洗钱对策研究[D]. 成都: 西南交通大学, 2007.

融机构大额交易和可疑交易报告管理办法》可疑交易标准的即为此类交易。反洗钱工作中需要通过数据分析手段区分惯常交易与异常交易，然后再通过人工调查取证判定惯常交易是否为合法交易、异常交易是否为非法交易。

根据业界实际应用和学界的研究，异常交易检测机制在反洗钱、反欺诈工作中的作用见图 3-8，即银行卡异常交易检测是银行业反洗钱、反欺诈工作的重要环节，也是后续人工调查取证工作的前提。

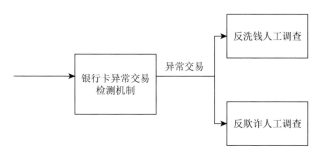

图 3-8　异常交易检测机制在反洗钱、反欺诈工作中的作用

2. 异常交易检测技术应用概况

交易流水最大的特点是数量庞大，且只包含交易时点的金额、交易类型、账户基础信息。要从海量的数据中识别出异常交易则需要相当精细的统计特征构建和强大的计算力，更重要的是需要有一定的业务经验指导。进入信息时代之前，通过人工分析交易记录中的欺诈和洗钱行为是相当困难的，并且一些涉及客户损失的交易由于通信手段的限制，也常常无法被风控人员收集到。信息技术的发展为解决该问题提供了多种高效的手段，当前主流的异常交易检测技术有以下两大类。

1）基于规则引擎的异常交易检测技术

规则引擎起源于基于规则的专家系统，用来模拟人的行为进行决策，能将业务决策从应用程序中分离出来。规则引擎在大量数据和规则情况下具有较好的执行效率，可以对大量交易数据进行快速、准确的风险识别。

周彩冬和潘维民[①]利用分布式大数据平台在批量数据处理中的扩展性、实时性优势，将其与基于规则的异常交易检测方法相结合，实现了一套高性能的商业银行反洗钱架构。丁濛濛[②]详细介绍了基于规则引擎的互联网金融反欺诈体系设计，其中提出了检测规则的设计原则以及规则优化的方法。

2）基于机器学习的异常交易检测技术

随着计算能力和储存能力的提升，机器学习开始从学术领域走进工业应用领

① 周彩冬，潘维民. 大数据在商业银行反洗钱的应用[J]. 软件，2016，37（2）：1-7.

② 丁濛濛. 基于规则引擎的互联网金融反欺诈研究[J]. 电脑知识与技术，2018，14（1）：1-3.

域。机器学习模型基于统计分析技术，可以准确和实时地进行风险评估，能够通过对数据的整理分析训练出合适的决策机制。模型利用先进的数学统计方法，进行深度的数据挖掘，持续修正决策模型，不断提高对数字化金融欺诈的适应能力，有效地防范控制欺诈风险。郝光昊[①]发现相对于专家系统规则的被动更新，基于机器学习的反欺诈模型能通过不断累积的数据自行更新，还能在高维度的特征上捕捉到欺诈模式，而这些模式很可能是规则所不能描述的。之后，以神经网络为基础结构的深度学习模型迎来了爆发性的发展。深度学习模型相比传统的机器学习模型有着更强的拟合能力，且易于扩展。深度学习模型除了在有监督学习领域大放异彩，其独特的结构和训练模式还衍生出了自编码器等一系列无监督学习模型。

国内外不少学者、从业人士对机器学习模型在银行异常交易检测中的应用做了大量的研究。交易异常检测从业务角度来看，要求模型具备足够的准确度与一定解释性，因此研究主要集中在监督式学习领域。有监督学习模型种类众多，一些研究也比较了不同类型的模型在异常交易检测场景中的效果。

梅斯（Maes）等[②]在信用卡反欺诈场景中分别使用了传统的 BP 神经网络和贝叶斯信念网络构建模型，对真实的金融交易数据进行模型验证和分析，实验结果表明贝叶斯信念网络拥有更高的检测率。达尔·波佐洛（Dal Pozzolo）等[③]总结了一套使用机器学习模型进行异常交易检测的基本框架，其包含了几种不同的银行卡历史统计特征生成方式、非平衡数据的处理方式、合适的性能度量以及模型更新策略等；同时还实验了几种不同模型在这个框架下的表现，实验表明，随机森林模型在这个场景下始终优于神经网络和支持向量机；在生成历史统计特征时，使用越长时间的历史交易信息，模型效果越好。田江和刘锦淼[④]在构建增强智能（augmented intelligence）系统的实践中，将系统分为客户画像、数据挖掘模型和决策引擎三大部分，其中客户画像部分引入了外部社交网络数据，与内部交易数据一起衍生出了能准确刻画关系群体、交易习惯的特征；数据挖掘模型部分选用了随机森林模型、逻辑回归模型和深度神经网络模型；决策引擎则提供了可视化结果分析以及事后干预的能力。其实验结果表明，随机森林模型表现最优，相较于单纯使用内部交易数据，引入社交网络数据后，模型的表现得到了较大的提升。

无监督学习可以摆脱数据标签的限制，自行发现数据集中广泛存在的模式或是拥有相似模式的数据，一些无监督学习模型也常常被用于异常交易检测领域。

① 郝光昊. 数字化欺诈与金融科技反欺诈的应用[J]. 税务与经济，2019，41（6）：40-47.

② Maes S，Tuyls K，Vanschoenwinkel B，et al. Credit card fraud detection using Bayesian and neural networks[R]. Havana：Proceedings of the First International NAISO Congress on Neuro Fuzzy Thechnologies，2002.

③ Dal Pozzolo A，Caelen O，LeBorgne Y，et al. Learned lessons in credit card fraud detection from a practitioner perspective[J]. Expert Systems with Applications，2014，41（10）：4915-4928.

④ 田江，刘锦淼. 银行智能化欺诈风险预测模型研究与应用[J]. 金融电子化，2017，48（10）：84-86.

Zhu[①]认为洗钱交易在整个金融系统中实质上占比极小，因此可以把异常交易的检测看作离群检测问题，因此提出了一种基于距离的无监督离群检测算法，将其与支持向量机算法进行了比较。刘卓军和李晓明[②]提出了一种预测误差和统计处理综合法（composition of predictive error and statistic treatment，CPEST），在其基础上应用支持向量回归（support vector regression，SVR）与核密度估计（kernel density estimation，KDE），检测客户自身行为的一致性以识别出洗钱行为。李旭瑞等[③]提出了一种基于密度分布演化的流式聚类算法（stream-clustering algorithm based on density distribution evolution，DDE-Stream），构建了一套实时的反欺诈系统，取得了较好的效果。

从研究的发展趋势可以看到，在银行卡异常交易检测领域，机器学习模型的应用是未来研究的重点，但主要还是集中在传统机器学习模型上，对于深度学习模型在该领域的应用研究较少。

3. 银行卡异常交易监管体系建设研究

在单纯针对算法的研究以外，也有学者从整个风控体系的建设角度做出了指导。李小庆[④]认为基于大数据的智能风控平台应该由五大部分组成：①数据归集与清洗平台，负责归集整合内外、线下线上、跨界生态等数据；②风控模型库，针对不同业务场景采用合适的模型；③模型管理知识库，收集模型使用过程中的效果与反馈，总结优化经验，使模型效能提升走向正向循环；④应用拓展平台，提供不同业务场景下的应用拓展功能，使模型的结果能直接作用到现有业务中；⑤大数据安全管理，根据实际需要对数据权限进行分级限制，实现数据的访问权限风险最小化。赵泽栋等[⑤]除了提出相似的架构体系以外，还针对风险处置和特征加工部分做了更加详细的解释。风险处置作为模型结果对业务产生影响的一个重要环节，需要平衡客户体验和风险防范效果之间的关系，根据不同的风险等级，采取不同的手段。对于高级别风险采用风险阻断，对于中级别风险采用加强验证，对于低风险等级采用风险通知。另外还需要做欺诈事后调查，总结经验以便优化模型。

---

① Zhu T Q. An outlier detection model based on cross datasets comparison for financial surveillance[R]. Guangzhou: 2006 IEEE Asia-Pacific Conference on Services Computing（APSCC'06），2006：601-604.

② 刘卓军，李晓明. 一种基于客户行为时序分析的反洗钱异常交易识别方法[J]. 中国管理科学，2014，22（12）：102-108.

③ 李旭瑞，邱雪涛，赵金涛，等. 基于流式聚类及增量隐马尔可夫模型的实时反欺诈系统[J]. 计算机工程，2018，44（6）：122-129.

④ 李小庆. 银行大数据智能风控平台建设及应用[J]. 中国金融电脑，2019，31（4）：71-74.

⑤ 赵泽栋，谭柱钢，朱丹. 商业银行智能化反欺诈体系建设浅析[J]. 中国金融电脑，2019，31（6）：48-51.

从智能风控体系建设的研究趋势中可以看出，为了支撑以机器学习模型为核心的银行卡异常交易检测模块，体系建设中需要对交易流水的整个生命周期进行管理，将风控人员对异常交易的人工调查结果回流至整个体系中，以便实现模型的自我进化能力。

3.3.2　基于机器学习的个人交易风险监测方法

本部分分别从有监督和无监督两个角度进行分析。

1. 基于有监督机器学习的检测方法

有监督学习方法从有标记的训练数据中学习一个预测函数，因此，给定任意一个新的数据时，模型可以利用该函数推导出新数据的标签。

有监督学习模型是当今机器学习领域应用最广泛、效果最显著的模型。监督学习的分类器遵循类似原理完成预测任务，即分类器的本质是一个预测函数。不同的分类器利用不同复杂程度的预测函数做任务，这样的设定导致在相同的数据集中，训练不同的分类器，最终预测效果会存在较大差异。

经过多年的发展，涌现出了大量结构各异的分类器，复杂度也逐步上升。近年来随着计算能力的提升，以深度神经网络为核心的各式深度学习模型也开始走进实际应用的场景中。当前异常交易检测场景中应用较广泛的分类器有：逻辑回归、决策树、支持向量机、集成学习、多层感知器等。

利用有监督学习模型进行异常交易检测是将检测任务二分类为“正常交易”与“异常交易”任务。最终，达到令人满意实验效果的分类模型在检测系统中正式应用。

2. 基于无监督机器学习的检测方法

无监督学习指由模型自行学习数据的分布，不依赖数据标签，实现特征降维、聚类等目的，聚类任务传统的应用场景是数据预处理，即经过降维的数据集用于后续的有监督学习模型。通过聚类处理的数据，模型可以学习到更好的分类效果。无论是降维模型还是聚类模型，模型学习的过程本质上都是对数据分布的归纳总结。典型的无监督异常检测模型有：K-means 聚类、层次聚类、密度聚类、主成分分析、自编码器等。

基于无监督机器学习的检测方法摆脱了对数据标签的需求，相比于有监督学习省去了数据收集过程中对数据进行标注的成本。同时其采用的模型相对简单，训练容易，而且在检测的逻辑上更适合于捕捉从未出现过的异常模式。然而其缺点也较明显，通过该方法检测出的异常交易是缺乏指向性的，当中可能会包含一些与真正风险无关的交易，实际的误报率相对偏高。由于在大部分情况下训练集都没有标签，因此难以设计有效的模型评价机制，无法准确评价模型效果则意味着对于模型的优化也缺乏方向。

3.3.3　应用于异常交易检测的机器学习模型所面临的问题及解决方案

机器学习模型在很多任务中都能实现出众的效果，然而模型的实施会受到多方面的影响。在银行卡异常交易检测任务中，交易流水的特点与模型自身的局限性相结合，会给模型建设工作带来相当严峻的挑战。

1. 原始交易流水存在的问题

银行卡异常交易检测的对象是交易流水，交易流水有两大特点：①数量庞大，所有以银行卡为主体的交易活动都会以交易流水的形式体现；②仅包含交易发生时的时点信息。这两大特点会分别从不同的角度影响数据准备的流程。

1）缺少数据标注的问题

虽然银行业广泛使用的基于规则引擎的检测系统积累了部分被规则筛选出的异常交易，但是规则设置的合理性与时效性可能会影响存量数据的有效性。

例如，某些以交易金额为判断条件的规则可能会随时间进行调整，那么历史上由该规则筛选出的异常交易则存在检测标准不一致的问题，这些样本同时存在于数据集中可能会导致训练出的模型产生较大偏差，不符合当前交易模式的变化形式。

更加值得关注的是，一些银行在以往的反洗钱、反欺诈工作中，缺乏系统性的标签数据收集机制，若是以往的系统并未考虑标签回流的机制或是业务人员并未及时在系统中记录这些核查结果，那么存量数据的标签是不可靠的，这将直接影响模型训练的结果。

因此综合考虑多种因素，若是采用有监督学习模型，那么在模型训练前对样本库进行一次系统性的人工标注是必不可少的，然而交易流水的体量庞大，要完成标注工作就必须投入大量业务人员，标注的结果中也难免出现人为失误，这个环节所投入的成本必然是相当巨大的。

2）缺乏历史统计特征的问题

与银行卡账户相关的绝大多数业务流程都涉及资金流，本质上银行核心系统的主要功能是为客户的账户提供记账服务。为保证账务的一致性、可靠性，银行的核心系统必须能实时生成、计算交易流水，这就要求交易流水中仅记录交易发生时刻的信息，减少不必要的计算开销。目前各家银行采用的核心系统虽然有自主研发或引进之分，但在核心功能与数据结构的设计上高度相似，因此从核心系统中提取的原始交易流水具备一定普适性。

以本节采用的某银行数据为例，从核心系统的原始交易流水中可以提炼出表 3-7 中的基础信息。

表 3-7　原始交易流水基本信息

字段名称	备注
银行卡号	
交易流水号	
交易地区编码	若是线下交易，可用于提取交易地区
发卡行地区编码	可用于提取发卡行地区
境外交易标识	区分当前交易是否发生于境外
交易渠道	可表示交易发生的媒介，如 ATM 机、POS 机、在线支付、网上银行等
交易类型	消费、取现、转账等
金额	当前交易的金额，单位：元
交易时间	交易发生的时间戳

从表 3-7 中可以看出，原始交易流水中的信息足以刻画一笔交易发生时的动账情况。然而要检测一笔交易的模式是否远远偏离了客户的使用习惯，必须在样本中引入能够体现习惯的特征。另外，交易发生的时间戳无法直接用于模型训练，因为将时间进行大小的比较没有太多意义，因此还需要对其进行进一步加工，提取出更加有用的特征。

由于原始交易流水所包含的信息有限，为其进行特征衍生的工作是数据预处理环节中最重要的步骤之一，合理地设计特征既能使检测效果显著提升，又能保证数据预处理的性能足以支撑实时检测的需求。

2. 机器学习模型应用面临的问题

1）欠拟合与过拟合问题

训练结果的好坏会直接影响模型的表现，对于一个训练好的模型，我们希望其能较好拟合训练集数据，即较小的训练误差，同时也能对未知的数据有较好的泛化能力，即较小的测试误差。若是模型最终的表现效果不佳，可以分为欠拟合和过拟合两种情况，欠拟合和过拟合一般用于衡量有监督学习模型的训练情况。

其中，欠拟合是指模型在训练集上不能达到较低的训练误差，在训练集数据量足够的前提下，通常造成该现象的原因是模型本身的复杂度不足或是数据的特征不足，仅通过提高模型复杂度或为数据增加更多特征即可解决该问题。

过拟合则表现为模型在训练集上能达到较低的训练误差，然而面对未知的测试集数据，却难以获得较低的测试误差。在训练集样本数充足的前提下，产生这种现象的主要原因有以下两类。

（1）训练集数据分布较单一。若是训练集中收集到的数据分布并不能完全覆盖真实的情况，或是新出现的数据模式相比训练集发生了较大的变化，那么模型从训练集中学习到的分类方法在很大程度上不适用于预测未知数据的分类。

（2）模型复杂程度过高。在一个维度较少、数据量较小的训练集上训练一个相较数据而言过于复杂的模型时，由于预测函数有极强的拟合能力，最终会导致模型在训练集上以一种逼近完美的方式区分正负样本，即模型会过多关注训练集上正负样本间最为细微的差异。然而这种细微的差异并不完全是全局样本空间中可以准确区分正负样本的因素，因此这样的模型在对未知数据进行预测时自然存在较大的误差。

2）类别不平衡问题

类别不平衡是指数据集中的类别比例差异过大，这是数据分布单一的一种特殊情况。以二分类问题为例，假设训练集中绝大部分的数据都为正样本，仅有少量数据为负样本，则模型对负样本的分布学习是不够充分的，因为在训练过程中，为保证训练误差足够低，模型会倾向于往更好地拟合正样本的方向优化参数，因此正确识别出少量负样本数据类别的概率比较低。

异常交易检测场景天生存在类别不平衡问题。基于绝大多数银行卡用户都不会参与洗钱或是欺诈等违法犯罪活动的假设，异常交易占整体交易流水的比例十分小，因此直接利用原始样本库进行模型训练将有很大可能造成模型的过拟合。

在以往的研究和实际应用中，解决该问题的基本思路是对训练集进行重采样以平衡两类标签的比例。例如，过采样方法是将少数类别数据随机复制多次放入训练集中，欠采样则是随机将多数类别数据从训练集中剔除。也有学者提出了一些较为新颖的做法，如 Liu 等[1]提出了 EasyEnsemble 算法，其利用集成学习的思路，从样本库中随机采样多组平衡数据，并分别训练多个模型，在预测时，综合多个模型的结果。乔拉（Chawla）等[2]则提出了名为 SMOTE（synthetic minority over-sampling technique，合成少数过采样技术）的过采样方法，其基本思想是在少数类别数据所形成的簇的周边添加人工合成的少数类样本，使得样本库整体达到类别平衡。虽然这些方法证明在类别轻度不平衡时能有效提升

① Liu X Y, Wu J X, Zhou Z H. Exploratory undersampling for class-imbalance learning[C]//IEEE. Sixth International Conference on Data Mining (ICDM'06). Hong Kong: IEEE Press, 2006: 965-969.

② Chawla N V, Bowyer K W, Hall L O, et al. SMOTE: synthetic minority over-sampling technique[J]. Journal of Artificial Intelligence Research, 2002, 16: 321-357.

模型的性能，但是面对像异常交易检测任务中这种极度不平衡的数据集，简单的重采样技术并不能丰富异常交易样本的分布，而过多构造伪样本则有可能引入大量偏离真实情况的数据噪声。

3）模型解释度问题

在实际应用中，人们通常都希望了解模型的决策逻辑，一方面是因为模型的使用者需要以理解模型的方式建立信任感，另一方面是在洞悉了模型决策背后的原因以后，可以为后续基于决策结果的行动做出更加细致的方向指引。

银行卡异常交易检测工作更加强调模型的可解释性，首先是因为在后续对异常交易进行人工核查时必须要对交易被认定为异常的原因有大致的认识，以便确定调查的方向。其次由于涉及资金安全，银行需要在充分理解模型的前提下时刻监控模型的运行效果，若是遭遇模型的预测结果与建模时的预期发生了明显偏差，可以第一时间鉴别问题发生的原因，必要时对模型进行调整。

机器学习模型的解释度问题一直以来都是困扰业界的难题。在以规则引擎为核心的检测系统中，可以轻松地通过回溯触发的规则条件得知是哪些特征超过阈值导致规则识别出异常交易结果。

一些简单的机器学习模型也可以通过间接的方式对检测结果做出解释，如逻辑回归模型中，可以输出各个特征在预测函数上的权重；决策树可以通过可视化技术，输出各个节点上的判断条件，从而洞悉一条交易被认定为异常的判断路径。

然而随着机器学习模型越发复杂，人们越来越难找到合理且准确的方式来解释模型的决策依据。以神经网络为核心的深度学习模型为例，其在架构上需要对原始特征空间进行多次嵌套的非线性变换，并综合多个层次的抽象特征对数据的分类做出判断，因此，当前业界普遍认为，神经网络是个黑箱模型，我们无法获知所有产生模型预测结果的这些特征之间的关系。

3. 解决方案

1）机器学习模型的选择

由前面的分析得知，将有监督学习模型应用于银行卡异常交易检测任务中最大的阻碍来自缺乏可用的标注数据，而对海量的交易流水数据进行人工标注几乎是不可能实现的任务。此外，异常交易检测场景天生存在的类别不平衡问题也使得建模的效果难以达到预期。

因此智能化银行卡异常交易监管体系建设应该遵循循序渐进的原则，即建设初期采用低成本且易于实现的方案，选用无监督学习模型作为核心检测手段，然后再对模型实际运行中检测出的异常交易数据进行细致的人工调查与标注，从而逐渐积累一批符合有监督学习模型训练标准的样本，后续可基于该样本库，针对性地引入有监督学习模型作为辅助检测机制，进一步提升整体的检测效果。本书主要关注智能化银行卡异常交易监管体系的起步方案，因此本节中的模型选择是指对无监督学习模型的选择。

交易流水在引入刻画交易习惯的特征之后，数据维度会获得大量扩充，同时体量也满足海量数据的标准，在这个场景下，选择具备非线性变换的自动编码器来构建基于还原度的检测方法更加合适。

自动编码器作为深度神经网络中的一个经典模型，继承了深度神经网络高拟合能力的特点，相比其他无监督学习模型，还具备训练简单、计算量适中的优点。自动编码器家族中存在多个变种，其中的稀疏自编码器加入了稀疏性限制，可以防止模型在训练集上产生过拟合现象。综合以上特点，本节将以稀疏自编码器为核心，构建异常交易检测体系。

2）特征衍生方案

针对原始交易流水缺乏历史统计特征以及交易发生的时间戳无法直接用于训练的问题，需要针对性地设计特征衍生方案，方案分别如下。

（1）历史统计特征衍生。引入历史统计特征的目的是刻画客户过去一段时间内的交易习惯，因此首先需按照银行卡号将交易流水分组，每条交易流水的历史统计特征仅基于所属分组内的数据进行计算。为每条交易流水计算历史统计特征时需要注意仅使用当前交易时间之前的流水作为统计源，不能引入未来的信息。为了更好地适应客户交易习惯的变化，体现当前交易与近期习惯之间的区别，必须固定历史数据的时间长度，因此在预处理过程中需要采用滑动窗口方法进行计算。

（2）交易时间处理。要处理成能够适用于模型训练的时间特征，可以对交易发生的时间戳进行离散化处理。例如，按照小时进行分箱或是按照特定的时间段进行分箱。此外，还可以计算出与前一条交易记录的交易时间间隔，该特征可以从侧面反映交易的频繁程度。

3）增强模型解释性的方案

对于有监督学习模型，特别是深度神经网络这类黑箱子模型来说，由于无法从模型内在的结构解释模型预测的逻辑，因此通常会采取事后解释的方法。

事后解释方法主要分为两大方向：①模型效果评估指标，基于混淆矩阵衍生出的一系列评估指标，如查准率、查全率、ROC（receiver operator characteristic，受试者操作特征）曲线、PR（precision recall，精确召回）曲线等。这类指标可以体现出模型解决目标问题的能力，良好的模型表现首先可以让使用者建立对模型的信任感。②通过直接分析输入特征与预测结果之间的关系，了解模型的预测如何根据输入变量的值而变化。例如，局部可解释不可知模型（local interpretable model-agnostic explanations，LIME）以及沙普利加性解释（Shapley additive explanation，SHAP）等解释器最终都会输出样本中的具体特征值对样本标签的贡献度。

然而这些解释方法都只能作用于已知真实标签的有监督分类模型中，对于无监督学习模型当前尚未有成熟可靠的解释方法。

本节将采用一种模型交叉验证的思路，对稀疏自编码器的检测结果进行可靠性验证，基本原理如下。

将稀疏自编码器检测出的异常交易视作正样本，正常交易视作负样本，从数据集中抽样一部分负样本与所有正样本组合成一个相对平衡的新数据集。

利用支持向量机、决策树、随机森林、贝叶斯网络等简单的分类器在新数据集上进行训练。

分别用以上训练好的模型对新数据集进行预测，记录下被预测为正样本的数据。

统计各个模型预测的正样本与新数据集中正样本的重合度，该重合度即为不同的模型对稀疏自编码器的可靠性验证。若是各个模型的重合度都能保持较高的水平，那么即可证明通过稀疏自编码器的还原度来区分正常交易与异常交易是可行的。

在这个过程中，还可以将训练得到的决策树进行可视化，决策树节点中的条件可以大致反映出哪些特征决定了正常交易与异常交易的区别。

3.3.4　基于深度学习的异常交易检测框架建设

前面的章节主要讨论了检测模型的选择、面临的问题以及相应的解决方案。本章将基于真实的某银行原始交易流水数据，介绍异常交易检测框架的设计方案，并探讨特征衍生、模型训练等过程中的实施细节。

1. 实时异常交易检测框架概况

1）建模总体流程

本节实验所使用的数据为某银行 1 年的原始交易流水，交易渠道以线下交易为主。在将模型部署至检测框架投入使用以前，首先需要对模型进行设计、训练、调整，整个建模流程可以分为以下几个主要阶段。

（1）数据预处理阶段。首先需要对原始交易流水数据进行清洗，对一些非人为产生的交易进行排除，如系统自动生成的手续费、结息等。然后将过滤后的数据送入特征工程流程，形成特征向量，完成训练集的收集。

（2）模型训练阶段。将训练集送入构建好的稀疏自编码器模型中进行无监督式训练，直到达到训练轮数的上限或是检测出现过拟合现象时提前终止训练。

（3）检测阈值划定阶段。利用训练好的稀疏自编码器为训练集计算每条数据的还原度，通过整个数据集的还原度分布，划定中、高风险的判定阈值。

（4）模型检验阶段。对模型的训练效果进行检验，如果没有达到预期，则需要调整模型训练参数或数据特征。

（5）模型部署阶段。如果模型的效果能达到预期，则可以部署至检测框架中，开始对新出现的交易进行实时检测。

2）实时检测总体流程

为满足银行对于监控交易情况以及及时干预非法交易行为的需求，框架必须具备实时检测的能力，因此需要引入流式计算技术。当一笔交易发生时，检测框架实时接收核心系统推送的交易流水报文信息，并查询相应的历史流水进行特征衍生工作从而组装成输入向量，将输入向量送入模型完成最终的检测。

对于某些满足特定条件的交易，银行需要将其筛选出来并直接上报或是干预，如《金融机构大额交易和可疑交易报告管理办法》所规定的大额交易。然而这些交易的特征可能与模型学习到的导致交易异常的特征不一致，同时检测模型也无法给出判定为异常的具体原因。另外，由于模型的判定依赖于历史统计特征，而一些银行卡可能是新开卡或是活跃度极低，从而缺乏足够的历史记录作为参考，难以判断风险，此类交易只能通过某些硬性条件判断其是否触发了绝对风险。基于以上两点原因，在使用模型对交易进行检测之前有必要根据这些规则设置一个过滤器，将这部分交易筛选出来，单独输出。

实时检测总体流程如图 3-9 所示。

2. 交易数据预处理方法

1）利用风控规则指导特征衍生

针对稀疏自编码器模型的学习特点和解释困难的问题，交易流水的特征衍生需要注重两个原则：①衍生出的特征对于检测任务的有效性，即这些特征是否能更好地体现正常交易与异常交易的区别；②特征本身含义的可读性，衍生出的特征如果容易被解读，那么在后续能帮助人们更好地理解模型的决策逻辑。

银行在过去的反洗钱、反欺诈工作中积累了大量的检测规则，经过长期的实践证明，这些规则在一定程度上能够反映异常交易某些方面的特点，因此特征的衍生可以参考这些规则。

例如，参考规则"同一天在非发卡地发生夜间 POS 消费交易 n 笔以上"，可以设计出特征变量"当天到该条交易前在非发卡地发生夜间 POS 消费次数"。

本节结合实验数据的渠道特点，整理了一系列银行卡交易风险规则，其涵盖了交易频次、交易金额、交易地点三大主题，受限于银行的保密制度，本节不对这些规则的细节做进一步阐述。

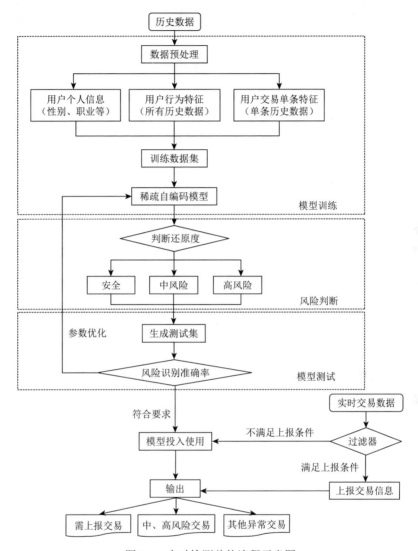

图 3-9　实时检测总体流程示意图

基于整理出的规则，本节为原始交易流水设计了四个类别的特征变量：用户个人信息 x_i^{per}，本次交易之前 t 天内交易特征统计量 x_i^{bef}，本次交易之前当天内交易特征统计量 x_i^{day}，以及本次交易基本信息 x_i^{cur}。以下是各类特征变量的详细说明。

A. 用户个人信息 x_i^{per}

用户的个人信息是在办理银行卡时采集的，包括用户的 ID、性别、年龄、办卡时间、工作性质等。这部分数据表明了用户的基本状态，时变特性非常小，在利用以往一段时间的数据进行分析时，可以认为它们是不变的。显然，在一年的时间范围内，年龄属性也是不变的量，即使更新也很方便。

数据 x_i^{per} 的作用在于能够作为人群划分的重要依据，包含了风险判断所需的相关信息。例如，某些银行卡可能呈现出与用户注册年龄不符的交易行为。详尽的个人信息采集，对于提高风险识别准确度具有重要意义。

B. 本次交易之前 t 天内交易特征统计量 x_i^{bef}

用户以往的交易信息是对银行卡每一次使用的记录，包含了银行卡的使用时间、地点、发生金额、余额变化等信息，对用户过去较长一段时间的交易记录进行分析能够挖掘出用户对银行卡的基本使用习惯。显然，当新的交易记录与以往的使用习惯发生偏离时，就是一个值得关注的风险信号。如果没有以往的交易记录作为依据，模型判断风险的鲁棒性会非常差。例如，假设只考虑交易发生时间这一个因素，用户 A 习惯在凌晨交易，用户 B 从不在凌晨产生交易。那么当用户 A 和 B 同时产生一条在凌晨时段的交易记录时，缺少用户习惯信息的系统只能对两条信息给出相同的结果，即都是安全的或者都具有风险。而实际上用户 B 的交易信息透露出了风险信号。

理论上来说，x_i^{bef} 包含的数据时间跨度越长，记录数量越多，则识别的准确度越高。但是时间跨度过短可能会导致在生成训练样本时，因整体数据集时间跨度不足，导致生成的训练集数量不足。同时过长的时间跨度会影响预测过程中实时交易特征向量的生成效率，因此需要选择一个适中的数值。令时间跨度为 t，单位为天，根据目前历史数据集时间跨度为 1 年的情况，可设 $t=180$。

C. 本次交易之前当天内交易特征统计量 x_i^{day}

本次交易之前当天内交易特征统计量 x_i^{day} 可刻画出本次交易之前短时间内客户的交易行为，更有利于体现客户在一天的时间周期内不同交易类型的频次、频率、金额等特征，可作为历史特征更小粒度的补充。举例来说，假设某个客户突然在某一天内频繁产生多次不同类型的交易，则是一个值得关注的风险点。

D. 本次交易基本信息 x_i^{cur}

本次交易基本信息 x_i^{cur} 是原始交易流水中的信息，经过了一定的变换与合并。x_i^{cur} 在数据结构上更为单纯，仅仅表示本次交易的基本属性，如交易类型、是否为夜间、交易地点、金额等。结合用户个人信息 x_i^{per}，并考察 x_i^{cur} 和 x_i^{bef}、x_i^{day} 的差异，最终系统才能够对风险做出判断。

将以上四部分特征进行合并即可形成训练数据：

$$X_{\text{train}}^{i,j} = \left(x_i^{\text{per}}, x_i^{\text{bef}}, x_i^{\text{day}}, x_i^{\text{cur}} \right)$$

其中，$X_{\text{train}}^{i,j}$ 表示单条交易的特征行向量，即银行卡 i 的第 j 条交易。经过以上所述特征衍生后，数据集即可在单条数据层面具备刻画用卡人历史使用习惯的能力。

最终形成的主要衍生变量如表 3-8 所示。

表 3-8　银行卡交易特征变量

变量名	变量含义	备注
	用户个人信息 x_i^{per}	
cust_age	用户年龄	默认值为 0
cust_gender	用户性别	0 = 男；1 = 女；2 = 未知
acct_age	卡的账龄	默认值为 0，单位：年
	本次交易之前 t 天内交易特征统计量 x_i^{bef}，目前设 $t=180$	
X3	夜间 POS 在发卡地消费次数	默认值为 0
X4	夜间 POS 在发卡地消费平均金额	默认值为 0
X6	夜间 ATM 在发卡地交易（动账）次数	默认值为 0
X7	夜间 ATM 在发卡地交易（动账）平均金额	默认值为 0
X9	夜间 POS 在非发卡地消费次数	默认值为 0
X10	夜间 POS 在非发卡地消费平均金额	默认值为 0
X12	夜间 ATM 在非发卡地交易（动账）次数	默认值为 0
X13	夜间 ATM 在非发卡地交易（动账）平均金额	默认值为 0
X15	其他时间段 POS 在发卡地消费次数	默认值为 0
X16	其他时间段 POS 在发卡地消费平均金额	默认值为 0
X18	其他时间段 ATM 在发卡地交易（动账）次数	默认值为 0
X19	其他时间段 ATM 在发卡地交易（动账）平均金额	默认值为 0
X21	其他时间段 POS 在非发卡地消费次数	默认值为 0
X22	其他时间段 POS 在非发卡地消费平均金额	默认值为 0
X24	其他时间段 ATM 在非发卡地交易（动账）次数	默认值为 0
X25	其他时间段 ATM 在非发卡地交易（动账）平均金额	默认值为 0
X37	境外 ATM 取现次数	默认值为 0
X38	境外 ATM 取现平均金额	默认值为 0
X39	境外 ATM 转账次数	默认值为 0
X40	境外 ATM 转账平均金额	默认值为 0
X41	境外 POS 消费次数	默认值为 0
X42	境外 POS 消费平均金额	默认值为 0
X46	银行工作时间（9:00～17:00）内 ATM 取现次数	默认值为 0
X47	银行工作时间（9:00～17:00）内 ATM 取现平均金额	默认值为 0
X49	连续两笔交易的平均时间间隔	≥0，单位：毫秒

续表

变量名	变量含义	备注
本次交易之前当天内交易特征统计量 x_i^{day}		
S3	当天到该条交易前夜间 POS 在发卡地消费次数	默认值为 0
S4	当天到该条交易前夜间 POS 在发卡地消费平均金额	默认值为 0
S6	当天到该条交易前夜间 ATM 在发卡地交易（动账）次数	默认值为 0
S7	当天到该条交易前夜间 ATM 在发卡地交易（动账）平均金额	默认值为 0
S9	当天到该条交易前夜间 POS 在非发卡地消费次数	默认值为 0
S10	当天到该条交易前夜间 POS 在非发卡地消费平均金额	默认值为 0
S12	当天到该条交易前夜间 ATM 在非发卡地交易（动账）次数	默认值为 0
S13	当天到该条交易前夜间 ATM 在非发卡地交易（动账）平均金额	默认值为 0
S15	当天到该条交易前其他时间段 POS 在发卡地消费次数	默认值为 0
S16	当天到该条交易前其他时间段 POS 在发卡地消费平均金额	默认值为 0
S18	当天到该条交易前其他时间段 ATM 在发卡地交易（动账）次数	默认值为 0
S19	当天到该条交易前其他时间段 ATM 在发卡地交易（动账）平均金额	默认值为 0
S21	当天到该条交易前其他时间段 POS 在非发卡地消费次数	默认值为 0
S22	当天到该条交易前其他时间段 POS 在非发卡地消费平均金额	默认值为 0
S24	当天到该条交易前其他时间段 ATM 在非发卡地交易（动账）次数	默认值为 0
S25	当天到该条交易前其他时间段 ATM 在非发卡地交易（动账）平均金额	默认值为 0
S37	当天到该条交易前境外 ATM 取现次数	默认值为 0
S38	当天到该条交易前境外 ATM 取现平均金额	默认值为 0
S39	当天到该条交易前境外 ATM 转账次数	默认值为 0
S40	当天到该条交易前境外 ATM 转账平均金额	默认值为 0
S41	当天到该条交易前境外 POS 消费次数	默认值为 0
S42	当天到该条交易前境外 POS 消费平均金额	默认值为 0
S46	当天到该条交易前在银行工作时间（9:00~17:00）内 ATM 取现次数	默认值为 0
S47	当天到该条交易前在银行工作时间（9:00~17:00）内 ATM 取现平均金额	默认值为 0
本次交易基本信息 x_i^{cur}		
tx_type	交易类型	0 = POS 消费；1 = ATM 取现；2 = ATM 转账
time_range	交易发生时间段	0 = 夜间；1 = 工作时间；2 = 其他时间

续表

变量名	变量含义	备注
loc_flag	交易地点标识	0＝发卡地；1＝境内非发卡地；2＝境外
amount	交易金额	＞0
t_interval	本次交易与上一次交易时间间隔	≥0，单位：毫秒

注：在调整过程中删除了部分不合理变量，保留了剩余变量名，未重新进行排序

2）训练样本生成流程

在利用历史交易流水生成训练样本集时，必须保证每笔交易的历史统计窗口一致，并且窗口中不能出现相对当前交易而言的未来交易信息，因此在生成训练样本时需要严格按照时间进行计算。训练样本生成流程示例图如图 3-10 所示，具体的生成流程如下。

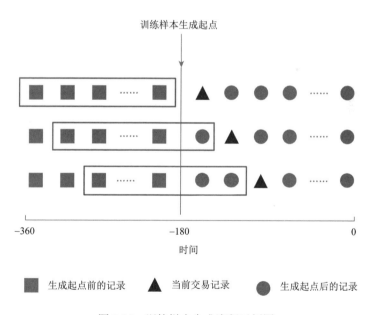

图 3-10　训练样本生成流程示例图

（1）将原始数据集按时间升序排序，并以银行卡号进行分组。

（2）针对每个分组，根据设置的历史统计特征时间跨度 t 定位训练样本生成起点。例如，原始数据集总时间跨度为 360 天，且设置的历史统计特征时间跨度 t 为 180 天，则选取第 181 天的第 1 条交易记录作为训练样本生成起点。

（3）选取当前交易记录的前 t 天数据进行历史统计特征的计算，依次向后迭代生成训练样本。

（4）若当前交易记录前 t 天内交易记录少于阈值 n，则跳过此条交易记录，不为其生成训练样本。这类信息不足的样本会影响模型最终的效果，它们的风险判断将交由过滤器进行处理。此处的交易记录数量阈值 n 设置为3。

（5）归集每个分组生成的样本，形成完整的训练样本集。

3. 稀疏自编码异常检测模型

1）模型构建

自动编码器模型从形态上分为编码器和解码器两大部分，它们的网络结构互相对称，模型的输入维度与输出维度一致。数据从编码器流入经过编码被映射到新的特征空间，而解码器尝试将经过编码的特征还原到原始特征空间上。

在异常交易检测任务中，基本思想是使用自动编码器模型将原始数据压缩为较低维的表现形式，在这个过程中模型可以学习到各个变量间的相关性与相互作用。在正常交易数量远远大于异常交易数量的假设下，模型会更多地学习到正常交易特征间的关系，因此在尝试还原正常交易中提取的中间特征时，可以实现较小的还原误差。反之，在尝试还原异常交易中提取的中间特征时，还原误差将高于平均值。

自动编码器的训练过程如下。

（1）编码阶段。首先将训练数据 X 输入编码器，经过编码过程变换得到 X^*。中间层编码得到的 X^* 比输入的数据维度低，但是能够完整地还原输入数据 X。因此，X^* 中包含了 X 中所有有用的信息，并且具有不同的数据结构，X^* 即提取到的特征，能够以更精练的形式表达样本的信息。

（2）解码阶段。将 X^* 输入解码器，经过解码过程变换得到 $\widehat{X}$，$\widehat{X}$ 的维度与原始数据 X 一致。

（3）优化阶段。设置目标函数为

$$\min L\left(X, \widehat{X}\right) = \frac{1}{n} \sum \left(X - \widehat{X}\right)^2 \tag{3-9}$$

通过最小化目标函数 $L\left(X, \widehat{X}\right)$ 即可使模型最终输出的 $\widehat{X}$ 与原始数据 X 尽可能相似。若是满足数据集中正常交易大于异常交易的假设，则算法为了使目标函数最小，会倾向于充分拟合正常交易样本之间的共同特征。在没有出现过拟合的前提下，X^* 中应该尽可能包含好样本的个性特征，包含好样本和坏样本的共性特征，不包含坏样本的个性特征。

由于深度神经网络模型具有极强的拟合能力，为了防止模型同时充分拟合正常交易与异常交易特征，因此需要给自动编码器施加稀疏性限制，变型为稀疏自编码器。

稀疏自编码的思想是通过抑制大部分神经元的激活，得到一个能够用最稀疏的单元表达原始数据特征的数据结构。首先计算中间层的平均激活度：

$$\hat{p} = \frac{1}{m}\sum \sigma(Z) \tag{3-10}$$

其中，$\sigma(Z)$ 为输入某样本时中间层神经元的激活值；m 为输入样本数量。

在目标函数中加入惩罚项：

$$\beta \sum p \cdot \log\left(\frac{p}{\hat{p}}\right) + (1-p) \cdot \log\left(\frac{1-p}{1-\hat{p}}\right) \tag{3-11}$$

其中，β 为惩罚系数；$\hat{p}$ 为前面定义计算出的平均激活度；p 通常取接近于 0 的常数，当前取 0.05。该惩罚项会迫使隐藏层所有节点的平均激活度接近 0。

2）风险等级分类阈值的选择

稀疏自编码模型本身不具备检测能力，检测功能需通过比较还原误差值实现，首先定义还原误差：

$$\delta_i = \left(X_i - \widehat{X_i}\right)^2 \tag{3-12}$$

还原误差越大，则代表该笔交易与绝大部分交易间的差异越大，即风险程度越高。通过为还原误差划分分类阈值，可以区分正常交易与异常交易。更进一步地，划分高低两个层级的分类阈值即可区分中风险与高风险交易。风险等级划分见表 3-9。

表 3-9　风险等级划分

还原误差范围	风险等级
$\delta_i < \underline{\delta}$	安全
$\underline{\delta} \leqslant \delta_i \leqslant \overline{\delta}$	中风险
$\overline{\delta} < \delta_i$	高风险

其中，$\underline{\delta}$ 被称为中风险阈值，$\overline{\delta}$ 被称为高风险阈值。根据假设，训练集的还原误差应该呈现出长尾分布，因此基于该分布选取分类阈值将比直接定义为常数更加合理，也更加具备自适应性。分类阈值的选取流程如下。

（1）利用训练好的稀疏自编码模型为训练集中所有样本计算还原误差，统计还原误差的平均值 μ 以及标准差 σ。

（2）分别令中风险阈值 $\underline{\delta}$ 和高风险阈值 $\overline{\delta}$ 为

$$\underline{\delta} = \mu + 2\sigma \qquad (3-13)$$

$$\overline{\delta} = \mu + 4\sigma \qquad (3-14)$$

4. 实验分析

本节采用的实验数据为某银行 1 年的线下渠道原始交易流水数据，未经过标注。原始交易流水经过清洗、特征衍生、标准化等流程最终形成 3 336 035 条样本，数据规模满足模型训练需求。

1）模型训练结果

将数据集按 7∶3 的比例分为训练集与验证集，验证集用于在模型训练过程中监控过拟合现象。为训练过程设置早停策略，若是验证集的损失不再下降，则提前终止训练。训练过程中的损失变化如图 3-11 所示。

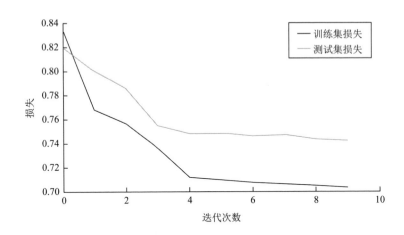

图 3-11　训练过程损失变化图

由图 3-11 可以观察到，训练集和验证集的损失十分接近，下降的趋势也相似，因此可以断定模型没有出现过拟合现象。

模型训练结束后，通过计算所有样本的还原误差，划定中风险、高风险分类阈值。为更加清晰地展现阈值选择过程，本节从数据集中随机抽样一个子集进行还原误差的统计，绘制成图 3-12。其中，count 是指样本数量，mean 是指样本均值，std 是指样本标准差，min 是指样本最小值，max 是指样本最大值。

count	56 962.000 000
mean	0.773 379
std	3.476 621
min	0.045 108
25%	0.250 452
50%	0.409 740
75%	0.646 436
max	257.680 813

图 3-12　还原误差统计值

从图 3-12、图 3-13 中可以观察到，还原误差呈现出明显的长尾分布。绝大多数样本的还原误差都集中在 0 附近，证明模型有效地拟合了绝大多数样本，同时有极少数尾部的样本还原误差远远高于平均值，这些样本的特征可能与其他样本有相当大的差异。将还原误差绘制成散点图，并按照风险阈值的选定方法绘制分界线，则可以得到图 3-14。

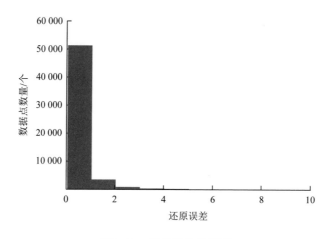

图 3-13　还原误差柱状图

如图 3-14 所示，阈值 1 为中风险分类线，阈值 2 为高风险分类线，仅有极少数的样本被认定为有风险，说明模型具备区分正常交易与异常交易的能力。

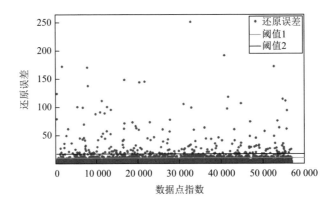

图 3-14　还原误差散点图

2）模型有效性验证与解释

由于缺乏有效的样本标签，因此只能采用第三方模型对稀疏自编码器检测结果的有效性进行交叉验证。

在数据集的检测结果中随机抽样一部分正常交易，与检测出的异常交易共同组成相对平衡的子数据集，分别使用支持向量机、决策树、随机森林、贝叶斯网络进行二分类的有监督学习，并输出各模型对子数据集的预测结果，结果如表 3-10 所示。分别利用这些模型的预测结果与稀疏自编码模型的检测结果计算重合度，结果显示最低重合度达到 95%，证明本检测方法有效。

表 3-10　不同模型对于稀疏自编码检测模型的重合度

模型	重合度
支持向量机	95%
决策树	96%
随机森林	98%
贝叶斯网络	98%

为了解释模型的检测逻辑，将上述提到的决策树模型进行可视化，并重点关注根节点附近的分叉逻辑，可以得到图 3-15。

可以从图 3-15 中展示的内容和实际计算结果观察到，对决策树节点分裂起到关键作用的两个特征。

（1）S6——当天到该条交易前夜间 ATM 在发卡地交易（动账）次数，节点分裂阈值为 24.5；均值为 4.34，最大值为 55。

（2）S18——当天到该条交易前其他时间段 ATM 在发卡地交易（动账）次数，节点分裂阈值为 169.5；均值为 7.56，最大值为 195。

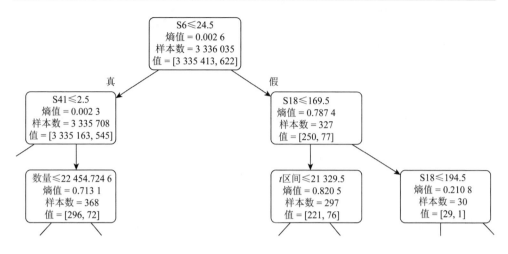

图 3-15　决策树可视化局部示例图

可以观察到，S6、S18 的分布与决策树分裂逻辑呈现一定相关性，即某些特征的离群度可能会被模型视作分离正常交易与异常交易的关键因素。

3）模型评价

经过训练，模型从 3 336 035 条样本数据中识别出疑似高风险样本 832 个，疑似中风险样本 645 个，共计 1477 个。经模型识别的风险样本数不到总样本数的 0.0443%，高风险样本约占 0.0249%，这将大大减轻银行工作人员的追踪和筛查工作量。

通过分析得知，衍生出的统计特征能有效帮助模型区分正常交易与异常交易。同时，这些统计特征具备较好的可读性，在后续进行人工核查时，银行工作人员可以通过这些特征的含义直观地理解交易异常的可能原因，从而确定调查的方向。

5. 本节小结

本节详细阐述了基于深度学习的实时异常交易检测框架的总体设计，以及核心模型稀疏自编码器检测模型的建模流程。对于原始交易流水缺少用户交易习惯特征的问题，本章提出了利用风控规则进行指导的特征衍生方案，以及基于滑动时间窗的样本生成方案。通过分析稀疏自编码模型的原理以及建模过程，提出了利用训练集的还原误差分布来划定风险等级阈值的方案，使其具备一定的自适应性。最后，利用真实的银行交易流水数据，对模型的训练、检测进行了实验。实验表明，本章提出的银行卡异常交易检测方案具备有效性，并且能在缩小人工核查范围的同时，为检测结果提供一定解释性，从而帮助银行工作人员减轻工作负担，提升工作效率。

3.3.5　智能化银行卡异常交易监管体系建设

3.3.4 节介绍了异常交易检测框架的构建细节，通过分析可以看到，相对传统的检测方式，基于深度学习模型的检测方案在效果和减轻人员负担上都存在一定优势。

但是，一个独立的检测框架并不能给银行在反洗钱、反欺诈任务中带来真正的智能化提升。完善的智能化监管体系还应该具备模型的持续改进、风险预警、高危行为阻断、分析报告等一系列能力。为实现这些目标，监管体系的建设应该从数据管理的角度出发，在完善数据收集、数据加工的基础上，逐渐上升至对风控团队的知识管理，从而最大限度地挖掘数据的价值，培养一批兼具技术和业务知识的复合型人才，最终实现自主化程度高、符合本银行特点的监管体系。

1. 异常交易检测模型在智能监管体系中的定位

智能化是指在尽可能减少人工干预的情况下，由整个监管体系通过积累、回收运转过程中的数据，完成自身能力的改进，并且在一些非关键的决策场景中，在保证做出的决策不产生副作用的情况下，尽可能自主化。

异常交易检测模型在整个智能监管体系中处于核心地位，是整个体系中智能化程度最高的组件，它的决策过程不需要人工参与。原始的交易流水首先流入异常交易检测模型中，经过一系列的清洗、变换，最终由模型对交易给出基本的判断，被识别为异常的交易则为重点关注的对象，推送至后续的工作流程中进行进一步处理，而异常交易检测模型的检测效果是后续工作能够正常开展的重要保证。除此之外，在其输出的识别结果中，信息越丰富，后续能够拓展的应用越多样。

然而检测模型的效果高度依赖数据的准备情况，同时需要完整的数据维护体系来支撑模型的持续改进。对模型的持续改进一方面是为了对抗模型失效的风险，另一方面是为了提升模型的准确度，识别出更加细化的异常模式。因此数据的维护不应仅停留在对新发生交易记录的积累上，而是需要通过回收末端应用的反馈信息，逐渐积累带有明确标签的样本库，同时还应该考虑引入外部数据源，不断探索挖掘出更多有用的交易行为特征和用户画像，为检测模型的进化打好基础。

异常交易检测模型的能力决定了后续应用的形态与实施难度，而后续应用的信息反馈又决定了异常交易检测模型的改进成效。因此，智能化银行卡异常交易监管体系的建设重心，是构建一个从数据生成到标签回收的数据循环，在循环过程中不断优化检测模型，拓展更多的应用场景，其中的各个环节都需要相应的管理措施，保证整个监管体系的平稳运转。由此可见，智能化银行卡异常交易监管体系实质上是围绕着异常交易检测的一系列管理活动，其中最为重要的是数据管理与知识管理。

2. 数据管理

1）人工核验与数据回流机制

银行仅仅知晓哪些交易被识别为异常通常是没有太多意义的，最终的目的一定是甄别真正的非法交易行为，并采取相应行动。即便拥有了足够多的数据，我们也永远无法训练出能完全识别非法交易且不发生误判的模型，因此无论后续的任务是反欺诈还是反洗钱，对筛选出的异常交易进行人工核查都是必经的工序。例如，在反欺诈场景中，银行可能需要核实一笔异常交易是否为客户本人亲自操作，以确定该笔交易是否发生了身份盗用行为。而在反洗钱场景中，银行则需要核实一笔异常交易的意图是否属实，背后的资金来源是否存在不合理的现象等。这些调查的目的存在差异，但可能都涉及对客户的访谈以及外部信息的收集分析等，因此必须由拥有相关经验的工作人员执行。

通过这些调查，可以将一笔异常交易从"异常"这个具有不确定性的状态转变为"欺诈"、"洗钱"或"正常"等一系列明确的状态，这即是一笔交易真实的标签。这些事后形成的标注数据虽然不能直接提升模型的性能，但是经过长期的积累，可以形成一批有效的样本库，为今后对检测模型进行改造提供数据支撑。因此，事后的数据回流机制在智能化银行卡异常交易监管体系中具有极其重要的地位。

在设计事后数据回流机制时，有以下几个关键点。

（1）建立统一的底层样本库，异常交易检测框架以及后续的人工核查流程、应用等都围绕该样本库建设。智能化监管体系对检测、人工核查、应用等各环节进行监控，记录各节点中交易流水的状态变化，及时准确地更新至样本库中，从而形成自动化的数据维护循环。

（2）确保样本库的通用性和数据完整性。样本库中应尽可能完整地记录交易流水的基本信息、数据预处理中所衍生的特征以及在事后工作中补充的额外信息。在样本库的数据足够完整的前提下，若是后续需要对模型进行手动调优，可以快速拉取历史样本，以相同的数据条件尝试训练更好的模型。同时丰富的数据维度也能为多种应用场景提供基础的数据支撑，增强整个体系的可拓展性。

（3）由于人工核查的结果直接影响样本库的质量，因此必须从多个方面保证回流数据的有效性。首先，为核查工作设计完善且易于操作的辅助系统，为核查人员提供足够的信息支持以明确调查方向，提供方便快捷的结果录入交互手段。其次，加强核查人员的培训，除了加强业务技能以外，还需熟练掌握信息系统的操作，理解交易特征的含义。最后，应该建立配套的工作流程和绩效评估体系，除了对核查质量进行有效控制，还应将结果数据录入作为工作流中的重要环节，为录入的质量、录入的时效设计评价指标，防止由录入过程中的人为疏忽造成的数据标签二次偏差。

2）数据积累过程中的模型滚动更新

检测模型的准确率不是一成不变的，随着时间的流逝，模型失效的风险会逐步增加。造成模型失效的根本原因在于，整体的交易模式发生改变。有多方面的因素会影响整体交易模式。例如，随着经济形势的变化，客户群体的消费能力、消费习惯随之发生改变，这些改变体现在整体的交易特征分布上，而不法分子为了伪装，也会不断更新违法手段。用过时的衡量标准去识别新的交易，必然会造成误判率升高。

应对模型失效最有效的方案就是及时更新模型参数，从最近一段时间的历史数据中学习与当下的形势最为接近的数据分布，因此智能化监管体系需要具备自动对模型滚动更新的能力。

在拥有完善的底层样本库的前提下，通过定期从样本库中拉取过去一段时间内的交易样本数据，重新执行模型训练流程，即可完成对线上模型的更新工作。通常在模型初次训练时会选用固定时长内的历史数据，那么在重新对模型训练时，会以当前的时间点为基准，从样本库中选取过去相同时间长度的一批数据训练新模型。直观上看，新的样本集中去除了部分最老的样本而引入了最新的样本，因此这个更新的过程就像一个固定的时间窗，在样本的时间轴上向前滚动，每次滚动则生成一个新模型。

3）向有监督学习模型迁移

除了常规的模型滚动更新机制以外，探索如何引入更加精准的模型、提供更加丰富的检测结果也是智能监管体系建设中的重点。

无监督学习检测模型的特性决定了其识别出的异常缺乏明确的方向，检测结果不易被理解，而且仅能区分正常交易与异常交易两个分类，这些问题都制约了后续应用的场景。然而有监督学习领域对这些问题都有相应的成熟解决方案，因此引入有监督学习模型将会有助于提升检测能力的上限。

在前面章节对模型选择问题的分析中提到，无法在初期直接选用有监督学习模型的原因在于缺乏有标签样本和天生的数据类别不平衡。然而在建立了有效的数据回流机制，并建立样本库以后，经过一段时间的积累，可以收集到一批符合训练标准的有标签数据，那么训练有监督学习模型的基本数据要求即可满足。

针对类别不平衡的问题，除了运用常规的重采样、伪标签方法对数据集进行调整以外，还可以采取修正无监督学习检测结果的模式，详细的检测流程如下。

（1）由无监督学习检测模型识别出正常交易和异常交易。

（2）将识别出的异常交易作为有监督学习模型的输入，进一步区分正常交易和异常交易。

（3）合并第（1）、（2）步中的正常交易，则第（2）步中识别出的异常交易即为最终需要人工核验的交易。

经过修正后的结果可以进一步缩小需要核验的范围，同时还可以运用一些常见的针对有监督学习模型的解释方法输出更多的辅助信息。

3. 知识管理

近年来，为了全面提升银行的风险防控能力，避免发生系统性风险，监管部门出台了一系列法规，促使银行按照自身的情况自主建立异常交易检测体系，这就要求银行必须培养相应的人才队伍以支撑这项任务。

以往银行通过对外采购风控系统，内部培养风控业务人员的形式开展诸如反洗钱、反欺诈等工作。在这种模式下，绝大多数的工作人员仅需要掌握业务知识即可，对于检测机制的改进也仅限于外购系统所限定的框架之下。而自主研发则要求风控团队在充分掌握业务知识的前提下，对统计学、计算机、大数据等多个领域也要拥有一定知识储备。

知识管理的含义是组织通过建设知识系统，让组织中的信息与知识通过分享、整合等一系列过程，实现知识创新并回馈至知识系统内，同时带动个人与组织的知识积累，长期积累下来的知识体系则会成为组织的无形资本，引导组织适应变化、创造更多价值。因此，知识管理将成为智能化银行卡异常交易监管建设中的一个重要环节。

知识管理的重点是建立统一的知识库，涵盖整个监管体系建设、运营过程中方方面面的知识，在将这些公共显性知识共享给组织成员的同时，促进组织成员的相互交流，在信息的交流中完善知识库。

1）建设知识沉淀机制

即便基于机器学习的检测模型具有一定的自适应性，但模型的检测能力上限受限于建模时所参考的领域先验知识。特征的衍生方案需要以往积累的风控规则作为指导，而风控规则正是异常交易检测领域的显性知识。

这些规则的来源通常比较多样，有银行业乃至整个金融行业的通用规则，也有在后天运营过程中，由各业务场景下的业务专家所总结的规则。由于缺乏统一的管理，规则零散分布于各种子系统与组织中，且可能存在一定的冗余。例如，反欺诈业务线与反洗钱业务线都积累了各自的风控规则，某些针对异常交易检测层面的规则在特征上是重复的，但是阈值却存在差异。分散化的知识难以形成完整的知识体系，这会给后续的检测机制改进带来较高的成本。

因此，知识沉淀的首要任务，首先是需要梳理现有的风控规则，结合业务专家的经验和数据分析人员对规则的有效性验证，从中提炼出对异常交易检测真正有影响的特征和因素，形成易于理解的、文档化的基础知识存放于知识库中。

其次是需要在异常交易检测任务的各个环节中逐渐补充知识。例如，定期对客户群体的交易模型进行全局的统计分析，掌握交易模式的变化趋势，总结不同人群的行为习惯特点等；在对可疑案例进行事后分析时，研究可能影响模型判定的内部因素与外部信息，同时从交易账户的视角总结可疑账户的画像等。这些在异常交易的事前、事后监管中所产生的知识碎片经过汇集、整合、提炼以后将会成为符合银行自身特点的异常交易模式知识体系。

除此之外，还应要求风控人员对调查分析过程中使用到的分析工具、思路进行总结归档，鼓励团队跨领域学习业务以外的知识，结合当前的工作内容形成学习笔记，丰富知识库，从而提取出有利于提高工作效率的方法论以及改进现有体系的洞见。

2）促进知识共享

在反洗钱、反欺诈实践中，风控人员对于可疑案例的分析过程往往会受到个人经验、主观直觉以及知识体系的影响，对于同一个案例，不同的风控人员可能会得出相异的结论。这些存在于个人脑中的隐性知识如果得不到有效的提炼、共享，不仅会使人工核查缺乏一致的判定标准，而且对于风控团队来说也是知识的浪费。

知识管理理论认为，成员间的协作和交流是促进隐性知识共享的重要手段，因此可以采取以下几种实施方案。

（1）以工作外培训为辅，加强内部培训。工作外培训是组织吸纳外部知识的途径，然而外部知识通常跟实际工作存在差异，且成员始终处于被动接受状态，因此知识的转换效率有限。而之所以更加强调内部培训，是因为成员可以在内部培训中充分交流实际工作中遇到的问题，在相互探讨中发掘知识。可以采取定期组织员工进行知识分享的方式，分享的内容包括但不限于对异常交易的调查经验、对检测结果的理解以及对检测技术的研究等。

（2）定期组织案例研讨会，回溯近期发生的风险案例。通常在实际工作中，对于可疑案例的调查分析是由单人完成的，在案例研讨会上可以让全体成员按照各自的思路进行模拟调查，在此过程中交流心得，达成分析方法的共识，并形成工作文档。

（3）利用沉淀后的知识进行创新。例如，组织相关人员开展微型项目，利用知识库中不断更新知识，尝试对模型进行改进、丰富样本特征甚至是试验新型检测模型。

4. 检测结果的应用

异常交易的检测结果需要落实到应用中才能体现出真正的价值，银行可以利用交易样本库作为数据支撑,实现一些有助于优化客户体验和业务流程的应用。

对于某些特定的非法活动可以针对性地设计模型进行二次识别,并构建实时的响应机制。最典型的场景即是身份盗用实时预警,一旦某一笔正在发生的交易被认定有可能存在伪卡盗刷、账户盗用等行为,则自动向客户发送警示信息,若是能确信非法活动正在发生,则可实施交易阻断,及时减少客户的损失。而针对反洗钱任务,还可以结合图数据库技术,利用疑似洗钱的交易记录,构建可疑账户关系网,从而帮助反洗钱人员确定调查范围。

除此之外,还可以建设异常交易分析平台,从宏观的角度捕捉异常交易的变化趋势,洞察异常交易的特点,为风控人员提供一系列可视化的分析工具,充分挖掘数据价值。通过数据挖掘发现的与异常行为相关的特征,还可以补充至样本库中,从而助力检测模型的优化。

3.4　地方金融运行中企业风险识别与评估

在地方金融运行中,金融风险防控对象不仅仅是个人,还有企业,因此识别和评估企业风险很有必要。相较于识别和评估个人交易中潜在风险的任务而言,对企业风险进行识别和评估涉及的因素更多,因此在分析时也更复杂。随着研究技术的发展,基于人工智能方式的企业风险识别与评估方式逐渐兴起,为企业风险的识别与评估提供了更多优质的选择。

本节首先对传统的和基于人工智能的企业风险识别和评估方法进行介绍,其次以山东城商行合作联盟进行的企业风险评估为例,对企业风险识别与评估进行探讨。

3.4.1　传统企业风险识别与评估

由于大规模企业在管理方式和数据记录标准上与中小微企业有着一定的差异,因此根据企业规模的不同,在识别和评估企业风险时采取的办法也有差异。在介绍传统的企业风险识别与评估方法前,本节首先对企业规模等预备知识进行介绍。

1. 企业规模的划分

2011 年,国家统计局制定《统计上大中小微型企业划分办法》,2017 年,结合《国民经济行业分类》(GB/T 4754—2017)对此进行修订,形成了沿用至今的《统计上大中小微型企业划分办法(2017)》。该划分办法将从业人员数量、营业收入和资产总额作为大、中、小、微型企业的划分指标，且指标大小因不同行业而异。

受经济发展水平波动等因素的影响，不同国家和地区对企业规模划分指标的选取和指标的大小有不同的规定。在小企业的认定上，美国主要考察的指标是营业收入、企业资产和员工人数[①]；在认定中小企业的规模时，英国在考虑营业收入、企业资产和员工人数的基础上，还将企业市场份额、管理者等因素纳入考量范围；欧盟委员会在文件《2003/361/EC》中指出，认定企业的规模时，用雇佣人数、年营业额、年度资产负债表总额这三项指标进行衡量。

2. 企业的贡献度

1）大型企业贡献度

大企业具备庞大的生产规模，在市场上有较高的市场份额。大企业从成立到发展壮大的过程，不仅仅实现资金实力逐渐雄厚，而且实现人才逐渐积聚、团队经验逐渐累积，抵抗风险的能力也不断提升，这些发展进而又巩固了大型企业的市场地位。

由于大型企业规模大，其在市场中具有强大的影响力，因此，大型企业的动向往往决定市场的走向，大型企业引领作用的发挥无疑会助推行业的进一步发展[②③]。除此之外，大型企业有巨大的人员需求，因此大型企业在提升就业空间、增强民生福祉方面也做出了不小的贡献。可以看出，大型国有企业在确保我国国民经济持续、快速、健康发展的过程中，起到了中流砥柱的作用。其在几乎所有的工业领域中占据主导地位，为维护市场稳定提供了坚实的基础；同时，填补民营经济尚且不能与跨国公司抗衡的空缺，为抗衡跨国公司提供力量；还为我国支柱产业提供支撑，保证支柱产业平稳发展。

2）中小微企业贡献度

中小微企业在从业人员数量、营业收入和资产总额指标上都与大型企业有较大的差距，但是由于中小微企业数量庞大，其对国家经济增长和社会稳定也贡献了重要的力量[④]。2020年的数据显示，在美国，中小企业的数量占据了国家所有企业的99%以上，为居民创造了大量的就业机会，这些中小企业创造的GDP超过了GDP总额的一半。中小企业提出众多的技术创新，这使得其相比于大企业而言，有着更强大的力量以适应市场的变化。2020年在俄罗斯，

① 郭可为，胡婕. 美国小企业管理局支持小企业发展的经验与启示[J]. 金融纵横，2019，33（11）：17-24.
② 许科敏. 鼓励大企业加大创新投入发挥产业链龙头作用[J]. 市场观察，2020，34（10）：10.
③ 佚名. 发挥大企业引领作用助推行业高质量发展：访金隅冀东董事长孔庆辉[J]. 中国水泥，2021，36（2）：28-31.
④ Berger A N, Frame W S. Small business credit scoring and credit availability[J]. Journal of Small Business Management，2007，45（1）：5-22.

中小企业的经济贡献约占其 GDP 的 43%，中小企业的出现和发展使得该国诞生了中产阶级，缩小了贫富差距，实现了经济的平衡增长，是对国家产业结构的有效调整；伴随着中小企业的发展，人才、技术和资源得到更加合理的配置，推进了俄罗斯技术等方面的创新，推进了该国对未来发展路径的探索；除此之外，2020 年中小企业带来的众多就业岗位缓解了社会紧张局势，提供的就业岗位占总就业人数的 38%，为社会的稳定提供了强大保障[①]。在我国，中小企业是我国国民经济的重要组成部分，根据人民日报海外版发布的文章《年中经济观察：金融稳健为实体经济提供更有力支撑》，截至 2017 年末，小微企业法人约 2800 万户，个体工商户数量高达 6500 万户，二者占市场主体的九成以上。这些中小微企业为我国贡献了 60%以上的 GDP、80%以上的城镇就业岗位，以强有力的姿态推动了我国经济和社会的发展。除此之外，中小微企业在推动科技创新层面也做出了不小的贡献。中小微企业在技术创新上的重要性不仅仅在于体量，还在于其创新方式的独特性，即颠覆性创新。大型企业进行的创新多是在其原有稳定的市场份额上进行的改良型创新，而由于那些具备颠覆性创新想法的人几乎都只能创建中小微企业，因此中小微企业是颠覆性创新想法的高产地[②]。在我国，2022 年中小微企业申请的专利总数达到 228 万件，占我国发明专利总量的 68.4%以上，我国开发的新产品总量中超过 80%都来自中小企业[③]。

鉴于中小微企业在我国发挥的重要作用，我国近年出台了众多推动中小企业发展的文件。为进一步激发科技型中小企业的创新能力，2019 年，科技部出台《关于新时期支持科技型中小企业加快创新发展的若干政策措施》，加强了对科技型中小企业研发活动的财政支持力度。2020 年，确保中小企业发展的常态化、长效化机制的《关于健全支持中小企业发展制度的若干意见》出台，促进中小企业健康、高质量发展。2021 年，财政部、工业和信息化部联合印发《关于支持"专精特新"中小企业高质量发展的通知》，再次推动了中小企业专业化能力和水平的提升。

3. 企业的融资方式

融资是建立在投融资双方信任基础之上进行的融通资金的行为[④]。伴随着我国企业的发展，融资问题是企业无法绕开的一个难题。一方面，不同的融资方式对企业有不同高度的门槛限制，这些限制往往和企业规模有关；另一方面，不同的

① 姜虹宇. 俄罗斯中小企业发展研究[D]. 哈尔滨：黑龙江大学，2021.
② 杨琦. 我国中小企业技术创新对经济增长的贡献研究[D]. 北京：国际关系学院，2019.
③ 吕劲松. 关于中小企业融资难、融资贵问题的思考[J]. 金融研究，2015，58（11）：115-123.
④ 楼碧冰. 大型企业融资风险探析[J]. 中国物流与采购，2019，40（12）：51.

融资方式利弊不同，企业在选定融资途径前往往需要仔细权衡。现有企业融资方式包括银行贷款、信托融资和民间借贷、发行股票和债券、收购兼并或出售资产等[①]。按照投融资双方是否具备直接对应关系可以将上述融资方式划分为间接融资和直接融资。

1）间接融资

间接融资是指企业借助金融中介机构的媒介作用进行融资的方式，如金融机构贷款、担保贷款、信托融资和民间借贷等。

A. 金融机构贷款

金融机构贷款是指企业向商业银行或者非银行的商业机构借入资金，企业按照约定的计息方式和归还本息的方式履行还款义务。银行等大型金融机构为了保证贷出款项能收回，将大中型企业尤其是国有企业作为主要的放贷对象，一般的小微企业由于发展前景并不明朗，从金融机构申请贷款有一定难度。

B. 担保贷款

担保贷款相比金融机构贷款多了"担保人"这一角色。担保人向金融机构提供"人的担保"或"物的担保"来促成借款人审批得以顺利通过。若担保人提供"人的担保"，则当借款人无力偿还贷款本息时，由担保人进行偿还；而"物的担保"则是指由担保人向金融机构提供一定财产作为标的，在借款人无力偿还本息时，金融机构可行使对该担保物的权力来减少损失。

C. 信托融资

信托融资是指企业通过专业信用中介的力量实现项目的融资[②]。信托机构创建的融资平台可以实现从社会筹集资金的目的，企业依托信托机构达成其融资目标。委托人出于对信托中介的信任，以购买信托中介发布的"信托计划"的方式将财产委托给受托中介，受托中介将筹集到的资金通过融资平台投入到项目中。在后期，企业按照之前与信用中介的约定支付本金和利息。相比其他融资方式，信托融资具有的优势是企业进入门槛低，操作相对简单，且融资成本相对股票和债券融资而言较低。

D. 民间借贷

民间借贷是正规金融机构在借贷业务上的有力补充，是我国目前普遍的融资手段，也是我国大型企业可以选择的融资方式之一。民间借贷流程简单，具有较高的灵活性，但是我国民间借贷公司运营不规范的现象普遍存在，而且我国关于民间借贷的监管制度与保障制度并不完善[③]，因此在选择民间借贷的方式进行融资

---

① 楼碧冰. 大型企业融资模式探究[J]. 中国商论，2019，28（11）：33-34.

② 胡萍. 信托融资功能与财产管理功能应并重[N]. 金融时报，2021-07-05（8）.

③ 陈诗华. 我国民间借贷的法律规制[J]. 中国集体经济，2021，37（27）：100-101.

后，企业很容易因为借贷合同中存在的漏洞与民间借贷公司产生经济纠纷并且可能没有法律的援助，因此，民间借贷虽然作为企业融资的一种手段，但是存在一定的隐患。

2）直接融资

企业也常常运用直接融资方式进行融资，该方式与间接融资相比，不依靠外部金融机构作为媒介开展融资活动。在没有金融机构作为企业与投资人之间中介的情况下，企业实现了与投资方的直接对应。直接融资方式主要有股权融资、债券融资、政府补助和内部融资。

A. 股权融资

股权融资是指企业借助股票这一载体直接获得资金投资方的资金，而资金投资方凭借股权具有对企业的控制权，股权融资已经成为大型企业常见的融资方式。无论是新股发行还是设立发行，企业都需要满足一定的指标[①]，因此往往只有较大规模的企业才具备股权融资的条件。股权融资具备风险较小，股权融资的同时还能对企业进行宣传等优点，其缺点在于，使用该方式对外筹集资金可能会引发企业经营者和已有股东的利益冲突。

B. 债券融资

债券融资是指企业通过举债的方式筹集资金，通过向债权人支付利息，并在债务到期后归还本金的方式获得资金使用权。在该种融资模式下，企业与债权人之间达成了直接的对应关系。债券融资使得企业享有财务杠杆的机会，通过较低的成本保障了企业的控制权，也便于企业调整资本结构；但是债券融资的缺点为企业承受较高的财务风险并且筹资数量也受到限制，除此之外，一些专项债券还必须设立专项账户，将资金使用情况进行公示。因此，债券融资所涉及的管制相对更严格。

C. 政府补助

政府补助也是企业获得资金的一种方式，能帮助企业渡过资金短缺的难关。由于大型企业在同业竞争中具有规模化优势，可以降低经营成本和产品的生产成本，有利于产生规模效益，因此，政府为了保证经济平稳健康发展，同时实现经济增长的目标，将大型企业作为扶持的重要对象。大型企业凭政府扶持的方式进行融资的例子很多，早年典型案例是 2011 年 10 月，国家发展和改革委员会支付首批云计算专项扶持资金 6.6 亿元，其中，百度和阿里巴巴两家大型企业获得的扶持资金都超过 1 亿元；再如，2021 年 9 月，福建天马科技集团股份有限公司、华润微电子有限公司发布获政府补助的公告，从其公告中可以看出，两家企业及其下

---

① 赵静，李斌.中小微企业商业模式研究：基于帮助企业融资撰写商业计划书的实务探讨[J]. 中国商论，2018，27（1）：126-128.

属子公司在公告申明的时间段内，共计收到政府补助分别超 700 万元、1.5 亿元。

随着中小微企业的发展，其在我国经济和社会建设方面的重要性逐渐凸显。2014 年 10 月，国务院印发《关于扶持小型微型企业健康发展的意见》，着力为改善小微企业发展所处生态环境提供指导意见，中小微企业逐渐受到越来越多的关注。为保证中小微企业持续具有活力，2021 年 3 月，时任国务院总理李克强在 2021 年《政府工作报告》中明确提出"支持银行定向增加贷款并降低利率水平，对中小微企业贷款延期还本付息，大型商业银行普惠小微企业贷款增长50% 以上，金融系统向实体经济让利 1.5 万亿元"等指示[①]，这是政府支持中小微企业发展的明确信号。

D. 内部融资

企业内部融资作为企业融资手段的一种，在必要时可采取。企业内部融资有两种途径，即变现金融资产，或者利用留存收益增加额。企业通过将现有可动用的金融资产变现的方式融资。企业延缓发放股东净利润，将归属于股东的净利润暂时用于满足企业资金需求同样可以达到内部融资的目的。

4. 企业风险及其特征

对于银行等金融机构而言，其面临的风险主要包含八类，即信用风险、流动性风险、市场风险、操作风险、国家风险、声誉风险、法律风险、战略风险。在这八类风险之中，信用风险最复杂，也是银行面临的最主要的风险。

受我国中小微企业数量庞大的影响，在企业融资的上述四种类型中，以金融机构贷款为代表的间接融资方式十分普遍，这引起了银行等金融机构关于企业信用风险的思考。

1）信用风险

信用风险又被称为违约风险，具体是指债务人或交易对手未能按时偿还债务或者执行合同规定，而给金融机构造成损失的风险。银行面临的损失主要是应收未收本息、谈判和签订合同的成本。对大多数银行而言，信用风险几乎存在于所有业务中，其中贷款活动是信用风险的典型来源。因此，准确衡量企业的信用风险对银行等金融机构至关重要。

目前已有很多的信用风险测度方法被广泛应用。CDS（credit default swap，信用违约互换）利差模型可以体现借款人偿还本息能力的信息，可作为企业信用风险的考量。针对已发行股票和债权的企业，穆迪 KMV 模型可以评估信用风险[②]。

---

① 李克强. 政府工作报告——2021 年 3 月 5 日在第十三届全国人民代表大会第四次会议上[EB/OL]. https://www.gov.cn/gongbao/content/2021/content_5593438.htm[2021-03-05].

② Abinzano I，Gonzalez-Urteaga A，Muga L，et al. Performance of default-risk measures：the sample matters[J]. Journal of Banking & Finance，2020，120：105959.

收集企业相关信息，对企业未来发生信用相关事件的可能性进行预测，也是信用风险测度的一种方式[①②]。

2）大型企业信用风险特征

银行等金融机构在放贷时对企业提供的财务等方面的量化信息有严格的要求，而一般中小微企业存在运营数据并不完善等众多情况的限制[③]，与中小微企业相比，大型企业的相关信息的结构更为清晰，数据也更加完善，因此更符合银行等金融机构设置的放贷要求。接下来，从企业自身特征出发，说明企业的信用风险特征，以及这些特征对企业向银行等金融机构申请贷款的影响。

A. 影响面广

金融机构为使其承受的风险在可控制范围内，普遍在对外授信上有一定的规模限制要求；而大型企业经营规模庞大，往往有众多的子公司，因此单一金融机构难以满足大型企业庞大的贷款总需求量，因而大型企业的信贷业务可能涉及多个金融机构，造成较大的影响。

B. 地域集中

大型企业所在地的金融机构相较于域外的金融机构而言，在了解企业的生产状况方面更具优势，因此域内的金融机构更倾向考虑大型企业提出的贷款申请。而且若提出贷款申请的大型企业包含地方国有资产监督管理委员会作为股东，该大型企业在与当地包含地方国有资产监督管理委员会作为股东的金融机构谈判利率时，具有一定的天然优势，能以相对较低的利率水平申请到贷款资金。

C. 担保关系复杂

大型企业申请的贷款金额普遍较大，金融机构为保证按期收到本息，往往会要求申请贷款的大型企业寻找第三方作为担保，而这些提供贷款担保的企业往往也是大型企业，这些企业在出现资金需求时同样会寻找大型企业作为担保，因此大型企业间交叉担保的局面会逐渐出现，这种情况在有相同股东的大型企业之间较为突出。交叉担保不仅仅在大型企业之间会出现，而且在大型企业与其旗下子公司之间，以及子公司与子公司之间屡见不鲜。若再考虑大型企业与金融机构中当地国有资产监督管理委员会这一角色时，信用风险的关系将会更加复杂。

D. 不良历史隐蔽性强

虽然大型企业的相关数据公开透明，但是由于其交易频繁且数据量过大，隐

---

① Altman E I. Financial ratios，discriminant analysis and the prediction of corporate bankruptcy[J]. The Journal of Finance，1968，23（4）：589-609.

② Ohlson J A. Financial ratios and the probabilistic prediction of bankruptcy[J]. Journal of Accounting Research，1980，18（1）：109-131.

③ 吕劲松. 关于中小企业融资难、融资贵问题的思考[J]. 金融研究，2015，58（11）：115-123.

藏在数据中的不良历史数据更难被发现。大型企业凭借子公司数量较多的特点，与子公司之间进行资金调动十分方便，这一特点可以帮助经营状况不佳的公司及时向金融机构缴纳利息，掩盖其增大金融机构信用风险的事实，最后可能让为其放贷的金融机构遭受更大的损失①。

3）中小微企业信用风险特征

中小微企业在规模和处理事务的标准上与大型企业有较大的差异，因此中小微企业与大型企业在信用风险特征上也有所不同。接下来介绍中小微企业的信用风险特征，以及这些特征对企业向银行等金融机构申请贷款的影响。

A. 信息不对称和不透明②③

中小微企业在向银行等金融机构申请贷款时通常会面临的局面是，银行常常由于无法细致了解企业的真实运营情况而拒绝中小微企业的贷款申请。中小微企业与银行等金融机构之间的信息不对称和不透明主要存在于中小微企业财务信息不透明、可抵押资产价值不易评估这两方面。

第一，在财务信息不透明方面。中小微企业在运作上不如大型企业规范，没有建立完善的财务报表制度，很多数据记录并不全面，数据的可靠性不高④，因此银行无法掌握企业真实有效的财务水平。基于中小微企业提供的不完整数据，银行难以构建精准有效的模型估计企业还款能力，因此中小微企业较难成功申请到银行贷款⑤⑥。第二，在可抵押资产价值不易评估方面。中小微企业提供的固定资产在价值认定上有一定难度，而且其提供的可抵押资产存在价值不确定性，这再次加重了银行面对的风险。

B. 风险性高

中小微企业市场竞争激烈，其运转情况也不如大型企业稳定，相比大型企业，中小微企业的破产率和违约率更高。从企业内部进行分析，自身各项制度并不完善、企业运作方式不够合理、决策者能力不足等是促成中小微企业失败的重要因素。从企业所处的外部环境来看，激烈的市场竞争环境给中小微企业施加压力，但是融资难这一问题却成为中小微企业发展的严峻阻力⑦。有研究表明，我国中小

① 邵科杰. 大型企业信贷风险的识别与控制[D]. 杭州：浙江大学，2021.

② 杨胜刚，胡海波. 不对称信息下的中小企业信用担保问题研究[J]. 金融研究，2006，49（1）：118-126.

③ 全丽萍. 非对称信息下中小企业融资问题研究：兼论我国中小金融机构的发展[J]. 管理世界，2002，18（6）：144-145.

④ Angilella S，Mazzù S. The financing of innovative SMEs: a multicriteria credit rating model[J]. European Journal of Operational Research，2015，244（2）：540-554.

⑤ 沈洪明. 转型经济条件下民营中小企业融资和企业信用[J]. 管理世界，2006，22（10）：162-163.

⑥ Altman E I, Sabato G Modelling credit risk for SMEs: evidence from the U.S. market[J]. Abacus，2007，43（3）：332-357.

⑦ Gupta J，Gregoriou A，Healy J. Forecasting bankruptcy for SMEs using hazard function: to what extent does size matter?[J]. Review of Quantitative Finance and Accounting，2015，45（4）：845-869.

微企业的平均生存期限为 3 年[1]，因此银行等金融机构在审批中小微企业的贷款申请时十分谨慎，这也就使得中小微企业贷款更有难度，形成了中小微企业没落快与融资难的恶性循环。

C. 动态性强

中小微企业的还款意愿和能力易受宏观因素和一些不可控因素的影响，处于动态变化的过程中。影响中小微企业抗风险能力的宏观因素有很多，如我国施行的对中小微企业发展有影响的一系列政策，抑或我国当今经济结构、国际贸易摩擦等。

5. 传统的识别和评估企业风险的方法

在人工智能算法应用于企业风险识别之前，识别和评估企业风险主要采用主观评价方法和客观分析法[2]。

1) 主观评价方法

主观评价方法操作简单，便于使用，具有较成熟的体系，但是主观评价方法的使用依赖使用者的个人经验，经验不足的使用者难以通过主观评价方法构建合理、客观的模型。主观评价方法中，两种主要的类型是专家法和评级方法。

A. 专家法

专家法是指依靠专家的智慧为指标设置权重并对指标进行打分。在企业风险识别与评估领域，采用专家法的关键步骤是依靠专家获取指标权重和分值，然后计算加权平均得分，最后根据加权平均得分确定企业信用等级。

B. 评级方法

评级方法是在全面评价客户信用情况后，采用定量方法评定企业的信用等级。张浩[3]通过层次分析法获取指标权重，通过专家打分的方式获取指标分值，根据各项指标的权重与得分情况得出中小企业信用评级水平。柯东等[4]在供应链金融模式下研究中小微企业的风险影响程度时，使用的部分信息也来源于专家评定的结果，后续对企业信用风险进行量化分析。

但是有时仅仅根据收集到的一部分企业数据和观察到的企业经营状况，专家凭借以往经验也很难为指标赋予精确的值，因此将不确定性纳入考虑的"模糊决策"的观点受到了学者的重视，即在每项指标下，专家结合自身经验与智慧，给

① Yuan G X，Wang H Q，Zeng T，et al. The dynamical mechanism for SMEs evolution under the hologram approach[J]. SSRN Electronic Journal，2019：1-53.

② 史若菲. 供应链金融下中小企业信用风险评价研究[D]. 唐山：华北理工大学，2020.

③ 张浩. 基于供应链金融的中小企业信用评级模型研究[J]. 东南大学学报（哲学社会科学版），2008，10（S2）：54-58.

④ 柯东，张潜，章志翔，等.供应链金融模式及风险控制的案例分析[J]. 中央民族大学学报（自然科学版），2013，22（1）：36-43.

出一个尽可能小的、将指标最有可能的取值包含在内的评价范围，而不是一个单一确定的值。以"模糊"观点的形式表达意见的方式，在企业风险的识别和评估领域得到了较为广泛的应用①。

有学者提出，进行企业风险评估时，定性指标也应当纳入评估考虑中，因此在层次分析法的基础上，增加定性指标关注度的多种多层次综合评判方法被提出，如模糊综合评判②、多层次灰色评价③等。

2）客观分析法

客观分析法相比主观评价方法，对个人经验的要求较低，在一定程度上减少了主观评价方法过分依赖个人经验的弊端，并且也在一定程度上使模型更加客观。判别分析法和逻辑回归发展得较早，在企业风险识别和评估中得到了广泛的应用，是传统的企业风险识别和评估方法的典型代表。

A. 判别分析法

判别分析（discriminant analysis，DA）法是一种简单的参数统计的方法，在企业风险评估中得到了广泛的应用。该方法包含线性判别分析（linear DA）和二次判别分析（quadratic DA）两类，二次判别分析由于在很多分类任务中表现不如线性判别分析，其不如线性判别分析应用广泛④。将判别分析法应用于信用风险评估领域构建模型的基本思路是，首先将已知风险等级的对象进行归类，并对每一类进行特征分析，建立一个或多个判别准则。当未知风险等级的对象需要进行等级认定时，按照判别准则对未知对象进行划分。艾森贝斯（Eisenbeis）⑤⑥、罗森博格（Rosenberg）和格莱特（Gleit）⑦讨论了判别分析法在金融领域的其他应用场景，为其他学者提供了很好的启示。

B. 逻辑回归

逻辑回归与线性回归方法对值域在正负无穷间没有限定不同，通过 Sigmoid 函数将线性回归值域调整为 0 到 1 之间，回归值可以看作概率值，根据阈值就可完成对企业风险进行二分类的任务。该方法被认为是比线性回归方法更适当的统

---

① 张笑. 基于直觉模糊的科技型小微企业贷款信用风险评价[D]. 金华：浙江师范大学，2018.

② 邹新月，王建成. 企业信用等级模糊综合评判[J]. 系统工程，2001，19（4）：72-75.

③ 谢爱荣，田盈，袁壹. 多层次灰色评价法在中小企业信用评价中的应用[J]. 成都大学学报（自然科学版），2007，26（2）：160-162.

④ 汪莉. 基于 Logistic 回归模型的中小企业信用评分研究[D]. 合肥：合肥工业大学，2008.

⑤ Eisenbeis R A. Pitfalls in the application of discriminant analysis in business，finance，and economics[J]. The Journal of Finance，1977，32（3）：875-900.

⑥ Eisenbeis R A. Problems in applying discriminant analysis in credit scoring models[J]. Journal of Banking & Finance，1978，2（3）：205-219.

⑦ Rosenberg E，Gleit A. Quantitative methods in credit management：a survey[J]. Operations Research，1994，42（4）：589-613.

计方法[1]，其假设条件对数据要求不高，并且模型结构简单，能够较大程度地减少异常样本对模型构建的影响。运用逻辑回归方法进行信用风险评估的研究十分常见[2][3][4]。一些学者还通过其他模型辅助逻辑回归模型的构建，如张钰[5]根据中小板市场 491 个样本的财务指标数据构建财务预警与信用评分指标体系前，运用相关性与决策树算法进行指标的筛选，而后构建逻辑回归模型评估各企业的信用分值，该模型能较好地进行财务预警和信用评估。

统计分析方法在一定程度上提升了模型的客观性，减少了对专家经验的依赖，但是其对历史数据有较强的依赖性。然而，基于历史数据的指标通常只能评估企业过去的运营情况，是否能够预测企业在未来一段时间内的表现仍有待理论支撑[6]，在此基础上，违约距离、KMV 等模型在违约预测和破产预测任务中逐渐受到重视。

C. KMV 模型

KMV 模型以布莱克-斯科尔斯-默顿（Black-Scholes-Merton）期权定价为理论基础[7][8]，根据企业资产的市场价值及其波动性、到期时间、负债的账面价值及无风险借贷利率，估计企业股权的波动性和时长价值。企业的负债情况蕴含着企业的实际违约点的信息，凭借实际违约点可以计算出借款人的违约距离。依据企业的违约距离与预期违约率之间的对应关系，得出企业的预期违约率。Lin 等[9]比较了基于违约距离和基于财务数据的预测模型，发现在短期破产预测中，违约距离模型表现更好。Chen 和 Li[10]使用纠正的 KMV 模型预测中国上市中小企业是否为高危企业，得到了非常稳健的预测结果。安德里科普洛斯（Andrikopoulos）和

① 汪莉. 基于 Logistic 回归模型的中小企业信用评分研究[D]. 合肥：合肥工业大学，2008.

② Anderson J A. Regression and ordered categorical variables[J]. Journal of the Royal Statistical Society，1984，46（1）：1-22.

③ 胡滨. 逻辑回归在个人信用评估模型上的运用[J]. 信息与电脑（理论版），2011，23（6）：118-119.

④ 李淑锦，詹子涵. 基于逻辑回归的 P2P 网贷信用风险评估研究：以微贷网为例[J]. 生产力研究，2018，33（8）：29-34.

⑤ 张钰. 中小企业财务预警与信用评分研究[J]. 经济研究导刊，2021，17（30）：63-65.

⑥ Abinzano I，Gonzalez-Urteaga A，Muga L，et al. Performance of default-risk measures：the sample matters[J]. Journal of Banking & Finance，2020，120：105959.

⑦ Merton R C. On the pricing of corporate debt：the risk structure of interest rates[J]. The Journal of Finance，1974，29（2）：449-470.

⑧ Black F，Scholes M. The pricing of options and corporate liabilities[J]. Journal of Political Economy，1973，81（3）：637-654.

⑨ Lin S M，Ansell J，Andreeva G. Merton Models or Credit Scoring：Modelling Default of a Small Business[M]. Edinburgh：University of Edinburgh Management School & Economics，2007.

⑩ Chen F L，Li F C. Combination of feature selection approaches with SVM in credit scoring[J]. Expert Systems with Applications，2010，37（7）：4902-4909.

霍拉斯加尼（Khorasgani）[①]将这种方法用于非上市中小企业，与基于财务数据的预测模型相比，该模型在所有观察时间段内都取得了很好的表现（无论是在金融危机中还是在金融危机之后）。韩立岩和郑承利[②]使用模糊随机方法，解决了 KMV 模型中数据不确定性所导致的预测结果不准确的问题。

3.4.2　基于人工智能的企业风险识别与评估

传统的企业风险评估方法要么依靠专家经验，要么使用逻辑回归等简单的统计模型。这些方法虽然易于理解，具有很好的可解释性，但是在风险识别上仍然过度依赖财务报告等数据，随着银行等机构所能够收集和存储的数据越来越多，可用于企业风险识别的数据也得到了很大的扩展。借用大数据和人工智能技术，有助于银行等机构从多个视角更加全方位地评价企业的信用风险。本节简要介绍人工智能在企业信用风险识别中的前沿应用。

1. 分类模型

在企业风险识别任务中，通常需要人工给定企业的风险等级，将企业划分为高风险和低风险两个等级。常见的划分方式有：根据企业是否破产将其划分为破产企业和非破产企业；根据企业是否存在债务违约将其划分为违约企业和非违约企业；根据企业的财务信息将其归类为存在财务风险（financial risk）和没有财务风险的企业；等等。在企业风险识别中，我们的主要任务是使用哪些模型、技术和数据来预测与划分企业的风险等级。从人工智能的角度来看，这一问题就是一类分类问题，即基于历史数据和企业特征信息，通过机器学习等算法学习到企业特征信息和企业风险等级之间的映射关系。基于人工智能的方式进行企业风险识别的分类模型代表有：决策树、支持向量机、神经网络以及集成模型等。这里我们主要介绍分类模型在企业风险识别中的前沿研究和应用。

1）决策树

决策树是一种非参数模型，可以基于企业的特征生成一系列规则，然后基于这些规则判断企业的风险。相比传统的模型，决策树所生成的特征与企业风险之间的映射关系更加直接，有助于银行工作人员理解规则与企业风险之间的内在联系，同时，在实践中，可以直接基于决策树所生成的规则来判断企业风险，实用

---

① Andrikopoulos P, Khorasgani A. Predicting unlisted SMEs' default: incorporating market information on accounting-based models for improved accuracy[J]. The British Accounting Review, 2018, 50（5）: 559-573.

② 韩立岩, 郑承利. 基于模糊随机方法的公司违约风险预测研究[J]. 金融研究, 2002, 45（8）: 48-53.

性更强。已有研究也证实了决策树在企业风险识别中的重要价值。例如，王琪[1]基于供应链金融的特点，运用决策树算法，构建中小企业供应链金融模式下的信用评级模型，实验结果显示，该模型有利于银行增强核心竞争力，同时也帮助其对供应链上的小企业进行客观评价，避免不良贷款。决策树模型具有良好的解释性，从模型中可以解读大量的信息，为金融机构放贷提供了重点关注指标的建议，如企业营利能力的指标——固定资产净利率、流动资产净利率，企业经营能力的有关指标——存货周转率和应收账款周转率，相对价值指标——市值有形资产比。金融机构为实现更好把握中小企业运转情况这一目标，可以重点关注这些指标，提前做好防范措施。

当然，决策树也有一些缺陷。一方面，当企业的特征维度不多时，所生成的规则也较少，银行可以直接使用这些规则来识别企业风险，但是，随着企业的特征维度的增加，使用决策树所生成的规则也会增加，过多的规则也会破坏模型的可解释性，影响决策树模型在业界的应用。另一方面，在实际模型训练中，我们需要关注决策树的过拟合问题。在模型训练中，我们需要对决策树进行"剪枝"的操作；同时需要对决策树的深度、叶子节点的最小样本数等超参数进行调试。最后，若在企业信用风险识别任务中，正例样本和负例样本是极度不平衡的，如违约企业的比例是远低于不违约企业的比例的，决策树在处理这类样本上也不具备优势。

2）支持向量机

支持向量机是信用评分任务中常用的分类模型。该算法主要通过在样本的特征空间中（或者核变换之后的特征空间）寻找一个超平面，将正例样本和负例样本分割开。从其算法原理可以看出，相比决策树，支持向量机不易过拟合[2]，能很好地处理类不平衡数据。这是因为在训练支持向量机时，只需要找到支撑向量即可，在最理想的情况下，只需要两个样本（正例和负例的支持向量）。有研究表明，当数据的规模较小时，支持向量机的表现优于神经网络[3][4]。金姆（Kim）和索思（Sohn）[5]使用支持向量机评估了中小微企业信用风险，结果显示支持向量机表现优于逻辑回归和神经网络。有研究已通过实验表明，通过对支持向量机进行合理

① 王琪. 基于决策树的供应链金融模式信用风险评估[J]. 新金融，2010，62（4）：38-41.

② Wang Y Q，Wang S Y，Lai K K. A new fuzzy support vector machine to evaluate credit risk[J]. IEEE Transactions on Fuzzy Systems，2005，13（6）：820-831.

③ 杨毓，蒙肖莲. 用支持向量机（SVM）构建企业破产预测模型[J]. 金融研究，2006，27（10）：65-75.

④ Veganzones D，Séverin E. An investigation of bankruptcy prediction in imbalanced datasets[J]. Decision Support Systems，2018，112：111-124.

⑤ Kim H S，Sohn S Y. Support vector machines for default prediction of SMEs based on technology credit[J]. European Journal of Operational Research，2010，201（3）：838-846.

的调参操作，支持向量机模型的效果还能超过随机森林①。除了单独使用支持向量机进行信用评估外，不少学者将支持向量机和层次分析法、数据降采样方法（SMOTE）等结合，提升模型的表现②③④⑤。郑建国和李新⑥在进行企业信用风险评估时，首先通过网格搜索法对支持向量机模型进行参数寻优，而后结合主成分分析与 SMOTE 进行企业风险评估，实验结果显示，这样构建的模型具有较高的预测能力，并且具有较高的稳定性。任歌⑦在供应链金融视角下对企业信用风险进行评估，选取高斯核函数作为内积核函数构造支持向量机模型，并用BP 神经网络作为对比模型，结果表明，支持向量机模型在总体上有更高的准确率，而且其第一类错误率（将违约企业预测为履约企业）更低。

还有学者将支持向量机作为构建企业信用评估模型的一个辅助工具。例如，沈沛龙和周浩⑧在支持向量机的基础上，引入了新的违约概率计算方法，以 200 家中小企业作为样本，通过评估得到的企业违约概率来刻画企业的信用等级。

3）神经网络

神经网络是另一个信用评分任务中常用的分类模型。

在企业信用评分中，梅西耶（Messier）和汉森（Hansen）⑨最早使用神经网络模型进行破产预测；于瑞峰等⑩基于供应链特征和神经网络模型，构建了一套企业信用风险评估模型，并证实了神经网络在银行放贷决策中的重要作用。

孙剑斌和魏敏⑪采集 2012 年至 2018 年 555 家上市公司的财务数据，并将其划分为信用状况良好、较差两个等级。对这两组数据分别构建决策树模型和神经网络模型。在信用状况良好的数据集上，决策树模型的准确率更高，而在信用状况

---

① 李慧洁. 基于支持向量机的中小微企业信用评级研究[D]. 济南：山东大学，2020.

② 刘京礼，李建平，徐伟宣，等. 信用评估中的鲁棒赋权自适应 Lp 最小二乘支持向量机方法[J]. 中国管理科学，2010，18（5）：28-33.

③ 覃朗，朱建军，衣柏衡，等. 非均衡数据下基于信息增益的 SMOTE 改进 SVM 模型研究[J]. 中国管理科学，2016，24（S1）：128-136.

④ 吴冲，夏晗. 基于支持向量机集成的电子商务环境下客户信用评估模型研究[J]. 中国管理科学，2008，16（SI）：362-367.

⑤ 许艳秋，潘美芹. 层次分析法和支持向量机在个人信用评估中的应用[J]. 中国管理科学，2016，24（SI）：106-112.

⑥ 郑建国，李新. 基于 SVM 模型的企业信用风险评估研究[J]. 企业科技与发展，2020，36（5）：220-221，224.

⑦ 任歌. 供应链金融中小企业风险评估模型[J]. 统计与决策，2013，29（17）：176-179.

⑧ 沈沛龙，周浩. 基于支持向量机理论的中小企业信用风险预测研究[J]. 国际金融研究，2010，27（8）：77-85.

⑨ Messier W F, Jr, Hansen J V. Inducing rules for expert system development: an example using default and bankruptcy data[J]. Management Science，1988，34（12）：1403-1415.

⑩ 于瑞峰，任艳敏，王雨，等. 基于供应链的企业信贷风险评估研究[J]. 中国管理科学，2007，15（3）：85-92.

⑪ 孙剑斌，魏敏. 基于决策树与神经网络的上市公司信用风险评估模型比较研究[J]. 中国管理信息化，2021，24（1）：100-106.

较差的数据集上，神经网络模型的表现更好。从整体上看，神经网络的综合性能相较决策树而言更好。

　　江训艳[1]基于 BP 神经网络预警银行贷款风险，在对预警模型进行实证分析后发现，BP 神经网络预警模型具有较高的准确性和稳定性。吴德胜和梁樑[2]运用遗传算法对神经网络进行优化，而后构建企业信用状况评分模型，模型的准确率更高，能为企业信用评级提供有效参考。

　　值得注意的是，尽管在模型表现上，很多研究都表明神经网络通常优于传统统计模型[3][4][5][6]，很多互联网金融公司也经常使用神经网络来构建企业风险识别模型，因为互联网公司采集到的数据更多，数据规模更大。但是神经网络的可解释性不强，整个模型是一个黑箱。巴塞尔协议对银行所使用的模型的可解释性具有较高要求，这也限制了神经网络在传统金融机构中的应用。

　　4）集成模型

　　以上分类模型都是由单个分类器构成，然而，单个分类器在一些任务中的表现并不好，缺乏鲁棒性。集成学习则同时使用多个基分类器进行模型构建，其原理类似群众智慧（wisdom of crowd）。集成模型将多个相同或不同的分类器同时训练，最终由一定的规则得出预测结果。常见的规则有基于投票、基于平均和基于元分类器的方式。其中，基于投票的规则根据所有分类器的预测结果，选出预测类别最多的类作为最终预测结果。基于平均的规则需要首先计算所有分类器预测结果的平均值，然后用该平均值作为最终预测结果。而基于元分类器的规则需要在单个分类器预测结果的基础上，再训练一个最终的分类器，该分类器（元分类器）以单个分类器预测结果作为新的特征进行训练，最终根据元分类器的预测结果进行分类。根据基分类器的组成，可以将集成模型分为同质集成和异质集成模型。常见的模型有 bagging[7]、boosting[8]和

　　① 江训艳. 基于 BP 神经网络的商业银行信用风险预警研究[J]. 财经问题研究，2014，36（S1）：46-48.

　　② 吴德胜，梁樑. 遗传算法优化神经网络及信用评价研究[J]. 中国管理科学，2004，12（1）：68-74.

　　③ Etemadi H，Rostamy A A A，Dehkordi H F. A genetic programming model for bankruptcy prediction：empirical evidence from Iran[J]. Expert Systems with Applications，2009，36（2）：3199-3207.

　　④ Leshno M，Spector Y. Neural network prediction analysis：the bankruptcy case[J]. Neurocomputing，1996，10（2）：125-147.

　　⑤ Pendharkar P C. A threshold-varying artificial neural network approach for classification and its application to bankruptcy prediction problem[J]. Computers & Operations Research，2005，32（10）：2561-2582.

　　⑥ Rafiei F M，Manzari S M，Bostanian S. Financial health prediction models using artificial neural networks，genetic algorithm and multivariate discriminant analysis：Iranian evidence[J]. Expert Systems with Applications，2011，38（8）：10210-10217.

　　⑦ Breiman L. Bagging predictors[J]. Machine Learning，1996，24（2）：123-140.

　　⑧ Freund Y，Schapire R E. Experiments with a new boosting algorithm[C]//Xu J，Ahmed S E，Cooke S L，et al. Proceedings of the Thirteenth International Conference on International Conference on Machine Learning. San Francisco：Morgan Kaufmann Publishers，1996：148-156.

stacking 三种。在企业信用风险评估中，集成学习的效果通常优于单个分类器，且具有鲁棒性。但是，和神经网络一样，集成学习的可解释性也较差。

2. 聚类分析

以上模型都有赖于样本标签，然而在实际应用中，很难获取到数据的标签，通过人工对数据打标签的时间成本和人力成本也十分高昂，对数据打错标签的现象也时有发生。例如，对于银行来说，在构建信用评分模型时，最关注的是客户的违约标签。但是只有当有客户发生违约后或者客户完整履行合同后才能给出标签，这就需要很大的试错成本，即找出违约客户所导致的贷款损失。此外，在放贷前，银行通常会对客户进行筛查，筛掉的那部分客户（样本）也无法被分类模型利用。这些原因都妨碍了分类模型在企业风险识别中的使用。此时，我们需要借助其他的人工智能模型，即非监督学习和半监督学习。与有监督学习不同，非监督学习不需要知道数据的标签，半监督学习则只需要少数有标签的样本即可。这两大类方法能够充分利用无标签的数据，辅助企业信用风险识别。

聚类分析是根据研究对象特征将研究对象划分为若干子集的一种技术，将性质相近的对象划分到一个子集中，划分的规则是，尽可能让子集内部的差异性最小，而子集之间的差异性达到最大。根据聚类对象的不同，聚类分为样品聚类（Q型聚类）和变量聚类（R型聚类）。

1）Q型聚类

聚类模型即是从所有客户（企业）中对不同信用等级的企业进行划分的模型。具体来讲，通过对企业样本的学习，将企业划分成若干个互不相交的子集，以聚类的方式实现企业信用风险程度的划分，然后再将贷款发放给信用程度较高的第一个或者前几个子集中的企业。需要注意的是，聚类模型只能将企业自动划分为不同的子集，但是每个子集对应的信用风险的程度需要使用者自己判断。

刘淑莲等[1]抽样选取307家上市公司进行企业信用评级。首先从原有变量中通过因子分析选出15项具有代表性的指标，其次通过主成分分析法提取8个因子，最后采用五级分类和七级分类对企业进行K-means聚类，并根据聚类结果，构建信用评级模型。李含悦[2]同样采取因子分析法与聚类分析法相结合的方法研究上市企业信用评级。初始选取9项指标进行分析，根据因子的方差贡献率，选取4个因子进行后续分析，并对这4个主因子进行命名，分别为偿债能力因子、发展能力因子、营利能力因子、周转能力因子。而后进行系统聚类，可以将企业的信用风险评级划分为6个等级，有助于金融机构进行大企业信用风险控制与管理。

① 刘淑莲，王真，赵建卫. 基于因子分析的上市公司信用评级应用研究[J]. 财经问题研究，2008，30（7）：53-60.
② 李含悦. 上市企业信用评级体系的研究：以制造业为例[J]. 时代经贸，2017，15（9）：6-9.

　　对于小企业的信用评级研究，Q 型聚类同样适用。周战超[①]在评估工业小企业信用等级时，采集 1814 笔企业借贷数据，选取 26 个指标。参考《中国人民银行信用评级管理指导意见》，将企业信用等级划分为 9 类，然后运用 K-means 聚类方法对企业信用等级进行分析。

　　2）R 型聚类

　　R 型聚类模型则是将指标进行聚类，避免由指标重叠导致的冗余信息反映。将 R 型聚类应用于企业信用评级中，可以帮助金融机构识别对企业违约状态有显著影响的指标体系。孟斌和迟国泰[②]收集某区域性商业银行的 14 个分行的 1231 笔小企业贷款数据，运用方差齐性检验和 R 型聚类，分析了指标对违约状态的影响程度。结果表明，非财务指标对小企业信用评级的重要性较大，其权重接近财务指标权重之和的两倍，提醒金融机构在对小企业进行信用评级时，重点关注以宏观环境和定性指标为主的非财务指标。

3. 信用评级实务

　　目前国际上得到广泛认可的专业信用评级机构并不多，具有代表性的三家公司是穆迪投资者服务公司（Moody's Investors Service）、标准普尔公司（Standard & Poor's）和惠誉国际评级公司（Fitch Ratings），这三大评级机构包揽了评级市场上绝大部分业务。

　　穆迪投资者服务公司成立于 1909 年，创立者是约翰·穆迪，该公司最初的评级业务主要是在铁路债券方面，后来逐渐发展到对公用事业和工业债券进行信用评级。穆迪长期评级共分 9 个级别：Aaa、Aa、A、Baa、Ba、B、Caa、Ca 和 C，从前到后信用质量逐渐降低，最后一级代表收回本金的概率十分渺茫。与长期评级的级别数量不同，穆迪的短期评级只有 P-1、P-2、P-3 和 NP 共计 4 个等级，短期债务偿付能力从前到后逐渐降低。

　　标准普尔是第一家对证券化融资、债券担保交易、信用证、非美国保险公司财务实力、银行控股公司、财务担保公司进行评级的机构，在全球的影响范围也十分广泛，其长期评级业务涵盖投资级和投机级两大类，前者的评级具有信誉高和投资价值高的特点，后者的评级则信用程度较低，违约风险逐级加大。投资级总共有 AAA、AA、A 和 BBB 共计 4 个等级，投机级则被划分为 BB、B、CCC、CC、C 和 D 共 6 个等级。信用级别由高到低排列，最高信用等级由 AAA 表示；最低信用等级由 D 表示，代表对条款的违约。标准普尔的短期评级共包含 6 个等级，依次为 A-1、A-2、A-3、B、C 和 D，此外，从前到后，发债方的偿还能力逐

① 周战超. 基于 K-均值聚类的工业小企业信用评级研究[J]. 中国管理信息化，2018，21（13）：26-27.
② 孟斌，迟国泰. 基于违约状态判别的小企业债信评级[J]. 系统工程学报，2018，33（4）：565-576.

渐减弱，A-1 代表发债方具备较强的偿还能力，可另加"＋"号表示偿债能力极强。在最后的等级 D 则表示发债方的偿还能力十分微弱。

惠誉国际是唯一的欧资国际评级机构，由约翰·K. 惠誉（John K. Fitch）在 1913 年创办，其开展的评级工作与其他评级机构类似，包含的业务主要有企业评级、金融机构评级、结构融资评级以及市政建设等。在企业评级中，惠誉国际同样将评级分为长期评级和短期评级业务。前者代表被衡量对象的偿债能力，且信用评级又被细分为投资级和投机级，其中投资级包括 AAA、AA、A 和 BBB，投机级则包括 BB、B、CCC、CC、C、RD 和 D。以上信用级别从前至后，代表的信贷风险逐渐增加，AAA 代表最低的信贷风险；而 D 则表示信贷风险极大，表明一个实体或国家主权已对所有金融债务违约。惠誉国际的短期信用评级大多针对到期日在 13 个月以内的债务。短期评级更强调发债方定期偿付债务所需的流动性。短期信用评级从高到低分为 F1、F2、F3、B、C、RD 和 D。惠誉国际还开发出了针对特殊的新兴证券的评级方法，也创造性地设计了在市场中处于领先地位的产品，因此其评级结果被大多数大型投资者、众多国家和地区的监管机构纳入考量。

从 20 世纪 80 年代信用评级业务被引入我国以来，我国信用评级市场历经了若干个阶段。在初创阶段后进入了清理整顿阶段、重新确立阶段，在经过调整阶段后到达突破阶段，如今国内已发展出了一些具备较大影响力的评级企业，如中诚信国际信用评级有限责任公司、联合资信评估股份有限公司、大公国际资信评估有限公司等。接下来，以中诚信国际信用评级有限责任公司为例，对其数据统计进行介绍。中诚信国际信用评级有限责任公司在评级前会收集反映企业财务情况、营运情况、定性情况的三类数据。在财务数据中，又细分为企业最近一年总收入、资产负债率、总资本化比率、营业毛利率、ROA（return on asset，资产收益率）、CFO（cash flow from operating activities，经营活动现金流量）/总债务、FCF（free cash flow，自由现金流）/总债务等。营运方面的数据则有资源储备量、自给率、营运多元化、产品多元化、市场竞争力、客户多元化等。定性数据包含扩展战略、股东及政府支持等。在所需准备的这些数据中，不乏需要通过主观打分的方式获取的数据，如企业扩展战略、股东及政府支持等。具体到不同的行业，中诚信国际信用评级有限责任公司在对其进行评级时，有着不同的评价标准，因此评价指标也存在不同。例如，在有色金属行业，规模与多元化指标包含企业最近一年收入、营运多元化、产品多元化、市场竞争力；营运能力指标包含自给率、毛利率、三年平均 EBIT（earnings before interest and tax，息税前利润）/营业总收入、三年平均 ROA；财务政策指标包含最近一年总资本化比率、总债务/EBITDA（earnings before interest，taxes，depreciation and amortization，未计利息、税项、折旧及摊销前的利润）（三年均值）；财务实力指标则包含 EBIT

利息倍数（三年均值）、（CFO–股利）/总债务（三年均值）、FCF/总债务（三年均值）。

　　而在对中国零售企业进行信用等级评级时，中诚信国际信用评级有限责任公司则主要考虑了销售产品波动性、运营实力、管理能力、财务政策、财务实力这5个主要的指标，其中每个指标包含1~3个二级指标，共计9个，分别是销售产品的波动性、门店布局、最近一年收入规模、近两年平均营业收入增长率、三年平均 EBIT 率、最近一年总资本化比率、三年平均总债务/EBITDA、三年平均EBITDA利息倍数、三年平均经营性净现金流/利息支出。

　　在选定评估指标后，通过财务报告、非财务类数据等信息提取数据，对企业未来的信用事件（违约、破产清算、信用评级降级等）进行预测，将模型预测的发生此类事件的概率值作为企业的信用风险度量[1][2][3][4]。大多数研究使用以财务报表构建的基于财务比率的变量作为破产预测的主要变量[5][6]。然而，在现实中，中小微企业的财务数据无法获取，也不一定具有可信度[7]。此外，财务报表只提供公司过去一年财务状况的"快照"，并不能反映其最新的经营状况[5]。因此在动态变化的经济环境中，银行更倾向于选择和构建能够及时反映中小微企业最新经营状况的信用风险模型。在这种情况下，最好使用实时更新的数据作为信用评估模型的数据源。对于银行来说，中小微企业的支付和交易记录实时更新，这些记录包含与日常交易、工资、纳税和其他企业运营相关的信息。在大数据时代，这些数据很好地被银行存储起来，为评估中小微企业的信用风险提供了数据支撑。银行可以借助其数据优势，建立更准确的信用评估模型[8]。

　　另外，在评估中小微企业的信贷风险时，已有一些学者开始考虑企业之间的日常互动，包括付款、业务伙伴关系和共同股东等关系对企业信用风险的影响。

① Altman E I. Financial ratios，discriminant analysis and the prediction of corporate bankruptcy[J]. The Journal of Finance，1968，23（4）：589-609.

② Abinzano I，Gonzalez-Urteaga A，Muga L，et al. Performance of default-risk measures：the sample matters[J]. Journal of Banking & Finance，2020，120：105959.

③ Donovan J，Jennings J，Koharki K，et al. Measuring credit risk using qualitative disclosure[J]. Review of Accounting Studies，2021，26（1）：815-863.

④ Ohlson J A. Financial ratios and the probabilistic prediction of bankruptcy[J]. Journal of Accounting Research，1980，18（1）：109-131.

⑤ Balcaen S，Ooghe H. 35 years of studies on business failure：an overview of the classic statistical methodologies and their related problems[J]. The British Accounting Review，2006，38（1）：63-93.

⑥ Kregar M. Cash flow based bankruptcy risk and stock returns in the US computer and electronics industry[D]. Manchester：University of Manchester，2011.

⑦ Ciampi F，Gordini N. Small enterprise default prediction modeling through artificial neural networks：an empirical analysis of Italian small enterprises[J]. Journal of Small Business Management，2013，51（1）：23-45.

⑧ Norden L，Weber M. Credit line usage，checking account activity，and default risk of bank borrowers[J]. The Review of Financial Studies，2010，23（10）：3665-3699.

企业之间的关联关系信息，特别是企业之间的交易信息，对信用风险评估非常重要[1][2][3]。此外，还有一些学者在评估中小微企业信用风险时，考虑了股东和董事之间的关系网络[4][5]，以此提高对中小微企业破产预测的精度。

与财务报表相比，支付和交易流水数据具有以下优点：①交易流水数据准确客观地记录了企业的现金流入流出信息，数据可靠、数据质量高。②对于银行来说，交易流水数据更容易获取，只要企业在银行有账户，就可以获取到该企业的交易信息。③财务报告数据是基于历史的静态数据，只能反映过去一年里企业的运营情况。而交易流水数据实时更新，能够反映中小微企业最近的经营状况。企业之间的交易信息、股东和董事之间的交易网络能够更完整地刻画企业所处的商业环境，有助于刻画企业的运作空间，为企业信用风险提供新的参考方向。

因此，在 3.4.3 节的企业风险评估实例中，我们会将企业流水数据、企业股东关系数据、高管关系数据作为分析企业信用风险的三项重要数据。

3.4.3 基于山东城商行合作联盟的企业风险评估

1. 背景

随着大数据技术的发展，通过采集全量详尽的数据以及深度分析的结构化数据，可令目前互联网上存在的大量多源异构数据发挥巨大的价值。目前，大数据在各个领域的应用越发广泛，利用大数据技术进行数据的挖掘及分析，将有利于决策的有效性以及问题的高效科学处理。

在传统金融体系下，小微企业公开数据少，信息不对称，自身信用缺失。尽管各级政府部门一直督促和引导金融机构改进和加强小微企业金融服务，加大金融产品创新和多元化融资方式，力图有效解决小微企业融资难题，但是效果并不明显。主要有以下原因。

1）小微企业征信严重缺失

小微企业信用与企业个人信用密切相关，但是受到经营规模、管理制度等的

---

① Battiston S，Gatti D D，Gallegati M，et al. Credit chains and bankruptcy propagation in production networks[J]. Journal of Economic Dynamics and Control，2007，31（6）：2061-2084.

② Yang S A，Birge J R，Parker R. The supply chain effects of bankruptcy[J]. Management Science，2015，61（10）：2320-2338.

③ Vinciotti V，Tosetti E，Moscone F，et al. The effect of interfirm financial transactions on the credit risk of small and medium-sized enterprises[J]. Journal of the Royal Statistical Society：Series A（Statistics in Society），2019，182（1）：1-22.

④ Letizia E，Lillo F. Corporate payments networks and credit risk rating[J]. EPJ Data Science，2019，8（1）：8-21.

⑤ Yuan G X，Wang H，Zeng T，et al. The dynamical mechanism for SMEs evolution under the hologram approach[J]. SSRN Electronic Journal，2019：1-53.

限制，标准化的小微企业征信数据严重缺失，无法有效地获得反映企业经营情况的真实数据。征信成本高、收益不匹配等问题，导致商业银行谨慎地对待小微企业的融资需求。

2）多层次金融服务体系不健全

小微企业缺乏政策支持和专门的管理机构及金融融资机构，同时商业银行体系结构不合理，国有商业银行和地方金融机构业务及市场趋同，没有制定合理的市场定位战略，缺少小微企业融资业务经验，缺乏完备的信用评价体系。

3）央行征信数据局限性

截至 2022 年底，中国人民银行征信系统收录 11.6 亿自然人，有 2.5 亿人没有征信记录。征信记录的巨大缺口，意味着这部分人群的信贷需求在极大程度上被抑制。

4）小微企业的运营不稳定

传统的大型企业和国有企业抗风险能力强，外界宏观环境和经济环境对这类企业的影响较小，同时，大型国企、央企往往掌握了国民经济的重头，具有"大而不能倒"的特征。然而，小微企业由于体量小、体制不健全等因素，其运营十分容易因经济环境的变化而改变，宏观经济的周期、国家之间的贸易摩擦等都会影响小微企业的运营。

小微企业数量庞大，没有精准的客户群体。行业分散，区域广泛，信贷综合成本一直居高不下。加之承受风险能力不强，信用信息分散、难收集。小微企业金融服务因"短、小、急"等特点，其业务从本质上讲与传统的针对大中型企业的信贷业务有明显的不同，在业务成本和业务风险等方面有较大差异。

山东城商行合作联盟是银监会批准筹建的第一家城商行合作联盟，于 2008 年 9 月 18 日在济南挂牌开业。该联盟由山东省多家城市商业银行出资成立，注册资本 5.022 亿元。承担着为该省各城商行提供后台支持服务、运营维护、支付结算及业务运营平台服务、金融产品研发的职责。

联盟对山东城商行发展的影响是巨大的、多方面的。不仅解决了 IT 技术上的问题，还解决了各城商行业务及产品创新不足的"短板"问题。

传统的征信方法是通过检查法人的征信记录，依靠人力进行排查，手段落后，大量借款人员为白户，信息不全面，风险不能精准定位、提前预警。面对这一个庞大的潜在贷款群体，银行对于中小微企业的贷款需求是非常了解的，很想做但不好做，成本高、难覆盖、风控难，导致了不敢做的结果。

而联盟对于大数据征信的建设，可以借助大数据技术对高风险企业进行监测，掌握企业的风险动态变化，分析企业的财务数据，检查企业的勾稽关系，以此掌握企业的风险情况。

2. 数据解决方案

1）数据来源

本次建模的数据源自两方面：内部数据和外部数据。

内部数据主要来源于由联盟连接的 34 家山东城商行所提供的在册企业银行账户流水数据，主要字段包含：交易金额、交易对象、交易类别、交易时间、借方发生额、贷方发生额、交易备注等。这部分数据实时更新，有助于建立实时动态的模型；所含字段基本涵盖了小微企业日常运营所产生的现金流入流出信息；数据量大，从 2016 年初到 2018 年底一共有约 2.8 亿条数据，可关联的企业有 1.7 多万家。

外部数据主要由爬虫技术从外部互联网数据中抓取获得，主要为企业主体工商登记信息，主要字段包括：注册时间、注册地点、经营范围、法人股东及"董监高"（董事、监事和高管）信息、工商变更数据和对外投资信息。一共爬取了约 360 万条山东省小微企业的数据，其信息涵盖了小微企业基本工商信息、股东高管等信息。同时，联盟还和外部第三方机构合作，由第三方机构提供有关小微企业的数据接口，便于联盟的线上模型测试。

由企业工商信息和企业交易流水信息相结合，形成了对目标企业全方位的数据洞悉，将真实经营数据与工商登记数据进行勾稽校验，可以更好地了解目标企业真实经营活动以及及时发现其潜在风险。

2）数据预处理

数据预处理主要涉及关联内部数据和外部数据，以及将股东、高管等记录类型的数据处理为企业实体之间的连接关系。首先，我们通过统一的公司 ID 对公司的对公账户和工商信息进行关联，找出该公司在城商行的现金流水记录，同时去掉没有现金流水记录的公司。这是因为，这一部分公司不是联盟的潜在客户，我们无须考虑在模型中，如果未来有这类没有流水的公司来申请贷款，银行可以让其提供相应的流水账单，然后再通过模型辅助贷款等商业决策。在构建企业关联关系时，我们使用 MapReduce 框架进行处理，主要流程见图 3-16。

本流程将企业的高管记录以高管为键（key）传出后（Map），再将高管 ID 相同的记录数据进行合并列表（reduceByKey），然后将相同高管 ID 对应的企业列表生成两两企业对之间的边（Map），最后将边合并成总边列表并输出（reduce）。

在建立股东（高管）网络图时，我们将每个企业作为节点，根据两个企业之间相同股东数（高管数）建立两个节点的边，边权重为相同股东数（高管数），如果两个企业之间相同企业数（高管数）为 0，则这两个企业之间没有边连接。同样，在建立现金流水网络图时，我们以每个企业作为节点，根据企业之间是

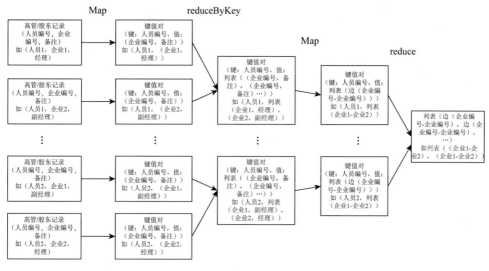

图 3-16　流程图

否有资金往来建立网络图的边，根据企业之间资金往来总额设置边权重，建立带权重的有向图。

　　项目基于 Spark 对以上数据处理流程进行了实现，可以快速将企业的股东与高管记录数据处理为网络图的边数据。由于企业的资金流水数据本身就是对企业之间资金往来的记录，只要筛选出企业与企业之间的对公流水即可直接形成网络图的边。

　　3. 投资圈、关系圈及资金流水圈网络图的构建

　　1）网络图的构建

　　为了更好地分析目标企业的社交网络关系，我们引入了以下概念："投资圈"、"关系圈"与"资金流水圈"。

　　投资圈：目标企业投资人之间的关联关系，代表企业的投资关系。

　　关系圈：目标企业高管之间的关联关系，代表人脉关系。

　　资金流水圈：目标企业之间的资金流水关系，代表了业务关系。

　　以上三种"圈"实质上是一种网络图，包括节点与边数据，如图 3-17 所示。具体内容如下。

　　（1）节点数据：代表小微企业的数据实体。①节点 ID：企业实体 ID（注册号）。②节点名称：企业名称。③注册时长：企业注册设立以来的时长（月）。④工商变更次数：前一年的工商注册信息变更次数。⑤备注信息：包括企业高管、投资人、投资人姓名。

　　（2）边数据：小微企业之间的关联关系。使用企业之间的高管关联代表人脉

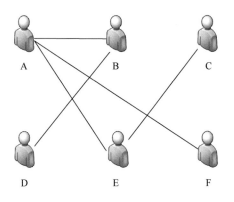

图 3-17　关系图

关系，使用企业之间的投资人关联代表投资关系，使用企业之间的银行对公转账记录代表资金流水关系。以上三种边均包括以下字段。①边 ID（id）：该边的 ID。②源节点 ID（source_id）：源企业节点的 ID。③目标节点 ID（target_id）：目标企业节点的 ID。

使用以上节点与边数据，可以构建中小企业的关系圈、投资圈及资金流水圈网络图，以进行下一步的网络结构分析及相关的图计算（其中投资圈与关系圈为无向图，资金流水圈为有向图）。

2）图指标选取与社区发现

在构建投资圈、关系圈和资金流水圈后，我们将对以上三种网络的总体网络结构特征及局部社区结构特征进行挖掘与分析。

主要的网络图统计指标包括以下方面：①节点"度"的分布情况；②网络直径；③节点间的路径情况；④网络密度；⑤网络模块度；⑥子网络（连通组件）情况。

在网络图的局部社区结构特征方面，我们使用 Fast Unfolding 等社区发现算法，对关系圈、资金流水圈中的社区结构进行挖掘；然后根据社区发现结果分析企业关系圈、投资圈、资金流水圈中的聚类情况，形成"企业簇"；最后对"企业簇"的财务能力、人脉能力及信用情况进行标签化。

3）网络图向量化

在对企业的关系圈和资金流水圈进行定义和关联结构分析之后，我们将企业关系圈、资金流水圈的网络数据进行向量化，以进行进一步的企业信用评估。

我们使用 graph2vec 等算法，将企业关系圈、资金流水圈的网络数据映射到欧氏向量空间，在向量空间突出企业实体的群体影响力、资金能力、风险承受力等特性，为进一步的信用分析提供依据。向量化后的数据维度能够与其他相关特征维度融合，以进行多源异构的大数据分析。

4. 网络图数据分析

1）股东关系网络数据统计

股东关系网络数据统计如表 3-11 所示。

表 3-11　股东关系网络数据统计

项目	数值
总节点数/个	约 40 万
总边数/条	897 537
合并及筛选后的节点数/个	83 555
合并及筛选后的边数/条	73 824
平均度	1.767
平均加权度	4.528
平均聚类系数	0.469
网络直径	24
社区数/个	24 863

在联盟获得的真实数据中，我们对股东关系网络进行了分析，总共得到股东关系总节点数约为 40 万个，总边数约为 90 万条，社区数约为 2.5 万个。股东关系网络节点分析结果见表 3-12。

表 3-12　股东关系网络节点分析结果

社区 ID	度	加权度	PageRank 分析	模块度	连接部件 ID	权威度	特征向量中心度	聚类系数	三角关系数
371020⋯	350	848	0.001 240	8 230	1	0.198 074	1	0.005 092	311
371081⋯	232	619	0.000 841	2 246	1	0.100 182	0.578 631	0.005 075	136
371081⋯	228	506	0.000 767	2 246	1	0.126 754	0.674 382	0.006 376	165
371020⋯	195	441	0.000 755	8 230	1	0.079 777	0.438 464	0.003 859	73
371002⋯	205	449	0.000 746	8 230	1	0.107 387	0.566 454	0.006 839	143
371081⋯	196	414	0.000 732	10 590	1	0.050 036	0.339 118	0.001 675	32
371083⋯	172	381	0.000 627	7 534	1	0.069 258	0.407 959	0.003 808	56
371002⋯	162	403	0.000 567	8 230	1	0.086 970	0.456 992	0.008 665	113
371081⋯	153	335	0.000 526	4 360	1	0.078 309	0.443 917	0.007 826	91
371000⋯	143	320	0.000 520	1 144	1	0.070 306	0.389 797	0.009 061	92
371021⋯	140	337	0.000 506	8 230	1	0.058 118	0.340 818	0.005 242	51

社区 ID	度	加权度	PageRank 分析	模块度	连接部件 ID	权威度	特征向量中心度	聚类系数	三角关系数
371081…	140	300	0.000 487	1 144	1	0.053 474	0.308 717	0.004 214	41
371083…	141	310	0.000 483	7 123	1	0.071 795	0.398 071	0.007 295	72
371021…	126	288	0.000 463	1 261	1	0.063 198	0.346 362	0.006 349	50
371081…	140	430	0.000 463	4 184	1	0.060 506	0.343 365	0.007 605	74
371081…	126	269	0.000 436	2 246	1	0.058 549	0.321 499	0.005 968	47
371021…	128	350	0.000 427	1 437	1	0.091 201	0.479 126	0.014 518	118
371083…	127	297	0.000 416	1 144	1	0.077 131	0.422 401	0.010 249	82
371081…	127	389	0.000 411	8 230	1	0.083 837	0.447 118	0.013 123	105
371083…	117	258	0.000 409	7 123	1	0.058 461	0.323 317	0.008 989	61
371021…	120	260	0.000 403	807	1	0.052 539	0.298 496	0.007 003	50
371081…	115	247	0.000 391	10 752	1	0.070 328	0.374 179	0.010 831	71
371081…	114	242	0.000 384	8 230	1	0.057 591	0.318 123	0.008 229	53
371083…	123	286	0.000 378	1 261	1	0.131 865	0.643 526	0.026 656	200
371081…	106	262	0.000 377	8 230	1	0.038 780	0.247 284	0.007 547	42
371083…	105	230	0.000 372	7 123	1	0.034 045	0.227 455	0.007 509	41
371083…	94	206	0.000 366	8 702	1	0.013 361	0.110 697	0.001 601	7
371081…	99	206	0.000 354	8 473	1	0.047 624	0.261 776	0.006 803	33
371021…	106	296	0.000 348	8 230	1	0.068 539	0.352 990	0.016 532	92
371021…	97	242	0.000 345	8 230	1	0.050 698	0.281 561	0.010 095	47
371083…	102	227	0.000 342	1 144	1	0.048 764	0.285 445	0.011 842	61
371081…	98	233	0.000 342	1 144	1	0.048 486	0.274 540	0.006 522	31

　　我们对股东关系网络节点分析结果采用了 6 个维度的分析。（1）社区 ID：代表了该节点所属的社区编号。（2）PageRank（网页排名算法）分析：反映了该节点在网络中的影响力。（3）连接部件 ID：代表了该节点所属的"连接部件（连通子图）"编号。（4）特征向量中心度：反映了该节点的重要程度。（5）聚类系数：反映了该节点在局部的聚类程度（社区归属程度）。（6）三角关系数：反映了该节点与邻近节点的循环回路数量。

　　2）股东关系网络分析结果

　　图 3-18 显示了股东关系网络的社区内部节点数分布情况。

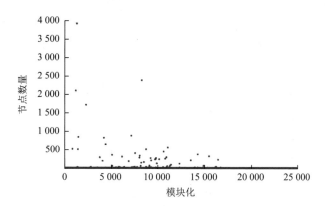

图 3-18　股东关系网络的社区内部节点数分布情况

图 3-19 显示了股东关系网络的度分布情况。

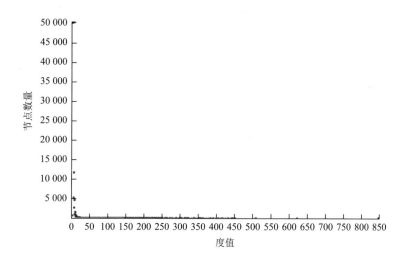

图 3-19　股东关系网络的度分布情况

　　通过对关系圈的分析，可以得到股东关系网络的特点。

　　（1）股东关系网络呈现较强的社区特性，并且子社区规模较大。正如图 3-18 所示，网络中呈现出较明显的子社区，而图 3-19 的社区分布统计也表明，有大量的社区中具有大于 100 个的内部节点。

　　（2）股东关系网络呈现出较强的无标度特性，即节点度的分布极不均衡。少数部分节点的加权度极大，最大的达到 850。这表明，少数节点对整个网络的资金影响力非常大。

3）高管关系网络数据统计

高管关系网络数据统计如表 3-13 所示。

表 3-13   高管关系网络数据统计

项目	数值
总节点数/个	约 60 万
总边数/条	1 857 493
合并及筛选后的节点数/个	118 356
合并及筛选后的边数/条	72 517
平均度	1.225
平均加权度	2.661
平均聚类系数	0.399
网络直径	8
社区数/个	49 484

在联盟获得的真实数据中，我们对高管关系网络进行了分析，总共得到高管关系总节点数约为 60 万个，总边数约为 186 万条，社区数约为 5 万个。高管关系网络节点分析结果见表 3-14。

表 3-14   高管关系网络节点分析结果

社区 ID	度	加权度	PageRank 分析	模块度	连接部件 ID	特征向量中心度	聚类系数	三角关系数
371301…	23	52	0.000 088	1 809	2039	1	0.003 953	1
371300…	9	20	0.000 040	1 681	1903	0.108 871	0	0
371325…	3	19	0.000 010	265	300	0.037 524	0.666 667	2
370200…	5	19	0.000 011	1 367	1552	0.195 458	0.700 000	7
200008…	7	19	0.000 031	8 181	6696	0.073 095	0	0
370200…	5	19	0.000 011	1 367	1552	0.195 458	0.700 000	7
370000…	3	19	0.000 010	265	300	0.037 524	0.666 667	2
371000…	8	18	0.000 022	4 971	535	0.257 454	0.214 286	6
370500…	8	18	0.000 032	11 466	9624	0.100 654	0.035 714	1
371300…	6	18	0.000 024	12 807	13424	0.063 400	0.066 667	1
200008…	4	18	0.000 016	20 277	1960	0.036 283	0.166 667	1
370634…	5	18	0.000 014	30 459	22711	0.101 296	0.400 000	4
370200…	5	17	0.000 020	8 375	1428	0.047 647	0	0
190309…	8	17	0.000 036	1 588	1797	0.087 081	0	0
370200…	6	17	0.000 024	21 275	5445	0.078 923	0	0
191109…	6	17	0.000 028	11 810	12456	0.052 049	0	0
198208…	6	17	0.000 028	22 529	22699	0.052 049	0	0

续表

社区 ID	度	加权度	PageRank 分析	模块度	连接部件 ID	特征向量中心度	聚类系数	三角关系数
370600…	4	16	0.000 008	1 367	1552	0.177 047	1	6
370205…	5	16	0.000 024	6 723	7279	0.038 353	0	0
370800…	4	16	0.000 008	1 367	1552	0.177 047	1	6
371326…	6	16	0.000 024	11 129	11767	0.063 400	0.066 667	1
200007…	8	16	0.000 032	21 282	11838	0.100 654	0.035 714	1
370300…	5	16	0.000 020	18 615	18733	0.053 569	0.100 000	1
370634…	4	16	0.000 011	30 459	22711	0.093 884	0.666 667	4
370000…	4	16	0.000 019	2 475	2760	0.030 105	0	0

　　与股东关系网络分析维度一致，我们对高管关系网络节点同样做了 6 个维度的分析。①社区 ID：代表了该节点所属的社区编号。②PageRank 分析：反映了该节点在网络中的影响力。③连接部件 ID：代表了该节点所属的"连接部件（连通子图）"编号。④特征向量中心度：反映了该节点的重要程度。⑤聚类系数：反映了该节点在局部的聚类程度（社区归属程度）。⑥三角关系数：反映了该节点与邻近节点的循环回路数量。

　　4）高管关系网络分析结果

　　图 3-20 和图 3-21 分别展示了高管关系网络的总体分布情况（OpenOrd 布局）和高管关系网络的局部连通情况。

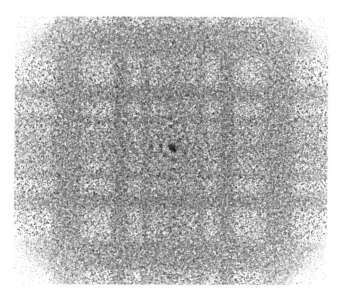

图 3-20　高管关系网络的总体分布情况（OpenOrd 布局）

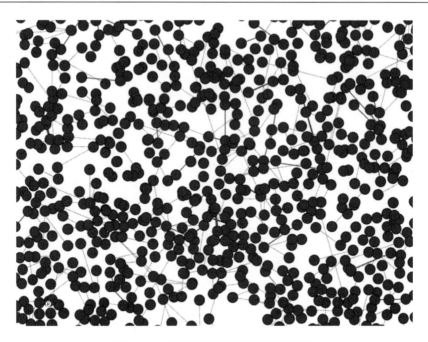

图 3-21　高管关系网络的局部连通情况

图 3-22 显示了高管关系网络的社区内部节点数分布情况。

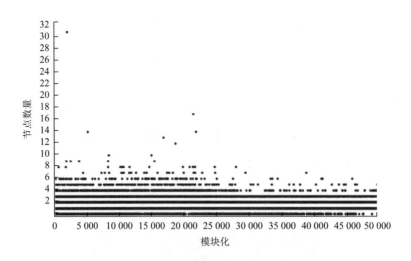

图 3-22　高管关系网络的社区内部节点数分布情况

图 3-23 显示了高管关系网络的度分布情况。从图 3-20 到图 3-23 可知，高管关系有如下特点。

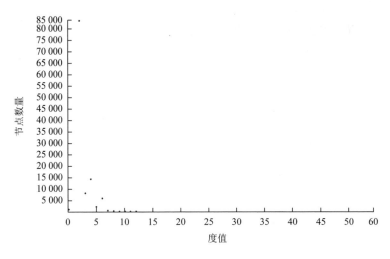

图 3-23　高管关系网络的度分布情况

（1）高管关系网络的社区数量众多，但规模相对较小。高管关系网络中存在大量的社区，总数高达 49 484 个，但绝大多数社区的规模都非常小，最大的社区内部也仅有 32 个节点，这与股东关系网络中的大型社区形成明显对比。

（2）高管关系网络的度分布相对均匀，绝大部分节点的加权度都较小，最大的节点加权度仅为 50 左右。相对于股东关系网络，高管关系网络中绝大部分小微企业节点的影响力都非常有限。

5）资金流水关系网络数据统计

资金流水关系网络数据统计如表 3-15 所示。

表 3-15　资金流水关系网络数据统计

项目	特征或数值
图类型	有向图
总节点数/个	约 20 万
总边数/条	约 188 万
合并及筛选后的节点数/个	171 203
合并及筛选后的边数/条	354 960
平均度	2.073
平均加权度	3 420 562
平均聚类系数	0.027
社区数/个	1 566

　　资金关系图为有向图，在联盟获得的真实数据中，我们对资金流水关系网络进行了分析，总共得到资金总节点数约为 20 万个，总边数约为 188 万条，社区数为 1566 个。

　　6）资金流水关系网络分析结果

　　图 3-24 显示了资金流水关系网络的入度分布情况，图 3-25 显示了资金流水关系网络的出度分布情况。

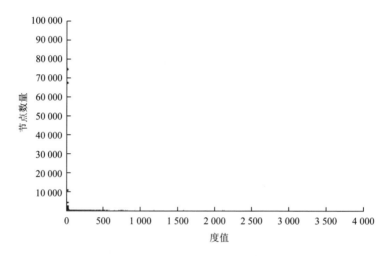

图 3-24　资金流水关系网络的入度分布情况

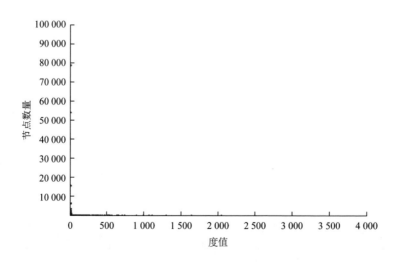

图 3-25　资金流水关系网络的出度分布情况

图 3-26 显示了资金流水关系网络的社区内部节点数分布情况。

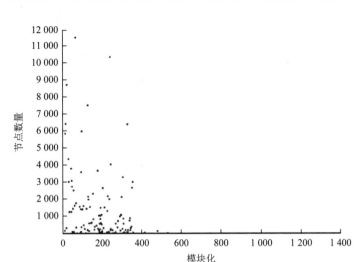

图 3-26　资金流水关系网络的社区内部节点数分布情况

　　与高管关系网络及股东关系网络不同，资金流水关系网络为有向图，因此其度也分为出度与入度。从度的分布上来看，较大的出度与入度都较少，这是典型的无标度特性，此类分布特点的网络中需要重点关注大的出度与入度的中心节点。

　　从社区的情况来看，社区数量更少，社区的规模也更大。这说明，相对于高管关系网络和股东关系网络，资金流水关系网络节点之间的联系更紧密，这也更加容易形成网络中"小世界"的特性。从管理的角度来看，社区中的企业连接更紧密，债务关系更加复杂，企业之间的风险也更容易在社区中进行传播。

5. 小微企业信用风险评估（非监督方法）

　　为了正确、全面、有效地评估中小微企业在信贷场景下的风险情况，我们基于大数据技术，通过建模的方法，全方位对中小微企业进行风险扫描。

　　1）模型逻辑

　　对小微企业建立征信模型的过程分为 5 步来实现。

　　A. 数据采集

　　数据分为内部数据和外部数据。内部数据来源为联盟所连接的 34 家山东城商行在册的企业的银行流水数据，外部数据来源于互联网公开数据。

　　内部数据和外部数据共同构成的主要数据字段包含：基本工商数据、关联方数据（股东和董监高信息）、银行账户交易数据（对象、时间、金额及备注）、借贷发生额和日常经营财务数据（工资、社保、税款缴纳及水电气费）。

B. 数据清洗

检查、发现并纠正数据文件中可识别的错误，包括检查数据一致性，处理无效值和缺失值等。

一致性检查是根据每个变量的合理取值范围和相互关系，检查数据是否合乎要求，发现超出正常范围、逻辑上不合理或者相互矛盾的数据。

由于调查、编码和录入误差，数据中可能存在一些无效值和缺失值，需要进行适当的处理。常用的处理方法有：估算、整例删除、变量删除和成对删除。

C. 数据分析

根据清洗后的数据，对关系圈和资金流水圈进行分析，提取符合业务逻辑的变量及相关因子。

D. 模型筛选

在数据的基础上，选择适合建模的算法。在本书中，我们主要运用的是知识图谱、社区发现等。

E. 风险预警

在模型校验完成后，可以有效地对企业进行风险预警。我们选取了一些可能的因子，包括企业存续时间较短、经营异常、工商变更频繁、社群聚集、未按时缴纳工资社保、未正常纳税、交易疑似存在洗钱行为、空壳公司嫌疑以及内部交易嫌疑。

2）模型指标维度

基于数据和业务场景，我们将风险分为四大方面。

A. 企业稳定性风险

在企业稳定性风险方面，主要基于企业基本工商信息，判断目标企业的稳定性以及所处行业的稳定性。分析指标包含存续时间、资本规模、股东类型、行业背景等。

B. 关联方风险

在关联方风险方面，主要基于关系圈和资金流水圈的建立，发现企业可能的连带风险，主要包括关联方图谱、关联方风险承受能力、同一系别企业风险等。

C. 经营行为风险

在经营行为风险方面，主要基于企业在实际经营中会遇到的一些不稳定因素的表现，主要包含超范围经营、工商变更、经营异常以及域名备案等。

D. 财务风险

在财务风险方面，主要基于在目标企业银行流水中发现的可能的潜在风险，主要包含隐性负债、异常交易、民间借贷参与度、洗钱和套现的疑似度、季度结息及存款余额稳定性等。

3）信用风险评价指标选取

我们将上文所述的企业稳定性风险、关联方风险、经营行为风险和财务风险进行进一步的细化，得到可能与企业风险相关的 44 个潜在影响因子，如表 3-16 所示。

表 3-16　模型潜在影响因子

一级指标	二级指标	指标说明
企业稳定性风险	基本信息	介绍企业基本信息、主营业务
	资本规模	考察注册资本、认缴/实缴资本情况，注册资本的多少在一定程度上反映企业规模，而认缴/实缴资本与注册资本的比例如果过低，真实资本实力可能会受到质疑。有些企业的实缴资本可以从企业年报中查询得到
	投资链条	介绍企业上下游的投资链条，分析其投资链结构的合理性，如相对下游企业来说，上游的投资方过少，或以自然人为主，那么企业的资金链可能存在问题
	股东类型	自然人股东还是法人股东居多，一般而言自然人股东抗风险能力较差
	存续时间	存续时间较短的，稳定性有待考察
	核心股东背景	主要法人股东的资本背景和信誉情况，如国有/私营/个人，有无风投，风投实力，上市或非上市，在哪里上市（A 股、美股、港股、新三板，还是挂牌交易等）、上市时长、上市业绩表现、是否为 ST（special treatment，特别处理）股票等都要考虑
	实际控股人	实际控股人是自然人还是法人，实际控股人资质。实际控股人：虽然不是公司股东，但是可能通过投资或协议，真正控制公司的人（一般来说，选取持股最多的人，大于 30%最好）
	法定代表人、股东方和董监高背景	考察其背景简历，如学历、从业经验、专业方向等，是否有不良记录，如涉诉或处罚等
	业务拓展	业务发展历史，时间轨迹、行业轨迹、地域轨迹等，列明其分支机构情况，如分支机构列表、集中地区、建立时间等
	行业背景	所处行业的成熟度（发展期、成熟期、衰退期）、是否为近期风险高发行业、发展前景（如科技要求、政策扶持、舆论导向等）
	地域风险	企业所在省份类金融企业中已出风险企业数量/企业所在省份的企业总量
	专业协会	是否加入正规的有影响力的协会，协会的背景，如专业协会、地方政府协会等，目标企业在协会中的角色
	经营稳定性	短期是否发生法人变更
	知识产权	知识产权包括商标、专利、有效知识产权的数量（排除未成功注册的知识产权数），且注意有效知识产权所属的行业类型要与其主营业务相关度较高
关联方风险	关联方图谱	绘制目标公司的 1 度、2 度、3 度及全度关联方图谱，分析相关的关联方数量、集中行业、涉诉处罚等情况
	实际控制人风险	考察实际控制人和核心关联自然人（如法定代表人、大股东、董监高等）风险，如对外投资情况、控制企业数量、集中行业，自然人是否有不良记录；深挖核心关联对外投资企业的风险，如有诉讼、欺诈、经营不善、非法集资、被列为黑名单等状况，目标企业的风险也被拉升。如该自然人控制融资担保公司的同时，有多家经营不善的实体企业，很可能有自担、自融风险

一级指标	二级指标	指标说明
关联方风险	股权质押风险	目标公司主要股东方股权出质的频次，考察其质押后的融资金额是否合理，是否存在与关联方的股权质押交易、重复质押等情况
	关联方风险承受能力	目标公司 3 度及以下关联方中自然人与法人的比例，自然人抗风险能力一般不如企业法人，该比例如果很高，反映目标公司抗风险能力较弱
	同一系别企业风险	深挖目标公司同一系别关联方企业风险，如"中晋系""钰城系"
	黑名单企业关联性	目标公司 3 度及以下关联方中是否有黑名单企业，关联紧密程度如何
	公司扩张路径	短时间内是否大量开辟新业务或成立新公司，且新公司多集聚在高危行业、注册地址或经营地址多集中在某个区域，格外关注业务重心区域转移的情况，有可能是逃避某地监管，另行开辟诈骗区域和业务
	非法传销疑似度	目标公司 3 度及以上关联方是否绝大多数股东为自然人，且为短时间内大量增加或更换
经营行为风险	超范围经营	实际经营业务与工商登记的业务范围、行业合规经营范围要求是否有出入，如名为现货投资，实为期货投资等情况
	域名备案	公司是否有 ICP 备案，备案域名能否正常访问；公司是否有网站，网站的正规程度如何，是否与实际经营的业务相符等
	工商变更	法定代表人、股东、高管、注册资本、经营范围的变更频率
	经营异常	是否存在经营异常情况，如吊销/注销信息、地址无法联系、未报年报等
	是否正常缴纳物业费、水电气费	公司是否定期缴纳物业费、水电气费等，若是有规律地缴纳（前后 5 天内），则说明公司正常经营；若时间间隔大，则说明经营活动存疑；以及金额有没有程度明显的下降
	经营可持续性	目标公司主营业务专注度和持续性，3 度及以下关联企业存续时间、集中地区和行业类型
财务风险	资金流水关系图	根据股权关系构建企业关系图，梳理企业同其母公司和子公司的组织架构、主营业务等相关信息
	社保缴纳	是否定期缴纳社保
	代发工资	流水里有没有每月对员工的工资奖金发放，每月的工资增减能在一定程度上反映公司的稳定程度
	来往账户是否出现大额整数或异常数字	一般企业的购销合同进出项中，以整数的情况居多；利息收支的期限和数字相对固定；水电、工资和纳税数字通常不规律，如果出现大额整数或接近大额整数（如 10 000、66、88、99 等），以及异常数字，存在洗钱的可能性
	隐形负债	备注是否有"还贷""还款"字样，每个月是否有固定支出项，扣款项是正常的银行扣款还是其他机构扣款；是否固定时期向个人支付一笔相同额度款项，特别是小额度；第三方支付公司的代扣款项
	税金缴纳	是否按时缴纳税金
	来往账户对公/对私	是否存在集中转出之后分散转出给个人的情况，交易对象若是企业，是不是同一控制人，以及是否不是关联企业但是有大量资金往来

续表

一级指标	二级指标	指标说明
财务风险	账期	通过分析来往金额较大的上下游，计算账期，账期越短越好
	是否存在洗钱、套现行为	长期不动账户突然有大额资金转入；集中转入分散转出，尤其是对个人的分散转出；现金流量巨大但余额少
	资金周转	每月计算，收支相抵，判断是入不敷出还是有所收益
	企业是否参与民间借贷	存在整数金额大额交易且交易对手为个人或者名字中带有"投资"、"自诩"或"担保"等字眼的企业，非上下游或关联企业却有大额资金往来的，定期或频繁出现大额对公转账
	上下游企业性质	注意交易对象是否为同一控制人下的企业，如果是则存在空壳公司的可能性
	奖金支付	奖金支付的频率和金额，可以侧面反映出企业一段时间内盈利情况的好坏
	是否存在内部转账	是否有资金转入企业法人、董监高名下
	季度结息	在当前的活期利率水平下，季度结息金额在 8 元左右，意味着银行流水平均余额为 1 万元。以此类推，季度结息可以反映借款人的资金实力。频繁转账金额较大，但是结息小的，并不是特别好的企业。3 月、6 月、9 月、12 月的每月 21~22 日结息
	银证转账、银期转账	关注借款人流水中的银证转账、银期转账。有些客户做期货，要关注客户做的期货与其经营的行业有没有关联，若没有关联，投入资金在二级市场风险较高

考虑到数据的部分局限性，在项目的第一阶段，本书选取了表 3-16 中的部分影响因子作为第一阶段模型的变量，企业信用评价指标体系设计如表 3-17 所示。

表 3-17　企业信用评价指标体系设计

一级指标	二级指标	变量	评分规则	备注
企业基本信息	工商变更次数是否大于 3	X_{11}	$y_{11} = \begin{cases} 1, & x_{11} < 3 \\ 0, & \text{其他} \end{cases}$	过去一年内的工商变更次数，融资变更除外
	注册资本（实缴）	X_{12}	$y_{12} = \begin{cases} \text{random}(0\sim0.2), & 0 < x_{12} \leqslant 200 \\ \text{random}(0.2\sim0.4), & 200 < x_{12} \leqslant 800 \\ \text{random}(0.4\sim0.6), & 800 < x_{12} \leqslant 2\,000 \\ \text{random}(0.6\sim0.8), & 2\,000 < x_{12} \leqslant 5\,000 \\ \text{random}(0.8\sim1.0), & x_{12} > 5\,000 \end{cases}$	单位：万元
	存续时间	X_{13}	$y_{13} = \begin{cases} 0, & x_{13} \leqslant 3 \\ 1, & \text{其他} \end{cases}$	企业的存续时间，单位：年
企业股东关系圈	股东关系力（加权度）	X_{21}	$y_{21} = (x_{21} - \min(x_{21i}))/(\max(x_{21i}) - \min(x_{21i}))$	企业股东关系图中的企业节点加权度的值，然后进行归一化

续表

一级指标	二级指标	变量	评分规则	备注
	股东关系圈 PageRank	X_{22}	$y_{22}=(x_{22}-\min(x_{22i}))/(\max(x_{22i})-\min(x_{22i}))$	对股东关系图中企业节点的 PageRank 进行了归一化
	股东社区总资本	X_{23}	$y_{23}=\begin{cases}\text{random}(0\sim0.2),\quad 0<x_{23}\leqslant 2\,000\\ \text{random}(0.2\sim0.4),\ 2\,000<x_{23}\leqslant 8\,000\\ \text{random}(0.4\sim0.6),\ 8\,000<x_{23}\leqslant 20\,000\\ \text{random}(0.6\sim0.8),\ 20\,000<x_{23}\leqslant 50\,000\\ \text{random}(0.8\sim1.0),\ x_{23}>50\,000\end{cases}$	企业所在的股东关系网络社区的总注册资本量,单位:万元
企业高管关系圈	高管关系力（加权度）	X_{31}	$y_{31}=(x_{31}-\min(x_{31i}))/(\max(x_{31i})-\min(x_{31i}))$	企业高管关系网络图中的企业节点加权度的值,然后进行归一化
	高管关系圈 PageRank	X_{32}	$y_{32}=(x_{32}-\min(x_{32i}))/(\max(x_{32i})-\min(x_{32i}))$	对高管关系图中企业节点的 PageRank 进行了归一化
	高管社区总资本	X_{33}	$y_{33}=\begin{cases}\text{random}(0\sim0.2),\quad 0<x_{33}\leqslant 2\,000\\ \text{random}(0.2\sim0.4),\ 2\,000<x_{33}\leqslant 8\,000\\ \text{random}(0.4\sim0.6),\ 8\,000<x_{33}\leqslant 20\,000\\ \text{random}(0.6\sim0.8),\ 20\,000<x_{33}\leqslant 50\,000\\ \text{random}(0.8\sim1.0),\ x_{33}>50\,000\end{cases}$	企业所在的高管关系网络社区的总注册资本量,单位:万元
	资金总流水（归一化加权度）	X_{41}	$y_{41}=(x_{41}-\min(x_{41i}))/(\max(x_{41i})-\min(x_{41i}))$	企业资金流水关系图中的企业节点加权度的值,然后进行归一化
企业资金流水圈	资金流水圈 PageRank	X_{42}	$y_{42}=(x_{42}-\min(x_{42i}))/(\max(x_{42i})-\min(x_{42i}))$	对资金流水关系图中企业节点的 PageRank 进行了归一化
	资金社区总流水	X_{43}	$y_{43}=\begin{cases}\text{random}(0\sim0.2),\quad 0<x_{43}\leqslant 2\,000\\ \text{random}(0.2\sim0.4),\ 2\,000<x_{43}\leqslant 8\,000\\ \text{random}(0.4\sim0.6),\ 8\,000<x_{43}\leqslant 20\,000\\ \text{random}(0.6\sim0.8),\ 20\,000<x_{43}\leqslant 50\,000\\ \text{random}(0.8\sim1.0),\ x_{43}>50\,000\end{cases}$	企业所在的资金流水关系网络社区的总注册资本量,单位:万元
企业欺诈风险	欺诈风险1	X_{51}	$y_{51}=-\xi p_1(x_{51})$	ξ 为惩罚系数, p_1 为欺诈概率
	欺诈风险2	X_{52}	$y_{52}=-\xi p_2(x_{52})$	ξ 为惩罚系数, p_2 为欺诈概率

4）基于网络图的企业欺诈风险监测方法

我们采用了两种方法对企业欺诈风险进行监测。

A. 基于超链接的主题搜索（hyperlink-induced topic search，HITS）算法的企业现金流水圈风险检测方法

使用 HITS 算法，对网络节点的出度、入度、权威度（authority）和枢纽度（hubness）值进行评估，选出异常的网络节点。

B. 基于股东圈与资金流水圈子社区重合性比对的检测方法

若股东圈与资金流水圈的子社区高度重合，则可能有圈内交易或洗钱等嫌疑。

5）基于线性加总的综合评分规则

我们采用国际通用的打分标准，企业信用评分区间为[300, 750]，分数越低，表示企业违约的可能性越高。

我们首先设置了一种简单的线性加总各评价指标的综合评分方案，即

$$\text{Score} = k_0 + k_1 + k_2 \sum_{i=1} \sum_{j=1} w_{ij} y_{ij} \tag{3-15}$$

其中，k_0 为基础分；k_1 为正常经营基础分；k_2 为正常经营最大差异评分；w_{ij} 为各个指标的权重，$\sum w_{ij} = 1$。

k_0 设置为 300，k_1 设置为 100，k_2 设置为 350，因此最终的评分区间为 $\text{Score} \in [300, 750]$。

6）基于线性独立主成分的综合评分规则

由于我们的正向评价指标（除 X_{51}、X_{52} 外的所有指标）均为人工选取，各个指标的评分可能存在线性相关性。线性加总的评分可能由指标间的线性相关性导致评分中的某些"独立因子"权重过高，从而使评价不够客观。为了克服此类问题，我们提出以下解决方案。

设各个评价指标的评分数据集为 $Y_{m \times n}$，m 为评价指标数，n 为企业数量，数据点均为在各个指标上对企业评分的列向量 y。评分数据集的奇异值分解为

$$Y_{m \times n} = U_{m \times m} \Sigma_{m \times n} V_{n \times n}^{\text{T}} \tag{3-16}$$

其中，Σ 为奇异值矩阵；U 为自相关矩阵的特征向量矩阵。原式两边同乘 $U_{m \times m}^{\text{T}}$，可得

$$U_{m \times m}^{\text{T}} Y_{m \times n} = U_{m \times m}^{\text{T}} U_{m \times m} \Sigma_{m \times n} V_{n \times n}^{\text{T}} = \Sigma_{m \times n} V_{n \times n}^{\text{T}} \tag{3-17}$$

通过式（3-17）可推导出原评分集的正交线性变换：

$$y \rightarrow U_{m \times m}^{\text{T}} y \tag{3-18}$$

变换后的各个维度都是线性独立的。通过仅选取 Σ 中的 r 个大的奇异值，可得出新的评分指标：

$$z = U_{r \times m}^{\mathrm{T}} y \qquad (3\text{-}19)$$

由于 z 是单位正交向量，可能出现负值，将其归一化后为 $\tilde{z}$，最终本部分的综合评分方案为

$$\text{Score}_{\text{pca}} = k_0 + k_1 + k_2 \left(\sum_{i=1}^{r} w_i \tilde{z}_i - \sum_{i=1}^{2} \varepsilon_i y_{5i} \right) \qquad (3\text{-}20)$$

其中，w_i、ε_i 为各个指标的权重，且 $\sum_{i=1}^{r} w_i + \sum_{i=1}^{2} \varepsilon_i = 1$。

根据我们评分数据集的奇异值分布情况，我们将 r 设置为 4，w_i 的设置情况为 $w_1 = w_2 = w_3 = w_4 = 0.15$，$\varepsilon_i$ 的设置情况为 $\varepsilon_1 = \varepsilon_2 = 0.2$，$k_0$、$k_1$、$k_2$ 的设置与基于线性加总的综合评分规则相同。

7）企业信用评分结果分析

企业信用评分数据统计如表 3-18 所示。

表 3-18 企业信用评分数据统计

项目		数值
总企业数量（含停业、注销等）/个		1 881 007
正常经营企业数量/个		1 071 061
线性加总综合评分/分	最高分	593.26
	最低分	300.82
	平均分	384.31
	标准差	52.98
线性独立主成分综合评分/分	最高分	693.54
	最低分	364.14
	平均分	609.69
	标准差	49.73
评分指标数据集的奇异值分布情况		0.427 0，0.280 5，0.208 5，0.034 6，0.017 5，0.009 4，0.007 3，$1.337\,6 \times 10^{-4}$，$7.986\,8 \times 10^{-5}$，0，0，0

从评分指标数据集的奇异值分布情况来看，各个指标之间确实有线性相关的情况。由于仅有前 3 个奇异值数值较大，我们设定的评价指标体系的线性独立主成分应为 3。

根据评分规则的设定，企业信用评分的区间为 $[300, 750]$。使用对评价指标的线性加总综合评分规则时，各分数段的企业数量分布情况如图 3-27 所示。

基于线性加总的综合评分分布概率密度曲线如图 3-28 所示。

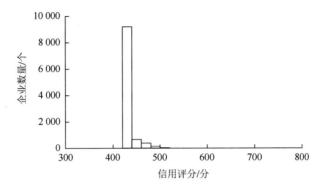

图 3-27　基于线性加总的综合评分分布图

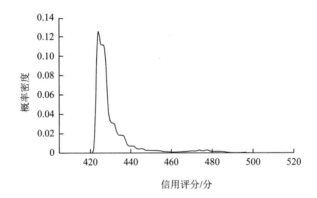

图 3-28　基于线性加总的综合评分分布概率密度曲线

使用奇异值分解方法对原评价分去除原评价指标中的相同独立成分影响后，即使用对评价指标的线性独立主成分综合评分规则时，各分数段的企业数量分布情况如图 3-29 所示。

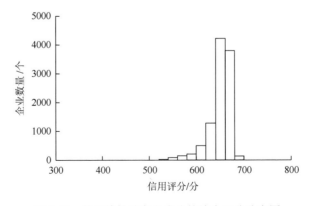

图 3-29　基于线性独立主成分的综合评分分布图

基于线性独立主成分的综合评分分布概率密度曲线如图 3-30 所示。

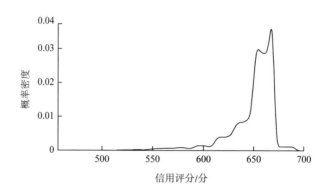

图 3-30　基于线性独立主成分的综合评分分布概率密度曲线

从图 3-30 可以看出，相对于原概率密度曲线，进行了线性相关性和相同独立因素去除的调整后，评分的分布曲线更接近于正态分布，总体评分更加健康合理。

6. 小微企业信用风险评估（监督方法）

在上一节我们使用非监督的方法给出了每个企业的信用评估分数。这一节我们使用监督学习，进一步评价小微企业的信用风险。

小微企业的信用风险主要包括违约风险和破产风险两部分。对于银行来说，违约风险是其最关心的风险之一。准确预测企业的违约风险有助于银行做出更好的放贷决策：当预测的违约风险很高时，银行可以拒绝该用户；而预测的违约风险很低时，则可以给该用户放贷。除了违约风险外，小微企业的破产风险也是银行的主要关注点。通常来说，违约风险和破产风险是相互关联的，企业的破产必然会导致该企业不同程度的贷款违约。同样的，贷款违约也预示着企业的运营状态不佳，没有充足的营业额和现金流来偿还负债。

基于已有数据，我们建立了一套小微企业破产预测模型，辅助银行贷款决策。由于我们的数据缺乏违约的标签，即绝大部分的企业在城商行是没有贷款记录的，无法判断这些企业是否存在贷款违约的记录。同时，我们的数据也暂时没有纳入企业的税收明细，无法通过企业的税收判断是否存在企业避税、逃税等非法行为。但是，我们可以根据企业的基本工商信息判断该企业是否仍在运营，即企业的运营状态（包括注销、吊销、在营和迁出等状态）。其中，注销、吊销的企业通常是由经营不善、现金流短缺等因素导致倒闭的企业。因此，我们将这些企业划分为破产企业，而将在营状态的企业归为非破产的企业。

衡量企业的破产风险有助于银行等金融机构评估该企业的运营情况，然后基于企业运营情况，给出相应的贷款决策。即把资金放贷给运营良好的企业，同时拒绝给那些预测的破产风险高的企业放贷，该模型可以作为银行贷前筛查的工具。此外，在贷中风险监控任务上，及时准确地预测企业的破产风险也有助于银行贷中风险管理。

1）数据预处理与特征提取

在数据预处理过程中，我们主要去除了关键信息缺失的企业，这些关键信息主要包括企业经营状态信息、企业破产日期等。同时我们对缺失值较多的属性也进行了删除。另外考虑到时间跨度较长，我们去除了在 2010 年及之前破产的企业。最终保留下来的企业作为企业基本信息特征提取的数据源。针对流水数据，我们主要去除了没有企业基本信息的企业流水记录。

基于清洗后的数据和建立的网络图，我们主要提取了企业基本工商信息特征、企业网络图信息特征和企业流水信息特征。首先，我们基于清洗后的企业基本工商信息，提取相应特征，这部分特征主要反映了企业行业和类型以及相应破产风险。其次，我们基于企业网络图（股东、高管、资金流水网络图）信息分别提取网络图特征，通过网络图特征刻画企业在网络图中的位置特征和风险。我们将网络图特征分为网络图基本特征和网络图表示特征。其中网络图基本特征主要通过人工提取，包括节点中心度量和相邻节点风险信息等特征；网络图表示特征主要使用了 node2vec 算法提取。最后，考虑到流水网络图特征只能反映企业与企业之间的交易信息，不能反映企业近期税费等总的现金流入、流出信息，因此基于企业流水数据，我们还提取了相应特征，以反映企业近期现金流入流出信息。

主要提取以下四种特征。

（1）企业固有特征（行业、法人信息等不能在关系图中表示的特征）。

（2）图特征（节点特征、社区发现和聚类的特征）。

（3）企业流水特征（现金流入、流出的金额、总量和频率等）。

（4）网络图表示特征（node2vec 算法提取的三张网络图的嵌入特征）。

为了验证所提取的特征的有效性，我们基于提取的特征，分别组建了 4 个模型（表 3-19）。其中模型 1 只包含企业基本工商信息特征，将模型 1 作为基线模型；模型 2 在模型 1 的基础上加入了企业网络图信息特征，包括企业股东、高管和现金流水网络图特征；模型 3 的特征由企业基本工商信息特征、企业网络图信息特征和企业流水信息特征组成；最后模型 4 在模型 3 的基础上加入了企业网络图表示信息特征，评估企业网络图表示信息特征是否能够提高破产预测准确性。

表 3-19　模型和特征

特征	描述	模型1	模型2	模型3	模型4
企业基本工商信息	基于企业基本工商信息提取的特征	✓	✓	✓	✓
企业网络图信息	基于企业网络图（股东、高管、现金流水网络图）提取的特征	✗	✓	✓	✓
企业流水信息	基于企业流水数据提取的特征	✗	✗	✓	✓
企业网络图表示信息	基于网络图（股东、高管、现金流水网络图）提取的表示特征	✗	✗	✗	✓

注："✓"表示加入特征，"✗"表示未加入特征

2）数据集划分

根据不同的预测周期，我们按照时间段进行数据集划分（表 3-20）。具体而言，当预测周期为 6 个月时，我们将 2017 年 6 月 30 日之前的数据信息生成训练集特征，将 2017 年 12 月 31 日之前的数据信息生成测试集特征；并根据企业是否在 2017 年 7 月 1 日～2017 年 12 月 31 日和 2018 年 1 月 1 日～2018 年 6 月 30 日阶段破产给出训练集和测试集标签。当预测周期为 3 个月时，划分方式类似。和其他破产预测文献不同，因为现金流水数据时间跨度的原因，这里不考虑中长期的破产预测（预测周期为 1 年及以上的破产预测）。

表 3-20　数据集划分

预测周期	时间段			
	训练集（特征）	训练集（标签）	测试集（特征）	测试集（标签）
6 个月	～2017/06/30	2017/07/01～2017/12/31	～2017/12/31	2018/01/01～2018/06/30
3 个月	～2017/06/30 ～2017/09/30	2017/07/01～2017/09/30 2017/10/01～2017/12/31	～2017/12/31	2018/01/01～2018/03/31

3）模型训练与评估

在模型训练之前，我们首先对数据进行了标准化和独热编码处理。另外企业破产预测存在类不平衡问题，针对这一问题，我们在训练前，先以降采样和过采样结合的方式使数据平衡化。在模型训练时，我们针对每一个模型分别训练了逻辑回归、决策树、支持向量机、神经网络、随机森林和提升树 6 个分类器。我们通过 5 折交叉验证对每一个分类器进行调参，选出最优模型进行预测和评估。

我们在评估模型有效性时，主要采用了 AUC 和 KS（Kolmogorov-Smirnov，科尔莫戈罗夫-斯米尔诺夫）两个指标，分别比较了不同模型在 6 个分类器上的

AUC 和 KS 表现。首先我们给出了在预测周期为 6 个月时的模型评估结果，同时为了进行鲁棒性检验，我们也比较了预测周期为 3 个月时的模型评估结果。

4）实验结果

实验给出了所有模型在不同分类器上的平均 AUC 值，见表 3-21。结果表明，模型 1 在所有分类器上的表现都是最差的，这也说明仅仅通过企业基本工商信息无法对企业破产进行准确的预测。模型 2 表现优于模型 1（几乎在所有 6 个分类器上，模型 2 的表现都优于模型 1）。这一方面说明了企业破产风险会通过股东（高管）网络图进行传播；另一方面，我们这里加入了现金流水特征，验证了企业破产风险除了在股东（高管）网络以外，也会在交易（资金借贷）关系网络中进行传播。模型 3 在企业基本工商信息和网络图信息的基础上，加入企业流水信息特征。我们发现，流水特征的加入，可以提高破产预测的表现。在 AUC 表现上，除了支持向量机外，其他分类器都显示模型 3 的 AUC 值高于模型 1 和模型 2。此外，从模型 1~4 在所有分类器上的平均 AUC 值中也可以看出，相比模型 1 和模型 2，模型 3 在平均 AUC 值上分别有 12.3% 和 5.9% 的提高。这也验证了企业流水数据可以反映企业近期经营状况，有助于提高企业破产预测的准确性。最后我们衡量了网络图中节点表示特征是否能够有助于破产预测。与手工提取网络图特征相比，通过 node2vec 算法提取的网络图表示特征能够很好地反映网络图中节点的相似性（结构相似性和相邻相似性）。从我们的结果中可以看出，网络图表示特征的加入，反而降低了模型的表现，这里主要有两个原因：一方面，这里的网络图是动态的，直接通过 node2vec 算法不能捕捉节点相似性的变化；另一方面，节点之间的相似性与破产与否可能没有相关关系，这一部分工作值得未来继续研究。

表 3-21　模型 1~4 在所有分类器上的平均 AUC 值和平均 KS 值（预测周期为 6 个月）

指标	模型 1	模型 2	模型 3	模型 4
平均 AUC	0.644	0.683	0.723	0.705
平均 KS	0.263	0.308	0.354	0.330

除了 AUC 评价指标外，我们还通过 KS 指标评价了模型对正负样本的区分度。与 AUC 的评价结果几乎一致，模型 3 在所有分类器上的 KS 值几乎都优于模型 1 和模型 2（支持向量机除外）。在平均 KS 值表现上（表 3-21），模型 3 相对于模型 1、模型 2 和模型 4 分别有 34.6%、14.9% 和 7.3% 的提升。即通过企业基本工商信息特征、企业网络图信息特征与企业流水信息特征相结合的方式可以提高破产预测表现。

为了检验模型的鲁棒性，我们还比较了当破产预测周期为 3 个月时，模型 1~

4 的表现。结果表明，除了支持向量机和决策树外，模型 3 在其他分类器上表现都优于模型 1 和模型 2。从模型 1～4 在所有分类器上的平均表现看（表 3-22），模型 3 优于模型 1 和模型 4，与模型 2 表现相近（主要原因在于支持向量机在模型 3 和模型 4 上表现很差，除了支持向量机外，其他模型基本都显示模型 3 优于模型 2）。和预测周期为 6 个月时的表现相比，预测周期为 3 个月时的表现和 6 个月的相近，因此，我们的模型在预测周期方面，是具有一定鲁棒性的。

表 3-22　模型 1～4 在所有分类器上的平均 AUC 值和平均 KS 值（预测周期为 3 个月）

指标	模型 1	模型 2	模型 3	模型 4
平均 AUC	0.640	0.710	0.698	0.654
平均 KS	0.253	0.359	0.357	0.304

7. 系统总体框架结构

最后，我们将所涉及的图计算模型、数据挖掘算法、企业信用评价指标的评分规则与综合评分方法封装为信息系统，系统总体技术框架结构如图 3-31 所示。

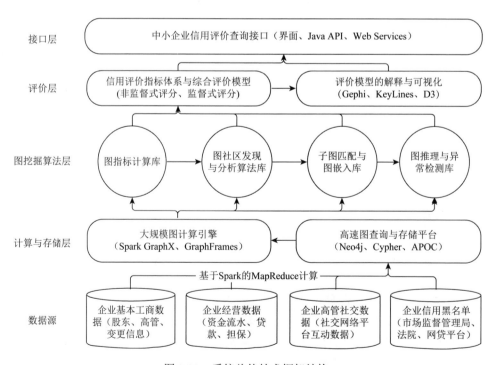

图 3-31　系统总体技术框架结构

Java API：Java application programming interface，Java 应用程序接口

该系统可以直接被银行的业务调用，提供企业信用指标数据与综合评分，为银行的相关业务提供支撑。

3.4.4　监管建议

3.4.3 节介绍了山东城商行合作联盟关于人工智能在企业信用风险识别中的应用。从中可以看出，加入企业的交易流水信息和企业的关联网络信息能够显著提升企业信用风险识别的准确性。结合城商行线下和线上的模型测试结果，本节进一步从实践的角度出发，为银行提供有关企业信用风险识别模型构建的指导建议，同时，结合 3.4.3 节，从监管的角度出发，给金融监管部门提供政策制定建议。

1. 银行和金融机构

我们通过线下和线上的对比实验说明了交易流水数据和企业关联网络在企业信用风险识别中的重要价值，这对银行等金融机构有重要的实践意义。

首先，数据采集与存储是大数据和人工智能在业界能够成功实践的首要组件。对于银行来说，银行管理和存储海量的交易流水数据，同时客户每时每刻都会产生各种交易记录，可以说银行能够获取企业交易流水的一手信息，并具有得天独厚的优势。同时，这些数据的价值，尤其是在企业风险识别中的价值也在银行实践中得到了体现。然而，交易流水数据是实时产生和记录的，数据量很大。以城商行为例，在 2017~2018 年，34 家成员行仅对公账户的交易流水记录就有 2.8 亿条，客户量大的银行平均每天都有百万级的流水记录。实时产生的海量交易流水信息也对数据的采集和存储具有更高的要求。对于银行来说，使用大数据采集和存储技术是十分必要的。因此，银行应当使用 Hive 等大数据存储平台来存储和管理数据，在兼顾数据安全和隐私的前提下，提高数据采集和存储的效率。此外，我们也在 3.4.3 节说明了企业关联关系在企业风险识别中的重要价值，对于银行来说，采集和存储企业关联数据也是十分必要的。银行通常很难掌握比较全面的企业股东和高管关联信息，此时，借助外部数据是十分必要的。例如，对于小型的城商行来说，可以和大型银行合作，由大型银行提供企业关联信息。这是因为大型国有银行通常客户数更多，可获得的企业关联信息也更加全面。除了和大型银行合作外，还可以找互联网企业，如企查查和天眼查等，这些平台也推出了与企业关联信息相关的产品。而对于交易关联信息，银行可以直接根据企业在银行的流水记录直接构建，但是这部分数据仍然存在信息不全面的问题，即单个银行的流水数据并不能反映完整的企业交易网络。这时就需要政策支持，鼓励银行间的数据共享，辅助构建更完整的企业交易网络。除了网络图构建外，银行还应当关注网络图的存储，使用 Neo4j、JanusGraph 等图数据库存储图数据，便于直接基于网络图进行计算和网络信息统计。对于非银行的金融机构，这些金融机构通常无法获取到一手的企业交易流水数据，直接基于企业提供的财报等数据进行建模通常会导致对企业风险的误判，此时，和银行合作共同开发企业风控模型是一个更优的选择。

其次，在特征提取上，3.3.3 节具有十分重要的实践意义。一方面，在提取交易流水数据特征方面，银行可以采用基于"RFM"的原则提取特征，即 recency，frequency，monetary value。这一特征提取原则操作简单方便，同时提取的特征也更易于理解，具有较强的经济学含义。例如，recency 指的是近期性，即所发生的交易的时效性。通常来说一笔交易的背后对应一个经济活动，显然，距离现在越近的经济活动对企业现状的影响越大，而几年前甚至十几年前的资金流动可能对企业现在的风险情况影响更小。因此，在提取交易流水特征时，应当给予近期发生的交易流水更多的权重，而时间久远的交易流水则应当赋予更少的权重。frequency 则对应了交易流水发生的频率。通常来说，一个企业发生交易流水的频率越高，表示该企业的经济活动也越活跃，或者说该企业的客户越多，订单越多，这些都是企业正常运营的正向指标；反之，企业近期的交易流水记录很少，则表示该企业近期的订单量和经济活动较少。monetary value 指交易流水的金额。交易金额在一定程度上是企业经济实力和稳定现金流的表现，大额的交易流水通常意味着企业拿下了一些大额的订单，是企业正向运营的指标，同时关于税费的流水金额也能够反映该企业的大小、员工数和营收额等。上述分析可以看出，"RFM"规则所提取的特征具有更强的经济学含义，这有助于银行构建更易于解释的企业风险识别特征和模型，从而辅助银行构建合乎监管的信用评估模型。另一方面，在企业关联网络的特征提取上，银行也应当从特征可解释的角度出发，来提取相应特征。通常来说，网络图的统计特征具有更好的可解释性，而基于表示学习和图卷积等算法所提取的表示特征的可解释较差。例如，网络图中的节点度，在经济学意义上可以解释为该节点所对应企业的合作伙伴的多少（或者客户数量），客户数量越多的企业发展前景越好，反之客户数量少的企业的运营更容易受到客户的牵制，如果合作伙伴破产或者选择不和该企业合作了，那么该企业在运营上就会陷入被动，订单减少、库存增加的同时需要付出更高的成本去找新的客户。此外，相邻企业的破产率也会直接影响企业的运营，相邻企业破产或者运营不善会直接导致企业的资金回流困难、订单减少等，进而影响该企业的正常经营。可以看出，这些网络图统计特征都有很强的经济意义，基于这些特征构建模型，银行可以就自己的贷款决策给潜在客户做出很好的解释。网络图表示特征则没有实际的经济学含义。这是因为网络图表示特征通过神经网络等算法将节点在网络图中的位置等信息用一个 N 维的向量表示，尽管这样提取特征不需要专家经验和人工，十分方便，但是这些特征很难解释，我们并不能准确说出每一维特征到底表示什么意思，基于这些特征也无法构建可解释的信用评估模型。同时，我们的实验结果表明加入网络图表示特征也并不会提高模型的表现，因此对于银行这类对可解释性要求较高的行业来说，加入这些特征并不是十分有必要的。而对于互联网金融公司，由于其算力和技术优势，对可解释性的要求也不高，可以进一步探讨加入这些特征的必要性。

再次，银行等金融机构应当重视交易流水数据在企业信用风险评估中的价值。在构建企业信用风险评估模型时，应当充分挖掘企业交易流水数据的信息，提取相应特征，构建基于交易流水数据的企业信用风险评估模型，准确评估企业的信用风险。这一点对中小微企业的信用风险评估尤为重要。大型国有企业有健全的财务报告体系，银行可以充分利用财务报告进行企业风险评估。此外，大型企业的融资方式灵活多样，并不局限于从银行取得融资。但是，对于小微企业来说，从银行获取贷款是其主要的融资方式；然而与大型企业不同，小微企业的财务报告数据缺失，其可信程度也不高，为了获取银行贷款而对财务报告进行造假的现象时有发生。因此对于银行来说，仅仅使用财务报告数据评估其信用风险几乎是不太现实的。但是小微企业又是银行的主要客户源，尤其是对于城商行来说，大型企业通常会找大型国有银行融资，而小微企业通常很难在这些银行拿到融资，只能退而求其次，寻找小型城商行进行融资，如何抓住这一部分客户是城商行工作的重中之重。此时，使用交易流水数据来评估这些企业的信用风险是有必要的，因为这部分数据更容易获取，且真实性和可靠性较高，最重要的是，加入流水数据能够显著提升信用评分模型的准确性。单个银行所拥有的交易流水数据是有限的，如果申请贷款的企业在该银行没有流水记录，银行可以要求其在申请贷款时提供企业近期的交易流水记录。或者可以采取多家小型银行合作的形式"抱团取暖"，共享银行所有的数据，基于这些数据，共同开发产品和模型，然后"反哺"每个成员行。

最后，银行在构建企业风险识别模型时应当着重关注模型的可解释性和可操作性。与互联网公司不同，银行等金融机构对模型的可解释性要求更高，这一方面是由于监管的要求，即金融监管部门规定银行所使用的模型必须具有可解释性；另一方面也是由于实操的要求，即在基于模型做出贷款决策时，需要银行工作人员给出相应的解释，尤其是对于被银行拒绝贷款的那一部分客户来说，准确说明拒绝贷款的原因是十分有必要的。如果所使用的模型是一个黑箱，那么银行工作人员很难说明这一决策是怎么做出的，这在一定层面上也会影响客户的体验。银行可以从如下几个方面增加模型的可解释性。第一，用于企业信用评分的特征是可解释的，每一个特征能够对应某一特定经济含义。这一阶段通常需要相关领域的专家来指导和提取特征。如果直接使用图嵌入等方式提取特征，所得到的特征可解释性就会很差。第二，所提取的特征维度不能过高，通常来说，特征维度越高，模型的可解释性越差，可操作性也越低。当基于专家经验所提取的特征维度很高时，需要借助一些人工智能算法，对特征进行降维处理，这时，使用特征选择算法优于特征变换算法，特征选择是直接在原特征中选出最重要的特征，不会对特征进行进一步加工，而特征变换，如主成分分析等，尽管也会降低特征的维度，但是通过主成分分析所得的低维度特征无法和原特征相对应，这也会破坏特征的可解释性。第三，在模型选择上，传统的模型，如逻辑回归，可解释性强，但是模型预测的结果并不一定精确；现有的人工智能模型，如随机森林等，模型鲁棒性更高，精度也更高，但是可解释性较差。银行在选择模型时需要进行权衡。此外，银行可以借助一些可解释性工具，增加人工智能模型的可解释性，从而更加深入地理解模型所做预测结果的原因。例如，在特征可解释性方面，银行可以采用置换重要性（permutation importance）来评价特征在模型所做预测结果中的重要性，选出最重要的一组特征集；使用部分依赖图（partial dependence plot）显示特征对机器学习模型的预测结果的边际效应，展示出模型的预测结果是怎么随着该特征值的变化而改变的。其他的模型可解释性技术还有 LIME 等，银行可以根据自身需求，选择合适的技术，增加模型的可解释性，提升模型的可操作性。第四，找出特征与标签之间的因果关系也能增加模型的可解释性，这通常需要经济、金融以及因果科学等专业知识。

2. 金融监管部门

对于金融监管部门来说，一方面，应当制定相应的法律法规，鼓励银行间的数据共享共用。前面已经提到，单个银行所掌握的交易流水数据是有限的，同时，多数企业会在不同家银行开立账户，用于不同的经营活动，仅仅使用一家银行的交易流水数据很难准确反映企业全部的交易流水信息。此外，在构建交易流水网络时，也会遇到数据缺失的问题，即基于一家银行所构建的网络并不是交易网络的全部，这也会影响基于交易网络所构建的信用评分模型的准确性，如果银行间能够实现数据共享和共用，那么这一问题就能够很好地解决。因此，监管部门应当出台相应的政策和指导意见，鼓励银行利用区块链、大数据等技术手段，实现银行之间数据共享，探索银行间数据共用的新模式。另一方面，数据安全也同样重要。在数据共享的同时，需要防范数据泄露，保障数据的隐私和安全。如果在此期间发生数据泄露，那么对于客户（小微企业）来说，会直接导致其核心商业机密的泄露，使其在市场上处于不利的地位；对于银行来说也会影响其信誉，失去客户对银行的信任，从而导致客户流失，两者都会面临巨大损失。因此，监管部门在鼓励银行间数据共享的同时，也应当出台相应的法律规范，打击侵犯数据隐私等行为，防范数据泄露的风险。最后，在模型可解释性层面，监管部门也应当借鉴巴塞尔协议对模型可解释的要求，鼓励金融机构建立可解释的模型。一方面，建立可解释的模型对银行等金融机构本身有着重大的意义（前文已述）。另一方面，对于监管部门来说，要求银行的模型可解释，有助于监管部门了解模型的基本原理，知道是什么驱动了模型的预测，为什么模型会做出这一决策，以及使用该模型可能导致的风险和损失，等等；进而规范金融机构对模型的应用，要求银行计提损失准备金，防范系统性金融风险。

3.5　建议及应用展望

基于以上的研究成果，从三种微观主体角度提出以下几点基于知识图谱的应用展望。

3.5.1　个人信贷

知识图谱本质上可以认为是语义网络，是一种基于图的数据结构，由节点和边组成。其中节点表示个体，个体间的边表示其关系。

（1）客户精准画像。市场竞争越来越激烈，精准地了解客户意图，为客户量身定做个性化的服务已经成为各个商业公司增加客户黏性、寻求业务提升的突破口。因此，构建客户的精准画像是服务这一目标的基本手段，基于客户画像的精准营销也越来越受商业公司的关注。除了传统的方法，知识图谱为这一领域带来了新的技术手段，知识图谱能更好地刻画各个主体之间复杂的关系以及事件，可以为精准营销等提供基础。

（2）信息可视化。在知识图谱的基础上，还可以实现对信息的多维可视化，将各种复杂关系了解得更清晰。比如通过一个人的 ID 信息，就可以关联到这个人的所有贷款信息以及其他基本信息，更全面地了解企业自己的客户。

（3）个人信用风险预测。基于异构知识图谱，可以建立起从个人到企业以及行业的整个图谱关系，结合机器学习等相关技术，利用过去的历史信息对个人信用风险进行预测，帮助银行做出预判，尽早地规避风险。

3.5.2　个人交易风险

智能化银行卡异常交易监管体系的核心是异常交易检测模型，其智能化主要体现在能够随数据的积累，实现检测能力的自我进化。一方面利用不断积累的交易流水自动更新模型，防止由整体交易模式变化导致的模型失效问题。另一方面通过回收人工核验的交易流水真实的标签，构建基于有监督学习的检测模型用于提升检测效果。

数据管理和知识管理是支撑起整套监管体系的两大支柱。数据管理覆盖数据生命周期中的收集、处理、状态维护等各个环节，最终形成一个不断进化的数据循环。而知识管理则注重团队的培养，强调不断提炼、积累整个异常交易监管流程中各个环节的知识，从而赋能整个监管体系向前发展。在该体系的数据和知识支撑下，可以向下拓展与交易风险相关的一系列应用，从而帮助银行优化业务流程，提升用户体验。

基于前文的研究，结合本节的研究成果，本章后续研究可以结合知识图谱技术在异常交易检测与欺诈检测中的应用。主要有以下几点，针对传统欺诈检测算法无法对金融交易复杂网络进行分析的问题，根据非结构化金融交易网络，融合金融交易用户相关的实体和关系，对多源异构金融复杂网络进行知识图谱的构建；基于知识图谱的深度学习方法，拓展图挖掘技术，建立基于知识图谱的欺诈检测模型，实现对异常节点、异常边、异常子图、异常事件的有效识别。具体的应用展望如下。

（1）基于复杂网络建模技术，构建金融知识图谱网络。提取金融实体、金融交易活动中的交互关系，根据交互关系构建金融交易网络。非结构化交易数据中包括金融机构、银行、个人用户等大量实体，通过识别这些金融实体，构成复杂网络的节点。通过实体之间的交易活动和所属关系识别出交互关系以构成复杂网络的边。同时通过实体对齐，将社交网络关系整合到金融交易网络中。

（2）应用神经网络技术从海量文本中提取金融实体及其关系。利用神经网络算法对文本实体进行自动识别和实体关系的自动提取。通过实体对齐，将从文本中提取的实体和关系对齐到金融交易网络。构建大规模的金融知识图谱网络。

（3）基于知识图谱嵌入技术，识别异构金融网络中的异常子图。通过异构图嵌入技术，结合注意力机制学习异构图节点、边以及社区的低维向量表示，基于社区发现算法识别异构图中的异常子图，挖掘异构图的聚集模式，从而完成对欺诈网络的动态识别和预防。

3.5.3 中小企业风险

本章主要基于山东城商行合作联盟的数据，分别构建了两套小微企业信用评分模型（非监督方法和监督方法），并通过实验结果分析了交易流水数据和网络图在企业信用风险评估中的重要价值，从实践的角度说明了知识图谱在企业信用风险识别中的重要作用。其中，在知识图谱的构建上，我们分别基于企业之间的股东关联、高管关联和交易关联，构建了三种知识图谱。然后基于这三个网络图，分析了其基本统计特征，包括节点度、节点社区等信息，并利用 PageRank 等算法分别提取了相应的信用风险相关特征。最后，将这些特征用于企业风险识别任务中，并设计对比实验，说明了基于知识图谱理论提取的特征在企业信用风险识别任务中的重要性。

　　本章所构建的知识图谱和基于知识图谱提取的特征仍存在可供改进的方面。首先，在知识图谱的构建上，本节所构建的网络图的节点类别是单一的，即节点表示企业，并没有把其他类别的节点纳入进来，如将一个股东（高管）作为一个独立的节点。尽管本节所构建的网络比较简单且易于分析，但是在构建网络的时候仍然会遗漏一些重要信息。同时考虑企业和股东（高管）作为节点，股东（高管）与企业之间的所属关系作为边，构建二部图能够更加全面地反映企业与企业、企业与股东（高管）以及股东（高管）与股东（高管）之间的关联关系，同时也有助于利用前沿的知识图谱算法，提取相应的特征，进而更加准确地识别企业风险。其次，在知识图谱的特征提取方面，本节主要基于一些传统的算法，提取了网络图的统计特征，如节点度、节点社区等。尽管也使用 node2vec 算法提取了节点的表示特征，但是实验结果表明，加入这些节点的表示特征并不能提高模型的表现。近年来，随着知识图谱理论的不断发展，新的知识图谱的表示特征也层出不穷，在提取表示特征上，我们可以基于这些算法提取包括企业和管理者（股东和高管）的表示特征，然后，将这些特征纳入企业信用风险识别的特征集中，探讨其对企业信用风险识别的重要性。最后，本节在讨论企业信用风险在网络中的传播时，只考虑了一阶相邻关系，即根据相邻企业是否有信用风险及其存在信用风险的比例来判断该企业是否存在信用风险，并没有考虑风险在整个网络中传播的方式和速度，风险源是来自企业还是高管（股东）等情况，这也是由于我们构建的网络图是由单一类别的节点组成的，无法进一步识别企业的风险来自哪一个管理者，同时，由于网络图缺少时间信息，我们也无从分析这些风险是怎么传播的。如果有相关数据，那么我们可以构建包含时间维度的二部图，进一步探讨知识图谱中的风险源头及其传播性质。

第4章　基于知识图谱的地方金融风险外溢风险评估

4.1　地方金融风险的传导机理

地方金融是金融的一种重要表现形式，地方金融中的风险传导也具有金融风险传导的一般表现形态和普遍特征。例如，地方金融传导具有危害性，即风险一旦爆发就会立即对地方经济产生立竿见影的影响；地方金融传导具有强传染性，即风险若没有及时得到有效的控制，就会通过金融网络向关联地区或单位进行扩散，且危害性还会随着传染的蔓延而扩大。但需要注意的是，地方金融风险作为金融系统中的一种特定风险，也必然有其特殊的性质，如地方金融风险的诱因具有特殊性，传染链通过地域和人际关联具有交错复杂性等，这与其他的金融风险传导存在区别。

4.1.1　传统的金融风险特征表示与指标体系

地方金融风险是个极端尾部事件。对于传统的地方金融风险，通常从静态的角度能看到这个问题，其衡量指标包括资产负债规模比例、市场收益率、总资产收益等。这些传统指标通过直接有效的数据，从某些侧面反映了金融机构的静态运营状态、监测金融机构内部和金融机构之间的风险相关性，从而考量整体的系统风险，但其数据来源单一，在金融风险的检测中也表现出一定的局限性。具体而言，这类风险指标主要有两类：①基于对金融机构资产的未定权益的结构化方法；②以机构资产的尾部收益为特征的简单方法[①]。大部分研究使用 CAPM（capital asset pricing model，资本资产定价模型）公式中的 β 系数来衡量系统性风险，但该系数是基于协方差进行构建的，因而不能对损失分布函数的尾部相依性进行测量。而描绘损失分布尾部特性的在险价值（value at risk，VaR）和 ES 是描绘单一资产风险的标准衡量方法，如 VaR 只能衡量单一金融机构的风险，不能描绘机构与机构、机构与市场之间的风险溢出效应。目前在这些概念的基础上衍生出来的系统性风险衡量指标主要包括 CoVaR 和边际期望损失（marginal expected shortfall，MES），这些指标可通过监测金融系统中的重要机构的经济运行特性来进行风险测

---

① Gray D F，Merton R C，Bodie Z. Contingent claims approach to measuring and managing sovereign credit risk[J]. Journal of Investment Management，2007，5（4）：5.

度。CoVaR 是艾德里安（Adrian）和布伦纳梅尔（Brunnermeier）[①]在 VaR 的基础上提出的概念，它可以衡量特定机构发生危机时整个金融系统的风险值，因此，通常被用来衡量单个金融机构对系统性风险的贡献值以及相应的溢出效应。在当前的研究中，还有的学者利用 CoVaR 来衡量金融系统风险和相应的风险溢出效应。不少工作[②]就是通过合理利用 CoVaR 来计算系统性风险的。这些类似的工作表明，CoVaR 在度量系统性风险的工作中表现出很好的一致性和稳健性性能，这一点优于 VaR 或者 ES。另外，除了这种内在一致性和模型稳健性的优点以外，CoVaR 还能够对尾部风险进行度量，这个特性尤其有利于极端情形下的风险损失刻画。除了尾部风险，系统风险的边际损失或者边际风险也是一个重要的观测指标。例如，阿查里亚（Acharya）等[③]就构建了 MES，它是基于 ES 的概念构建的，用来度量当整个市场价格处于下跌状态时，某单一金融机构或者单一金融资产收益的减少情况或 ES。该指标能够直观反映，当可能出现系统性危机时，该金融机构或者金融资产的边际损失变化率，即其对危机因素的敏感性，同时也代表了该金融机构或者金融资产对整个金融系统性风险的边际贡献情况。但需注意 MES 测量的是边际贡献，并不是平均贡献，因此，将市场中所有金融机构的 MES 加和并不等于系统的总 ES。此外，在 MES 概念的基础上，还有学者进行了与其他指标的组合，并在我国市场上进行了实证研究。也有学者从网络的角度看待金融系统的状态，金融网络中的风险可以理解为信息不完全和市场不完全的外部性形式。简单来看，金融网络模型能够解释外部性在存在不完全信息和不完全市场的情况下如何沿着金融合约链移动，从而形成系统性风险。在这方面，金融网络模型能够捕捉既不能通过关注总体宏观经济层面的传统方法，也不能通过孤立地观察企业微观经济层面的方法来描述的方面[④]。

传统的金融风险表征方法主要基于统计理论，其中的代表性方法有基于概率论的金融风险表征、基于分位数回归技术的金融风险表征以及基于经济模型的金融风险表征。

1. 基于概率论的金融风险表征与指标体系

基于概率论的金融风险的表征方法主要用来衡量金融风险中的信用风险，主

① Adrian T，Brunnermeier M K. CoVaR staff report No. 348[R]. New York：Federal Reserve Bank，2008.

② Rodríguez-Moreno M，Peña J I. Systemic risk measures：the simpler the better?[J]. Journal of Banking & Finance，2013，37（6）：1817-1831.

③ Acharya V，Engle R，Richardson M. Capital shortfall：a new approach to ranking and regulating systemic risks[J]. American Economic Review，2012，102（3）：59-64.

④ Stiglitz J E. The contributions of the economics of information to twentieth century economics[J]. The Quarterly Journal of Economics，2000，115（4）：1441-1478.

要方法是通过边际违约风险信息得到违约概率或者结合信用风险来衡量系统性风险，而在系统性风险测度中应用最广泛的是未定权益分析法（contingent claims analysis，CCA）。

未定权益分析法源于诺贝尔奖获得者 Black、Scholes 和 Merton 对期权定价理论的开创性研究，后由 Merton[1]应用于信用风险分析与管理领域。而后，穆迪公司又对 CCA 方法的这一应用做了进一步完善，使其成为国际范围内广泛使用的风险测度方法，一般称为 Merton 模型。随后，Merton 模型便成为银行业、投资业中重要的风险分析工具，但其应用场景远不止于此。传统经济学方法难以有效评测与分析宏观金融风险，该方法不仅能被直接应用于不同范围内的宏观金融风险测度和传染机制分析，还能被应用于系统性风险、宏观审慎政策、国际风险传导等问题的研究。例如，在系统性风险测度问题上，凯利（Kelly）等[2]基于期权定价模型，对该问题展开了探讨；在主权信用风险评测领域的理论与实证应用上，格雷（Gray）等[3]探讨了主权风险建模和主权债务可持续性框架等问题；巴曙松和金玲玲[4]则阐述了该方法在金融机构违约风险度量、"大而不能倒"风险度量和金融体系系统性风险度量等领域的应用价值与广阔前景；雷哈尔（Lehar）[5]以该模型为基础，基于资产收益正态分布假设，提出了以金融风险联合违约表示系统性金融风险的方法。罗琰和杨招军[6]提出了一种破产概率模型，不同于 Merton 模型中消费是内生性变量的假设，该模型假设投资者存在最低消费金额的限制，这使得投资者的财富会不断减少，最终可能破产，该破产概率模型更加符合现实的破产风险表示，进一步优化了 Merton 模型。程天笑和闻岳春[7]通过信用账户的资产负债结构信息构建了违约的概率模型，并从模型准确率和拟合性这两个指标衡量了该违约风险表示方法的可行性。

2. 基于分位数回归技术的金融风险表征与指标体系

基于分位数回归技术的金融风险表征方式侧重于评估历史的收益率分布，这是一种简单和有效的金融风险的表征方法。

① Merton R C. Continuous-Time Finance[M]. Oxford：Basil Blackwell，1992.

② Kelly B，Lustig H，van Nieuwerburgh S. Too-systemic-to-fail：what option markets imply about sector-wide government guarantees[J]. American Economic Review，2016，106（6）：1278-1319.

③ Gray D F，Merton R C，Bodie Z. Contingent claims approach to measuring and managing sovereign credit risk[J]. Journal of Investment Management，2007，5（4）：5.

④ 巴曙松，金玲玲. 巴塞尔资本协议Ⅲ的实施：基于金融结构的视角[M]. 北京：中国人民大学出版社，2014.

⑤ Lehar A. Measuring systemic risk：a risk management approach[J]. Journal of Banking & Finance，2005，29（10）：2577-2603.

⑥ 罗琰，杨招军. 最小化破产概率的最优投资[J]. 管理科学学报，2011，14（5）：77-85，96.

⑦ 程天笑，闻岳春. 融资融券业务个人客户违约概率计量研究[J]. 金融研究，2016，59（4）：174-189.

　　分位数回归技术的优势体现在模型参数的估计上。传统的回归分析侧重于平均值，即以描述解释变量的每个特定值的平均值作为被解释变量的条件平均值的函数，从而解释了解释变量与被解释变量之间的关系。这种传统的回归技术实际上是研究了被解释变量的条件期望，并解释被解释变量的条件均值的变化。除了关注平均值之外，人们还可能在意解释变量和被解释变量分布的中位数等分位数信息，而分位数回归则是一种回归变量与被解释变量的分位数之间的线性关系的建模方法，强调分位数的变化。传统的最小二乘估计尽管具有无偏的一致性估计的优点，但却要求数据服从正态分布，这对于金融数据而言难以达到。现实发现，通常金融财务数据呈现出"尖峰厚尾"的分布特征，此时若使用最小二乘估计，则不能再实现无偏一致估计，并降低了估计的稳健性。对于这类"尖峰厚尾"的金融数据，分位数回归是一种不错的估计方法。对于这类非正态分布数据，分位数回归同时表现出很好的稳健性，分位数回归估计的步骤如下。

　　假设随机变量 Y 的分布函数为

$$F(y) = \text{Prob}(Y \leqslant y) \tag{4-1}$$

Y 的第 τ 位分位数定义为

$$q(\tau) = \inf\{y : F(y) \geqslant \tau\},\ 0 < \tau < 1 \tag{4-2}$$

　　利用回归的基本思想，即使得拟合值尽量接近样本值，换句话说，就是二者的距离尽量短，分位数回归也就是使加权误差绝对值之和尽量小，即求解：

$$
\begin{aligned}
q(\tau) &= \arg\min_{\xi}\left\{ \tau \int_{y>\xi} |y-\xi|\,\mathrm{d}F(y) + (1-\tau)\int_{y<\xi}|y-\xi|\,\mathrm{d}F(y) \right\} \\
&= \arg\min_{\xi}\left\{ \int \rho_{\tau}(y-\xi)\,\mathrm{d}F(y) \right\}
\end{aligned}
\tag{4-3}
$$

其中，τ 为分位数权重；ξ 为目标拟合值。$\rho_{\tau}(u) = (\tau - I(u < 0))u$，$I(z)$ 为指示函数，z 是条件关系式，当 z 为真时，$I(z) = 1$；当 z 为假时，$I(z) = 0$。上述过程就被称为分位数回归。

　　近年来，分位数回归在金融风险度量研究中得到了广泛的应用。例如，罗森博格（Rosenberg）和舒尔曼（Schuermann）[1]使用 Copula 函数度量不同分布形状的累积风险，以管理金融机构的整体风险。陈守东和王妍[2]利用极端分位数回归的方法，进行了我国上市金融机构的风险管理研究，并评估了不同机构的风险贡献。朱慧明等[3]采用贝叶斯极值分位数回归的方法研究了中国金融风险的依赖性，通过

　　[1] Rosenberg J V，Schuermann T. A general approach to integrated risk management with skewed，fat-tailed risks[J]. Journal of Financial Economics，2006，79（3）：569-614.

　　[2] 陈守东，王妍. 我国金融机构的系统性金融风险评估：基于极端分位数回归技术的风险度量[J]. 中国管理科学，2014，22（7）：10-17.

　　[3] 朱慧明，王春晗，任英华，等.基于贝叶斯极端分位数回归的金融风险相依性研究[J].中国管理科学，2016，24（S1）：480-488.

模型的统计结构分析，利用 VaR 和基于贝叶斯极值分位数回归的 CoVaR 描述了金融机构的个体风险和系统性风险。王周伟等[①]从系统性风险溢出的相关性的视角出发，综合运用分位数回归、Copula 函数和 DCC-GARCH（dynamic conditional corelational autoregressive conditional heteroscedasticity，动态条件相关自回归条件异方差）模型对我国金融系统的系统性风险进行了研究，结果发现风险波动性较为集中，且风险溢出呈现出复杂的非线性相关关系。

基于分位数回归，也有学者进行了相关的拓展研究，如将金融机构之间的风险依存关系纳入建模考虑。例如，DCC-GARCH 模型在刻画金融变量之间非线性的动态相关上表现较好，也得到了广泛的应用[②]，吉拉迪（Girardi）和埃尔根（Ergün）[③]在该模型的基础上计算金融机构损失达到 VaR 时的 CoVaR 值。Huang 等[④]进一步拓展了 DCC-GARCH 模型，基于多变量计算金融机构的系统性风险贡献，同时还评估了金融系统形成的网络的局部拓扑结构对系统性的风险贡献，对金融系统性风险与网络结构进行了定量的研究。

当然，也有丰富的文献对基于概率论的传统方法提出了一些质疑。例如，丹尼尔松（Daníelsson）[⑤]阐述了这些传统风险建模技术的局限性和当前不完善的监管结构；他指出，这些风险模型更像是"平稳"环境中的安慰剂，而不是预防事故的科学手段，因为市场数据是市场行为的内源，那么在稳定时期进行的统计分析在危机时期不会有用。他[⑤]进一步指出 VaR 模型不稳健且波动过大。出于监管目的，这种类型的分析可能会提供关于风险的误导性信息，甚至会增加特殊风险和系统性风险，使金融机构因资本配置不足和频繁的投资组合再平衡而产生成本。

3. 基于经济模型的金融风险表征与指标体系

基于经济模型的金融风险表征方式重点关注宏观经济运行与金融风险的关系。在对地方金融风险的测度上，如果完全应用传统的金融风险计量方法，可能会导致测度指标不具代表性，甚至产生较大程度的偏误。因此，在关于区域性金

① 王周伟，吕思聪，茆训诚. 基于风险溢出关联特征的 CoVaR 计算方法有效性比较及应用[J]. 经济评论，2014，25（4）：148-160.

② 胡东滨，张展英. 基于 DCC-GARCH 模型的金属期货市场与外汇、货币市场的动态相关性研究[J]. 数理统计与管理，2012，31（5）：906-914.

③ Girardi G，Ergün A T. Systemic risk measurement：multivariate GARCH estimation of CoVaR[J]. Journal of Banking & Finance，2013，37（8）：3169-3180.

④ Huang W Q，Zhuang X T，Yao S，et al. A financial network perspective of financial institutions' systemic risk contributions[J]. Physica A：Statistical Mechanics and Its Applications，2016，456：183-196.

⑤ Daníelsson J. The emperor has no clothes：limits to risk modelling[J]. Journal of Banking & Finance，2002，26（7）：1273-1296.

融风险的实证研究中多采用精简、对比性强的方式，其中比较有代表性的方法就是指标替代法，即直接选取描述金融状况的指标作为金融风险的代理变量。例如，国际货币基金组织（International Monetary Fund，IMF）以及国际清算银行（Bank for International Settlements，BIS）等国际大型金融机构提出的房地产价格、杠杆率、银行信贷等指标等。目前有许多较全面的金融状况指数，这些指数通常使用指标加权或主成分分析法构建，如彭博 FCI（financial condition index，金融条件指数）、高盛 FCI 和 KCFSI（Kansas City financial stress index，堪萨斯城金融压力指数）。欧洲中央银行发布了系统压力综合指标（composite indicator of systemic stress，CISS），该指标同时使用了市场和监管数据。霍洛（Holló）等[1]的研究发现，当金融市场的微观参与主体经历了巨大的不确定性（如金融危机），会导致其对未来的收益或损失、资产价格以及经济活动的繁荣程度预期发生改变，此时微观主体的这些消极观点极易传导至金融系统，从而出现系统性压力，增加金融系统风险。然而，由于金融系统的压力测量取决于标准的选择和财务变量的使用，因此这些测量指标的表现能力对压力的产生原因很敏感。CISS 综合了代表金融体系最重要部分的 5 个分类指数，即金融中介、货币市场、资本市场、债券市场、外汇市场，考虑到各分类指数随时间推移的相关性。

　CISS 相对更重视压力同时影响多个市场的情况，因此更具有系统性。从市场信息的角度，如帕特罗（Patro）等[2]和克里茨曼（Kritzman）等[3]，寻求有关资产价格的信息来评估系统性风险。与资产负债表和公司财务指标相关的其他价格相比，这些价格具有容易获得的优势。此外，资产价格反映的信息始终具有前瞻性。根据 Patro 等[4]的观点，如果主要目的是监测持续的系统风险水平以防止系统损失，那么分析预警指标，如股票价格，就可以传达相关信息。

　基于中国经济和金融的特点，文献[5]构建了包括居民、银行、企业和政府等四大部门的 DSGE（dynamic stochastic general equilibrium，动态随机一般均衡）模型，分析了高资本约束下银行面临相关外生冲击和系统性风险时的应对

　① Holló D，Kremer M，Lo Duca M. CISS-a composite indicator of systemic stress in the financial system[R]. Frankfurt：ECB Working Paper，2012.

　② Patro D K，Qi M，Sun X. A simple indicator of systemic risk[J]. Journal of Financial Stability，2013，9（1）：105-116.

　③ Kritzman M，Li Y，Page S，et al. Principal components as a measure of systemic risk[J]. The Journal of Portfolio Management，2011，37（4）：112-126.

　④ Patro D K，Qi M，Sun X. A simple indicator of systemic risk[J]. Journal of Financial Stability，2013，9（1）：105-116.

　⑤ Wang S S，Zhao F. Monetary supply transmission in a DSGE model with a shadow banking system in China[J]. International Journal of Applied Mathematics，2016，46（3）：50-61.

方式。胡志强[①]通过最小二乘回归分析研究了我国系统风险分配问题。由于当时缺乏可验证的客观数据，作者采用来自武汉的主观问卷调查作为数据来源。在该研究中，将金融资产的类别作为风险水平的指标。例如，储蓄被用作无风险资产，债券和保险是低风险的，期货和外汇是高风险的。此外，张晓梅[②]为了研究银行对小微企业贷款的可观察风险和不可观察风险，基于传统的财务指标，如营利性、流动性、杠杆率等，构建了一系列信用风险评估模型。在该研究中，用信用评估模型的拟合值表示可观察风险，而用模型的残差项表示不可观察风险。

在其他行业对金融行业的风险溢出影响方面，以房地产为例，刘向丽和顾舒婷[③]通过 CoVaR 方法发现，房地产行业和金融行业之间存在风险的溢出效应。房地产的资产价格波动会通过融资借贷等关系向金融市场蔓延，研究发现，在经济危机时期，房地产行业的金融风险溢出效应尤其大，在经济较为稳健的时期，这种风险溢出效应比较小。这个例子说明金融市场的风险冲击因素不仅来自市场中的金融机构，也来自与金融市场有关联的外生因素（如实体产业经济）；不仅如此，金融市场的系统性风险的冲击不仅会给金融市场稳定性带来威胁，还会通过经济关系溢出到关联实体产业，造成不可估量的危害。

还有学者从宏观经济的角度关注了风险溢出在不同的经济部门之间的传导和溢出关系。例如，陈建青等[④]和严伟祥等[⑤]研究了我国的银行、证券、保险机构之间的风险传导关系；此外，基于文献[⑥]对 CoVaR 的改进提出的 CoES（conditional expected shortfall，条件期望损失）指标，张冰洁等[⑦]对我国金融机构进行了实证研究，测量了 21 家上市金融机构的系统性风险共享；后来，李政等[⑧]对该方法继续改良，并在左尾视角的启示下引入右尾视角，从而构建了下行 CoES 和上行 CoES，对我国金融系统风险进行测量，并能够提供一定的前瞻预测性。

传统的金融风险监管主要依赖金融机构资产负债表中能够反映财务状况的信

① 胡志强. 中国金融系统风险配置的实证研究[J]. 金融研究，2004，47（10）：48-54.

② 张晓梅. 银行与其消费金融子公司的关联风险传染研究：以北银"骗贷"事件为例[D]. 上海：上海师范大学，2020.

③ 刘向丽，顾舒婷. 房地产对金融体系风险溢出效应研究：基于 AR-GARCH-CoVaR 方法[J]. 系统工程理论与实践，2014，34（S1）：106-111.

④ 陈建青，王擎，许韶辉. 金融行业间的系统性金融风险溢出效应研究[J]. 数量经济技术经济研究，2015，32（9）：89-100.

⑤ 严伟祥，张维，牛华伟. 金融风险动态相关与风险溢出异质性研究[J]. 财贸经济，2017，38（10）：67-81.

⑥ Adrian T，Brunnermeier M K. CoVaR[J]. American Economic Review，2016，106（7）：1705.

⑦ 张冰洁，汪寿阳，魏云捷，等. 基于 CoES 模型的我国金融系统性风险度量[J]. 系统工程理论与实践，2018，38（3）：565-575.

⑧ 李政，梁琪，方意. 中国金融部门间系统性风险溢出的监测预警研究：基于下行和上行 ΔCoES 指标的实现与优化[J]. 金融研究，2019，62（2）：40-58.

息，如银行的不良贷款比例、金融机构的营利能力、资本的流动性、资本充足率等。然而，有文献[①]认为，这些信息在一年中只有几次可用，而且有相当长的滞后期，因而需要纳入实时的市场数据，以便及时监测金融系统的健康状况。国际货币基金组织、国际清算银行和金融稳定委员会（Financial Stability Board，FSB）在 2009 年联合发布的报告中也提出了衡量金融实体系统性重要性的规模、互联性和可替代性指标[②]。此外，汤姆森（Thomson）[③]提出了 4C [contagion（传染性）、concentration（集中度）、correlation（相关性）、condition（环境）] 作为确定实体在金融系统重要性的标准。

目前，一些较新颖的经济模型还将金融网络纳入考虑。与传统的经济模型相比，金融网络模型可以看成构成外部性传播的基本条件，这能更好地理解金融网络模型对金融稳定的贡献。举例来说，合同链（网络中的链路路径）可以构成风险传输线，金融网络模型可以详细描述外部性是如何移动的，以及在什么条件下它们会累积成系统效应。在理性预期和完美信息下，这样的系统性风险可能会出现，因为参与者可能无法避免来自其交易对手冒险行为的外部性。那么，当预期不合理时，就有更大的空间对各类资产进行系统性错误定价（因此，外部资产或用作抵押品的资产会受到意外冲击）。总的来说，不完美的信息或不完全的风险市场，要么会产生新的外部性，要么会降低参与者缓解这些外部性的能力。因此，当金融网络模型被视为深深植根于信息经济学的长期传统时，可以更好地理解这些模型的见解[④]。例如，外部性是如何从一个参与者转移到另一个参与者，以及它们是如何累积成系统性风险的。从风险传播的结构上看，上述问题的答案将超出传统的金融稳定方法的范围，因为这些传统方法只关注单个企业孤立经营的宏观经济层面或微观经济层面。然而，上述问题的答案却是现代金融网络学科的核心，金融网络学科使人们能够更好地理解系统性影响的出现，并设计工具和政策来减轻这些影响。金融网络和信息经济学之间的关系在文献[⑤]中有更详细的讨论。

---

① Huang W Q，Zhuang X T，Yao S，et al. A financial network perspective of financial institutions' systemic risk contributions[J]. Physica A：Statistical Mechanics and Its Applications，2016，456：183-196.

② International Monetary Fund，Bank for International Settlements，Financial Stability Board. Guidance to assess the systemic importance of financial institutions，markets and instruments：initial considerations[R]. Report to G20 Finance Ministers and Governors，2009.

③ Thomson J B. On systemically important financial institutions and progressive systemic mitigation[J]. SSRN Electronic Journal，2009，8：135.

④ Stiglitz J E. The contributions of the economics of information to twentieth century economics[J]. The Quarterly Journal of Economics，2000，115（4）：1441-1478.

⑤ Battiston S. 14. The economics of information and financial networks[C]//Roemer J. Toward a Just Society. New York：Columbia University Press，2018：277-306.

如巴尔多西亚（Bardoscia）等①所讨论的那样，针对单个银行的微观审慎政策，如那些对最大单一风险设定上限的政策，或着眼于平均杠杆的综合方法，不仅可能无法发现系统的不稳定性，甚至可能产生意想不到的不利后果，产生个人激励，使系统从稳定转向不稳定，如图 4-1 所示。

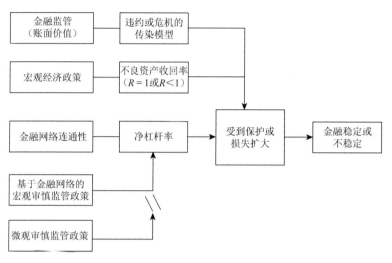

图 4-1　金融网络和金融稳定之间的经济模型关系

基于该模型，关于网络模型的研究可以为金融风险提供可测量的数量，以监测金融系统与金融稳定之间的相互联系。具体情况如下。

（1）如果金融网络的连通性和杠杆率较低，或者外部资产未被错误定价且违约解决方案有效，如 $R \approx 1$，则金融网络中的风险传染可忽略。在这种情况下，EN（Eisenberg and Noe）②和 RV（Rogers and Veraart）模型③可以作为较好的度量模型，NEVA（network valuation，网络评估）④模型的改进作用不强。

（2）如果金融网络的连通性和杠杆率较高，或者外部资产被错误定价或违约解决过程不明确，如 $R \ll 1$，则金融网络中的风险传染不可以忽略。在这种情况下，EN 和 RV 模型将不再适合，而 DebtRank 模型更合理，且 NEVA 模型能够提供较好的改进作用。

① Bardoscia M，Battiston S，Caccioli F，et al. DebtRank：a microscopic foundation for shock propagation[J]. PloS One，2015，10（6）：e0130406.

② Eisenberg L，Noe T H. Systemic risk in financial systems[J]. Management Science，2001，47（2）：236-249.

③ Rogers L C G，Veraart L A M. Failure and rescue in an interbank network[J]. Management Science，2013，59（4）：882-898.

④ Barucca P，Bardoscia M，Caccioli F，et al. Network valuation in financial systems[J]. Mathematical Finance，2020，30（4）：1181-1204.

4.1.2　基于机器学习的金融风险特征表示

在大数据和人工智能的背景下，金融市场可获取到越来越多的公开或者公共数据。大量的研究发现，利用金融市场公开数据能够有效弥补传统数据的不足，因此对金融市场公开数据结合传统系统性风险评估方法的研究也成为一种新的研究趋势。

1. 基于支持向量机的风险特征表示

从传统概率论的角度看，金融风险识别其实可以看作一个二分类或者多分类问题，并且这种分类往往是非均衡的分类。而早期由于相关数据量较小，支持向量机模型这种适用于小规模数据的人工智能方法最早被运用到金融风险的研究中。

支持向量机的概念是由 Vapnik[1]最早提出的。基于结构风险最小化，支持向量机尤其适合小样本、非线性的高维数据分类；该算法具有很好的稳健性和泛化能力，得到广泛的应用。随后 Chang 等[2]将支持向量机应用于信用风险评估领域，建立了信用风险评估模型。钟波等[3]较早将支持向量机模型运用到信用风险的表征中，其在 LS-SVM（least squares-support vector machines，最小二乘支持向量机）模型的基础上，提出了一种商业银行在贷款评估时衡量信用风险的方法，这种方法可以在财务数据不足的情况下较好地对信用风险进行评估。林宇等[4]则引入自适应合成抽样方法（adaptive synthetic sampling approach，ADASYN）和逐级优化递减（optimization of decreasing reduction，ODR）欠采样方法，与支持向量机模型相结合，提出了一种 ODR-ADASYN-SVM 模型来进行极端金融风险的表征，这种方法可以有效地解决 SMOTE 方法常见的过拟合问题。王鹏和黄迅[5]也对金融市场风险的支持向量机表征方法做出了研究，针对金融市场风险引入了新的孪生支持向量机模型（Twin-SVM），研究发现这种方法与 BP 神经网络相比，在预测精度和稳定性上均有提高。Zhong 等[6]在系统性地比较了 BP、ELM、I-ELM

① Vapnik V. The Nature of Statistical Learning Theory[M]. 2nd ed. Berlin：Springer Science & Business Media，1999.

② Chang C C，Hsu C W，Lin C J. The analysis of decomposition methods for support vector machines[J]. IEEE Transactions on Neural Networks，2000，11（4）：1003-1008.

③ 钟波，肖智，刘朝林，等. 基于 LS-SVM 的信用评价方法[J]. 统计研究，2005，22（11）：29-31.

④ 林宇，黄迅，淳伟德，等. 基于 ODR-ADASYN-SVM 的极端金融风险预警研究[J]. 管理科学学报，2016，19（5）：87-101.

⑤ 王鹏，黄迅. 基于 Twin-SVM 的多分形金融市场风险的智能预警研究[J]. 统计研究，2018，35（2）：3-13.

⑥ Zhong H M，Miao C Y，Shen Z Q，et al. Comparing the learning effectiveness of BP，ELM，I-ELM，and SVM for corporate credit ratings[J]. Neurocomputing，2014，128：285-295.

（incremental extreme learning machine，增量超限学习机）和支持向量机等信用风险的表征方法后，发现支持向量机在输出分布上比其他方法更好，但是在训练数据集较大的情况下，支持向量机预测的准确性却稍显不足。

　　为了提升支持向量机在大数据挖掘中的表现性能，首先需要对数据处理的流程进行优化，如研究数据的降维、采样、清理和变换等。在数据降维方面，一些研究发现可以通过数据降维来准确估计变量之间的相关性。例如，赵晓翠和王来生[①]为了提升支持向量机对高维数据的分类能力，结合空间投影提出了基于降维的支持向量机的模式分类算法，该算法首先利用投影将高维数据映射到低维子空间，然后利用支持向量机的优良特性对投影后的特征向量进行分类和识别。除了投影降维外，还有一种降维方法是特征提取，选择中考虑金融数据特征的非线性和高维性。例如：①等距特征映射算法，李菲雅和邓翔[②]就利用该方法进行了金融数据降维，有效地改善了数据冗余；②特征再选择方法，熊志斌[③]基于格贝莱因相关特征选择（Gebelein correlation feature selection，GCFS）方法设计了非线性的特征再选择方法，能够提升支持向量积的非线性判别能力。除此之外，粗糙集理论也是进行数据降维的一种可行方法。例如，邬建平[④]在粗糙集理论的基础上，改进了支持向量机算法，并基于真实数据构建了电子商务领域的信用风险分类模型。

　　为了克服信用样本不平衡对模型性能的影响，学界对不平衡样本的处理进行了研究，经过不平衡样本处理后的支持向量机模型稳定性和预测精度更高。例如，邵良杉和周玉[⑤]在传统的不平衡方法 SMOTE 的基础上提出一种改进过采样算法的类别不平衡信用评分预测模型，该模型提出基于支持度的 SMOTE（SMOTE based on support degree，SDSMOTE）算法来处理类别不平衡问题，以支持向量机为基础学习器，在 boosting 集成学习方法的基础上引入淘汰策略（elimination strategy）。Yu 等[⑥]用不同的方法开发了基于深度信念网络支持向量机（deep belief network support vector machine，DBN-SVM）的集成模型，主要目的是解决数据集不平衡问题。他们的模型有三个阶段。在第一阶段，采用 bagging 算法将数据划分为多个训练子集，并对每个子集进行重新采样，实现实例的再平衡。在第二阶段，支持向量机分类器在再平衡训练子集上进行训练。在第三阶段，利用 DBN

　　① 赵晓翠，王来生. 基于投影寻踪和支持向量机的模式识别方法[J]. 计算机应用研究，2007，24（2）：86-88.
　　② 李菲雅，邓翔. 等距特征映射的支持向量机模型在上市公司信用风险评估中的应用[J]. 河北大学学报（哲学社会科学版），2013，38（1）：102-107.
　　③ 熊志斌. 信用评估中的特征选择方法研究[J]. 数量经济技术经济研究，2016，33（1）：142-155.
　　④ 邬建平. 基于粗糙集和支持向量机的电子商务信用风险分类[J]. 数学的实践与认识，2016，46（13）：87-92.
　　⑤ 邵良杉，周玉. 一种改进过采样算法在类别不平衡信用评分中的应用[J]. 计算机应用研究，2019，36（6）：1683-1687.
　　⑥ Yu L A，Wang S Y，Lai K K，et al. A multiscale neural network learning paradigm for financial crisis forecasting[J]. Neurocomputing，2010，73（4/5/6）：716-725.

融合最终结果，将该方法与支持向量机和多数投票集成支持向量机进行了比较。

此外，为了减少信用样本数据中噪声和离群值的影响，姚潇和余乐安[1]考虑了模糊隶属度，为每个样本点分配一个隶属度，而奇异点分配到的隶属度较小，从而能够减少奇异点对模型的权重，设计了模糊近似的支持向量机算法。更进一步地，也有研究，如刘颖等[2]考虑了将离群值进行删除，设计了将离群值消除的支持向量机算法来进行风险评估，这种方法预先删除了信用评估数据中的离群值，从而减少了噪声问题。

总体而言，支持向量机是风险评估领域的一个重要方法。在构建新模型时，可以考虑包含不同正则化项的支持向量机变量。达内纳斯（Danenas）等[3]提供了支持向量机可用核的各种选择的信息，除了常见的线性核函数和 RBF（radial basis function，径向基函数）外，其他类型的核函数也值得研究。

2. 基于因子分解机的风险特征表示

因子分解机（factorization machine，FM）最初由伦德尔（Rendle）于 2010 年提出[4]，它提供了一种通用的预测方法，通过将特征分解为潜在因素来模拟特征之间的所有交互作用。FM 擅长处理具有巨大稀疏性的问题，这在金融风险特征实践中是非常常见的问题。FM 通过考虑特征之间的二阶（甚至更高阶）因子交互，特别是在稀疏性的情况下，显著增强了线性/逻辑回归和二次多项式模型的通用性。FM 的主要优点是，它使用特征的分解参数对特征之间的交互进行建模，即使对于两个从未或很少同时出现的特征也是如此[5]。因此，FM 自动从原始数据中学习功能交互，而无须手动预定义它们。与支持向量机相比，FM 得到的结果只受非零特征的影响，显著提高了处理稀疏特征矩阵[6]的效率。

① 姚潇，余乐安. 模糊近似支持向量机模型及其在信用风险评估中的应用[J]. 系统工程理论与实践，2012，32（3）：549-554.

② 刘颖，王丽敏，姜建华，等. 基于离群点剔除的 SVM 信用风险评价方法[J]. 吉林大学学报（理学版），2016，54（6）：1395-1400.

③ Danenas P，Garsva G，Gudas S. Credit risk evaluation model development using support vector based classifiers[J]. Procedia Computer Science，2011，4：1699-1707.

④ Rendle S. Factorization machines[C]//Webb G I，Liu B，Zhang C Q，et al. 2010 IEEE International Conference on Data Mining. Los Angeles：IEEE Computer Society，2010：995-1000.

⑤ Rendle S，Gantner Z，Freudenthaler C，et al. Fast context-aware recommendations with factorization machines[C]//Ma W Y. Proceedings of the 34th International ACM SIGIR Conference on Research and Development in Information Retrieval. New York：Association for Computing Machinery，2011：635-644.

⑥ He X，Chua T S. Neural factorization machines for sparse predictive analytics[C]//Chairkando G，Noriko，Chairsakai G，et al. Proceedings of the 40th International ACM SIGIR Conference on Research and Development in Information Retrieval. New York：Association for Computing Machinery，2017：355-364.

　　然而，传统 FM 在知识增强分类或预测任务方面存在不足，主要原因在于它无法整合外部领域知识，因此无法处理那些涉及收集成本难以估计的特征。特别是在真实世界的预测环境中，如风险评估，我们通常需要考虑外部经济和政治特征，但这些信息的数据非常有限，因此涉及巨大的研究不确定性或数据收集成本难以估计。在这种情况下，可以考虑将领域专家基于他们的专业经验和知识的估计结合到决策中，这种思路已经被证明是可以提高可预测性和合理性[1]的有效方法。传统的风险模型，如统计学习[2]、神经网络[3][4]和计算智能[5]，尽管已经表现出良好的性能，但它们主要依赖硬信息（如风险记录、资产负债表和账户特征），这些硬信息可以很容易地表示为数字条目，便于计算，但忽略了重要的软信息（如国家政策、行业竞争、诚信、经济周期和贸易摩擦），软信息通常很难用数字编码来进行决策分析。但在金融行业，软信息，如来自专家判断的软信息，在风险评估过程中扮演重要角色[6]。有学者[7]对德国银行的风险评估进行了调查研究，发现77.6%的德国银行增加了定性软因素，显著提高了违约预测。此外，对于提高风险预测的合理性和准确性，费尔南德斯（Fernandes）和阿特斯（Artes）[8]提出了软信息集成的必要性。在实践中，地方金融机构的信用评分在很大程度上依赖专家对实体在特定环境中的无形资产的专业评估，而这些无形资产往往难以用数字编码。将软信息自动集成到风险评价模型中，构建以完整信息驱动的指标体系，是产生理性和准确预测的必要条件。

　　要得到合理准确的分类，必须考虑全面的信息，即同时考虑硬信息和软信息。由于硬信息通常是在工商信息或地方金融监督管理局数据库中结构化的，并且可以很容易地进行数字编码，因此当前主要的挑战是如何有效地编码软信息。一种

① Zimmermann H J. Fuzzy Sets，Decision Making and Expert Systems[M]，2nd ed. Berlin：Springer Science & Business Media，2012.

② Altman E I. Financial ratios，discriminant analysis and the prediction of corporate bankruptcy[J]. The Journal of Finance，1968，23（4）：589-609.

③ Avery R B，Calem P S，Canner G B. Consumer credit scoring：do situational circumstances matter?[J]. Journal of Banking & Finance，2004，28（4）：835-856.

④ Mai F，Tian S N，Lee C，et al. Deep learning models for bankruptcy prediction using textual disclosures[J]. European Journal of Operational Research，2019，274（2）：743-758.

⑤ Martens D，van Gestel T，de Backer M，et al. Credit rating prediction using ant colony optimization[J]. Journal of the Operational Research Society，2010，61（4）：561-573.

⑥ Kano M，Uchida H，Udell G F，et al. Information verifiability，bank organization，bank competition and bank-borrower relationships[J]. Journal of Banking & Finance，2011，35（4）：935-954.

⑦ Günther T，Grüning M. Einsatz von insolvenzprognoseverfahren bei der kreditwürdigkeitsprüfung im firmenkundenbereich[J]. Die Betriebswirtschaft，2000，60（1）：39-59.

⑧ Fernandes G B，Artes R. Spatial dependence in credit risk and its improvement in credit scoring[J]. European Journal of Operational Research，2016，249（2）：517-524.

方法是在分类开始之前，利用专家的专业知识构建统一的领域相关规则和参数[①]，但由于数据驱动的挖掘方法通常是自动运行的，因此这种方法无法控制。如果我们先从经验丰富的信用评分专家的专业知识中提取规则和参数，然后将它们整合到基于机器学习的预测模型中，最终可以做出更好的预测，提高准确性和合理性。这个决策过程必须将这些领域知识以共同的框架整合到预测模型构建中，让经验丰富的专家做出可靠、合理的分类。

Zhou 等[②]提出了用模糊集技术将从专家经验中获得的领域知识和参数表示为隶属度表示，并开发了一种集历史数据和先验领域知识于一体的模糊 FM 模型。模糊集理论最早由扎德（Zadeh）于 1966 年提出[③]，在不确定性分析（即历史数据不足）中，作为一种有效的量化工具，在数学上表示从领域专家获得的领域知识，得到了广泛的应用。与简单平均[④]和贝叶斯聚合[⑤]等方法相比，模糊集理论在专家判断聚合方面具有优势。这些聚合方法具有模糊、不明确、不精确等特点，在实际专家判断分析中的应用受到限制。将模糊集理论与 FM 技术相结合，能够进行知识增强分类。通过专家的估计，将每个实例分配给一个类，并且实例对目标函数的贡献由其类的权重来代替标准。通过采用不同的加权策略，我们提出了两种模糊调频的变体：单边加权模糊调频（unilateral-weighted fuzzy frequency modulation，UFFM）和双边加权模糊调频（bilateral-weighted fuzzy frequency modulation，BFFM）。在 BFFM 中，为了更好地分类不均衡数据，每个实例可能不能完全分配到两个类中的一个，而在 UFFM 中，每个实例只能分配到一个类。在风险评估领域，FM 具有较好的理性分类效果。

3. 基于时间序列建模的风险特征表示

40 多年来，金融时间序列预测一直深受金融研究人员的追捧，这也是风险评估的一个重要方法。传统的财务风险预警方法主要是通过线性模型进行研究，这

---

① He J，Zhang Y C，Shi Y，et al. Domain-driven classification based on multiple criteria and multiple constraint-level programming for intelligent credit scoring[J]. IEEE Transactions on Knowledge and Data Engineering，2010，22（6）：826-838.

② Zhou J，Zhang Q，Li X. Fuzzy factorization machine[J]. Information Sciences，2020，546：1135-1147.

③ Zadeh L A. Fuzzy sets[C]//Zadeh L A，Klir G J，Yuan B. Fuzzy Sets，Fuzzy Logic，and Fuzzy Systems. New York：World Scientific，1996：394-432.

④ Wheeler T A，Hora S C，Cramond W R，et al. Analysis of core damage frequency from internal events：expert judgment elicitation：part 1，expert panel results，part 2，project staff results[J]. Nuclear Safety，1989，30（2）：129-152.

⑤ Bonano E J，Apostolakis G E. Theoretical foundations and practical issues for using expert judgements in uncertainty analysis of high-level radioactive waste disposal[J]. Radioactive Waste Management and the Nuclear Fuel Cycle，1991，16（2）：137-159.

些方法包括 FR（Frankel and Rose，弗兰克尔和罗斯）概率模型[①]、STV（Sachs，Tornell and Velasco，萨克斯、托内尔和贝拉斯科）模型[②]等。近年来，非线性模型逐渐取代时间序列等线性模型在财务预测预警中的应用，因为非线性模型能够挖掘变量之间的非线性关系，有效地提高财务预警绩效。Yu 等[③]提出了一种多尺度神经网络模型，表明与传统神经网络相比，该模型具有更高的预测精度。伊图里亚加（Iturriaga）和桑兹（Sanz）[④]结合多层感知器和自组织映射构建神经网络模型来研究美国市场上的破产问题。该模型可以提前 3 年预测银行倒闭的可能性，具有较高的预测精度。然而，基于人工神经网络（artificial neural network，ANN）的金融预测存在以下问题。首先，人工神经网络可能的过拟合使模型在训练集之外的预测能力变差。其次，在优化过程中梯度可能会消失或爆炸，使神经网络无法有效学习。最近，随着深度学习模型在金融预测研究中的引入，金融风险的度量得到全新发展。随着金融时间序列数据的增多和深度架构的不同，除了人工神经网络外的新的深度学习方法已被提出。我们的文献调查发现，在绝大多数研究中，深度学习模型比机器学习模型表现更优异。

　　近年来，深度学习不断发展，一些较新的深度学习方法，如 LSTM 神经网络，已逐渐应用于风险预测。迪波斯（di Persio）和霍纳查尔（Honchar）[⑤]对比了 RNN、LSTM 和 GRU（gate recurrent unit，门控循环单元）神经网络在谷歌的股价趋势预测上的效果，结果表明，LSTM 神经网络在金融时间序列预测中具有优势。Yang 和 Wang[⑥]将 LSTM 神经网络应用于三种不同期限的全球股指预测研究，结果表明，与 BP 和 SVR 相比，该方法的预测精度明显提高。深度学习方法相比传统机器学习的优势在于，它们可以更好地适应非线性和高维复杂数据。

　　金融时间序列的预测任务的困难，主要来自高度的噪声和普遍接受的半强形式的市场效率的驱动[⑦]。然而，众所周知，资本市场异常现象难以枚举，这与市场

　　① Frankel J A，Rose A K. Currency crashes in emerging markets：an empirical treatment[J]. Journal of International Economics，1996，41（3/4）：351-366.

　　② Sachs J，Tornell A，Velasco A. The Mexican peso crisis：sudden death or death foretold?[J]. Journal of International Economics，1996，41（3/4）：265-283.

　　③ Yu L，Wang S，Lai K K，et al. A multiscale neural network learning paradigm for financial crisis forecasting[J]. Neurocomputing，2010，73（4/5/6）：716-725.

　　④ Iturriaga F J L，Sanz I P. Bankruptcy visualization and prediction using neural networks：a study of US commercial banks[J]. Expert Systems with Applications，2015，42（6）：2857-2869.

　　⑤ di Persio L，Honchar O. Artificial neural networks architectures for stock price prediction：comparisons and applications[J]. International Journal of Circuits，Systems and Signal Processing，2016，10：403-413.

　　⑥ Yang Q，Wang C W. A study on forecast of global stock indices based on deep LSTM neural network[J]. Statistical Research，2019，36（6）：65-77.

　　⑦ Sharpe W F. Efficient capital markets：a review of theory and empirical work：discussion[J]. The Journal of Finance，1970，25（2）：418-420.

效率的概念形成了鲜明对比。例如，雅各布斯（Jacobs）[①]和格林（Green）等[②]提供了包括 100 多个此类资本市场异常的调查，这些调查有效地依赖于回报预测信号。然而，用于建立这些回报预测信号（特征）和未来回报（目标）之间关系的金融模型通常本质上是透明的，不能捕捉复杂的非线性依赖关系。

LSTM 算法由于在长序列数据样本学习方面具有优势，已被应用于时间序列预测研究中。然而，由于其在不同场景和数据的适用性不同，在系统风险预测领域是否能够取得良好的预测结果，仍需要验证。此外，考虑到在特征变量较多、数据量较小的预测任务中，LSTM 模型的学习能力受到一定的限制，Ouyang 等[③]引入了注意力机制，在输入层则为特征进行了注意力权重的分配，这种结构被称为attention-LSTM，并在一个实际的风险数据集中验证了模型的预测精度。

LSTM 网络是在递归神经网络的基础上进行的演进。递归神经网络指的是"神经元间连接的基础拓扑至少包含一个循环"的神经网络。

LSTM 由输入层、隐藏层和输出层组成。输入层的神经元数量取决于输入变量的特征数量，或者说特征空间的维度。输出层的神经元数量则取决于输出空间要求。LSTM 网络的主要特征包含在由大量存储单元组成的隐藏层中。

每个存储单元由三个门维持，遗忘门（forget gate，f_t）、输入门（input gate，i_t）和输出门（output gate，o_t），并由这三个门调整其单元状态 s_t。在每个时间 t，三个门的状态由当前输入 x_t 及在前一个时间步长 $t-1$ 的存储单元的输出 h_{t-1} 决定。这些门就像过滤器一样，而每一个门都有不同的用途。

遗忘门决定从当前状态中删除哪些信息。

输入门指定哪些信息被添加到当前状态。

输出门指定来自当前状态的哪些信息被用作输出。

基于上述结构，对于时间序列数据，如文本信息、价格信号、情绪趋势等，LSTM 会表现出比一般的深度神经网络更能捕捉序列模式，从而能够更好地学习时间序列。此外，由于 LSTM 克服了传统递归神经网络中的梯度消失问题，学界和工业界能够更好地利用记忆细胞和门来学习时间序列数据中的长期依赖性。自然而然地，人们首先想到能否利用这一网络来预测股票价格。Chen 等[④]试图用

① Jacobs H. What explains the dynamics of 100 anomalies?[J]. Journal of Banking & Finance，2015，57：65-85.

② Green J，Hand J R M，Zhang X F. The supraview of return predictive signals[J]. Review of Accounting Studies，2013，18（3）：692-730.

③ Ouyang Z S，Yang X，Lai Y Z. Systemic financial risk early warning of financial market in China using attention-LSTM model[J]. The North American Journal of Economics and Finance，2021，56：101383.

④ Chen K，Zhou Y，Dai F. A LSTM-based method for stock returns prediction：a case study of China stock market[C]//Ho H，Ooi B C，Zaki M J，et al. 2015 IEEE International Conference on Big Data. New York：IEEE，2015：2823-2824.

LSTM 来预测中国的股票收益。他们认为，随着输入数量的增加，预测的准确性提高了。纳尔逊（Nelson）等[1]使用 LSTM 方法与股价技术分析指标来预测股价的未来趋势。实验结果表明，他们提出的 LSTM 比其他机器学习模型如随机森林、多层感知器和伪随机模型更精确。Bao 等[2]用三阶段过程来预测六种市场指数期货，证实了 LSTM 模型的性能优于 RNN 等模型。

在时间序列的基础上进行更进一步的分析，人们意识到，金融领域的市场信息，即基本面信息和新闻信息，会影响股票走势。这种具有媒体意识的股票走势本质上包括一个多模态问题。在处理这些多模态数据时，出现了两个独特的挑战。第一个挑战是一种数据模式的信息将与其他数据模式的信息相互作用。一个常见的策略是将各种数据模式串联成一个复合向量；然而，这种策略忽略了不同模式之间的相互作用。第二个挑战是数据在采样时间方面的异质性。具体来说，基本数据是以固定的时间间隔取样的连续数值，而新闻信息是随机出现的。这种异质性会导致有价值的信息部分缺失，或者扭曲了特征空间。此外，在以前的工作中，对媒体感知股票走势的研究主要集中在一对一的问题上，即假设新闻只影响报道中提到的股票的表现。然而，新闻报道也影响相关股票并导致股票共同运动。Li 等[3]提出了一个基于张量的事件驱动 LSTM 模型，并通过在中国证券市场上进行的实验表明，所提出的方法优于包括 AZFinText、eMAQT 和 TeSIA 在内的先进算法。

4.1.3　基于知识图谱的金融风险传导机理

目前的经济和金融体系已经变得很复杂，金融市场是基于事实的复杂的知识图谱网络，所以有可能使用复杂网络结构来研究系统重要性。过去，针对图的各种性质已经进行了大量的研究，并且得到了实际应用[4][5][6]。图已经完全不局限于图形的概念，例如，图论的概念已经扩展到了信息网络、交易检测、生物蛋白质结

[1] Nelson D M Q，Pereira A C M，de Oliveira R A. Stock market's price movement prediction with LSTM neural networks[R]. Anchorage：2017 International Joint Conference on Neural Networks（IJCNN），2017.

[2] Bao W，Yue J，Rao Y L. A deep learning framework for financial time series using stacked autoencoders and long-short term memory[J]. PLoS One，2017，12（7）：e0180944.

[3] Li Q，Tan J，Wang J，et al. A multimodal event-driven LSTM model for stock prediction using online news[J]. IEEE Transactions on Knowledge and Data Engineering，2021，33（10）：3323-3337.

[4] Avondo-Bodino G. Economic Applications of the Theory of Graphs[M]. New York：Gordon and Breach Science Publishers，1962.

[5] Berge C. Graphs and Hypergraphs[M]. 2nd ed. Amsterdam：North-Holland Mathematical Library，1976.

[6] Deo N. Graph theory with Applications to Engineering and Computer Science[M]. Englewood：Prentice-Hall，1974.

构、朋友社交网络、经济网络等[1][2][3][4][5][6][7][8][9]，成为真正的跨学科的研究分支。在持有大规模数据时，有关金融风险的图表征方法倾向于选择以神经网络为代表的深度学习相关方法。

Allen 和 Gale 与 Freixas 等开创性地提出利用复杂网络的方法来研究金融市场系统性风险的想法。从实践来看，大多数研究主要从金融市场网络的拓扑结构来研究金融系统性风险。例如，博斯（Boss）等[10]利用中央银行数据研究了奥地利银行间市场网络的拓扑结构，并分析了这样的网络拓扑结构对风险传播的影响。文献[11][12]研究了美国银行间市场、联邦资金市场的网络拓扑结构。马丁内斯-贾拉米洛（Martinez-Jaramillo）等[13]研究了墨西哥银行间的敞口与支付网络。文献[14]验证了荷兰银行间网络呈现出典型的核心-边缘的小世界特性。阿科格鲁（Akoglu）等[15]认为，图结构数据具有很强的表达能力，因此在欺诈检测领域的关联分析方法可以

① Abello J，Pardalos P M，Resende M G C. On maximum clique problems in very large graphs[J]. External Memory Algorithms，1998，50：119-130.

② Aiello W，Chung F，Lu L Y. A random graph model for power law graphs[J]. Experimental Mathematics，2001，10（1）：53-66.

③ Hayes B. Computing science：graph theory in practice：part Ⅰ[J]. American Scientist，2000，88（1）：9-13.

④ Hayes B. Computing science：graph theory in practice：part Ⅱ[J]. American Scientist，2000，88（2）：104-109.

⑤ Watts D. Small Worlds：The Dynamics of Networks Between Order and Randomness[M]. Princeton：Princeton University Press，1999.

⑥ Watts D J，Strogatz S H. Collective dynamics of 'small-world'networks[J]. Nature，1998，393（6684）：440-442.

⑦ Jackson M O，Watts A. The evolution of social and economic networks[J]. Journal of Economic Theory，2002，106（2）：265-295.

⑧ Goyal S，Vega-Redondo F. Network formation and social coordination[J]. Games and Economic Behavior，2005，50（2）：178-207.

⑨ Galeotti A，Goyal S，Jackson M O，et al. Network games[J]. Review of Economic Studies，2010，77（1）：218-244.

⑩ Boss M，Elsinger H，Summer M，et al. Network topology of the interbank market[J]. Quantitative Finance，2004，4（6）：677-684.

⑪ Soramäki K，Bech M L，Arnold J，et al. The topology of interbank payment flows[J]. Physica A：Statistical Mechanics and Its Applications，2007，379（1）：317-333.

⑫ Bech M L，Chapman J T E，Garratt R. Which bank is the "central" bank? An application of Markov theory to the Canadian large value transfer system[R]. New York：FRB of New York Staff Report，2008.

⑬ Martinez-Jaramillo S，Alexandrova-Kabadjova B，Bravo-Benitez B，et al. An empirical study of the Mexican banking system's network and its implications for systemic risk[J]. Journal of Economic Dynamics and Control，2014，40：242-265.

⑭ Hommes C，van der Leij M. The formation of a core periphery structure in heterogeneous financial networks[R]. Amsterdam：Center for Nonlinear Dynamics in Economics and Finance，2014.

⑮ Akoglu L，Tong H，Koutra D. Graph based anomaly detection and description：a survey[J]. Data Mining and Knowledge Discovery，2015，29（3）：626-688.

更加关注欺诈者和其他个体间的联系关系图。阿格瓦尔（Aggarwal）等[1]基于连接行为，如大规模网络图上的动态社区划分算法，及时检测网络结构中的异常情况。异常节点往往同时属于多个社区，基于此，莫拉迪（Moradi）等[2]开发了新的社区检测算法以挖掘这些异常的属于多个社区的节点。

　　国内也有许多学者开展利用复杂网络的思想来进行金融系统性风险测度的研究。例如，黄聪和贾彦东[3]利用我国银行间的支付结算数据生成了关联网络，并利用该网络进行了有关监管的实证研究；贾彦东[4]基于机构在网络图中的结构，研究了其系统重要性，从图的角度出发分析金融机构对系统的风险贡献；基于我国大额支付数据，童牧和何奕[5]生成了金融机构网络图，并讨论了在危机情况下，政府应该对哪些金融机构进行救助或者该机构发生风险造成的风险溢出效应有多大；从银行同业交易的角度来看，王晓枫等[6]、李程枫等[7]直接利用银行同业交易构建复杂网络，静态地研究微观风险在网络中的传导可能路径以及相应的危害；而冯超和王银[8]则从宏观的角度来分析当银行网络出现系统性风险时可能的风险化解措施；另外，晏富贵和倪志凌[9]还利用该网络结构实证研究了资产证券化业务的审慎监管问题；除了同业交易，银行间的共同信贷持有也是构成关联关系的重要途径，方意和郑子文[10]就利用该数据生成了银行间网络，研究信贷风险如何在银行网络中进行传播；陈少炜和李旸[11]也生成了我国银行间网络，并分析了其结构特征；

① Aggarwal C C，Zhao Y，Philip S Y. Outlier detection in graph streams[R]. Hannover：2011 IEEE 27th International Conference on Data Engineering，2011.

② Moradi F，Olovsson T，Tsigas P. Overlapping communities for identifying misbehavior in network communications[C]//Theeramunkong T，Kijsirikul B，Cercone N，et al. Pacific-Asia Conference on Knowledge Discovery and Data Mining. Berlin：Springer International Publishing，2014：398-409.

③ 黄聪，贾彦东. 金融网络视角下的宏观审慎管理：基于银行间支付结算数据的实证分析[J]. 金融研究，2010，53（4）：1-14.

④ 贾彦东. 金融机构的系统重要性分析：金融网络中的系统风险衡量与成本分担[J]. 金融研究，2011，54（10）：17-33.

⑤ 童牧，何奕. 复杂金融网络中的系统性风险与流动性救助：基于中国大额支付系统的研究[J]. 金融研究，2012，55（9）：20-33.

⑥ 王晓枫，廖凯亮，徐金池. 复杂网络视角下银行同业间市场风险传染效应研究[J]. 经济学动态，2015，36（3）：71-81.

⑦ 李程枫，陈可嘉，陈一非，等. 基于网络传导分析法的我国银行间风险传染效应研究[J]. 金融发展评论，2015，6（1）：67-86.

⑧ 冯超，王银. 我国商业银行系统性风险处置研究：基于银行间市场网络模型[J]. 金融研究，2015，58（1）：166-176.

⑨ 晏富贵，倪志凌. 资产证券化的宏观审慎监管：基于网络模型的模拟研究[J]. 当代经济科学，2015，37（5）：44-51.

⑩ 方意，郑子文. 系统性风险在银行间的传染路径研究：基于持有共同资产网络模型[J]. 国际金融研究，2016，31（6）：61-72.

⑪ 陈少炜，李旸. 我国银行体系的网络结构特征：基于复杂网络的实证分析[J]. 经济问题，2016，38（8）：56-63.

同时，胡志浩和李晓花[①]还验证了我国的金融网络图表现出典型的无标度特征，并利用无标度的特点分析了我国金融网络的风险传播特点。图计算广泛应用于包含图结构的网络，如信用网络和具有复杂金融互动的社交网络。在这类网络中，需要图形计算彼此之间的连接。在具体实践中，为了适应地方金融海量的数据集，一般利用分布式大数据集群构建智能风险管理平台。例如，将分布式大数据方法部署在 Apache Spark 3.0 作为大数据基础架构，以提高计算的效率。Spark 集群管理器根据需要为所有工作节点提供资源，并相应地操作所有节点，其集群管理模式是 Hadoop YARN，它作为一个分布式计算框架来维护作业调度和资源管理，主节点和从节点具有高可用性。同质性假设认为具有相同特征的个体倾向于联系在一起。Wei 等[②]的工作表明了在风险评价中使用网络数据能够改善评价结果。米舍瓦（Misheva）等[③]从一家金融科技公司收集了 9 年多的数据，证明在诸如逻辑回归或 CART 等评分算法中加入网络中心性特征，如度中心性或距离中心性，可以提高评价结果的准确性。

图结构还有利于为地方金融的风险传染链建模。例如，在经济扩张阶段，允许中小企业相互担保，形成复杂的贷款网络，从银行获得贷款。然而，外部冲击可能削弱稳健性，偶然违约可能蔓延至整个网络，导致大规模违约，甚至系统性危机。因此，对担保网络中的违约传染链进行预测和评级，以减少或防范潜在的系统性金融风险，引起了监管机构和银行的高度关注。银行业现有的信用风险模型利用机器学习方法为每个客户生成信用评分。这种方法消除了担保链的传染风险，需要具有深厚专业领域知识的广泛特征工程。为此，Cheng 等[④]提出了一种基于深度神经网络的银行业传染链风险评估方法，并利用图结构贷款行为数据的时间链间注意网络来计算传染链的风险分数。

地方性系统性金融危机是对地区乃至国家经济的严重威胁。现代金融体系存在网络结构。例如，上市公司更倾向于采用交叉持股策略来稳定股价，而银行机构也严重依赖网络结构来处理一些关键而敏感的任务（如隔夜拆借和保持银行资金的流

① 胡志浩，李晓花. 复杂金融网络中的风险传染与救助策略：基于中国金融无标度网络上的 SIRS 模型[J]. 财贸经济，2017，38（4）：101-114.

② Wei Y H，Yildirim P，van den Bulte C，et al. Credit scoring with social network data[J]. Marketing Science，2016，35（2）：234-258.

③ Misheva B H，Giudici P，Pediroda V. Network-based models to improve credit scoring accuracy[C]//Gilpin L H，Bau D，Yuan B Z, et al. 2018 IEEE 5th International Conference on Data Science and Advanced Analytics（DSAA）. New York：IEEE，2018：623-630.

④ Cheng D W，Niu Z，Zhang Y. Contagious chain risk rating for networked-guarantee loans[C]//Tang J L，Prakash B A. Proceedings of the 26th ACM SIGKDD International Conference on Knowledge Discovery & Data Mining. New York：Association for Computing Machinery，2020：2715-2723.

动性）。这种内部复杂的依赖关系可能导致各种风险①②。网络结构与金融系统风险之间的关系引起了学界和工业界的广泛关注。对金融网络风险评估的一些见解包括：网络结构在决定短期债务的系统性风险和福利方面起着重要作用，而不是影响系统③的福利。从金融网络的性质来看，违约传播的风险备受关注，因为危机可能在相互关联的机构间迅速放大。有研究将网络中的流行病传播模型引入金融网络扩散过程评估④中，并进行了实证研究，得出市场冲击会影响到网络金融机构的所有节点，使所有成员都容易遭受潜在的损失，从而增加大规模违约级联的可能性⑤，并指出，传染性和重要性是金融网络中影响风险传染和系统性风险的主要因素。

在网络图的建模实现方法上，node2vec 和 GCN（graph convolution neural-network，图卷积神经网络）是其中最具代表性的两类算法。我们通过对大量金融网络图的研究，发现了两个重要的特征：①金融网络图的模式是随着时间的推移而不断演变发展的；②随着经济社会的进步，金融网络图的复杂程度和难度越来越大，需要通过越来越多相关的和连接的团体来组织与实施。图是由许多节点和连接每个节点的边组成的抽象结构⑥⑦，用来描述事物之间的特定关系。关系网络图是指由节点和边组成的基于图的数据结构。每个节点代表一个实体，边代表一个实体和另一个连接的实体之间的关系。关系网络图根据不同实体之间的关系将它们连接起来，从而提供了从"关系"的角度分析问题的能力。在金融实践应用中，网络图中的实体，如人、企业、金融机构等，可以用节点表示，业务中这些节点之间的关系可以用边表示。通过对地方金融这些主体的关联关系的构建，可以发现隐藏的风险传播特征，设计相应的风险控制策略。图算法可以表征地方金融中的各种高风险特征，如担保圈、虚假交易等，更有效地从正常行为中识别出异常行为。图形嵌入是一种将图中的节点从高维稀疏向量映射到低维稠密向量的有效技术①，它学习并表示网络图中节点的拓扑结构和节点的内部信息。与传统的

———————

① Khazane A，Rider J，Serpe M，et al. DeepTrax：embedding graphs of financial transactions[C]//Khoshgoftaar T M. 2019 18th IEEE International Conference on Machine Learning and Applications(ICMLA). New York：IEEE，2019：126-133.

② Barja A，Martínez A，Arenas A，et al. Assessing the risk of default propagation in interconnected sectoral financial networks[J]. EPJ Data Science，2019，8（1）：1-20.

③ Carey M，Kashyap A，Rajan R，et al. Market institutions and financial market risk[R]. Boston：National Bureau of Economic Research，2012.

④ Barja A，Martínez A，Arenas A，et al. Assessing the risk of default propagation in interconnected sectoral financial networks[J]. EPJ Data Science，2019，8（1）：32.

⑤ Cont R，Moussa A. Too interconnected to fail：contagion and systemic risk in financial networks[R]. New York：Financial Engineering Report，Columbia University，2010.

⑥ Pan Z Q，Yi X K，Zhang Y，et al. Efficient in-loop filtering based on enhanced deep convolutional neural networks for HEVC[J]. IEEE Transactions on Image Processing，2020，29：5352-5366.

⑦ Wu Y，Wang B J，Li W. Heterogeneous hyperedge convolutional network[J]. Computers Materials & Continua，2020，65（3）：2277-2294.

图形数据挖掘方法相比，将图形嵌入算法应用于地方金融场景，可以获得全局视角，更清楚地了解不同实体之间的潜在关联。然而，图形嵌入算法在金融领域对大数据集进行处理，这可能会给传统的图形数据挖掘方法的计算能力带来考验。node2vec 是一种代表性的图形嵌入算法[1]，它在佩洛奇（Perozzi）等[2]的基础上引入了两种有偏随机漫步方法：BFS（breadth first search，广度优先搜索）和 DFS（depth first search，深度优先搜索），分别学习和表示网络图的结构等价性与同质性。与没有任何权重引导的随机行走相比，node2vec 通过引入返回参数（return parameter）和输入输出参数（in-out parameter）实现了偏置行走的目的，即整个随机行走过程通过设置不同的偏置在 BFS 和 DFS 之间切换。

Kraus 等[3]的工作分析了四种神经网络架构，包括 MLP、CNN、2D-CNN、LSTM 在预测标准普尔发布的企业信用评级方面的性能。随着图神经网络的出现，部分学者基于贷款担保网络建立了一些基于图的模型[4][5][6][7][8]。在经济扩张阶段，企业之间相互担保，从银行获得贷款，形成复杂的贷款网络。虽然这些方法被广泛使用，但现有的深度学习模型需要构建大量的特征或者需要特定的背景知识来构建代表性特征。这些特性需要从财务数据中汇总，需要花费大量时间。而且，基于图的模型通常将单个企业作为图中的一个节点，建立它们之间的关系，而忽略了单个企业中的特征交互。而 Feng 等[9]提出了一种新的基于图神经网络的企业信用

① Grover A，Leskovec J. Node2vec: scalable feature learning for networks[C]//Krishnapuram B G，Shah M G，Smola A P，et al. Proceedings of the 22nd ACM SIGKDD International Conference on Knowledge Discovery and Data Mining. New York: Association for Computing Machinery，2016: 855-864.

② Perozzi B，Al-Rfou R，Skiena S. DeepWalk: online learning of social representations[C]//Sigkdd S，Sigmod A. Proceedings of the 20th ACM SIGKDD International Conference on Knowledge Discovery and Data Mining. New York: Association for Computing Machinery，2014: 701-710.

③ Kraus M，Feuerriegel S，Oztekin A. Deep learning in business analytics and operations research: models，applications and managerial implications[J]. European Journal of Operational Research，2020，281（3）: 628-641.

④ Khazane A，Rider J，Serpe M，et al. DeepTrax: embedding graphs of financial transactions[C]//Khoshgoftaar T M. 2019 18th IEEE International Conference on Machine Learning and Applications（ICMLA）. New York: IEEE，2019: 126-133.

⑤ Cheng D W，Niu Z B，Zhang Y Y. Contagious chain risk rating for networked-guarantee loans[C]//Tang J L，Prakash B A. Proceedings of the 26th ACM SIGKDD International Conference on Knowledge Discovery and Data Mining. New York: Association for Computing Machinery，2020: 2715-2723.

⑥ Cheng D，Tu Y，Ma Z W，et al. Risk assessment for networked-guarantee loans using high-order graph attention representation[C]//Kraus S. Twenty-Eighth International Joint Conference on Artificial Intelligence. New York: Curran Associates，2019: 5822-5828.

⑦ Cheng D W，Xiang S，Shang C C，et al. Spatio-temporal attention-based neural network for credit card fraud detection[J]. Proceedings of the AAAI Conference on Artificial Intelligence，2020，34（1）: 362-369.

⑧ Cheng D W，Zhang Y Y，Yang F Z，et al. A dynamic default prediction framework for networked-guarantee loans[R]. Beijing: 28th ACM International Conference on Information and Knowledge Management，2019.

⑨ Feng B J，Xu H N，Xue W F，et al. Every corporation owns its structure: corporate credit rating via graph neural networks[C]//Yu S Q，Zhang Z X，Yuen P C，et al. Pattern Recognition and Computer Vision: 5th Chinese Conference. Berlin: Springer International Publishing，2022: 688-699.

评级方法，简称 CCR-GNN。与之前基于图的全局结构方法相比，该模型从一个新的角度来看待这个问题，在图结构中将企业看作一个图而不是一个节点，它可以描述详细的特征-特征关系。个体图的建立采用了公司-图的方法，该方法建模了特征之间的关系。然后利用注意机制，利用图神经网络，即图注意网络，将特征节点的信息传播到相邻节点。

4.2 基于知识图谱的金融风险关联分析

金融市场中金融风险通过交互而传播，金融风险数据通常以关系网络的形式呈现，具有海量、多源、异构、稀疏等特点。知识图谱是人工智能技术的一个重要分支，实现从"数据库"到"知识库"的跃迁，具有强大的解释能力与知识发现能力，主要用于探索关系型数据中蕴含的复杂关联结构。本节详细介绍了利用知识图谱对金融风险数据进行建模分析的过程，首先研究地方金融知识图谱的数据处理，其次使用搭建异构网络处理框架的方法对金融交互关系进行研究，最后运用机器学习等算法建立金融知识图谱的异构网络和各项数据存储与查询的功能，除此之外，本节还建立了一套用于地方金融知识图谱的异构网络综合评价指标体系。地方金融知识图谱构建研究框架如图 4-2 所示。

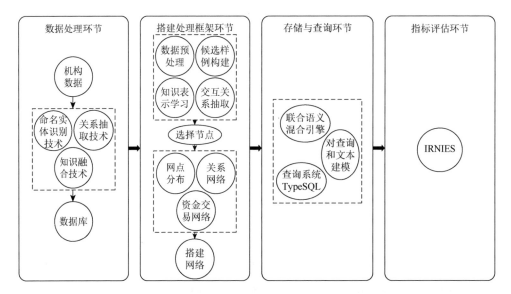

图 4-2　地方金融知识图谱构建研究框架

IRNIES：interactive relationship network index evaluation system，交互关系网络指标评估体系

4.2.1　金融风险要素的识别

中央提出的三大攻坚战中，防范化解重大风险居于突出位置，随着经济的迅速发展与配套科学技术的不断创新，国内企业的营利模式与风险要素也一再改变。相较于 20 世纪初金融市场的野蛮生长乱象，经历了一众金融危机与金融风暴的洗礼后，我们意识到：当前，我国经济面临深化供给侧结构性改革和转型高质量发展的迫切需求，推出合理的市场监管机制，保障我国经济发展模式由高投资高增长模式转变为高质量可持续已成为必行之事。

在金融行业走向高新化、金融技术走向数字化的今天，防范金融风险出现了三个新挑战：首先，金融市场体量扩大，涌现出一系列如互联网金融等新兴衍生品；其次，2022 年我国民营企业数量超过 4400 万家，民营企业在企业总量中的占比由 79.4%提高到 92.1%，在稳定增长、扩大就业、促进创新等方面占据中坚地位，由于国内与世界形势的动荡变化，在产业结构改革、经济发展速度宏观调控、中美贸易摩擦与新冠疫情的冲击下，众多地方的中小微企业抗风险能力不足，受到冲击较大。在金融市场风险防范方面，风险来源的主体类型呈现多样化，主体数量庞大，并且外在环境存在不稳定性。在这样的背景下，"十四五"规划提出要"完善促进中小微企业和个体工商户发展的政策体系，加大税费优惠和信贷支持力度"；同时，党中央、国务院多次声明：发展普惠金融，使小微企业发挥就业蓄水池、增强社会稳定性的作用，是适应社会矛盾变化的需要。即我们不仅需要把保障金融市场平稳发展当作必要前提，也要勇于担当，实现精确赋能，将金融业务铺开至小微企业，达到风险防控与市场发展的动态平衡。

目前，互联网、大数据和人工智能已成为全球变革的重要推动力，信息与算法的结合将持续为新业态金融监管提供坚实后盾。进一步完善金融科技发展规划和建设，将海量金融信息与现代信息科技结合，共同打造地方金融领域智能化风险防范系统可以大大增强金融风险监管的专业性与可信性，达到快速识别、精准筛选。

通常地方金融领域的海量数据具有异源结构、复杂信息等特征，这些特征在使得地方金融数据具有庞大价值的同时，也对数据挖掘的方式提出更高的要求。随着计算资源与硬件技术的长足进步，采用构建知识图谱网络的方式挖掘金融数据中的信息与价值的方法日渐成熟。大规模金融知识图谱网络可以从更广阔的视角，发现金融实体之间的风险关联，提供更高维度的、更全面的关于金融实体的风险信息，识别传统方法难以发现的风险模式，建立全新的金融风险链特征提取与信用评估的方法体系，切实破解普惠金融风险管理中的"防假""反假"等棘手问题，使当地银行机构在信用业务上做到"愿贷""敢贷"，实现地方企业精准扶持。而合理、准确、高效识别金融风险要素，成为构建地方金融知识图谱网络的重点。金融风险要素的识别由实体识别与实体融合两阶段构成。

1. 金融风险要素实体识别

1）金融风险要素介绍

以最常见的金融投资风险行为——信贷为例，每一笔贷款都存在一定风险，而金融机构所面临的挑战便是识别风险的大小，确定"借"或"不借"以及借多借少；而借以判断风险的依据便是金融风险要素。本节主要从企业基本特征、财务特征、公司治理、外部环境特征四个方面总结了企业层面的金融风险要素。

企业基本特征：与民营企业相比，国有企业受政府行为影响较强，以政府导向为主，因此国企的商业行为通常展现出较强的稳健性。企业在生命周期的不同阶段表现出不同的风险承担水平。发展期和衰退期呈现较高的风险相关。原因是在发展期，企业增加投资以增强股东信心，占据市场份额；衰退期的企业通常希望脱离当前局面，因此采取超出当前体量的风险投资行为。当企业业绩处于长期增长状态时，会进行一定的风险管理，确保投资支出稳定可控，偿债能力高。

财务特征：为了识别偿还贷款能力的变化，金融机构可以设置许多标识符，如营业额、还款纪律、营利能力、流动性。定期监测和查明支付能力的变化是风险管理的一个重要工具。在债务公司状况恶化的时刻，金融机构可以采取措施使其债权的回报最大化，或使损失最小化，如协商附加条件、使用套期保值工具、债务重组等。信用风险监测的频率取决于客户的信用可靠性。以下为常见的财务检测指标。

（1）公司财务报表信度：如是否出现自相矛盾的指标。

（2）公司流动资产与公司利润：在一定程度上与抵御风险能力呈正相关。

（3）公司偿债能力变动：如法人固定资产异常大量转移等。

（4）公司内部变动：如董事会变更、扩大投资、合并、合资等行为。

（5）公司已有债务、股东持债情况。

（6）过往还款情况等。

公司治理：公司的股权结构对管理层的决策有显著影响。随着股权持有数目的增加，大股东会倾向于增加风险投资。多元化投资的大股东控制的企业风险承担水平相对较高，而投资方式的单一化可能存在一定程度的非理性因素。独立机构投资者更倾向于选择长期获利但风险指数较高的项目，而非独立机构投资者更可能规避风险。董事会也将对企业的风险承担产生重要影响。董事会规模越小，越有可能带来管理者的过度自信。

外部环境特征：国家的整体经济态势会给企业的风险承担能力带来影响。当一个国家处于繁荣发展时期，伴随着高增长预期和宽松的融资环境，企业倾向于积极投资；当市场经济下行时，由于信心不足，企业通常采取保守发展态势，风险承担水平降低。同时，企业所在地区的法律制度和财务条款也会影响企业的股权结构、投资战略、激励政策和治理机制。例如，更好地保护投资者，可以促使金融机构增加对风险较高但能增加价值的项目的投资。

由于长期以来企业与金融机构存在的信息不对称问题，以及在当前经济发展下由企业数量大、行为丰富所导致的信息密度低问题，即使我们掌握了海量信息，也很难依靠人工将必要的金融风险要素提取出来。因此，依靠人工智能与大数据处理技术识别金融风险要素实体成为金融风险监管的发展趋势。

2）金融风险要素识别

金融领域是一个具有高度专业性的领域，很多词汇不能从字面意思理解，需要结合金融的背景和语境去理解其背后的特殊含义，自然语言处理的所有子任务在金融领域中都有一个独特的理解方式。金融数据具有覆盖面广、结构复杂、来源广泛的特点。命名实体识别（named entity recognition，NER）作为自然语言处理最基础的任务之一，识别效果严重影响下游任务的效果，所以在金融领域中，命名实体识别结果是否准确间接决定金融经济产业链的效益。本节主要介绍命名实体识别的概述及其在金融领域上的应用策略，关于命名实体识别的概述如下。

命名实体识别的主要目的是对文本中具有含义的特殊词汇打上标记并存储，如人名、地名、机构名等，这类词汇被统称为"实体"，作为实体融合等下游任务的源头数据，这些实体是构成知识图谱数据库的基本要素。

在命名实体识别研究的初期，通常采用人工构造先验规则的方式进行抽取，基于规则的命名实体识别算法依赖手工定义的规则。规则可以基于特定领域的实体词典[①]和语法-词法模式[②]来设计，前者在早期的应用较为广泛，并具有较高的效率，在单域实体识别中效果显著，特定域所运用的实体词表可以保证准确性。而后者更加具有泛用性，如基于字符构词语法与基于词性组合语法，均可用于识别句中实体，在此方面，正则表达式具有广泛的应用。

但基于规则的方法在金融领域的应用上具有明显的不足：①要求制定规则的技术人员在金融领域具有一定的造诣；②工作量庞大，且无法适应灵活的语言单位和多变的语言环境。同时，由于领域的限定，尤其是实体词表的不断更新与海量词汇的累积，我们很难获取到真正详尽的实体词典，而基于语法-词法的方法也是类似，这种试图使用人工定义的方式来识别多领域日渐更新的广泛的实体的方法在效率上显得笨重，且不易在其他实体类型或数据集扩展。因此，研究的方向逐渐转变为利用统计机器学习方法进行命名实体识别。

---

① Etzioni O，Cafarella M，Downey D，et al. Unsupervised named-entity extraction from the Web: an experimental study[J]. Artificial Intelligence，2005，165（1）：91-134.

② Zhang S O，Elhadad N. Unsupervised biomedical named entity recognition: experiments with clinical and biological texts[J]. Journal of Biomedical Informatics，2013，46（6）：1088-1098.

命名实体识别相比普通的分类问题，其难点在于包含了序列信息，即虽然我们的目的是对目标句中的词汇进行"是什么实体"和"非实体"的分类，但是该词汇的预测结果不仅取决于自身语义，还取决于句中位置信息，前后的词语均会对待预测词语标签产生一定的影响。传统机器学习命名实体识别常见的几种方法分别是隐马尔可夫模型（hidden Markov model，HMM）[1]、条件随机场（conditional random field，CRF）模型[2]、支持向量机[3]等。隐马尔可夫模型是一个经典的随机过程模型，它将问题简化为一个含有待估参数的马尔可夫过程，即每一个词语的状态都只受前一个词语的影响，并从样本集中观测已有参数，来进行未知参数的估计；CRF模型克服了隐马尔可夫模型只能利用有限的上下文特征的缺点，它由最大熵马尔可夫模型发展而来，并加入了全局最大熵的思想，特征函数不仅包括当前词汇的状态特征函数，而且加入了词汇标签转移概率函数。支持向量机可以利用相邻单词的特征（正字法、前缀、后缀、标签等），并根据相邻单词的位置加权相邻单词特征，进行分类，巧妙的是，支持向量机对核技巧的支持很好地解决了文字信息的高维度、低密度特征问题，在序列化标注问题中展现了较高精度。

这些基于统计学的传统机器学习方法具有高度可解释性，基于这些方法，国内外涌现出大量命名实体识别模型，并在各领域实体识别任务中发挥了出色的表现。同时，直至目前仍有学者在对传统方法进行效率、精度、粒度、泛用性等层面的改进。值得注意的是，由于汉语本身的语法句法结构与英文以及其余拉丁语系语言有较大不同，西方的命名实体识别模型并不能直接部署于汉语命名实体识别任务中。现有的研究热点包括层叠马尔可夫方法[4]、多层条件随机场方法[5]等。

然而直至今日，基于传统机器学习的命名实体识别依旧无法做到真正的端到端学习，前期的特征工程处理依然对模型性能有重要的影响。近年来，随着算力的不断进步以及预训练词表征向量的提出，神经网络模型在许多自然语言处理任务中显示了良好的性能。预训练的词向量一方面避免了如独热编码带来的稀疏表征缺陷，有更良好的空间利用率；另一方面含有更丰富的语义信息，尤其是对于

---

① Eddy S R. Hidden Markov models[J]. Current Opinion in Structural Biology，1996，6（3）：361-365.

② Lafferty J，McCallum A，Pereira F C N. Conditional random fields: probabilistic models for segmenting and labeling sequence data[C]//Brodley C E，Danyluk A P. Proceeding of the Eighteenth International Conference on Machine Learning. San Francisco：Morgan Kaufmann Publishers，2001：282-289.

③ Hearst M A，Dumais S T，Osuna E，et al. Support vector machines[J]. IEEE Intelligent Systems and Their Applications，1998，13（4）：18-28.

④ 俞鸿魁，张华平，刘群，等. 基于层叠隐马尔可夫模型的中文命名实体识别[J]. 通信学报，2006，27（2）：87-94.

⑤ 胡文博，都云程，吕学强，等. 基于多层条件随机场的中文命名实体识别[J]. 计算机工程与应用，2009，45（1）：163-165，227.

一词多义、新词汇、上下文语义关系等特殊问题都能获得良好的特征表达。而词向量的表征通常分为两类：单词级别表征（word-level representation）与字符级别表征（character-level representation）。常见的神经网络处理命名实体识别任务的流程为：将预先训练好的词特征向量作为输入，紧接着在命名实体识别模型训练过程中根据具体任务要求与涵盖领域进行适当的微调，最后通过测试集验证结果。常用的预训练词表征模型包括 Google 的 word2vec、Bert，斯坦福大学的 GloVe，Open AI 的 GPT（Generative Pre-Trained Transformer，生成式预训练 Transformer）系列等。字符级别表征是目前研究的热门与重点，它并没有将单词级表示作为基本输入，而是学习字符粒度的特征表达对单词进行重构，再将重构获得的词向量输入命名实体识别模型中进行处理。字符级别表征流程相较于单词级别表征仅仅省略了分词这一环节，其实质是更细粒度的文本表征，相较于英文的字母，在汉字中，由于单字即有一定语义，字符级别表征在中文自然语言处理中尤为重要。神经网络的词向量模型使得模型的训练成为一个端到端的学习流程，几乎不需要人工筛选特征与领域知识。

　　在深度命名实体识别的模型中，解决文本的输入表示问题后，自然而然的想法便是继续沿用神经网络模型对文本进行实体提取，常见的模型包括 RNN、CNN 和 Transformer 等。RNN 在 20 世纪 80 年代提出，RNN 在时间序列和语言序列等序列问题中表现优异，其网络结构允许序列相邻样本进行学习。相较于全连接神经网络，RNN 在捕捉上下文信息方面具有独特的优势。但 RNN 同样存在一些缺陷，如 RNN 对于简单句具有较好的信息提取能力，但是对于复杂从句，尤其是当句子长度较长时，RNN 的网络结构限制了其长距离的信息捕捉能力，前文中词汇所含的信息被大量的累乘计算消磨。若要强行提取长距离信息，则会带来大量的参数冗余以及算力耗费。为了解决 RNN 模型的这种缺陷，LSTM 做出了改进，其独特的遗忘门和记忆门结构可以进行历史信息与输入信息的保留和取舍。

　　CNN 在图像处理任务中较为常用。然而后续有学者发现，其特定的通道机制与局部感知机制，也能在自然语言处理任务中发挥效果，目前常见的自然语言应用为将其作为编码层，利用卷积提取数据分布信息，交由后续解码层 RNN 或 LTSM 网络进行预测。由此，编码-解码结构成为自然语言处理问题的新思路，直至今日，这样的两阶段模型（two-stage model）在命名实体识别中仍广泛存在。

　　上述的编码-解码结构神经网络虽然有效，但其通常由复杂的卷积或递归模块构成，我们对序列数据的权重分配并不需要如此复杂的构造，并且 RNN 难以实现并行化处理，效率较低，而 CNN 同原始 RNN 类似，在长距离信息的获取上具有天然缺陷。基于此，瓦斯瓦尼（Vaswani）等[1]提出的 Transformer 则巧妙构建了

---

① Vaswani A，Shazeer N，Parmar N，et al. Attention is all you need[R]. Long Beach：31st International Conference on Neural Information Processing Systems，2017.

注意力门机制，实现了并行化捕捉序列依赖；在各种任务上的实验显示，Transformer 在质量上更胜一筹，同时需要的训练时间也大大减少。现如今，基于预训练语言模型的命名实体识别任务逐渐成为业界通用的框架，预训练语言模型是一种迁移学习的应用，利用海量大规模的文本，获取输入数据的高精度表征向量，它隐式地学习到了通用的语法语义知识。同时，它可以将从具有充足数据与泛用性的数据集中学到的知识迁移到具体领域相关任务，以缓解目标领域数据量不足或数据质量不高的缺陷。最后，只需要对该任务的标注数据进行微调，即可在新的领域获得较好的命名实体识别精度。

3）命名实体识别在金融领域的实施策略

本书的数据包括地方金融实体共同的股东（投资人）、共同的高管、高管的社交网络和资金流水等信息，用以构建金融实体的投资网络、社会关系网络、资金网络等知识图谱。目前所使用的数据均已通过相关正式渠道获得。然而，针对该数据，其主要难点有两个。一是地方金融系统包含了越来越多的多源、异构、超高维的数据，这些数据包括金融机构的交易数据、企业的财务数据、政府的经济运行数据等。由于这些数据本身的复杂性和敏感性，建立智能的命名实体识别机制以及高密度的知识图谱数据库变成一个多域问题，但知识图谱通常是针对同一领域进行建立，因此传统的命名实体识别方法可能效果不佳，单一方法集成可能会带来大量的效率损耗。二是在作为象形文字的中文的应用中，字与字之间没有类似英文单词间的空格，因此"词"在中文中是一种比较模糊的概念，因而我们需要更细粒度的构造方法对实体进行识别。

针对地方金融数据的多源、异构、海量特性，很难采用基于规则与基于统计的方法进行命名实体识别，基于深度学习的方法非常适用于大规模数据，同时可以对多源与异构原始数据进行非规范数据向量化，得到统一格式的输出向量，并在目前的已标记金融数据中学习从文本序列到是否实体的分类映射，若是实体，则输出＜实体开始位置，实体结束位置，实体类型＞的分类结果。基于深度学习的命名实体识别任务一共包含三个步骤。

（1）中文字符向量化。命名实体识别任务的输入层需求是预训练的字级别嵌入向量。目前较常采用经典的 BERT（bidirectional encoder representations from Transformer，基于 Transformer 的双向编码器表征）方法获得中文字向量，并结合地方金融风险原始语料数据进行微调。BERT 是一种无监督预训练语言模型，率先将 Transformer 结构引入预训练语言模型领域，其训练依据的语言任务包括遮蔽语言模型（masked language model，MLM）以及下一语句预测（next sentence prediction，NSP），预训练后，可以利用微调将输出的中文字符表征向量调整得更适合下游任务，BERT 相对 RNN 更加高效，同时能捕捉更长距离的依赖。在对海量数据的特征捕捉上有着出色的表现。

（2）上下文编码器。在获得原始字向量后，我们需要采用编码-解码的框架对原始向量进行特征提取与判别。常采用的上下文编码器为 Bi-LSTM（bi-directional long short-term memory，双向长短期记忆）网络。Bi-LSTM 有效提取上下文信息，并可以更灵活地决定追溯到上下文的何种深度，在文本与时间序列模型中表现优异。

（3）输出解码器。通常来说，解码器仅需符合任务要求的输出格式即可，使用常规的 softmax 也能得到相应的预测概率。然而针对地方金融数据的多源、异构、海量特性，需要进行一定的约束以提高训练效率，李昱昕[①]采用 CRF 层作为最终的解码结构。CRF 层可以对最终的预测标签添加统计意义上的约束，以减少参数搜索空间，提高模型训练效率。

2. 金融风险要素实体融合

金融数据纷繁复杂且角度多样，呈现出多源异构、实时更新、体量巨大、价值稀缺等特征。除了财务数据、市场交易数据等结构化的数据，受益于互联网技术的飞速发展，网络上涌现出海量的金融文本与图片信息，如企业年报、新闻公告、群众评论等。这些非结构化的数据是对传统的结构化金融数据的有益补充，有助于金融从业者及早发现金融风险，从而规避损失。这就要求知识图谱不单单要蕴含传统的结构化数据的信息，还需要及时融合其他维度的信息，能够与其他领域的知识图谱进行交叉，具有处理不同领域知识的能力。而解决这一问题的核心就是对金融风险要素的实体融合。

实体融合也叫作实体匹配，是多源知识融合的一个重要应用，旨在消除实体指向不一致性与冲突问题。一词多义的问题导致在一些基于知识图谱的金融搜索引擎中，搜索结果往往会出现多个同名但并不相关的实体内容。比如"迈克尔·乔丹"这个实体既可能指篮球运动员又可能指国际人工智能泰斗，这就需要运用实体消歧的方法进行处理。

实体消歧的方法主要分为基于无监督的实体消歧和基于实体链接的实体消歧。基于无监督的实体消歧技术主要通过估计聚类的思想将相似度高的各个实体聚集在一起，其问题的核心在于使用何种特征对指称项进行表示以及如何定义实体对象与指称项之间的相似程度。按照相似度定义的不同，聚类法可以分为基于词袋模型、语义特征、社会化网络、百科知识或者多源异构语义知识的聚类方法。基于实体链接的实体消歧主要通过将实体指称项目与目标实体列表中的对应实体进行链接实现消歧；首先生成候选实体，分析实体指称项和候选实体之间的相似度等特征，再根据知识库或者知识图谱建立实体链接。

---

① 李昱昕. 特定领域知识图谱的自动构建方法研究[D]. 哈尔滨：哈尔滨工业大学，2018.

　　而共指消解是指识别不同关联数据源中相同实体的不同标识符，主要解决三元组中主语之间的冲突问题，即解决多词一义，比如在中国的金融语境中，"中国人民银行"和"央行"指向的就是同一个实体，在识别出共指的金融名词短语之后，将有利于挖掘出更多有用的金融实体信息与属性信息，金融实体交互关系的抽取亦是如此。共指消解的方法大致分为基于实体属性值相似度的消解方法与基于本体语言等价推理的消解方法。

　　在金融领域中，实体融合有充分的应用空间。大多数时候我们搜集到的原始数据即使经过清洗与数据库对齐，其中依然存在知识质量杂糅、信息冗余、模型关联、知识重复等问题，这需要我们运用实体融合的方法去解决。由于地方金融数据的海量特征，其数据规范性难以得到精确保证，而对于建立智能化的知识图谱数据库而言，其精确性要求较高，实体融合能够针对多源异构数据的碎片化、冗余性、不完整性等问题，因此利用实体融合对知识图谱中的实体进行整合，消歧与更新便成为必要的步骤。

　　实际中可以采用一种协同多源实体融合的 CNN 模型进行实体消歧。由于上述实体抽取与关系抽取均于多源数据中统一完成，因此，目前我们得到多个庞杂的金融知识图谱网络，而中文常见的缩写或别名带来了大量的冗余实体。可以利用神经网络表征学习，将多个金融知识图谱作为输入，采用多通道协同训练共同构建损失，保证特征映射的一致性，将输入实体与关系映射到低维稠密语义空间，得到分布式表达，根据向量空间余弦距离判定多源异构知识图谱数据集中实体的相似度并进行聚类分析，以达到实体对齐与共指消解的目的。

4.2.2　构建描述金融实体交互关系的异构网络

　　关于金融实体交互关系的研究，可以依赖的信息除了金融实体机构的关系，还包括金融实体机构交易信息、股东关系网络、共同的高管、高管的社交网络和资金流水等信息，因此，本节需要建立异构网络并以此完成金融实体交互关系的表示工作。

　　1. 异构网络的发展背景

　　人与人之间的联系都是建立在现实生活中的一切社会关系上的，包括社会交际网络以及亲属关系。众多的联系交汇在一起便可以形成一个巨大的社会网络，这样我们研究的关键点就在于构建这种多种人物关系并存的异构网络①。区别于一些特殊的信息网络,异构网络中关于关系的描述是不同的,不同的节点代表了不同的关系走向。根据关系网络的属性,可以将异构网络关系分为多关系网络[①]和多模式网络[②]。具体来说,多关系网络中的相同类型关系节点之间代表了主体和不同人的亲密程度,众多节点也代表主体与其他关系间存在不同的行为。多模式网络中的不同节点与实体间的含义与多关系网络不同,即每一种模式代表一种类型的节点。以作者-文献数据集为例,同一个作者可以有众多不同的代表作,除此之外,何人引用了这一文献,与这篇文献相似的文献有哪些等信息交错形成了一个巨大的异构网络,借助这一异构网络便可以看到这篇文章相关的一切引用、被引用、撰写、作者和出版社等主体信息。

异构网络的节点较多,这也是导致异构网络看起来十分复杂的原因,针对复杂的网络关系展开的研究一般都是围绕对网络结构加以拆分并借用抽象的概念加以描述。这样便可以计算出异构网络的数学模型。通常情况下,抽象化划分后的异构网络分为两大类,即实体类型的多关系网络和多类型实体的关系网络。异构网络的研究重点还包括异质关系的研究,即异构网络中存在的性质相异的关系。研究异质性可以了解异构网络中不同节点之间的差异,从而根据不同的任务需求调整研究方向。

2. 异构网络的国内外研究回顾

考虑到同构网络的局限性,即信息量小且可描述的关联关系简单,异构网络的研究着眼于如何利用有效信息尽可能将异构网络的内部关系描述清楚。节点和连接类型的异质性导致异构网络复杂程度加深,这对下一步网络分解和数据挖掘与预测提出了更高的要求。两种不同的异构网络的研究方向如图 4-3 所示。

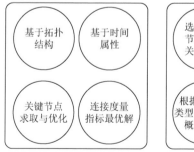

图 4-3　两种不同的异构网络的研究方向

---

① Cai D,Shao Z,He X,et al. Community mining from multi-relational networks[C]//Jorge A,Torgo L,Brazdil P,et al. Knowledge Discovery in Databases:PKDD 2005:9th European Conference on Principles and Practice of Knowledge Discovery in Databases,Porto,Portugal. Berlin:Springer,2005:445-452.

② Coscia M,Giannotti F,Pedreschi D. A classification for community discovery methods in complex networks[J]. Statistical Analysis and Data Mining:The ASA Data Science Journal,2011,4(5):512-546.

在异构网络的关系预测方面，有很多的学者做出了显著的成果，包括 Dong 等[1]在内的研究者克服单一拓扑结构的局限性，将拓扑结构以及时间属性相结合，使用共同邻居（Common Neighbors）算法和改进的 Katz 平滑算法进行链接预测，从而更好地利用节点属性，实验证明该方法获得了更好的预测结果。在节点间的链接类型的研究中，包括戴维斯（Davis）等[2]在内的学者尝试从加权的方法入手，对不同链接度量指标进行加权分配并计算最优解，从而得到节点间形成链接的概率值。但是这些方法的计算量较大，算法运行时间过长，使很多有效信息流失。在衡量多类型关系网络中不同节点之间的相互影响程度方面的研究中，Yang 等[3]利用不同关系的节点对应的信息响应程度来计算节点间的连接概率。多模式知识网络结构如图 4-4 所示。

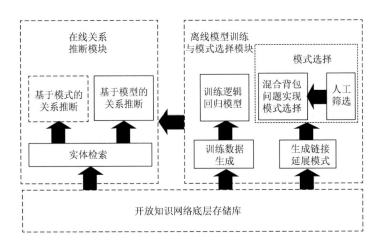

图 4-4　多模式知识网络结构

在异构网络的另一种研究方向上，很多研究者都将元路径的观点融入异构网络的研究中，首先就是 Sun 等[4]先提出了元路径的定义，即元路径就是一种新的表示异构网络的路径模式。其中元路径的节点必须为 2 个以上，这样便可以研究不

① Dong L Y，Li Y L，Yin H，et al. The algorithm of link prediction on social network[J]. Mathematical Problems in Engineering，2013，2013（4）：1-7.

② Davis D，Lichtenwalter R，Chawla N V. Multi-relational link prediction in heterogeneous information networks[R]. Kaohsiung：2011 International Conference on Advances in Social Networks Analysis and Mining，2011.

③ Yang Y，Chawla N，Sun Y，et al. Predicting links in multi-relational and heterogeneous networks[C]//Zaki M J，Siebes A，Yu X J，et al. 2012 IEEE 12th International Conference on Data Mining. New York：IEEE，2012：755-764.

④ Sun Y，Han J，Yan X，et al. PathSim：meta path-based top-k similarity search in heterogeneous information networks[J]. Proceedings of the VLDB Endowment，2011，4（11）：992-1003.

同关系下的路径模式。赵泽亚[①]利用开放知识网络进行关系推断,并将关系分为静态关系和动态时序关系,根据网络的结构信息实现了实体间关系的预测,并取得了较好效果。黄立威等[②]利用计算各条元路径的对象产生连接关系的概率,提出了一种基于对象之间所处元路径类型的链路预测概率模型。康文杰[③]从异构网络的元路径定义出发,选择将元路径与单一合作关系相联系,并提出对合作关系预测的方法。李立[④]则是选择从多种关系类型和对象类型入手,建立关于基于元路径选择与组合的社区数据的挖掘方法。

　　然而,在当前基于元路径的方法中,元路径需要根据不同的研究对象、对象之间的关系以及研究背景来做出自适应调整,对于相似问题便采用同样的技术方法,使得选择不同元路径可能导致预测结果差异很大。考虑到这些方法的局限性都是过于依赖元路径的选择,元路径的选择出现问题将会直接导致算法无法正常运行,也就无法得到更理想的预测效果。于是,如何解决这一问题,摆脱对元路径的过分依赖,如何优化元路径,使其具有通用性和很强的自适应性,便成为下一步显著提升元路径预测关系的准确率的研究重点。多目标下的元路径自适应选择的相关研究中,常见的是元路径关系推荐模式(图 4-5)。

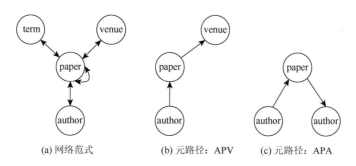

(a) 网络范式　　　　　(b) 元路径:APV　　　(c) 元路径:APA

图 4-5　元路径关系推荐模式

　　元路径关系推荐模式常用于存在交互关系的群体间的信息推荐,因此以文献推荐为例,如图 4-5 所示。我们用 paper(P)表示文章,用 author(A)表示读者(作者),用 term(T)表示主题,用 venue(V)表示领域。那么 APV 和 APA 是两条不同的元路径。图 4-5(a)表示丰富的文献推荐模式,一篇文章上传后会根据不同的受众做出推荐,这就是典型的异构网络的推荐网络架构。图 4-5(b)表

① 赵泽亚. 基于开放知识网络的关系推断技术研究[D]. 郑州:解放军信息工程大学,2015.

② 黄立威,李德毅,马于涛,等. 一种基于元路径的异质信息网络链路预测模型[J]. 计算机学报,2014,37(4):848-858.

③ 康文杰. 学术论文合著关系研究与系统实现[D]. 长沙:国防科学技术大学,2013.

④ 李立. 基于元路径选择和融合的异构信息网络社区挖掘算法研究[D]. 西安:西安电子科技大学,2014.

示一位作者写完并上传了一篇文献，某会议如果关注了该作者，那么会议将会在第一时间接收到相关的文献推送。图 4-5（c）表示一位作者写完并上传了一篇文献，另一位用户如果关注了该作者，那么他可以第一时间接收到相关的文献推送。该方法的优点在于可以经过大量训练，得到每条边的权重，就能最终得到用户对文章的喜好程度，同时避免将所有推荐直接（未处理）传递到关注用户的手中。可以看到，利用元路径关系推荐可以做到将交互关系中存在的信息加以共享，并直观反映出交互关系中的关系网络，可以用于建立基于金融交互关系的异构网络框架。

3. 基于金融交互关系的异构网络的搭建

综合金融实体交互关系以及异构网络的研究现状，本章研究难点主要集中在以下四个方面。

（1）如何进行金融实体交互关系的数据处理。

（2）如何建立金融实体交互关系的处理框架。

（3）如何完成数据的存储与查询。

（4）如何对金融实体交互关系网络进行评估。

因此，需要对上述难点进行针对性的研究，为了保证能够完成基于金融实体交互关系的异构网络搭建，综合考虑之前的研究方案，本章围绕金融实体交互关系，将金融实体交互信息中人员及其社会关系等作为数据来源，建立基于金融实体交互关系的异构网络，该交互关系的异构网络同时具备智能查询和指标评价功能，方案详细步骤如下。

1）金融实体交互关系的数据处理

构建异构网络，除了需要使用金融实体股东（投资人）、高管、高管的社交网络和资金流水等信息，还可以使用金融实体分布以及关系网络相关的数据，后者可以通过国家市场监督管理总局、天眼查等公共平台的公示项获得。金融实体交易数据可以通过与小组成员交流其曾经参与的项目信息而获得。通过数据预处理、候选样例构建、知识表示学习、交互关系抽取等处理方法对金融实体关系数据加以信息提取，借助自然语言处理工具 LTP-Cloud 对股东名称、公司名称、社会关系以及日常交易流水等文本和数字信息进行依存分析，并得到最短依存路径。

2）金融实体交互关系的处理框架

建立金融实体交互关系的处理框架需要首先建立交互关系网络，这个环节需要将资金流向和交易类型等记录类型的数据处理为金融实体之间的连接关系。因此，本章建立如下交互关系网络。

（1）金融实体机构分布网络。全国有多家金融实体机构，可以将全国范围内的多家机构根据地理位置加以处理，构成金融实体机构全国分布图。

（2）金融实体社会关系网络。关于金融实体机构之间的关系，可以参考金融机构间的社会关系和交易行为来构建。

（3）资金流水网络。以金融实体之间的资金流水作为一种常见的金融交易的特征，可以形成一个有向的金融实体资金流水网络，反映金融实体的经营活动。

金融实体交互关系处理框架的形成与关键节点和组成部分有关，关键节点影响力是指在该关系网络中对其他节点产生的信息交互作用和结果，因此，需要先进行关键节点分析，筛选出需要体现在框架中的关键节点。综合前面的分析，金融实体交互关系网络关键节点影响力形成过程由关键节点、其他节点以及二者之间的信息交互关系共同决定。同时，在选定关键节点时，还需要考虑金融实体交互关系网络关键节点影响力机理。关键节点影响力机理这个概念与三个重要的前因变量的作用机制有关：关键节点的信息交互能力、与其他节点的信息交互关系强度构成了理想状态下的关键节点影响力，而理想影响力在其他节点的信息负载能力的影响下转化为现实影响力。可以根据实际情况，选出共 $m+n$ 个节点，选择交互关系中的成员、交易金额、交易费用等 m 个关键信息作为关键节点，筛选出其余的 n 个节点为其他节点。以关键节点为主，参考其他节点和资金流向来寻求不同对象之间的交互关系。结合交互关系中涉及的组成部分，便可以建立金融实体交互关系的处理框架。

3）金融实体交互关系的存储与查询系统

这一部分主要是为了将生成的金融实体交互关系保存，方便之后研究和分析工作时，能快速调用数据；为了保证数据的完整性，并且需要实现可增补的效果，方便之后进行数据的补充和修正。

考虑到数据的可靠性，需要选用一种应用水平较为成熟的数据存储方法，通过搭建可维护的在线数据存储服务器，同时配合后台服务器的离线备份功能来将收集到的数据及时保存并做好分类，之后完善检索方法，利用图形交互界面来实现对信息检索和修改的功能，在搭建查询系统时，可以参考其他平台的数据查询（天眼查的网络关系展示）模式。关于后台交互系统的建立，可以考虑使用PostgreSQL，这样可以保证在数据采集方面的工作做得更好，使用 SQLite 这种常规的嵌入式数据库管理系统处理大量的数据维护工作，根据使用过程中的需求结合后期的维护实现功能的不断完善。

4）金融实体交互关系网络指标评估

本节选取的知识图谱总体网络特征指标和节点个体网络特征指标如图 4-6 所示。其中，总体网络特征指标将作为总体信用风险分析的依据之一，个体网络特征指标将作为对金融实体影响力评估的依据。评价指标包含了信息交互能力、信息交互关系强度、理想影响力（预期影响力）、信息负载能力以及实际影响力。根据上述要求，本节提出了一种金融实体交互关系网络指标评估体系，其中信息交互能力评价指标可以使用系统可用性量表（system usability scale，SUS）来衡量，信息交互关系强度可以使用 SaaS（software as a service，软件即服务）系统来分析，具体来讲可以通过信息交互过程的直接性（通过计算节点指标的点度中心度获得）和间接性（通过计算节点指标的接近中心度获得）来做出评价，信息负载能力可以搭建 E-R（entity relationship，实体关系）模型来做出评价，两种不同的影响力可以通过达到预期效果和实际效果的程度来判定。

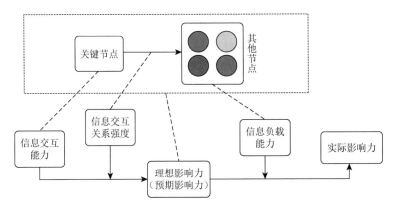

图 4-6　金融实体交互关系网络指标评估体系

4.2.3　金融知识图谱构建及风险的结构化表示

1. 知识图谱对金融风险的影响

知识图谱本质上是一个关系型网络数据库，它通过符号的形式来表达现实世界中的概念及其交互关系，拓展了传统数据存储理念与业务模型思维。基于特定领域知识构建的行业知识图谱在决策、分析、关联、推荐等方面对该领域起到重要的作用。在金融行业走向高新化、金融技术走向数字化的今天，我们有理由认为，地方金融领域的海量数据具有异源结构、复杂信息等特征，这些特征在使得地方金融数据具有庞大价值的同时，也对数据挖掘的方式提出更高的要求。传统的数据挖掘方法侧重于金融实体的研究，而对于金融实体之间的关联关系缺乏足够重视，随着计算机技术的不断发展，国内外学者纷纷采用构建知识图谱的方式来挖掘金融数据中的信息与价值。大规模金融网络知识图谱可以从更广阔的视角，发现金融实体之间的风险关联，提供更高维度的、更全面的关于金融实体的风险信息，识别传统方法难以发现的风险模式，建立全新的金融风险链特征提取与指标选取的方法体系。

2. 知识图谱的表示学习

知识图谱表示学习是知识图谱的一个关键研究问题，它为知识图谱的构建铺平了道路。表示学习是将知识图谱中的实体和关系嵌入低维的连续语义空间中。为了便于解释，我们先介绍本书中使用的基本符号。首先，我们将 $G=(E,R,S)$ 定义为 KG，其中 E 表示实体（entities）的集合，R 表示关系（relations）的集合，S 表示具有 $(h;r,t)$ 格式的事实三元组的集合。这里 h 和 t 表示头尾实体，r 表示它们之间的关系。例如，(微软, 创始人, 比尔·盖茨)表示微软和比尔·盖茨之间有创始人关系。近年来，KRL（knowledge representation language，知识表示语言）已成为最受欢迎的研究领域之一，知识图谱中的实体和关系可以通过不同的模型来表示。知识表示学习可以被分为表示空间、得分函数、编码模型和辅助信息四个方面。

知识表示学习的关键问题是学习实体和关系的低维分布式嵌入。目前的主要方法分为实值逐点空间、向量空间、高斯空间和流形。嵌入空间应符合三个条件，即可微性、计算可能性和评分函数的可定义性[①]。

得分函数用于衡量事实的合理性，在基于能量的学习框架中也称为能量函数。基于能量的知识表示旨在学习能量函数 $\xi_\theta(x)$（以 x 为输入，θ 为参数），并确保正样本比负样本具有更高的分数。有两种典型类型的评分函数，即基于距离的和基于相似性的评分函数，用来测量事实的合理性。基于距离的评分函数通过计算实体之间的距离来衡量事实的可信度，其中广泛使用具有 $h+r\approx t$ 的关系。基于相似性的评分函数通过语义匹配来衡量事实的可信度。它通常采用乘法公式 $h^T M_r \approx t^T$，即在表示空间中，转换靠近尾部的头部实体。

本节通过特定的模型介绍对实体和实体间的关系进行编码的思路，包括线性/双线性模型、因子分解模型和神经网络。线性/双线性模型将头部实体投影到靠近尾部实体的表示空间中，其中关系通过线性/双线性映射来表示。因式分解模型旨在将关系数据分解成低秩矩阵，用于表示学习。神经网络通过匹配实体和关系的语义相似性，用非线性神经激活和更复杂的网络结构来编码关系数据。

为了进一步提高表示知识图谱的学习性能，可以结合一些外部辅助信息实现多模态嵌入。外部信息包括文本描述、类型约束、关系路径、视觉信息和逻辑规则等。

3. 金融知识图谱的构建

金融知识谱图的构建大致分为五个主要步骤，即模式设计、D2R［database to RDF（resource description framework），数据库到资源描述框架］转换、信息提取、实例匹配的数据融合、存储设计和查询优化。本节以企业知识图谱（enterprise knowledge graph，EKG）为例，说明金融知识图谱的构建及风险表示。当建立企

---

① Ebisu T，Ichise R. Toruse：knowledge graph embedding on a lie group[J]. Thirty-Second AAAI Conference on Artificial Intelligence，2018，32（1）：1819-1826.

业知识图谱后，我们可以为证券公司提供 EKG 的使用场景。整个过程基于数据驱动。是否启动 D2R 转换步骤或信息提取步骤基于数据源的类型。新的迭代是否开始取决于新数据源的输入。此外，如果一个迭代中有多个来源，我们总是首先使用更多的结构化数据。在我们的例子中，有两个迭代。对于第一个迭代，有两个独立的项目。一个是由原国家工商行政管理总局转化而来的企业知识图谱；另一个是由国家知识产权局网络提取的专利知识图谱。这两个知识图谱为不同的用户服务。在第二次迭代中，我们使用数据融合算法，将这两个知识图谱与公司和个人联系起来。还有其他的数据源，可以作为知识图谱的补充。我们使用特定的 HTML（hypertext mark language，超文本标记语言）包装器从半结构化来源中提取信息。然后，我们使用 Hearst 模式和远距离监督从文本中提取更多信息。最后，我们使用实例匹配算法来检查实例对是否可以吻合。

1）模式设计

虽然大多数通用的知识图谱，如 DBpedia 和 YAGO，是以自下而上的方式建立的，以确保跨领域数据的广泛覆盖。基于金融领域的知识图谱采用自上而下的方式构建，以确保数据质量和更严格的模式。当领域知识模式化时，一些基于分类的方法可以自动提取知识。由于不断有新的数据源加入，模式会发生变化，故我们采取手动设计扩展 EKG 的模式。

2）D2R 转换

我们采取三个步骤将 RDB（relational database，关系数据库）转化为 RDF，即数据表分割、通过 D2RQ 平台进行基本的 D2R 转化和后期处理。原国家工商行政管理总局的原始数据表是由各省局的多个数据库整合而成，这些表并没有遵循数据库的基本设计原则，有些表可能包含多个实体和关系。为了使这些表更容易理解和处理，我们把原来的表拆成了更小的表，即原子实体表、原子关系表、复杂的实体表和复杂的关系表。一个原子实体表对应一个类，而原子关系表对应关系实例。其中域和范围是两个类。我们使用 D2RQ 将原子实体表和原子关系表转换成 RDF。

3）信息提取

EKG 从各种数据源中提取信息，包括像国家知识产权公共服务网、EWN（Ethereum World News，以太坊世界新闻）和中国绿色采购网络（China Green Procurement Network，CGPN）这样的 HTML 网站，以及像维基百科、百度百科这样的百科网站。此外，虽然大多数信息提取研究工作集中在提取一种特定的目标，如实体或实体之间的关系，但我们必须提取不同类型的实体（如公司）、二元关系（如竞争对手）以及属性值空气（如公司的 CEO）。我们的任务还包括事件［n-ary（n 元）关系］提取（如公司收购）和同义词提取（如公司的缩略语）。提取策略根据数据源和提取目标的不同而不同。我们采用多策略的学习方法，从不同的数据源中提取多种类型的数据，整个过程如下。

（1）专利、股票和招标信息的实体与属性值对是通过 HTML 提取的。通过使用 HTML 封装器，分别从 PSAN-SIPO、EWN 和 CGPN 中提取了专利和股票的实体和属性值对。

（2）企业的属性值对（如企业的董事长）是通过使用 HTML 包装器从百科全书式网站的信息框中提取的。从不同来源提取的信息存在不一致的问题。我们根据页面的更新时间来评估这些信息，以确定挖掘哪个数据源是正确的。这种方法提取的信息可以补充数据库的无效值。

（3）自由文本上的二元关系、事件和同义词识别需要在句子中进行种子注释以学习模式。这些模式被进一步用于其他句子以提取信息。提取信息的质量在很大程度上取决于注释的句子的数量，而手工注释则需要花费太多的人力。因此，对于二元关系、事件和同义词，我们定义了一套 Hearst 模式，从百科全书式网站的自由文本中提取数据。例如，利用 Hearst 模式"X（收购）Y"可以从自由文本中提取诸如<中国铝业, 收购, 永晖焦煤股份有限公司>，以及<中国铝业, 收购, 秘鲁铜业公司>这样的三元组。然后将提取的三元组作为种子自动输入自由文本。这种远距离监督可以大大减少人工标注句子的工作量。我们首先收集含有种子的句子，并对这些句子进行标注。其次，我们从标注的句子中生成提取模式。一个好的模式应该是由几个句子产生的，因此我们计算每个模式的支持率。得分大于阈值的模式被选为提取模式。最后，我们使用生成的提取模式从其他自由文本中提取新的信息。新提取的信息被添加到种子中进行引导。整个过程是反复进行的，直到没有新的信息被提取出来。

在信息提取过程中，百科全书式网站中存在许多公司名称的缩写，这里我们采用实体链接算法，将文本中提到的公司与基本 EKG 中的公司联系起来。我们采用一种基于图的方法，分两步完成实体链接的任务。①候选检测，即在 KB（knowledge base，知识库）中找到每个提及的候选实体。我们首先对公司名称进行规范化处理，包括从多个数据源中提取的公司名称和 KB 中的公司名称。更具体地，对于一个公司名称，如果它包含任何后缀［如"（Corp.）""（Co., Ltd）""（Group）"等］，则删除该后缀。这一步的目的是能够计算出提及的核心词和 KB 中实体的核心词之间的相似度。然后，我们使用"上下文相似性"（context similarity）计算所提到的核心词和 KB 中的实体之间的相似性，并对其进行归一化处理以找到候选词。语境相似性是指计算所提到的句子和文本描述之间的余弦相似性，实体在知识库中的文字描述（第一部分）之间的余弦相似性。②语义消歧。选择最可能的候选人来链接。这里，我们使用文献①中提出的消歧算法。

① Alhelbawy A，Gaizauskas R. Graph ranking for collective named entity disambiguation[C]//Toutanova K，Wu H. Proceedings of the 52nd Annual Meeting of the Association for Computational Linguistics. Stroudsburg：ACL，2014：75-80.

4）实例匹配的数据融合

不同来源的信息应该被融合到 EKG 中。例如，如果一个专利的"申请人"属性的值是一个公司名称，它应该链接到 EKG 中的公司实例。按照原国家工商行政管理总局的要求，公司的全称应该是唯一的，专利和招标网站上的公司名称也是全名。因此，要把专利的 KG 和基本的 KG 联系起来是非常容易的。但是，对于人与人之间的实例匹配，问题就很棘手了。虽然每个人都有个人的身份证号码，但在专利数据源中却没有这样的身份证。目前，我们使用一个简单的启发式规则来匹配专利库中的人和基本库中的人。如果专利发明人和申请人的名字分别与基本 KG 中的人和公司的名字相同，我们就说该专利发明人与基本 KG 中的人名相符。

5）存储设计和查询优化

我们在现有的 NoSQL 数据库的基础上设计了自己的三层存储。由于 MongoDB 有大量的安装实例、良好的查询性能、海量数据存储以及支持集群的可扩展性，其作为主要存储方式。我们在 MongoDB 之上实现了不同的数据类型，包括 list 类型、range 类型和 map（地图）类型。每种类型都有相应的查询接口。例如，map 类型可以访问键值与属性值。

查询性能通过不同的方式得到改善。①设计一个存储结构，支持对元属性和 n-ary 关系的有效查询。我们将元属性和它们的值存储在同一张表的不同列中，作为原始的 SPO（subject-predication-object，主语-谓语-宾语）三元组。同样地，我们将 n-ary 关系存储在表格的同一行中。属性和元属性可以通过一个操作一起被检索。此外，当对 n-ary 关系进行过滤和排序操作时，可以通过使用我们建立的索引在数据库层面完成查询，不需要额外的内存操作。②使用内存数据库 Redis（Remote Dictionary Server，远程字典服务）来存储大量访问的数据。Redis 支持丰富的数据结构，这在我们的应用环境中非常有用。存储在 Redis 中的数据包括模式定义表和类层次关系表。③构建足够的索引。除了常用的索引，我们还根据应用需求建立元属性和 n-ary 关系的索引。例如，关于投资额和投资比例的索引。④数据分片。我们根据属性值的数据类型，将三元组划分到不同的表中。例如，基本类型分为 integer、float、datetime、string 和 text，每种类型都存储在单独的表中。

4.3　基于知识图谱的地方金融风险链指标体系构建

本节拟首先从地方金融风险链指标的评价角度，基于影响力和风险两个方面的正负向评价指标，运用机器学习等算法，形成风险评估的综合评价指标体系。总体研究框架如图 4-7 所示。

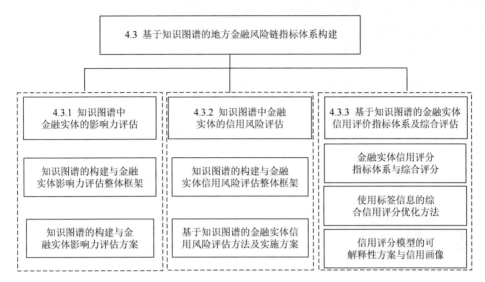

图 4-7　地方金融风险链指标体系总体研究框架

4.3.1　知识图谱中金融实体的影响力评估

1. 知识图谱的构建与金融实体影响力评估整体框架

本部分研究的子内容和各子内容之间的递进关系如图 4-8 所示。

图 4-8　金融实体影响力评估的研究内容和递进关系

知识图谱是一种网络图，以金融实体作为节点，以实体之间的关联关系作为边，根据边有无方向性，又可分为有向图与无向图。本书拟使用金融实体共同的股东（投资人）、共同的高管、高管的社交网络和资金流水等信息构建金融实体的股东关系网络、社会关系网络、资金流水关系网络等知识图谱。

2. 网络特征分析及金融实体节点的影响力评估

本部分主要对网络图的总体特征指标进行统计，主要包括网络的总体特征和节点个体的网络特征两方面。网络图的总体分布特征，如"无标度""小世界"等特性，对总体结构性风险及风险传递模式具有重要意义。金融实体节点的个体网络特征，如聚类系数、PageRank 等，是评价金融实体影响力的重要依据。

3. 金融实体社区发现及社区影响力分析

金融实体影响力的大小，不仅在于本身力量的大小，还在于金融实体所在"社区"力量的大小。本部分将对知识图谱中的"金融实体社区"等强连接金融实体群和聚类情况进行分析，金融实体所在的社区规模、实体间的连接紧密程度等也是分析社区中金融实体的融资能力和业务潜力的重要依据。

4. 知识图谱的构建与金融实体影响力评估方案

1）金融实体信用知识图谱的构建

（1）知识图谱的网络构成与数据来源。本节研究拟建立的知识图谱包括以下四种。①股东关系网络图。以金融实体之间的共同股东为边，可以形成一个无向的金融实体股东关系网络图（投资圈），反映金融实体的资本来源渠道。②社会关系网络图。将金融实体之间的共同高管建立为边，可以形成一个无向的金融实体社会关系网络图，任何一个企业的壮大发展都离不开企业管理层的认知决策与管理水平，可在一定程度上反映金融实体的"人脉"关系资源和社交网络；尤其是创业企业、小微企业在初期多是采用个人独资或者合伙制，而合作者一般都是家庭成员或者关系亲密的友人，管理层的特色属性对企业发展有至关重要的影响，多存在共同高管的现象。③资金流水关系网络图。以金融实体之间的资金流水作为一种加权的有向边，可以形成一个有向的金融实体资金流水关系网络，反映金融实体的经营活动。④金融实体高管的社交网络图。金融实体高管个人的社会资源会对整个金融实体起到举足轻重的作用，高管个人的社交网络对金融实体信用有重要影响。高管的社交网络环境与特点关系着个人信念和情绪的建立状态，进而会影响到高管的企业管理行为，所以，高管的社交网络、人脉资源特征是影响企业决策和绩效的重要因素。另外，关于金融实体的贷款担保圈等已有的研究成果也将是本节研究借鉴和引用的内容。

构建知识图谱所需要的数据中，金融实体的"股东"和"高管"数据是原国家工商行政管理总局的企业公示项，可以被公开访问，在前期研究中已抓取获得；"资金流水"数据方面由于课题成员参加的与某省城市商业银行联盟的合作项目，可以在其内部对金融实体之间的资金流水数据进行挖掘，共享分析结果；而高管的社交网络图可以通过微博等平台抓取获得。

（2）知识图谱数据的处理框架。本节研究知识图谱的构建方法主要涉及将股东、高管等记录类型的数据处理为金融实体之间的连接关系。由于这类数据规模巨大，如果按照传统的数据库"外键"方式处理这种关联关系，在处理速度上将是灾难。本节研究拟使用 MapReduce 模型进行数据处理，MapReduce 模型避免了 $N+1$ 类查询，可以快速将金融实体的股东与高管记录数据处理为网络图的边数据。

（3）知识图谱数据的存储与查询系统。本节研究拟基于 Neo4j 图数据库建立金融实体信用知识图谱的存储与查询系统。Neo4j 本身也是一种图建模工具，其中带有属性的节点与属性边都非常适合描述金融实体信用信息中的关联关系；另外，Neo4j 用于信用主体画像的另一大优势是可以利用 Cyhper 查询语言快速查询与统计金融实体的网络节点特征和周边社区信息。

2）知识图谱的网络特征分析及金融实体节点的影响力评估

本节研究拟选取的知识图谱总体网络特征指标和节点个体网络特征指标如表 4-1 所示。其中总体网络特征指标将作为总体信用风险分析的依据之一，节点个体网络特征指标将作为对金融实体影响力评估的依据。

表 4-1　拟使用的总体网络特征指标与金融实体节点个体影响力评估指标

指标类型	指标	解释说明
总体网络特征指标	度的分布	金融实体关联的聚集程度
	网络直径（最长最短路径）	网络中最长的节点间最短路径长度
	平均路径长度	平均节点间最短路径长度
	平均聚类系数	反映网络图的整体连通性
	总三角连接数	反映金融实体子集之间的连通性
节点个体网络特征指标	节点度（出度/入度）	反映金融实体和其他节点的连接程度
	PageRank	反映金融实体在网络中的影响力
	Authority	HITS 算法计算出的权威值
	Hub	HITS 算法计算出的枢纽值
	聚类系数	反映金融实体在局部社区的归属程度
	三角连接数	反映金融实体与周边金融实体的连通情况

金融实体节点个体网络特征指标，如聚类系数、PageRank 等，直接反映了个体金融实体与其他金融实体在投资、社交、业务等方面的关联程度。通常金融实体在网络中的上述指标越大，其资金能力、业务潜力和风险承受能力也越强，因此这些个体网络特征指标是评价金融实体影响力的重要依据。以上特征指标的计算将使用 Spark GraphX 及 GraphFrames 实现。

5. 知识图谱的社区发现及社区影响力分析

在现代的金融实体运营中,"单打独斗"的情况已经越来越少,往往结成"供应链""商帮""派系"等社区形式,本节研究的知识图谱中的社区本质上是金融实体由于投资、兼并、社交和业务等形成的"聚类"关系。从本书的前期研究成果来看,知识图谱中的社区是一种非常普遍的现象。

本节研究拟使用连通组件、增强连通组件和社区发现算法三种方法对知识图谱中的子图进行分析,表 4-2 总结了三种方法的特点。

表 4-2　本节研究拟使用的社区划分方法及特点

局部社区划分方法	解释
连通组件	金融实体的孤立圈子,内部可连通,与圈子外无连接
增强连通组件	金融实体的孤立圈子,内部每个金融实体之间都直接连通,与圈子外无连接
社区发现算法	金融实体的圈子,内部强连通,与圈子外弱连通

社区发现算法方面,本节研究拟提出一种新的分布式 Fast Unfolding 并行算法进行知识图谱中的社区发现。原 Fast Unfolding 算法通过计算整个社区的"模块度"来衡量社区划分的好坏,初始化时为每个节点指定一个社区,然后通过遍历所有节点计算,试图分析将该节点加入邻近社区时"总模块度"的变化情况,若模块度增大,则加入邻近社区,否则不加入;以上过程不断迭代直到所有改变均不能增大模块度。原 Fast Unfolding 算法的一个问题是训练过程是串行进行的,在本节研究所涉及的大规模知识图谱中,串行训练过慢,因此,本节研究拟使用 Spark 平台提出一种分布式的 MapReduce 版本的 Fast Unfolding 算法,该算法拟每批次选取一定量的不同社区的节点汇聚成"小批量"(mini-batch),然后对 mini-batch 中的节点并发进行社区重新划分测试。拟提出的算法由于利用了 Spark 的并行计算能力,理论上应能大大加快知识图谱中社区发现的速度,为后续的风险检测等相关研究提供算法基础。

社区发现完成后,可以计算社区的总资本力量、资金流水总量和内部的连接紧密程度等指标,从而获得对金融实体所在社区影响力进行评估的依据。

4.3.2　知识图谱中金融实体的信用风险评估

1. 知识图谱的构建与金融实体信用风险评估整体框架

本节对信用风险评估方法的研究拟从图 4-9 所示的 3 个子内容展开,各个子内容的研究角度不同,层层递进,评估结果将作为金融实体信用负向评分指标的依据。

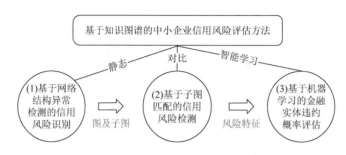

图 4-9　信用风险评估的内容和递进关系

1)基于网络结构异常检测的信用风险识别

本部分拟根据网络子图的结构进行挖掘,发掘具有异常性质的节点或金融实体团体。在金融实体的投资圈等网络中,局部的"强连通"关系本身就是一些结构性的异常,如某个独立的子图内部有大量的圈内互投资、互交易的情况,这可能是某些金融实体为了特定目的而专门组建的"团伙""派系";此外,网络路径中的一些关键节点也需要特别关注。

2)基于子图匹配的信用风险检测

本节研究所构建的多个网络图(或同一网络图在不同时间段的图序列)中都有各自的连通结构特征与社区分布。将比较各个知识图谱中的子社区的相似性或者重合匹配情况,发现可疑的金融实体交易行为、潜在风险或剧烈的结构变动。

3)基于机器学习的金融实体违约概率评估

拟使用 node2vec 等网络图的表示学习方法,训练知识图谱所对应的神经网络,将金融实体节点转换为数值向量,然后结合已有金融实体违约标签数据,对金融实体的向量空间进行度量学习等特征工程,最后使用支持向量机等机器学习分类算法,训练并预测金融实体的违约概率。

基于机器学习方法,主要分为监督式评分模型和无监督式评分模型。监督式评分模型依赖标签信息,通常使用分类器或者回归方法进行学习。

当前主流的企业信用评分方法仍是机器学习分类、回归等算法,通过算法自动从历史经验中学习,获取规律并应用到新场景如结构化的企业数据上,而此类方法无法直接应用于网络图数据的评分,新的基于网络图的评分方法研究亟待加强。相比数理统计,机器学习是将评价指标数据导入设定模型,结论通过模型自动分析得出,在最终的实际应用中,不需要提前假设变量之间的潜在关系就能实现新数据的评估。在解决非线性复杂问题上,尽管基于机器学习的方法具有显著优势，且提高了信用等级确定的预测精度，但是机器学习需要基于海量历史信息进行训练，这就是一大现实难点，且往往难以给出经济学解释。另外，以上研究中的评分方法的实质性依据仍较单一，而本节的研究是从企业基础信息、网络影响力、结构风险、违约概率等多个方面展开，然后综合评分，因此评分结果将更加全面、客观、可靠。

2. 基于知识图谱的金融实体信用风险评估方法及实施方案

本部分研究的核心目的是使用各种方法检测信用知识图谱中的潜在风险，从而为金融实体信用风险评价提供"负向"的依据。

1) 基于网络结构异常检测的信用风险识别

由于金融实体节点的标签（即"好""坏"）信息通常是缺失的，而结构异常检测是一种无监督的学习方法，不依赖标签，因此较易应用。异常检测并不能明确给出一个金融实体是否欺诈，但是可以通过这种方法排查出可疑的节点或者子网络，然后进一步进行调查确认。

课题使用的检测方法有以下几种。

（1）基于复杂网络结构分析的检测方法。①增强连通组件是一种内部所有节点都有直接互连接的子图，通过这种方法可以快速发现过于极端的子图。②派系过滤方法（clique percolation method，CPM）。该方法的最大特点是不要求子图内的节点互相之间完全连接，而可以设置一个阈值 k，通过 k 的设定过滤图中互连接都大于 k 的子图，从而发现信用网络中的派系和团伙。③基于 HITS 算法的异常检测方法。HITS 算法可以用于有向图中的结构性异常检测，如本节研究中的资金流水关系网络，HITS 算法对网络节点的出度、入度、Authority 和 Hub 值进行综合评估，发现异常的网络节点。

（2）基于知识图谱表征学习后的聚类方法。知识抽取的下一步为知识融合，知识融合与知识抽取都属于数据准备工作。通过知识抽取从源数据中获得的海量实体数据可能存在错误或重复冗余的情况，显然这些冗余或是错误数据可认定为无效，这些无效数据将通过知识融合进一步进行清洗处理，经过知识融合后的数据将有更高的质量得以提升利用率，从而为知识图谱的建立提供良好基础。通过知识融合，得出本体雏形，这些本体雏形基于事实表达，但是事实并不等同于知识，它是知识的一个基本单位，通过知识加工之后，才可以形成高质量的知识，进而可以形成规模化、系统化的知识体系。

2) 基于子图匹配的社区信用风险检测

子图匹配（子图同构检测）也是一种有效的识别异常的手段，但难点在于子图匹配通常是一种高时间复杂度的计算，甚至是 NP（non-deterministic polynomial，非确定性多项式）难问题。传统的子图匹配算法有 VF2、Ullmann 等，但使用这些方法进行风险识别时仍需对两个图中的所有子图两两比较，时间复杂度为：$O(m^2) \times$ 匹配算法时间复杂度（其中 m 为子图个数），本节研究所涉及的知识图有数十万个子社区，这些方法仍难以实施。

近年来该领域的一个研究热点是将网络图中的节点向量化（node2vec）。本节研究拟在社区发现的基础上，建立一种能够感知社区的高阶网络子图向量化算法：community2vec（社区向量化），拟提出算法的主要步骤如下。第一步：将社区编码为虚拟的节点，然后对社区和社区中所有的连通线路的节点分别建立序列关系，序列中的节点以度作为权重倒序排序。第二步：节点与节点之间的边按照随机游走（random walk）编码为节点序列。第三步：将社区与节点序列代入 word2vec 网络进行训练，获得每个节点的向量，虚拟的社区节点对应的向量即为社区向量。

本书提出的 community2vec 本质上仍是一种 Skip-Gram 模型，对子社区进行 community2vec 后，社区向量之间的相似性（欧氏距离）能反映子图之间的相似性；然后使用局部敏感哈希（locality sensitive hashing，LSH）等方法将网络子图映射到低维"哈希桶"，子图匹配时，仅需要在"哈希桶"内对子图的数值编码进行比较。这种方法能够大大降低子图匹配的时间复杂度，使大规模信用知识图谱中的子图同构检测变得更加可行。

本节研究的子图匹配算法的检测应用主要有两方面。①不同的网络图之间的社区子图匹配。例如，可对股东圈与资金流水圈的子社区重合性进行匹配比对，若股东圈与资金流水圈的子社区高度重合，则可能有圈内交易或洗钱等嫌疑。②同一网络图在不同时间段形成的图序列之间的社区子图匹配。正常经营的金融实体之间的连通网络在短时间内不会出现很大的结构性变化，如果出现剧烈变动，就可能出现某种异常情况，需要进一步跟踪研究。

3）基于机器学习的金融实体违约概率评估

在上一部分使用 node2vec 对金融实体节点进行了向量化后，本部分拟使用机器学习中的分类器算法，对金融实体的违约概率进行评估。近年来机器学习领域的大量研究表明，"特征工程"是提升机器学习效果的关键步骤，因此本部分的研究拟首先提出两种特征工程方法，然后基于分类器对金融实体违约概率进行评估。

（1）特征工程 1：基于距离度量学习的线性空间校正。距离度量学习的基本思路是：通过线性变换方法，使目标数据集的相同标签数据之间的距离更近，相异标签数据之间的距离更远。距离度量学习能够筛选出与信用评价相关的"信用敏感"的评分变量组合，去除与信用评价无关的变量信息。本书的前期研究表明，该方法能够加强一切基于"距离"的算法的效果，本节研究距离度量学习的作用有三点：加强信用评级时的 k 最近邻分类效果，加强金融实体聚类算法效果，加强径向基核函数的工作效果。

（2）特征工程 2：基于 Nyström 核变换拟合的非线性空间变换。信用风险的模式通常是多样的、随时间演化的，从空间的分布上看，风险金融实体一般在多个局部区域聚类出现，并不是一种"独立同分布"，这种信用风险分布的多样性使正类和负类金融实体在空间上并不是线性可分的。本节研究拟使用的广义线性分类模型，如支持向量机等，在这种分布的数据上效果欠佳。解决这种问题的一般方法是首先进行核变换，但核矩阵计算的时间复杂度为 $O(n^2)$，难以应用到本节研究的大规模数据集中。本节研究拟使用 Nyström 方法（使用径向基核函数）对经过距离度量变换后的评分数据进行近似核变换，即通过非线性方法将评分数据映射到更高维的空间，以使数据集更加线性可分。本书的前期研究表明，Nyström 方法的精度与核方法相差无几，但时间复杂度大大降低，可以大幅提高线性模型的分类和回归学习效果。

（3）基于监督式智能机器学习（分类器）的金融实体信用违约概率评估。本部分拟在上一步 Nyström 变换后的数据集上，基于有标签的数据子集训练逻辑回归、支持向量机、线性判别分析等分类器模型，然后使用训练好的分类器对所有金融实体的样本类别（0：不违约，1：违约）进行预测，由于此类模型的预测值是介于0～1的连续型数值，可以取该值作为金融实体的违约概率。

4.3.3　基于知识图谱的金融实体信用评价指标体系及综合评估

本部分的研究将整合前两部分对金融实体影响力和信用风险的评估，对金融实体信用做出综合评分，并对评分结果进行分析。在评分的具体流程上，主要涉及评价指标的建立、无监督式的评分和有监督式的评分。综合信用评分研究框架如图 4-10 所示。

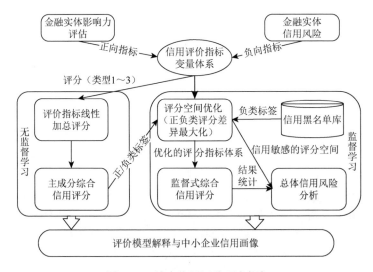

图 4-10　综合信用评分研究框架

1. 金融实体信用评分指标体系与综合评分

1）评分指标体系的建立

使用金融实体的影响力作为评分的正向指标，使用金融实体的信用风险作为评分的负向指标，本节研究拟使用的金融实体信用评价指标设计示例如表 4-3 所示。

表 4-3　拟使用的金融实体信用评价指标设计示例

指标类型	评分指标	变量	备注
类型 1：金融实体基本信息指标（被嵌入的原指标向量空间）	工商变更次数是否大于 3	X_{11}	过去一年内的工商变更次数，融资变更除外
	注册资本（实缴）	X_{12}	单位：万元
	存续时间	X_{13}	金融实体的存续时间，单位：年
	X_{1i}：其他金融实体基本信息评分指标		
类型 2：金融实体影响力指标（正向指标示例）	股东关系力（加权度）	X_{21}	股东关系网络图中的金融实体节点加权度的值
	股东关系圈 PageRank	X_{22}	股东关系网络图中金融实体节点的 PageRank
	股东社区总资本	X_{23}	金融实体所在的股东关系网络社区的总注册资本，单位：万元
	X_{2i}：其他知识图谱网络的指标数据		
类型 3：金融实体信用风险指标（负向指标示例）	结构异常风险	X_{31}	通过结构异常检测对节点风险概率的评估
	社区异常风险	X_{32}	通过子图匹配获得的社区风险概率的评估
	机器学习违约概率	X_{33}	通过机器学习获得的节点违约概率
	X_{3i}：其他信用风险检测结果		

本节研究在实施时构建了知识图谱中所有网络图的金融实体影响力变量与信用风险变量，构建方法与表 4-3 类似。

2）基于线性独立主成分的综合评分规则

由于上述的正、负向评价指标均为人工选取，各个指标的评分可能存在线性相关性。线性加总的评分可能由指标间的线性相关性导致评分中的某些"独立因子"权重过高，呈现一种"共线性"现象，使评价不够客观。为了克服此类问题，本节研究拟提出基于主成分分析的解决方案。设 y 是对指标 x 的评分，评分数据集有 r 个大的主成分，可通过线性变换得出新的评分指标：

$$z = U_{r \times m}^{T} y \tag{4-4}$$

其中，m 为原评价指标数；U 为自相关矩阵的特征向量矩阵；r 为新的评价指标数。各指标之间正交。由于 z 是单位正交向量，可能出现负值，将其归一化后为 $\tilde{z}$，

最终本部分的综合评分方案为

$$\text{Score}_{\text{pca}} = k_0 + k_1 + k_2 \sum_{i=1}^{r} w_i \tilde{z}_i \qquad (4\text{-}5)$$

其中，k_0 为基础分；k_1 为正常经营基础分；k_2 为正常经营最大差异评分；w_i 为各个指标的权重，$\sum_{i=1}^{r} w_i = 1$。由于该评分方法不使用标签信息，也称为无监督评分。

2. 使用标签信息的综合信用评分优化方法

前一部分无监督方式的评价指标体系易受主观因素影响，评价指标与真实金融实体信用的相关性未经验证，因此，本书尽可能使用已知的标签信息对原评分指标空间进行优化。金融实体标签信息的来源主要有两方面：①通过工商、法院、网贷平台收集金融实体的信用违约信息，作为负类样本；②使用非监督式评分中的一些代表性金融实体（如评分较高和较低的金融实体）作为正/负类样本。

设有一个实矩阵 $A_{m \times m}$，通过线性变换 $Y_i \to A \cdot Y_i$，可以实现对原评分空间的优化。本节研究拟提出以下数学优化问题：

$$\max \quad \sum_{i \in \text{good}} \sum_{j=1}^{m} A \cdot Y_{ij} - \sum_{i \in \text{bad}} \sum_{j=1}^{m} A \cdot Y_{ij}$$
$$\text{s.t.} \quad \sum_{i \in \text{good}} \sum_{j=1}^{m} A \cdot Y_{ij} \leqslant 1 \qquad (4\text{-}6)$$

其中，Y_{ij} 为对金融实体 i 的评分指标向量；j 为评分向量的各个指标分量；m 为总指标数（评分向量维度）。本优化问题的基本思想是：通过对原评分指标进行线性变换，使在新变换的指标体系下，已知的信用良好金融实体与信用违约金融实体的评分差距最大化。式（4-6）中约束函数的目的是防止线性变换矩阵 A 中的值无限放大。

线性变换矩阵 A 的作用是对原评价指标空间进行拉伸和旋转。由于在线性独立主成分部分已经消除指标之间的共线性关系，各指标间保持了正交，某种程度上无须对原指标体系再次进行旋转，此时可将矩阵 A 设定为一个对角矩阵，这将大大简化对 A 的求解。对评分指标空间进行优化后，指标体系将对金融实体的信用情况更加敏感。

3. 信用评分模型的可解释性方案与信用画像

本书课题成员前期参加的与金融机构合作的项目经验表明，"模型的可解释性"往往是金融管理机构与业务部门对评价类模型的首要要求。本部分研究是要结合评分模型提出指标体系和评分结果的可解释性方案，在信用评分模型的建立过程中，秉承客观性、有效性、简化性等基本原则，从以下几个方面展开。

1）管理人员与客户视角的解释

面向管理人员的解释主要侧重于给出评分的总体分布和相关统计特征、系统性信用风险特征、知识图谱总体和社区的分布特征，具体如管理人员年龄、管理人员学历、管理人员信贷违约次数、管理人员信贷违约金额等信息，并将结果使用 Gephi、KeyLines、D3、ggplot 等工具可视化，以增强解释效果。面向客户的解释主要侧重于给出评分指标的意义、评分指标的数据依据、综合评分中各指标项的权重解释等。具体信息：定性指标如竞争力维度的成长性收入、成长性净利润、供货商关系、客户关系、国家及地方政策支持；内部治理维度的管理层的能力与经验、管理结构；财务风险维度的财务灵活性、财务报表质量；定量指标如资产负债率、流动比率、速动比率、现金流动负债比率、经营活动现金流量增长倍数、现金利息保障倍数、净资产收益率、应收账款周转率、销售收入增长率、净利润增长率、销售利润率、存货周转率、总资产报酬率等。针对使用了机器学习非线性变换的综合评分情况，尽量从模型上跟踪变量的交叉和变换情况，给出变量变换的依据。

2）信用主体信用画像

事实上，A 中面向客户的信用评分解释也是信用主体信用画像的一部分，除此之外，还需要将知识图谱中一切和金融实体主体有关的信息提取出来，并可视化，如资产负债率、流动比率、速动比率、现金流动负债比率、经营活动现金流量增长倍数、净资产收益率、总资产报酬率、现金利息保障倍数、应收账款周转率、近两年设备更新率、销售收入增长率、净利润增长率、合同履约率、应付账款清偿率、未结清贷款金额、非正常信贷信息记录、国家地方政策支持注册资本、员工人数、品牌形象、企业慈善捐款情况、行业协会评价、环保记录、税务记录、法律诉讼、劳保记录、质检记录、工商年检记录等信息。例如，小微企业具有经营规模较小、经营决策权高度集中、灵活性和适应性强、经营管理的决策效率和市场敏感度高、增长性高、稳定性差等主要特征，对其企业经营管理情况进行分析对于评估小微企业的信用风险十分重要。小微企业具有规模小、投资方单一等特性，企业主、管理层个人和企业高度融合，在经营过程中个人与企业身份随时切换交织，其企业信用、品牌形象、风险承担和公共关系维系都更多依赖于企业主、管理层个人，使得企业素质在信用风险评估中的作用远大于其他企业，所以从多维度全方位对主体的信用状况进行画像。本部分的关键支撑技术仍是关系型数据的组织、存储、快速查询与可视化，本节研究将使用 Neo4j 和 D3 等技术实现。

3）总体信用风险分析

除个人的信用评分外，本书还对全局性的、系统性的信用风险进行分析。在设定的评估体系中引入区域性、行业性的偏宏观的发展前景指标，如区位地域、政策环境、行业现状、竞争能力等。同时，使用模糊集理论对评估体系中各指标进行处理，克服了传统研究中单一评分的不完全性，同时引入向量的投影技术进行信用风险分析，增强了模型在描述总体信用状况不确定性方面的能力。本部分研究主要是识别信用风险的分布子模式和动态发展情况。本书拟使用一种前期研究所提出的"增量式、自适应的监督式聚类"算法，即在变换后的"信用敏感"的评分空间基础上，使用"超球体"自适应地识别具有信用风险的金融实体簇，该聚类方法有以下优点：自适应地调整球体数量、自适应地调整球体大小。因此，该方法能够动态地识别信用欺诈的子模式和新出现的模式，可用于整体性的、系统性的信用风险分析。

4.4 基于知识图谱的金融风险案例分析

4.4.1 基于知识图谱的中小微企业信用风险分析（以山东城商行合作联盟为例）

1. 中小微企业信用风险的研究意义

中小微企业是最具创新活力的企业群体，是市场经济中最活跃的因素，也是我国经济发展的主要力量。完善中小微企业征信问题，解决其征信难、融资难的问题，对经济社会的发展有着非常重大的意义。

1）加快中小微企业信用认证建设是解决企业融资困难的重要措施

中小微企业融资难，拿不到银行的贷款，是因为银行不知道这家企业是好是坏，企业主要负责人是不是诚信；完善中小微企业信用系统，加快中小微企业征信建设是解决企业融资贷款过程中信息不对称、提高融资率的关键措施。

因此，应大力发展独立的第三方征信机构，支持建立征信体系，制定法律法规，提高融资效率，减少中小微企业融资成本，助力中小微企业发展，更好地为社会经济发展做服务。

2）建立适合中小微企业的征信模型

现有的征信、评信体系不够完善，缺乏权威的针对中小微企业的综合评价指标体系。传统的评价模式仅注重企业规模、财务指标，而且缺乏公平性。

基于大数据技术建设中小微企业主体以及关联方的多维度风险考察因子，弥补了由信息不对称造成的判断误差；同时为从业人员提供基于大数据模型的决策依据，辅助业务决策，降低人工误差，缩短业务时间。

3）全力迎接信用评分时代面临的挑战

填补 5 亿名没有央行征信记录的目标客户群体风险评估的空白；对 3 亿名有

央行征信记录的目标客户群体风险评估有效补充；打通"数据孤岛"，有效低价利用市场上的丰富数据源；突破建模技术难题，获得精准、高效和高覆盖性的评分；利用大数据对客户进行毫秒级的精准风险评估。

2. 基于监督学习的信用评分模型

1）基于个性化页面排序算法（Personalized PageRank）构建标签数据

本项目数据分为内部数据和外部数据。内部数据来源为联盟所连接的 34 家山东城商行在册的企业的银行流水数据，外部数据来源于互联网公开数据。

基于目前的数据情况，带标签的数据非常少，考虑到监督学习方法对标签数据的要求，需要人为地构造一些标签数据，构造方法如下。

假设有 M 个节点，其中有 m 个标签数据（可以是 1：有违约，0：没有违约记录），另外 $M-m$ 个节点没有标签。我们利用 Personalized PageRank 算法，得到每一个节点的权威值 r，对权威值排序。然后根据经验违约比例（所有企业中违约企业的比例） $p\%$，将权威值前 $M \times p\%$ 的节点标记为违约节点 $y=1$，其他节点标记为非违约节点。具体数学表达式如下：

$$r = (1-c)M + cv \qquad (4\text{-}7)$$

其中，v 为用户的偏好向量（或个性化向量），$|v|=1$，v 也被称为个性化 PageRank 向量（PageRank vector，PPV），它反映了图中每个节点针对给定偏好向量的重要性；c 为 v 的系数。

在这里，v 是一个 M 维的向量，向量中的第 i 个元素 v_i 表示第 i 个节点的违约信息。为了方便，我们假设前 m 个节点是带有标签的节点。我们有两种办法初始化 v，一种是对于前 m 个有标签的节点直接用对应标签值表示，后 $M-m$ 个元素用违约概率 $p\%$ 表示。另一种则是对于前 m 个有标签的节点直接用对应标签值表示，后 $M-m$ 个元素用 0-1 分布（ $P(y=1)=p\%$ ）随机生成；最后再标准化 v。

通过这个算法和基于违约信息的偏好向量，我们得到的权威值就能很好地反映节点违约信息，然后给出每个节点的相应伪标签 y'。

由于在我们的数据中一共有三个关系图，对于每一个节点，通过 Personalized PageRank，就可以由三个图得到不同的标签 y_1'、y_2'、y_3'。所以怎么去统一标签，还有待探讨。

2）基于监督学习的主要特征

本案例的主要特征包括以下三种：公司特征（竞争者数量、法人变动信息等不能在关系图中表示的特征）、节点特征（节点度等特征）、图特征（社区发现和聚类的特征）。具体如表 4-4 所示。

表 4-4　特征因子表

特征	解释说明
公司特征	
行业	
竞争者数量	
法人变动信息	
……	
节点特征	
节点度	与其他节点的链接数
违约节点度	与违约节点的链接数
非违约节点度	与非违约节点的链接数
带权重的节点度	与其他节点的链接权重之和
违约的权重节点度	与违约节点的链接权重之和
非违约的权重节点度	与非违约节点的链接权重之和
PageRank	不带违约信息的 PageRank
……	
图特征	
社区（聚类）中的节点数	一个社区（聚类）中的节点个数
社区中违约节点数	
社区中违约节点比	
社区（聚类）中的度	社区（聚类）中链接的个数
社区（聚类）中的权重度	社区（聚类）中的带权重链接的总和
node2vec 向量	
……	

A. 图特征的提取

由于图特征相对于公司特征与节点特征更难以直接发现，本节着重介绍图特征的提取方式：①通过 Fast Unfolding 算法构建社区；②通过 node2vec 算法实现节点的向量化表示，再根据向量化的节点进行 K-means 聚类（距离用余弦相似性定义）得到聚类结果；③基于得到的社区（聚类）提取相应特征。由于本节有三个关系图，所以最终会得到三个关系图（高管、股东、资金流水）的社区和聚类结果。

对于企业的资金流水图，做如下处理：①收集 2007～2017 年的各个企业之间的资金流水信息；②对有资金流水的企业进行连接得到无权重的无向关系图；③根据对每一条边添加权重，权重为 2007～2017 年资金流水的折现总额，具体计算方式如下。

假设 A、B 两个企业 2007～2017 年的资金流动信息为($C_0,\cdots,C_t,\cdots,C_T$)，$C_t$ 表示 $A \rightarrow B$ 或者 $B \rightarrow A$ 的资金流动（无向），其中 t 表示距离当前时间的时间间隔，t 越大，表示这笔资金流动的时间离当前时间越远，这笔资金流动对 A、B 两个企业连接权重贡献越小。所以本节通过对历史资金折现的方法计算权重：

$$W(A,B) = \sum_{t=0}^{T} \mathrm{e}^{-rt} C_t \tag{4-8}$$

其中，r 为利率。

因此，我们得到的资金流水图是一个带时间权重的无向图，前面提到的提取节点特征和图特征的方法，在资金流水图上仍然适用。

B. 监督学习模型

通过上述步骤得到特征和伪标签，就可以进行监督学习了，通过随机森林可以给特征进行重要性排序；通过逻辑回归可以找出特征与违约发生概率的关系；找出重要的特征及其与违约发生概率的关系之后，就可以根据这些特征进行评分模型的搭建。

4.4.2　基于知识图谱的企业绿色信用风险分析

本节介绍一种基于异构知识图谱的企业绿色信用评价方法。

1. 绿色信用挖掘的背景、难点及知识图谱的优势

中共中央十九届六中全会审议通过的《中共中央关于党的百年奋斗重大成就和历史经验的决议》指出：我国经济"必须实现创新成为第一动力、协调成为内生特点、绿色成为普遍形态、开放成为必由之路、共享成为根本目的的高质量发展"[①]。2021 年 11 月，时任国务院副总理刘鹤发表《必须实现高质量发展》，文中关于"高质量发展"的详细论述进一步指出，金融领域的核心工作是"深化金融供给侧结构性改革"，改革的目标是有序落实碳达峰碳中和，加强全国统筹，完善能耗控制机制，通过市场竞争推动淘汰落后产能[②]。

近年来，我国部分企业在资本市场的无序扩张增大了金融风险敞口，如"两高一剩"行业的过度投资、房地产行业的债务危机、大型互联网平台的垄断与不正当竞争等。由于资本的逐利本质与我国当前高质量发展的总体目标存在矛盾，资本市场亟须符合社会总体利益的约束机制。事实上，社会价值投资、ESG

---

① 中共中央关于党的百年奋斗重大成就和历史经验的决议[EB/OL]. http://www.gov.cn/zhengce/2021-11/16/content_5651269.htm[2021-11-16].

② 刘鹤. 必须实现高质量发展[EB/OL]. https://www.ccps.gov.cn/xxwx/202111/t20211124_151826.shtml[2021-11-24].

（environment，society and governance，环境、社会和治理）投资等新兴理念正是强调企业不仅要盈利，也要承担生态环境与社会责任。

企业的信用评估机制对引导资本规范健康发展具有重要作用。信用评估除关注企业的盈利潜力外，还应该考虑企业在生态环境友好、可持续发展等方面所创造的"价值"，即企业活动对生态环境和可持续发展所造成的正负面影响。"价值"一词强调企业的信用评估既要考虑企业的短期经济利益，也要对企业在生态环境方面的伦理、道德和企业对人类长期发展利益造成的影响进行价值判断。这种融合了生态环境价值考量的信用评估也称为"绿色信用评估"，其将企业活动在生态环境方面的回报、风险和成本纳入企业融资的量化评估，探讨如何建立能够促使生态环境友好与高质量发展等多方共赢的企业融资量化评估与引导机制，实现高质量发展的绿色金融数字治理路线。

表 4-5 总结了 ESG 信用风险评估常见的相关指标。

表 4-5　ESG 信用风险评估常见的相关指标总结

环境（E）	社会（S）	治理（G）
环境污染	社区关系	贪污腐败
清洁制造	供应链劳工关系	风险与危机管理
绿色建筑	人力资本发展	治理结构
可再生能源	员工福利与关系	贿赂与欺诈
温室气体排放	工作环境	股东权益保护
能源效率	多元化与包容性	薪酬制度
水资源管理	慈善活动	税务
土地资源管理	产品安全与质量	反竞争行为
生态多样性	数据安全与隐私	商业道德

资料来源：道琼斯 ESG 评价指标体系

从表 4-5 可以看出，生态环境信息是企业信用风险的重要信息源。但当前基于企业的生态环境信息进行信用评价仍面临如下难点。

（1）当前企业关于生态环境的数据披露多为文本，不相关的噪声较多，在企业信用评估时考虑生态环境价值在操作上仍有难度，当前亟须在信用信息的提取、结构化表示和价值发现上实现理论与方法突破。

（2）企业之间的关联关系是重要的企业信用评估信息源，但当前基于关系的研究主要是使用同质化的网络（如担保圈、股东圈、资金流水圈）关注企业之间的风险传递情况。如何有效地融合与企业相关的生态环境、经营、财务等方面的不同要素，以及要素之间的异质关系，实现对企业的多角度综合信用评估，仍是一个难点。

由于当前主流的信用评价方法存在上述不足与亟待解决的问题，近年来知识图谱被广泛用于解决以上问题，知识图谱在解决以上难题时具有如下优势。

（1）知识图谱是整合大量碎片化信用信息、进行异质多源数据融合的有效工具。虽然当前很多国家都针对上市公司制定了强制生态环境信息披露规定，但公司自身披露信息的真实性、可靠性存疑。对于中小企业来说，与环境、社会责任相关的信息的获取更加艰难。而知识图谱可以有效整合环境监管公告、新闻报道、社会评论等渠道的大量碎片信息，最大程度完善企业的生态环境信息拼图。

（2）知识图谱是实现关键信用信息筛选和提取的重要方法。生态环境类文本数据（包括监管信息披露、新闻报道、社会评论及公司注册信息）挖掘的一个难题是文本中包含了大量的不相关噪声，难以从大量嘈杂的信息中提取与信用评价相关的有效信息。知识图谱领域的自动化要素实体识别、关系抽取等方法可以有效过滤干扰信息，聚焦于与信用相关的要素，实现数据净化。

2. 企业绿色信用知识图谱构建及网络特点分析

本节将信用要素视为知识图谱中的"实体/节点"，将要素之间的关联关系视为知识图谱中的"边"，基于知识图谱实现信用信息提取与融合，并基于知识图谱对信用信息进行结构化表示与挖掘。

1）绿色信用要素实体的类别界定与提取

本部分主要识别领域专有词汇，定义信用要素实体的类别，并设计一种要素类别的自动化标注模型，对文本中所包含的大量潜在要素实体进行识别。

A. 生态环境类领域专有词汇的识别

鉴于生态环境行业的特殊性，现有的中文分词库一般难以识别生态环境类文本中的环境领域专有词汇。因此，本书提出一种基于互信息＋左右邻信息熵的领域关键词汇识别模型，从文本中识别出频次较高的领域词汇，作为下一步要素实体的备选。

B. 信用要素的类别界定及训练数据标注

在本节中，要素实体类别指的是披露文本中所包含的与信用有关的要素对象的类别。这些类别必须由人工进行界定，用于明确要素提取的范围与方向。结合前期积累的信用数据和 ESG 评估相关研究，定义了如表 4-6 所示的信用要素实体类别。

表 4-6　信用要素实体类别定义

编号	要素类型	标识	典型关键词
1	企业实体	COM	××公司、被告单位、被告人、海域使用权人、煤矿企业、废弃电器电子产品回收经营者、××运营单位
2	管理部门及相关机构、组织	GOV	环境保护行政主管部门、疾病预防控制机构、国务院核安全监管部门、工商行政管理部门、国务院卫生行政部门、太湖流域管理机构、海洋行政主管部门、国务院水行政主管部门、生态环境主管部门、环境保护主管部门、安全生产监督管理部门

续表

编号	要素类型	标识	典型关键词
3	碳足迹	CARB	碳排放、碳配额、低碳、零碳、煤炭、石油、天然气、碳交易、碳交易市场、碳市场、低碳改造、减碳、碳封存、碳达峰、碳中和
4	生态、自然资源	RES	国家重点保护野生植物、野生动物及其制品、大气环境质量、珍稀濒危野生动植物、可再生能源、生物多样性、地方重点保护野生动物、野生动物及其栖息地、野生动物、生态系统、防沙治沙、野生动物资源
5	污染物及生态破坏物	POL	固体废物污染、废弃电器电子产品、危险化学品、畜禽养殖废弃物、工业固体废物、危险废物、放射性固体废物、生活垃圾、挥发性有机物、放射性同位素、传染病疫情、医疗废物
6	设施、资金	FAC	医疗废物集中处置设施、城镇污水处理设施、污水处理设施、污染防治设施、地震灾后恢复重建资金、非道路移动机械、污水集中处理设施、放射性物品运输容器、民用核安全设备、环境保护设施、危险化学品运输车辆
7	工程项目事件	PRJ	海岸工程建设项目、突发环境事件、土壤污染状况、船舶污染事故、突发事件、危险化学品事故、基础设施建设、传染病防治工作、辐射事故、突发事件应急
8	科技研发	RDT	绿色发展、农业技术推广、国家科学技术进步奖、国家科学技术奖励、国家科学技术奖、生态文明建设
9	法律、法规、文件	LAW	土地利用总体规划、环境影响评价文件、危险废物经营许可证、建设项目环境影响评价、环境影响评价、允许进出口证明书、风景名胜区规划、核发允许进出口证明书、环境影响报告书、土壤污染风险评估报告、排污许可证
10	其他	OTH	其他词汇均为此类别

基于以上类别界定，采用两种方法来标注一定数量文本数据中的要素类别，用于后续的监督型模型训练。①使用每个要素实体类别的典型关键词进行全文搜索与匹配，其中关键词由上一步的"领域专有词汇识别模型"识别。这种直接匹配的方式速度较快，但准确率有限，需要再经人工检验与确认。②人工标注。这种方式费时费力，但准确率很高，实践中少量的人工标注不可或缺，本书前期已开发了 Web 版的要素类别序列辅助标注系统。

C. 基于命名实体识别的绿色信用要素实体智能识别与标注

本部分设计了一种改进型的命名实体识别神经网络模型，使用上一节已标注训练数据的要素实体类型及词汇在实体中的起始（B）、中间（I）、外部（O）等位置信息，训练所提出的神经网络，然后对其余潜在的要素实体类别进行自动化识别与标注。

区别于传统的 BiLSTM + CRF 型命名实体识别模型，本部分提出基于 BiTransformer + CRF 的模型，其中的 BiTransformer 将经典的 Transformer 改进为新的带有方向和位置信息编码的版本。前期实验表明，Transformer 中的"注意力"机制虽然具有识别长距离依赖关系的优势，但其对词汇位置进行编码的方式仅能反映词汇之间的相对位置，并不能反映方向信息，这不适合信用知识图谱任务。

因此，本部分拟重点改进词汇位置编码机制，使其能包含方向信息；另外，上述模型输入除了词向量本身外，还包含词性等额外信息的编码，这都将丰富所提出模型的信息源，增强要素实体类别自动化识别的效果。

2）绿色信用要素实体之间的关联关系分析

本部分拟将企业之间、企业与生态环境要素之间的关系识别视为一个披露文本段落的分类问题，分类的标签为要素间关系的类别。

A. 信用实体之间的关系类别界定

基于前期调研，本书定义了常见的信用要素实体之间的关联关系类别，如表 4-7 所示。

表 4-7 定义的信用要素实体关联关系类别

编号	环境要素关系类型	标识	关系说明
1	企业与企业（i）	COM_COM_i	企业与企业之间的关系，如投资圈、高管圈、担保圈、供应链等（37 种央行定义的金融关系）
2	企业与生态自然资源	COM_RES	企业与生态自然资源关联关系
3	企业与污染物	COM_POL	企业与污染物关联关系
4	企业与法律（违法）	COM_LAW	企业与法律关联关系（违法）
5	企业与设施资金	COM_FAC	企业与设施资金关系
6	企业与科技研发	COM_RDT	企业与科技研发
7	管理部门与企业	GOV_COM	管理部门与企业关联关系
8	生态自然资源与法律	RES_LAW	生态自然资源与法律包含关系
9	污染物与法律	POL_LAW	污染物与法律法规文件包含关系
10	主管部门与法律	GOV_LAW	主管部门与法律关系
11	主管部门与生态自然资源	GOV_RES	主管部门与生态自然资源关系
12	主管部门与污染物	GOV_POL	主管部门与污染物关系

以上要素间关联关系类别的界定，为后续的关系抽取提供了标签类别依据。

B. 基于多头注意力分类模型的信用要素间关系抽取

本部分将要素实体间关系的抽取理解为一个分类问题。前期研究表明，使用传统的 RNN（如 GRU 或者 LSTM）从文本中提取关系时面临严重的噪声难题。而近年来兴起的序列化模型中的"注意力机制"能够赋予输入文本序列中的不同词汇以不同的权重，通过将部分词汇权重重置为零可以有效地过滤不相关的信息。基于此，本部分提出了如图 4-11 所示的关系抽取模型。

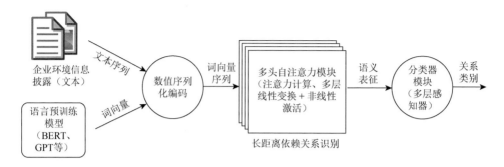

图 4-11　基于序列分类的绿色信用知识图谱实体间关系的抽取模型

首先，将上一节中识别的信用要素实体，组合为"两两实体对"，然后在环境披露信息中搜索同时包含这些实体对的文本段落，将这些段落的词汇构建为拟进行分类的词汇序列，再借助 BERT 等预训练语言模型，将词汇序列转化为词向量序列。

其次，构建了一个"多头自注意力模块"，用于识别文本中词汇间长距离的依赖关系对信用分类的影响。自注意力机制是近年来序列化模式挖掘领域的热门研究内容，其最大的优点是能够对序列元素赋权，识别长距离的依赖关系，这对文本段落这种包含大量噪声的数据来说，非常适用。然而，自注意力模型的弱点是潜在的注意力矩阵规模庞大，训练一个完善的自注意力模型往往需要海量数据。因此，本部分还提出了一些新的自注意力表达与计算机制，解决注意力矩阵过大和稀疏等方面的问题。

3）绿色信用知识图谱的网络特征分析及结构异常风险分析

基于以上步骤提取的要素实体及要素间关系，可以构建一个"绿色信用知识图谱"，图谱中富含企业与其他环境要素之间的潜在作用关系。本部分从网络结构特点角度对图谱中所蕴含的绿色信用风险作初步分析，为后续的结构化向量表示和信用信息挖掘提供依据。

A. 知识图谱总体网络特点分析

选取的信用知识图谱总体网络特点指标和企业实体个体网络特点指标如表 4-8 所示。其中总体网络特点指标将作为总体信用风险分析的依据之一，个体网络特点指标将作为企业绿色信用评估的依据之一。

表 4-8　拟使用的总体网络特点指标与企业实体个体网络特点指标

指标类型	网络特点指标	解释说明
总体网络特点	度的分布	企业或环境要素关联的聚集程度
	网络直径（最长最短路径）	网络中最长的要素间最短路径长度

续表

指标类型	网络特点指标	解释说明
总体网络特点	平均路径长度	平均要素间最短路径长度
	平均聚类系数	反映网络图的整体连通性
	总三角连接数	反映要素实体子集之间的连通性
企业实体个体 网络特点	节点度（出度/入度）	反映企业和其他节点的连接程度
	PageRank	反映企业在网络中的影响力
	Authority	HITS 算法计算出的权威值
	Hub	HITS 算法计算出的枢纽值
	聚类系数	反映企业在局部社区的归属程度
	三角连接数	反映企业与周边企业的连通情况

　　企业节点的个体网络特点，如 PageRank、聚类系数等，反映了个体企业与其他信用要素之间潜在的风险关联程度。以上特点指标的计算将使用 Spark GraphX 及 GraphFrames 实现。

　　B. 基于网络结构异常检测的绿色信用风险分析

　　由于企业实体的信用标签（即"好"、"坏"或"高"、"低"）通常是缺失的，而结构异常检测是一种无监督的学习方法，不依赖标签，因此应用较容易。异常检测并不能够明确地给出一个企业是否有信用风险，但可以通过这种方法排查出可疑的企业节点或者子网络，然后作进一步调查确认。

　　本部分使用的检测方法有以下几种。①增强连通组件是一种内部所有节点都有直接互连接的子图，通过这种方法可以快速发现过于极端的子图。②CPM 法。该方法的最大特点是不要求子图内的节点互相之间完全连接，可以设置一个阈值 k，通过 k 的设定过滤图中互连接都大于 k 的子图，从而发现信用网络中的资源重度消耗企业。③基于 HITS 算法的异常检测方法。HITS 算法可以用于有向图中结构性异常检测，如本书中的"供应链网络"，HITS 算法对网络节点的出度、入度、Authority 和 Hub 值进行综合评估，发现异常的生态环境风险。④不同的网络图之间的社区子图匹配。例如，可对已知信用企业与环境要素关系图和未知信用企业与环境要素关系图的子社区的重合性进行匹配比对，若两个图的子社区高度重合，则可以通过已知信用企业的风险情况推断另一个未知信用企业的类似风险情况。

　　通过以上部分对知识图谱网络特征的分析，可以从网络结构的角度评估企业节点的影响力与风险属性，并作为企业绿色信用评估的重要信息源。

3. 异质绿色信用知识图谱的结构化表示学习

本部分将非结构化的异质绿色信用知识图谱中的要素实体与关系映射到一个数值化的低维向量空间，为后续的信用挖掘任务建立基础。当前异质知识图谱表征的主要难点为：①需要融合要素实体的原有属性（如企业的经营、财务与工商信息）与新的要素网络结构特征信息；②需要对在知识图谱中未出现过的环境要素与企业实体进行表征，即归纳推理式（inductive inference）学习；③需要表示有向的、不同关系类别的异质要素间关系。为解决以上问题，笔者基于绿色信用知识图谱的异质性分析，设计了一种编码器—解码器结构的模型，编码器通过非线性方法将知识图谱中的环境要素实体和关系映射到低维向量空间，解码器尽力恢复知识图谱中的异质结构信息。模型的结构如图 4-12 所示。

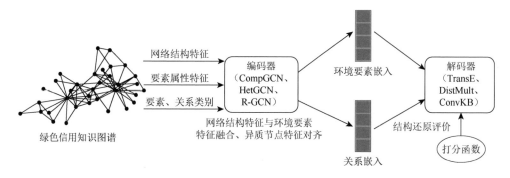

图 4-12　基于编码器—解码器网络结构的绿色信用知识图谱空间嵌入

首先，设计了一套对知识图谱中的网络结构特征、要素属性特征（如经营、财务和工商信息）和要素、关系类别进行编码的标准化机制，作为嵌入系统的输入。特别地，编码器既能够对已有的企业与环境要素实体进行编码，又能够对新出现的要素实体和关系进行编码。

编码器包括 CompGCN（composition-based multi-relational graph convolutional networks，基于组合的多关系图神经网络）、HetGCN（heterogeneous graph convolutional networks，异构图卷积网络）、R-GCN（relational-graph convolutional networks，关系图卷积网络）等。

其次，使用关系式图卷积网络、异构消息传递与注意力等机制，凝练异质绿色信用知识图谱中的生态环境要素信息和要素实体间的长程依赖关系，将知识图谱中所蕴含的网络结构特征、要素属性特征和要素、关系类别等知识融合在一个低维的向量空间中。

最后，本部分还构建了知识图谱的解码器结构，其关键是合理地定义知识图谱中关于信用关联三元组 (h,r,t) 的打分函数 $h_r(h,t)$，基于实体表示向量平移不变性等原理对要素实体节点和关系的表示向量进行评价，打分函数将体现信用风险的潜在关联性识别、生态环境方面的道德价值判断以及金融领域知识性评价，最终基于打分函数构建绿色信用知识图谱空间嵌入神经网络的损失函数。解码器包括 TransE（translating embedding，翻译嵌入）、DistMult、ConvKB（convolutional knowledge base，卷积知识库）等。

4. 企业绿色信用的量化评估

在实现了绿色信用知识图谱的嵌入学习后，可以基于这些结构化表示的企业实体进行绿色信用的量化评估。本部分将企业信用的量化评估归纳为三类问题：信用评分、信用评级和信用分类。然后研究如何基于知识图谱表征的企业向量构建用于信用量化评估的回归或分类模型，特别是如何应对表征空间可能存在的复杂特征交互和线性不可分问题。基于数据挖掘的企业绿色信用评估模型结构如图 4-13 所示。

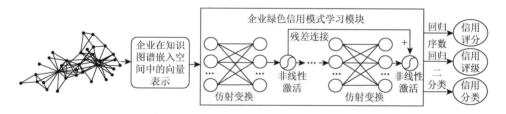

图 4-13　基于数据挖掘的企业绿色信用评估模型

首先，提出了一个面向信用评估的"企业绿色信用模式学习模块"，通过神经网络多轮的仿射变换（线性变换 + 偏置）、非线性激活、残差连接等机制，既实现了对知识图谱嵌入空间中可能存在的复杂特征交互和线性不可分问题的处理，也基于残差连接防止了过拟合问题，最终将企业实体在绿色信用知识图谱的向量表示变换为一种简单的信用分布状态（如不同信用类别企业线性可分），为下一步信用评估建立基础。

其次，针对信用量化评价的三类问题：信用评分、信用评级和信用分类，分别构建了数据挖掘领域的回归、序数回归和二分类问题进行解决。针对信用评分问题，由于上一步的"企业绿色信用模式学习模块"能够将企业向量呈现为简单分布状态，只要再在其后部添加一个"线性回归模块"，即可实现对企业的信用评分；针对信用评级问题，可以添加一个"序数回归模块"，将信用的各个级别理解为有序数关系的几种类别，构建相应的损失函数；针对信用分类问题，一般为高、低信用的二分类问题，通过添加一个简单的"线性分类器"（如感知机）即可实现。

基于上述信用评价模型，本节还对知识图谱中所涉及的 6 个行业的企业的信用分类（信用高或低）评价进行了实验，准确率对比结果如表 4-9 所示。

表 4-9　与其他经典信用评价模型的准确率对比

数据集	所提出方法	NaiveBayes（朴素贝叶斯）	BayesNet（贝叶斯网络）	AdaBoost	C4.5	随机森林
行业 1	88.45%±0.14%	64.67%±1.31%	76.63%±0.31%	73.25%±2.47%	83.89%±0.22%	77.89%±0.16%
行业 2	83.21%±3.81%	68.04%±6.86%	78.81%±0.16%	81.72%±0.24%	80.12%±0.68%	73.21%±0.39%
行业 3	93.76%±0.37%	41.65%±1.70%	79.38%±0.04%	92.44%±0.04%	92.46%±0.06%	90.61%±0.04%
行业 4	91.27%±0.06%	85.00%±0.37%	85.80%±0.35%	90.40%±0.27%	90.59%±0.13%	88.17%±0.31%
行业 5	89.76%±0.16%	84.09%±0.62%	84.20%±0.37%	89.25%±0.26%	89.51%±0.18%	84.19%±0.20%
行业 6	99.94%±0.45%	98.44%±0.52%	99.86%±0.00%	99.98%±0.00%	99.98%±0.00%	99.91%±0.06%

由表 4-9 可以看出，在绿色信用知识图谱表征学习结果的基础上，使用神经网络的信用评价方法相较于传统分类器方法准确率有了较大的提高。

第 5 章 基于演化实验的地方金融风险预警

防范金融风险、维护社会和经济稳定发展一直以来都是金融工作的永恒主题。本章从演化实验的视角介绍地方金融风险相关问题，在构建地方金融风险演化实验模型的基础上提出早期预警平台设计思路。演化实验的思路来源于基于代理的模型（agent-based model，ABM），以一种自下而上的建模方法研究复杂经济体中微观主体之间的交互演化过程。地方金融系统作为一个复杂自适应系统，其中的各部门代理存在复杂的交互联结行为，从而积聚和传导地方金融风险。

具体而言，本章第一节首先介绍了地方金融系统的复杂性，同时，通过介绍经典的演化实验模型，并与以 DSGE 模型为代表的传统模型进行对比分析，阐释演化实验模型的概念和在研究地方金融风险问题上的适用性。本章第二节则以演化实验建模的理论基础为核心，着重介绍演化实验建模的一般流程，并针对本章研究问题对演化实验模型进行了改进。本章第三节是演化实验建模部分，通过机器学习和大数据文本分析方法，构建地方金融风险监测指标，并提出地方金融风险早期预警平台设计思路。

本章通过演化实验方法研究了地方金融风险问题，以某市 2019～2021 年的数据为基础进行建模分析，并提出相关的资政建议和地方金融风险早期预警平台设计思路。希望读者在阅读本章的过程中，能够理解运用演化实验方法研究金融问题的建模思路与流程，同时希望本章的内容能为读者后续的研究工作提供帮助。

5.1 演化实验方法在地方金融风险预警研究中的适用性

5.1.1 地方金融系统的复杂性

地方金融风险监测和防控在第五次全国金融工作会议中被列为金融安全的重要部分。会上习近平总书记对地方金融安全的监测和防控提出非常明确的指示与要求，强调"地方政府要在坚持金融管理主要是中央事权的前提下，按照中央统一规则，强化属地风险处置责任"。[①]

---

① 全国金融工作会议在京召开[EB/OL]. http://www.gov.cn/xinwen/2017-07/15/content_5210774.htm[2017-07-15].

　　在传统的地方金融风险理论和模型研究中，学界和业界普遍聚焦地方财政风险、地方房地产部门风险和地方金融机构风险等问题。其中，地方金融机构的主要风险又可进一步划分为信用风险、市场风险、操作风险、合规风险、违约风险、金融案件风险等。在 2008 年全球金融危机爆发之后，我国出台了"四万亿"计划提振经济。这种大水漫灌的提振计划为地方金融安全埋下了一定的风险隐患，地方政府投融资平台与房地产部门的关联以及地方发展高杠杆等问题受到了广泛的关注和研究。近年来，随着信息技术的发展以及"金融＋互联网"模式在地方经济金融体系中的深入渗透，地方金融生态系统日益庞杂。伴随而生的大量的跨界新金融业务、非中央监管的金融机构和交叉性金融产品使得金融系统不同组成部门内部以及部门之间的风险传导机制更为复杂，这使得地方金融体系中非传统研究对象增加，其中的行为特征和交互规则也更难以监管，地方金融风险防护形势严峻。

　　此外，地方政府对金融活动主体的监管也存在"发展"与"监管"的平衡难题。在微观层面上，地方经济的发展往往意味着更宽松的监管要求，但是这会使地域经济呈现出"泛金融化"、过度创新等特征，还会使非法集资事件频频发生，地区非监管金融平台泛滥等，加大地方金融风险的监管难度。同时，地方政府在很多方面缺乏监管权限，在日常监管中缺失，所以一旦发生金融风险引发的群体性事件，很难做到短期看清全貌、及时整顿金融秩序并化解金融风险。在宏观层面上，金融监管中常常出现"过犹不及""一放就乱、一管就死"等乱象、怪象。此外，由于金融科技快速发展，监管很难把握放松与严格之间的平衡，往往会出现"放松监管—创新过度—金融危机—严格监管—压制创新—放松监管"的循环更替现象。因此，技术领域的创新突破以及互联网与金融相结合的新发展模式对地方金融风险的监管和预警提出了新问题和新要求。

　　研究互联网时代地方金融风险的预警和监管问题，首先需要深刻理解地方金融风险的复杂性。事实上，从演化实验的视角出发，对于复杂经济体系的研究思路，也随着技术领域的创新突破以及互联网的发展，呈现出由简单到复杂的趋势。在传统的研究思路中，人类社会经济系统被认为是一个简单系统，即整体是由各部分简单线性叠加而成，整体等于部分之和。但是，近一个多世纪以来，随着人类在各个领域的技术创新突破，人类社会分工更为细化和多元，各个部门组织内部以及部门之间的相互协作愈加复杂。并且，随着自然科学的发展，人们逐渐意识到，线性模型只是现实社会中的特例，非线性科学才更符合系统的现实特征。在此基础上，系统科学理论提出了系统是一个有机整体的观点，系统中的各个部门都与其他部门有所连接，并且系统总体并非各个部门的简单加总，而是内部所有要素的非线性组合。

　　在这种非线性理念的引导下，相关学者采用一种由内向外、由微观向宏观的研究模式，将系统内各个部门称为不同的代理（agent）进行建模分析，并认为每一个代理都遵循一定的规则，在环境中进行交互，最终通过演化等过程使得整个系统在宏观上体现出一定的特征。在这方面，霍兰德（Holland）[1]提出了复杂自适应系统（complex adaptive system，CAS），为后续的演化实验研究提供了全新的思路。

　　复杂自适应系统理论认为，系统中的个体有其期望效用和一定的主观能动性，并在遵循一定规则的基础上，与环境之间存在主动的、反复的交互作用，这被称为"适应"（adaptation），即适应性造就复杂性。在这整个过程中，系统因为其内部个体与环境之间的交互以及个体内部和个体之间的作用，呈现出不断演化的动态过程。演化实验则可以基于其动态变化过程以及演化结果提出相关的结论和政策分析。相较于传统的宏观建模思想，这种自下而上的建模思路更加关注系统内部的交互和演化，将微观视角和宏观理论有机结合，为相关领域提供了许多重要的研究方法与结论。

　　对于地方金融系统而言，其内部由大量具有适应性行为的代理组成，如地方债务部门、房地产部门、金融市场部门、企业部门、家庭或个人部门等。部门内部也呈现出复杂的结构和作用规则，比如在金融市场部门中，仅地方金融机构就包含 11 类。这些代理在复杂的社会关系基础上，通过相关金融活动，呈现出复杂自适应系统的几大主要特征，如聚集性（aggregation）、非线性（nonlinearity）、内部模型（internal models）、多样性（diversity）等。此外，在地方金融系统内部，微观主体不断演化，不同代理异质、分散，彼此关联并相互作用，如交易环境受到市场多类参与者以及监管部门的共同影响，呈现出市场过热或者遇冷等不同阶段。反之，市场环境的不同状态又会作为一个要素影响市场参与者的决策，例如，消费者会根据对环境信息的感知和敏感度调整其风险偏好与投资回报预期等，这使得地方金融系统的演化过程愈加复杂，对于地方金融风险预警的难度也随之增加。通过演化实验的方式研究地方金融风险，是在基于个体机构结构化财务数据的风险管理理论与方法的基础上，进一步集成金融大数据和云计算等技术，刻画代理行为，描述代理之间以及代理与环境的交互机制，形成以数字化为核心的动态建模思路。

　　在本章中，将使用演化的思路研究地方金融风险，通过适用性分析论证演化实验思路用于地方金融风险预警研究的可能性，并提供理论模型和地方金融早期预警平台设计，以供相关学者研究参考，本章内容框架如图 5-1 所示。第一部分，本章将通过比较传统模型（DSGE 模型）与演化实验模型［宏观经济代理模型（macroeconomic agent-based models，mABMs）］，对地方金融预警研究模型进行适用性分析。第二部分，本章将介绍主流演化实验模型及其建模思路，并针对地方

---

① Holland J H. Studying complex adaptive systems[J]. Journal of Systems Science and Complexity，2006，19（1）：1-8.

金融风险提出模型改进方法。第三部分，通过引入地方政府债务部门、企业部门、政府部门等构建地方金融系统风险边界，基于演化实验思路构建监测指标和设计模型，在此基础上提出地方金融早期预警平台设计思路。

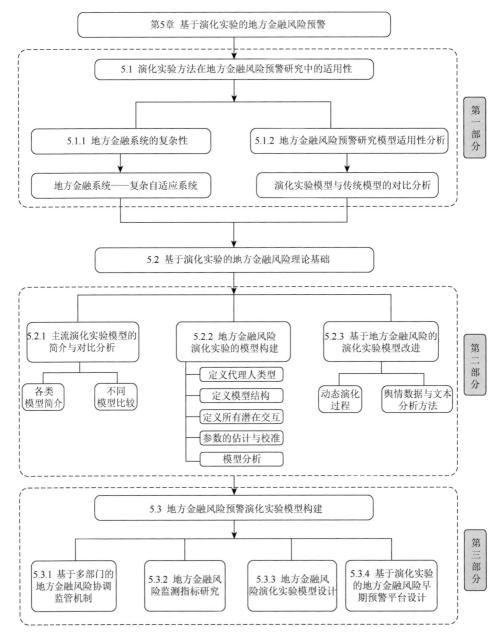

图 5-1　本章内容框架

5.1.2　地方金融风险预警研究模型适用性分析

随着地方金融的快速发展，地方金融系统中的显性风险和隐性风险会对地方经济社会和生活产生一定程度的影响，因此地方政府等各级组织部门有必要对地方金融风险的预警与防范做出相应措施。

对地方金融风险有了基本认知之后可以为地方金融风险的预警与防范提供方向。金融风险有广义和狭义之分。广义的金融风险是指个人、企业、金融机构和政府在参与金融活动的过程中，由客观环境因素变化、决策失误或其他原因导致的金融资产价值、信誉遭受损失的可能性。狭义的金融风险则指金融机构在从事金融活动时，其资产、信誉遭受损失的可能性。按照金融风险的特征、发生形式与发生规模可以将金融风险分成宏观金融风险、地方金融风险两种层次性风险。地方金融风险的形成过程可以概括为个体金融机构的单个金融风险事件的发生、积聚、传播、扩散，从而引起的地方金融风险的发生。究其原理则是由于金融过程中的多网络复杂关联性，致使金融风险发生互通，互相影响，不断传播扩散。而地方金融风险如果发生上升性行为则会突破区域性进而引起整个宏观金融系统的动荡，引发宏观金融风险，造成金融危机。

因此维持金融稳定是地方金融体系研究的一大重要目标，具体来看，就是需要对地方金融风险加以限制和预警。地方金融风险预警是根据地方金融风险的静态和动态监测情况，利用技术手段，对风险较大或风险突然加剧的地方金融机构及时进行预警的方法和过程，从而督促地方金融机构加强防范和化解风险工作。这样做一方面可以减少监管成本，另一方面可以通过对不同层次指标的研究发现地方金融风险问题的根源，发现危机信号，采取有效措施，从而进行有效治理。借助科学的方法，在地方金融风险指标体系的基础上展开分析并判断金融风险的程度，对现实经济生活具有重要的意义。

对于金融风险,传统宏观政策分析方法使用 DSGE 等一般均衡模型进行预测。DSGE 模型指动态随机一般均衡模型，它最早起源于基德兰德（Kydland）和普雷斯科特（Prescott）[1]提出的实际经济周期模型。卡尔沃（Calvo）[2]针对 RBC（real business cycle，真实经济周期）模型中的一些假设（尤其是价格完全弹性假设）进行了批判，吸取了 RBC 模型中经济主体最优化跨期行为的思想，通过引入垄断竞争市场、价格和工资黏性等假设创立了新凯恩斯主义的 DSGE 模型。克里斯蒂

---

① Kydland F E，Prescott E C. Time to build and aggregate fluctuations[J]. Econometrica，1982（1）：1345-1370.

② Calvo G A. Staggered prices in a utility-maximizing framework[J]. Journal of Monetary Economics，1983，12（3）：383-398.

亚诺（Christiano）等[①]将工资黏性、价格黏性、资本利用率、消费惯性、厂商信贷约束等因素融入 DSGE 模型，通过参数估计发现该模型可以较好地刻画美国货币政策冲击对经济的影响。20 世纪 70 年代开始，宏观经济研究的主流转向使用动态均衡模型（DSGE）作为宏观经济研究和政策分析的框架。这些模型建立在代表性代理假设、理性预期以及基于所有代理跨时间最优行为的均衡之上。模型概念清晰、结构简洁，具有较高可靠性、实用性。如今，DSGE 模型已成为宏观经济政策分析的主力军。

DSGE 模型的几大特点可以概括为：动态、随机和一般均衡。动态指的是在行为方程和预算约束的基础上为每个部门构建时序动态方程，这使得模型过程及结果都包含了当前和未来时间效应，由此，可以进行跨期基准下的时序最优选择。随机指的是 DSGE 模型可以对不同类型的随机效应、随机误差、外部来源进行解释，并描述不同外部冲击对经济的影响。一般均衡则是考虑主体之间的相互作用、互相影响，最终达到一种相对均衡的资源配置最优状态。

尽管如此，DSGE 模型并不是完美无缺，如 Dosi 等[②]对 DSGE 模型的缺陷进行了分析，并介绍了基于代理的模型对于外生冲击的预测有效性。DSGE 模型有以下几个缺陷。

（1）理论缺陷：DSGE 模型植根于传统的一般均衡模型。一般均衡的充分条件不能确保稳态解的唯一性和稳定性，这是由代理人的同质性假定导致的。此外，对于稳态解的求解过程可能存在问题，这是由于解的非唯一性可能导致 DSGE 模型的爆炸性灾难。

（2）经验问题：DSGE 模型所考虑的内生变量的数量通常大于结构性冲击的数量，这可能导致系统的奇异性。此外，结构参数的非线性，可能会在全局或局部水平上影响估计的准确性，导致参数被欠识别或部分识别，部分参数会暴露于弱识别问题中。此外，带有经验性的估计会导致 DSGE 模型无法解释罕见经济危机的产生。

（3）政治经济问题：DSGE 模型的假定是极其特殊且不符合实际的，它要求具有理性预期的代理人通过动态规划问题做出理性决策，但这在现实情况中是难以做到的。

科尔曼（Kirman）[③]提出，一组代理的最优决策不代表每个个体的最优决策，

① Christiano L J，Eichenbaum M，Evans C L. Nominal rigidities and the dynamic effects of a shock to monetary policy[J]. Journal of Political Economy，2005，113（1）：1-45.

② Dosi G，Fagiolo G，Roventini A. An evolutionary model of endogenous business cycles[J]. Computational Economics，2006，27（1）：3-34.

③ Kirman A P. Whom or what does the representative individual represent?[J]. The Journal of Economic Perspectives，1992，6（2）：117-136.

且在政策发生变化时，代表性代理的影响可能和所有代理的总体影响不同，这会导致代理人模型中福利分析存在问题。Kirman[1]证明了在合理的信息假设下，这种总体收敛无法构建。在常规的均衡分析中，如常用的 DSGE 模型，对于均衡状态下所有主体的协调假设是非常强的，这在很多模型中是难以保证的。豪伊特（Howitt）[2]指出，这种对于经济中协调问题的忽略，会导致未能发现危机以及错估政策的影响。卡罗尔（Carroll）[3]、霍姆斯（Hommes）等[4]从更技术性的角度指出 DSGE 的研究通常依赖于围绕稳态的模型进行动态局部逼近，这不能捕获底层模型的全局动态，使得在大框架中捕捉全局现象（如政权变化与世界经济波动）成为问题。商业周期和波动是由基本面或预期冲击驱动的，这种模型的建立极具经验性，因而难以应对突发的周期衰退或下行情况。贝内斯（Benes）等[5]认为 2008 年的经济危机对传统的 DSGE 模型造成了冲击，使得模型引入了更多的异质性与非理性预期，增加了现实和金融动态之间的反馈。目前，大多数多代理（multi-agent）经济系统建模使用了 DSGE 的结构，模型中的某些部分包含了局部代理交互的微观层次表示，并依赖基于代理的动态模拟，包括阿努弗里耶夫（Anufriev）等[6]、阿森扎（Assenza）和加蒂（Gatti）[7]、伦尼克（Lengnick）和沃尔特曼（Wohltmann）[8]，他们在设计过程中考虑了个人的行为和交互模式，同时通过比较总体水平和经验数据特征来验证模型，这解决了 DSGE 模型本身的同质预期假设带来的问题。

随着计算机技术的发展，基于代理的模型体现出其优势，并逐渐被广泛研究和应用。

在 mABMs 中，商业周期是由模型的机制驱动的，而不是由外生冲击的属性驱动。此外，这些模型中的代理会产生持续的异质性，从而产生稳定的公司规模、

① Kirman A. Ants and nonoptimal self-organization: lessons for macroeconomics[J]. Macroeconomic Dynamics, 2016, 20 (2): 601-621.

② Howitt P. What have central bankers learned from modern macroeconomic theory?[J]. Journal of Macroeconomics, 2012, 34 (1): 11-22.

③ Carroll C D. Macroeconomic expectations of households and professional forecasters[J]. The Quarterly Journal of Economics, 2003, 118 (1): 269-298.

④ Hommes C, Sonnemans J, Tuinstra J, et al. Coordination of expectations in asset pricing experiments[J]. The Review of Financial Studies, 2005, 18 (3): 955-980.

⑤ Benes M J, Kumhof M M, Laxton M D. Financial Crises in DSGE Models: A Prototype Model[M]. New York: International Monetary Fund, 2014.

⑥ Anufriev M, Assenza T, Hommes C, et al. Interest rate rules and macroeconomic stability under heterogeneous expectations[J]. Macroeconomic Dynamics, 2013, 17 (8): 1574-1604.

⑦ Assenza T, Gatti D D. E Pluribus Unum: macroeconomic modelling for multi-agent economies[J]. Journal of Economic Dynamics and Control, 2013, 37 (8): 1659-1682.

⑧ Lengnick M, Wohltmann H W. Optimal monetary policy in a new Keynesian model with animal spirits and financial markets[J]. Journal of Economic Dynamics and Control, 2016, 64: 148-165.

生产力、营利能力、增长率或家庭收入的人口分布。特别是 mABMs 能够在不同水平上联合再现时间序列特性和分布特性的格式化特征，这在其他宏观经济建模方法中是很难获得的。

mABMs 的另一特点是外部性和非线性，它们能够产生具有正反馈的动态过程。由于这种反馈路径具有依赖性，所以可能会出现短期随机事件对长期动态产生决定性影响的局面。mABMs 的这些特性也是内生性极端事件（比如经济危机）以及不同平稳机制之间快速过渡的基础，mABMs 捕捉到了这种动态机制，因此它是研究如何预防或缓和经济危机的最佳工具之一。除此之外，mABMs 允许对宏观经济动态进行全局分析，这也是该方法具有吸引力的另一原因。

在 DSGE 中，个体行为通常由具有理性预期的代理所面临的动态优化问题的最优解决定。与 DSGE 完全不同，在基于代理的宏观经济模型中并不假设经济处于均衡状态，也不假设个人具有理性预期。因此，模型中的代理更接近现实世界的决策者。其中，模型行为规则的设计是基于代理的宏观经济模型的一个关键点。有限理性的行为建模缺乏一定基础，而基于代理的建模方法可以充分考虑前者的缺陷，为建模个体行为提供了基础。

总体来说，模型中的这些特性可能为决策者实施决策提供了参考，在之后也有大量的相关研究，如"基于多代理的政策分析"研究。

ACE（agent-based computational economics，基于代理的计算经济学）是基于代理的模型在经济学中的应用。Arifovic 和 Karaivanov[1]提出 ACE 从经济系统的基本单元——微观主体开始，允许大量的适应性微观主体自下而上的相互作用，并通过仿真来建立多代理之间相互交流的统计模型，最后利用人工经济系统中的呈现属性来揭示现实中的经济规律，目的是更好地理解经济系统的自组织性、经济系统的演化性和宏观-微观的关联性，对经济现象进行模拟和解释，并为研究经济理论提供实验平台。ACE 建模方法本质上是在 ACE 领域对多代理系统进行建模。ACE 模型基于对微观因素的观察，实质是通过观察微观因素的相互作用来研究宏观层面的"突发"现象。莱恩（Lane）[2]认为 ACE 让经济学家在一定条件下可以像自然科学家那样，以可重复实验的方式来研究经济问题。与传统经济学相比，ACE 的微观主体具有有限理性、学习、归纳和适应性，并具有交互作用。适应性是指主体通过与环境和其他主体的互动来"学习"或"积累经验"的能力，以及由这种学习而改变其行为的能力。ACE 模型利用经济主体行为的可变性来研究不同的经济问题，一般具有以下特点。

① Arifovic J，Karaivanov A. Learning by doing vs. learning from others in a principal-agent model[J]. Journal of Economic Dynamics and Control，2010，34（10）：1967-1992.

② Lane D A. Artificial worlds and economics，part Ⅰ [J]. Journal of Evolutionary Economics，1993，3（2）：89-107.

适应性模型：不同于新古典经济学的完全理性的"经济学家"假设，ACE 采用了有限理性代理、归纳学习代理等自适应性微观个体模型。假设更好地对应了具有学习能力的真实人，对环境的变化能够做出适应性的行为。

呈现式动态系统：传统的经济理论强调均衡分析，但一个真实的经济系统有很多不平衡和突变。这些不平衡和突变不能归结为微观经济学中的均衡解，因此传统经济学不得不拿出两套理论来解释微观和宏观现象。在 ACE 中，通过微观个体的相互作用，自下而上地呈现宏观经济规律，解决了微观与宏观分离的问题。另外，ACE 基于 CAS 模型本身是动态的、不断变化的，所以可以很好地模拟实体经济系统。

自下而上的建模方法：ACE 是一种自下而上的建模方法，侧重于简化和描述个体。传统的经济学方法是用数学方程从上到下勾勒出经济体系，方程描述的世界当然省去了很多细节，也正是这些细节让现实世界如此丰富多彩。

ACE 的优势在于使用有限理性和适应性行为来替代 DSGE 模型中的完美理性和预见性的假设，且引入了社交互动机制来摆脱新古典模型中关于主体相互作用的过于简化的假设。在基于代理的宏观经济模型中，异质性代理的行为基于一定规则通过中观和宏观经济变量进行交互，并由代理中输出的实际聚合决定。模型从微观层面提供对个人行为以及交互模式的启示，同时通过输出模型特征，与历史数据比较来验证模型准确性。Dosi 等[①]认为这类模型可以在不依赖外部冲击的情况下内生地产生类似实际商业周期的波动，并且在 2008 年金融危机爆发之前巴蒂斯顿（Battiston）等[②]强调了经济实体和金融部门之间的传染机制。ACE 建模方法的一般过程可以概括为系统划分、建立模型框架、模型设计和结果分析。

（1）系统划分。首先，经济系统的边界应该由系统的内部要素与外部环境来划分和界定；其次，划分系统的级别以确定研究的复杂性；最后，划分系统的主要和次要要素，理解问题的关键特征，并抽象出一组假设。

（2）建立模型框架。该过程主要涉及设计主体和特征，定义主体类型以及每个主体类型的属性、状态和行为。最后是定义主体之间的交互规则。

（3）模型设计。可以选择已经开发好的开放式仿真平台，也可以直接用熟悉的程序设计模型。

（4）结果分析。根据计算机模拟的结果得出结论，并用它们来解释真实的经济现象或应用经济学原理来解释。编辑模型的参数和规则，观察参数如何影响模型的生成结果。

① Dosi G，Fagiolo G，Roventini A. An evolutionary model of endogenous business cycles[J]. Computational Economics，2006，27（1）：3-34.

② Battiston S，Gatti D D，Gallegati M，et al. Credit chains and bankruptcy propagation in production networks[J]. Journal of Economic Dynamics and Control，2007，31（6）：2061-2084.

5.2 基于演化实验的地方金融风险理论基础

在 Holland[1]中，具有内部主体之间非线性作用机制及整体涌现性（emergence）的系统被称为复杂自适应系统。系统的复杂性是自适应系统中"自适应主体"（adaptive agent）适应环境的结果。地方金融市场作为一个复杂系统，具有典型的复杂自适应系统特征。马正欣[2]认为，市场、金融产品提供者、交易者以及监管者等共同构成金融系统的主体。为了在不断变化的市场环境中生存，金融市场主体须具备适应性，随着市场环境的变化而不断演化。例如，为了实现利润最大化和成本最小化目标，市场交易者往往根据其所能获取的信息（包括自身财富、市场环境和其他交易者行为）改变其策略。在这种情况下，金融市场主体呈现出自适应性，即交易者行为影响金融市场状态，而金融市场状态的变化又会反过来影响交易者行为。故而数量庞大的交易者不断变化的自适应行为成为金融市场本身动态演化过程的表征。以复杂性系统科学研究为基础，越来越多的研究者开始将复杂系统理论应用于金融市场。随着计算科学的迅速发展，计算机的运算能力和数值模拟能力不断提高。这使得在复杂自适应系统的理论基础上以计算机为平台进行模拟，借助模拟实验这一方式研究金融理论成为可能。由此，计算实验金融学（agent-based computational finance）这一新兴学科得以迅速发展，为金融市场研究提供了新的研究路径和研究工具。

随着科学技术的发展和地方金融风险演化的愈加复杂，越来越多的研究人员尝试运用以计算实验金融学为主体的演化实验思路分析地方金融风险问题，以期通过模拟的方法监管和预警地方金融风险。计算实验金融学是指应用信息技术来模拟实际金融市场（如股票市场、外汇市场和期货市场等），在既定市场结构下，通过研究市场微观层次代理的行为来揭示市场动态特性形成原因的一门金融学分支。计算实验金融的设计思想为：自下而上对微观个体交易者的相互作用导致市场宏观特性出现的过程进行建模，进而将市场的宏观层面和微观层面联系起来，对市场运行规律进行更加深刻的解释。计算实验金融的建模思路是：根据研究目标设计市场的初始结构；设定市场中不同交易者的信息集策略；在交易过程中交易者依据市场信息和策略改变自己的行为，市场随之演化。在这一过程中实现对金融市场动态演化过程的分析和研究。

mABMs 常被用以代替一般均衡模型分析经济系统以及宏观政策实施效果。

---

① Holland J H. Adaptation in Natural and Artificial Systems: An Introductory Analysis with Applications to Biology, Control, and Artificial Intelligence[M]. 2nd ed. Cambridge: MIT Press/Bradford Books, 1992.

②马正欣. 基于计算实验金融的指令驱动市场指令簿透明度和最小报价单位研究[D]. 天津：天津大学, 2010.

地方金融风险呈现出微观复杂性特征，相较于一般均衡模型，使用 mABMs 能够更精准地刻画地方金融风险。

5.2.1　主流演化实验模型的简介与对比分析

mABMs 中存在三类代理：家庭、公司和银行。这三类代理在消费品市场、投资市场、劳动力市场、信贷市场和存款市场这五个市场上进行互动。一些 mABMs 能够复制增长，实际 GDP 围绕趋势不规则波动；另一些 mABMs 则只能复制商业波动。

1. 各类模型简介

目前为止，已有很多学者构建了各具特色的 mABMs，主要有：由阿什拉夫（Ashraf）等[①]提出的 mABMs 框架（以下简称 AGH，模型简称由三位作者姓氏的大写首字母构成）；由 Gatti 等[②]建立的复杂自适应系统（complex adaptive system，CATS）；由达维德（Dawid）等[③]在 Eurace9 基础上改进的 Eurace@Unibi10（以下简称 EUBI）；以及由热那亚大学的辛科蒂（Cincotti）等[④]改进的 Eurace（European agent-based computational economics，欧洲基于主体的计算经济学，以下简称 EUGE）框架；还有塞佩切尔（Seppecher）和萨尔（Salle）[⑤]开发的基于 Java 语言的代理宏观经济实验室（Java-based agent macroeconomic laboratory，JAMEL）；Dosi 等共同开发的系列模型，被称为"Keynes meeting Schumpeter"框架（以下简称 KS）；以及哈斯（Haas）和杰格（Jaeger）[⑥]开发的 LAGOM 模型（LAGOM 是瑞典语，意为平衡与和谐）。还有伦尼克（Lengnick）[⑦]开发的一种较为简单的模型（以下简称 LEN，由提出者 Lengnick 姓氏的前三个字母构成）。

---

① Ashraf Q, Gershman B, Howitt P. Banks, market organization, and macroeconomic performance: an agent-based computational analysis[J]. Journal of Economic Behavior & Organization, 2017, 135: 143-180.

② Gatti D D, Desiderio S, Gaffeo E, et al. Macroeconomics from the Bottom-up[M]. Berlin: Springer Science & Business Media, 2011.

③ Dawid H, Gemkow S, Harting P, et al. Agent-based macroeconomic modeling and policy analysis[C]//Chen S H, Kaboudan M, Du Y R. The Oxford Handbook of Computational Economics and Finance. New York: Oxford University Press, 2018: 490-519.

④ Cincotti S, Raberto M, Teglio A. Credit money and macroeconomic instability in the agent-based model and simulator Eurace[J]. Economics, 2010, 4 (1): 1-32.

⑤ Seppecher P, Salle I. Deleveraging crises and deep recessions: a behavioural approach[J]. Applied Economics, 2015, 47 (34/35): 3771-3790.

⑥ Haas A, Jaeger C. Agents, bayes, and climatic risks: a modular modelling approach[J]. Advances in Geosciences, 2005, 4: 3-7.

⑦ Lengnick M. Agent-based macroeconomics: a baseline model[J]. Journal of Economic Behavior & Organization, 2013, 86: 102-120.

1）家庭代理视角下的演化实验模型

在一些 mABMs 中，寻找劳动力市场的家庭有保留工资。该工资可能保持不变，也可能随着失业期的增长而下降。如果就业，家庭赚取工资。在一些 mABMs 中，如果家庭失业，则该家庭会获得失业补贴，其金额仅为就业家庭工资的一小部分。家庭也是企业所有者。企业的所有权可能只限于部分不活跃的家庭，或者以某种方式扩散到活跃的家庭。作为企业所有者，家庭获得红利且当前收入是工资和股息的总和。一般来说，家庭是剩余单位（不会负债），未被消费的收入被保存并产生财富。在大多数 mABMs 中，金融财富仅包括银行存款。

A. 购买商品的选择

购买商品的选择会受到相对价格的影响。不同模型对于选择的侧重也不尽相同，首先在模型选取上，常见的模型涉及 Logit 模型等，在约束条件上，一部分模型认为家庭的关联企业的数量和企业之间的差异等因素都会对商品选择产生影响，具体的研究将在下文详细论述。

B. 劳动力供应

LEN 假设每个家庭均持有保留工资。家庭只向企业群体中一个有限的子集（潜在雇主的邻域）提供其劳动力。

在 LAGOM 中，每个家庭同样都持有保留工资。如果该家庭受雇于该企业，但其目前工资低于保留工资，那么将辞去工作，在随机选择的企业中寻找更好的工作。

在 AGH 中，家庭类型由其劳动类型以及所能生产的商品定义。如果被雇用，该家庭就在生产该商品的企业工作。

在 CATS 中，如果一个家庭失业，则通过访问随机选择的企业并向有空缺职位的企业提出申请来寻找工作。CATS 中公布的工资是针对该企业的，不能低于最低工资。由于物价的指数化，最低工资会随时间变化。失业工人将接受有空缺职位的企业提供的工资最高的工作。简单起见，公布的工资是给定的且各企业统一，且在各企业之间是统一的，这样失业工人就会在找到公开空缺职位的第一时间接受工作。如果没有找到空缺职位，该家庭就会继续失业，并以失业救济金为消费提供资金，即从积累的财富中进行消费。CATS 假设既没有雇佣成本也没有解雇成本。如果一个企业想在某一时期缩小活动规模，它可以不计成本地解雇工人。被解雇的工人随即成为失业者，并在同一时期开始寻找工作。

在 EUBI 中，家庭具备特定技能，有保留工资。如果失业，它以一定的概率探索劳动力市场。企业发布空缺职位和工资。失业家庭对提供的工资进行排序，只申请那些提供的工资（针对工人的技能组）高于其保留工资的企业。如果失业的求职者收到几个可接受的工作机会，他们会接受工资最高的工作机会。在失业期间，工人的保留工资被向下调整。

在 JAMEL 中，如果未就业时间大于一个外生的上限，家庭的保留工资就会随机减少。

C. 对金融资产的需求

在像 LEN 这样的小型 mABMs 中，家庭只能以最廉价的形式持有财富（现金）。对于大多数中型 mABMs，模型假设至少有一种其他类型的金融资产（银行存款）。对于 CATS、KS、JAMEL 和 LAGOM，家庭的财富只包括存款。在 AGH 中，家庭可以持有现金、存款和政府债券。在 EUBI 和 EUGE 中，家庭可以将其财富作为流动资金（银行存款）、公司和银行发行股票或者政府债券的投资组合。因此，家庭根据其投资组合获得红利。简单起见，在 EUBI 中，家庭储蓄在银行存款和股票中的分配是随机的。然而，对每个家庭的投资组合选择进行建模可能十分复杂（如 EUGE 中投资者偏好结构）。金融市场上的交易比现实市场上的交易更频繁，并且价格是通过结算机制在平衡状态下决定的。在 CATS 中，家庭有两种类型：工人和资本家。假设每个企业有一个资本家，每个企业将其部分利润作为股息分配给企业主。KS 框架采用了一个极端的假设，即所有利润均保留在公司内部，用以积累净资产。根据假设，这种情况下不存在红利。在 JAMEL 中，一些随机选择的家庭是企业所有者。因此只有当公司的净资产高于一个阈值（由杠杆的目标水平定义）时，才会获得红利。观点动力学（opinion dynamics）在股利分配中起作用。企业从"乐观"（高目标杠杆、高股利）转换到"悲观"（低杠杆率、低股利）。在 LAGOM 中，家庭也是企业所有者，同时获得工资和红利。

2）企业代理视角下的演化实验模型

A. 消费品供应

就企业部门而言，DSGE 模型是以垄断竞争为基础的：每个企业在自己的市场上都表现为垄断者。公司的市场力量由产品的异质性造成。从消费者视角来看，产品可能因多种原因而不同：空间分散、产品差异化或可能产生交易成本。

B. 科技

在 LEN 中，生产只通过劳动力进行。在 AGH 中，资本只起到抵押品的作用，每个家庭提供一个特定类型的劳动单位，通过生产转化为相同类型的商品。一些 CATS 模型不使用资本或不使用劳动力。JAMEL 提出了一种生产函数，与 CATS 模型相反，每家公司都有一定的资本且不会折旧，也不会通过投资的方式积累。因此，"资本"是一种不可复制的持久投入，其供应量固定，均匀地分布在各企业间。在 EUBI 中，每个年份的生产力与劳动力的技能构成之间存在互补性。另外，EUGE 仿真系统的设定与 EUBI 相似：资本存量的质量与劳动力的技能构成之间存在互补性。除此之外，还根据不同模型，解释了商品供需、劳动力需求以及信贷需求。

2. 不同模型比较

在 mABMs 中，AGH、CATS 和 EUGE 几个模型重点关注 "金融因素" 在商业周期中的主要作用；同时重点关注资本积累、技术进步、产生增长、波动和不平衡动态；而 KS、EUBI、EUGE 和 LAGOM 重点关注政策的分析（如财政、货币或气候政策）；JAMEL 模型关注代理的学习、社会影响和舆论动态的影响；LEN 模型最简单，能够重现重要的格式化特征（内生商业周期等）。

就一般的模型结构而言，几乎所有的模型都有相同的代理人类型（家庭、消费型企业、K 型企业、银行、决策者）和市场产品（消费品、资本、劳动力、信贷、股票）。只有 LEN 和 AGH 除外，前者在模型中不包括实物资本、信贷和银行，后者抽象了实物资本积累。近期关于 mABMs 的文献强调了存量流量一致性对模型的重要性。存量流量一致性要求模型是封闭的，即对于任何交易，所有参与的代理流量之和为零。这样就不存在隐藏的流入或流出。若模型中的代理有资产负债表，这一点最容易得到保证，但只有部分模型具有这类属性。

大多数 mABMs 主要考虑企业的未来发展；考虑家庭的未来收入或经济未来发展的较少，且其预测规则多为线性。有一个例外是 JAMEL，它建立了人口中不断变化的情绪驱动的预期动态模型。在代理的人口统计方面，mABMs 不包含个人变化的年龄结构，并保证不同类代理数量是非时变的。在大多数模型中，新企业进入只能发生在一家企业退出市场之后，因此可以看作对退出企业的替代。只有 AGH 模型捕捉到了企业进入市场的过程，以及潜在进入者的金融交易和相关决策。一个简单的内生企业进入过程是：其中一个部门的随机进入者数量取决于该行业的在职者数量，以及企业流动资产负债比。这一过程也被纳入 KS 模型的最新版本中[1]。尽管考虑空间结构和跨区域代理特征分布是基于代理建模方法的一个优点，但迄今为止，大多数模型均未考虑多区域环境。两个例外是 EUBI 和 LAGOM，它们已被用于有多个地区或国家的经济体系分析。KS 和 EUGE 模型[2]的多国版本面世；Caiani（卡亚尼）等[3]开发了存量流量一致的多国模型来分析货币联盟的不同财政制度。

考虑到消费品市场，不同模型的重点也有所不同。KS 和 EUBI 结合了老式结构性资本货物和企业的内生年份选择，而其他 mABMs 则考虑了具有同质生产力

① Dosi G，Pereira M C，Roventini A，et al. Causes and consequences of hysteresis: aggregate demand，productivity，and employment[J]. Industrial and Corporate Change，2018，27（6）：1015-1044.

② Petrovic M，Ozel B，Teglio A，et al. Eurace open: an agent-based multi-country model[R]. Castellón: Economics Department，Universitat Jaume I，2017.

③ Caiani A，Catullo E，Gallegati M. The effects of fiscal targets in a monetary union: a multi-country agent-based stock flow consistent model[J]. Industrial and Corporate Change，2018，27（6）：1123-1154.

的资本，通常与劳动力按固定比例结合以生产消费品。EUBI 采用了一种不同的方法，即企业明确地估计其所面临的需求函数的形式。多数模型中的数量选择由预期需求决定；在 JAMEL 和 LEN 中，产出数量由劳动力的规模决定，然而它可以根据预期需求和库存之间的关系随时间调整。

在多数模型中，消费品企业的实物投资规模仅来自当前生产计划所带来的潜在扩张需求。在这些投资规则中，长期规划对投资模式没有影响，因为获得的实物资本将在很长一段时间内供企业使用。一个例外是 CATS，它的投资基于一个目标资本水平，这个目标资本水平以过去一个较长时间间隔内的资本需求为依据计算得出，该规则仍不涉及任何明确的前瞻性规划。

关于家庭消费预算的确定，基于财富和收入的线性规则已经成为 mABMs 的主要选择。其中很大一部分模型依赖于 Carroll[1] 提出的缓冲库存规则。另外，模型中家庭和消费品生产者之间的匹配以类似方式进行，其中给出了这种匹配的明确规则。消费者观察随机选择的消费品生产商对应的价格集合，选择其中价格最低的生产商达成合作。如果他们不能购买其所需要的全部数量商品，该家庭就会转向下一个最佳选择，以此类推。在这方面，AGH 选择了一种不同的方法，使客户有不断发展的商店网络，然后以一种方式从这些公司购买商品，以达成效用最大化目标。

mABMs 中的资本品市场结构通常比消费品市场结构简单，因为通常假设生产者没有明确的数量选择，它们只是根据收到的订单进行生产。除了 KS 和 CATS 模型，其他模型均没有考虑资本货物生产者之间的竞争。在定价方面各个模型也存在很强的异质性，包括固定加价规则、基于消费品生产商的资本货物预期价值的价格以及基于预期需求和库存的定价规则。在 EUBI 和 KS 模型中，考虑了资本货物的不同年份的内生变化。在 KS 模型中，明确表示了商品部门的创新活动，因此公司创新的可能性取决于其研发投资。

在劳动力市场互动方面，各 mABMs 之间较为统一。劳动力需求来自计划产出，除了 Dosi 等[2]所提出的模型，其他所有模型都没有明确获得工人存量调整的惯性，如可能由劳动力市场法规或劳动合同期限驱动。在一些 mABMs（EUBI、EUGE、KS 和 LAGOM）中，工资也根据劳动生产率的变化进行调整。在 EUBI 和 EUGE 中，工人的生产力受其技能影响，这些技能随着时间的推移而内生发展。其他模型中不存在这种技能差异，尽管最近的 KS 模型版本也表现出工人的异质性和类似的技能变化[1]。

---

① Carroll C D. How does future income affect current consumption?[J]. The Quarterly Journal of Economics, 1994, 109（1）: 111-147.

② Dosi G, Pereira M C, Roventini A, et al. Causes and consequences of hysteresis: aggregate demand, productivity, and employment[J]. Industrial and Corporate Change, 2018, 27（6）: 1015-1044.

对于模型中的企业，其外部融资只限于银行贷款，但 EUGE 除外。关于银行向企业收取的利率，大多数 mABMs 采用在中央银行利率的基础上上浮的方法，其规模取决于借款人的杠杆率和风险程度。关于信贷配给，各个模型之间的差异较大。在部分 mABMs 中，所有的信贷需求都得到了满足（JAMEL 和 LAGOM），而其他的 mABMs 则引入了贷款批准的概率（AGH 和 CATS）或假设银行可以发放的信贷量上限（EUBI、EUGE 和 KS）。在这些模型中信贷市场与投资规则相结合的一个共同特点是：企业在决定其产出和投资目标时并不考虑利息支付，尽管它们需要的信贷量会影响其财务状况，进而影响到其利率和利息支付的规模。因此在这些模型中，央行基准利率和银行利率规则的影响通常较弱。除了 EUGE 模型外，所有的 mABMs 都不包括股票市场。EUBI 模型中也只考虑了一个小型股票市场，并只对企业指数做出行为反馈。EUGE 构建了一个更复杂的股票市场，其中有不同的股票被交易。

5.2.2　地方金融风险演化实验的模型构建

根据不同的研究目的，演化实验模型构建有不同的需求。从演化实验的视角开发和使用模型，首先，需要明确地方金融风险参与主体；其次，需要以部门为环境，研究代理之间自下而上的交互行为以及时变特征；最后，研究部门之间的风险传导，并据此提出地方金融风险预警相关措施。一般而言，建立演化实验模型需要多个步骤：①确定模型中包含的代理类型，通常包括家庭、公司、银行、政府、劳动力市场、信用市场等；②对于每个代理，基于相关的经济理论、经验或实验基础，定义要采取的决策集、内部状态集、每个决策规则的结构（输入、如何做出决策）、其他代理的信息交互以及内部状态和决策规则的潜在动态调整；③通过编码将规则翻译成计算机代码，并对代码进行适当的测试，从而为所有潜在的交互进行定义；④分析参数在多维层面（如横截面和宏观经济层面等）的特征，进行参数的估计与校准；⑤设置不同参数并运行模拟。下面将基于地方金融问题展示演化实验的一般建模步骤。

1. 定义代理人类型

地方金融系统是复杂的自适应系统。在这样的系统中，个体被看作具有自身目的和主动性的积极主体。个体与环境之间主动、反复地交互为"适应"的过程。因此，基于演化实验的思路研究地方金融风险，需要注重研究部门内部个体之间、部门与部门之间及个体和环境之间的相互作用，并通过动态、演化的思想实现模拟以进一步监管地方金融风险。

在地方金融系统中，有家庭、企业、商业银行等多类金融主体，其本身遵循一定的规则，并与对应环境形成互动。这里以家庭和企业两个代理为例，简要介绍对其一般的定义以及不同主流模型中的侧重方面。

在定义家庭代理时，首先，在一些演化实验模型中，家庭提供劳动力，保有工资，工资可以不变，也可以随失业期的缩短而下降。如果家庭失业，则该家庭会获得失业补贴，其金额仅为就业家庭工资的一小部分。其次，家庭也是企业所有者，企业的所有权可能只限于部分不活跃的家庭，或者以某种方式扩散到活跃的家庭。作为企业所有者，家庭获得红利且当前收入是工资和股息的总和。最后，一般来说，家庭是剩余单位，不会负债，可以产生财富积累，在模型中一般设定金融财富仅包括银行存款。

为研究个体的特征行为，我们比较了相关文献中对家庭代理的不同构建，发现不同场景下，家庭作为代理的侧重也不尽相同，例如，在 LEN 中，家庭在一个贸易网络中与一组公司联系在一起，他们从这些公司购买消费品，并为这些公司工作。由于没有银行，家庭以流动形式持有财富。在 AGH 中，每个家庭中的"人"都用类型 (i, j) 表示，其中 i 是家庭的劳动/产品类型，j 是家庭想要消费的商品类型。根据假设，家庭只消费两种商品，而且与它能生产的商品不同，产品类型与劳动类型具有相同结构。一个 i 类家庭如果受雇于同类型的企业，就可以被视为一个工人。如果是工人，就赚取工资，否则该家庭可以是一个企业的所有者。在 KS、EUBI、EUGE 和 LAGOM 中，每个家庭同时拥有企业并提供劳动力。但这种方法产生了异质性家庭所有权、红利和资本重组承诺等问题。例如，在 EUBI 中，家庭持有金融财富的形式是银行存款、确定产权和红利分配的股票指数。在 JAMEL 中，一些随机选择的家庭是企业的所有者，并在规定的模拟运行时间内是企业的所有者。考虑到地方金融风险的传导与积聚模式，对于家庭而言，其更多通过持有企业股份或地方政府债券等间接渠道进入地方金融风险系统，而其内部的互动则被弱化，因此需要结合后面企业和地方政府等部门进行分析。

进一步，在定义企业代理时，不同的演化实验模型对于企业的侧重不同。例如，DSGE 模型认为所有企业都是垄断者，EUBI 模型认为生产力和劳动力技能之间存在互补性。

在地方金融风险问题上，企业作为金融链条上的关键一环，其向银行借贷融资、向市场发放公司债券以及上市股权融资等融资过程可以直接反映出地方市场经济环境情况，并且，企业作为地方生产力的主要来源，链接了家庭和市场——通过提供就业岗位和获取劳动力实现生产，通过出售产品实现盈利和成长，通过向政府纳税等实现经济发展。在具体模型构建部分，结合大数据抓取和文本分析方法，可以刻画企业情绪，并分析其与其他部门的交互情况。

2. 定义模型结构

为应对 2008 年全球金融危机，我国出台了"四万亿"计划，在之后一定时期内起到了稳经济、促基建等重要作用，但不可否认的是，"四万亿"计划也给我国经济金融发展带来了一些负面影响，如房价的快速上涨以及地方政府债务风险的持续积累等问题，受到了相关学者的广泛关注。研究表明，地方政府债务风险与金融风险具有相互传导的"双螺旋"结构[①]，财政风险与金融风险叠加共振，放大地方政府债务对宏观经济稳定冲击的杠杆效应[②③④⑤]。

基于地方金融风险的传导特点，首先需要确定风险类型以及系统边界。过去几年，"土地财政"模式是我国地方政府的主要财政形式。其中，地方政府债务金融风险的传导途径主要在于商业银行部门和房地产市场——土地出让收入为地方政府部门的主要收入来源之一，而土地又与房地产一级市场和二级市场紧密关联。商业银行为地方政府债务的最主要投资者，使得其与房地产市场和地方政府债务挂钩，并通过高杠杆等进一步传导和放大了地方金融风险。近年来，为了控制风险和优化地方产业金融结构，国家出台了系列金融支持实体经济的相关政策，不断引导金融机构持续加大对实体经济的信贷支持力度，以地方金融部门为主导的金融机构向以小微企业为主导的企业代理部门提供贷款，有鉴于此，企业相关风险也应被纳入地方金融风险的监管范畴中。综上，我国地方金融风险主要受地方政府债务风险以及金融风险的相互作用影响，具体包括地方政府债务风险、商业银行风险、房地产风险、企业相关风险等，在不考虑外部经济系统的前提下，这构成了演化实验模型的风险边界。

在演化实验模型中，各代理需要遵循一定的规则并与外界环境形成交互，定义模型结构是根据模型的理论基础以及地方金融风险传导路径，设置一系列规则以实现模型的动态调整。根据上述模型理论基础，定义模型的内部状态集，如家庭进行消费、提供劳动力、储蓄、投资等行为，公司进行生产、销售、贷款等，银行负责存款和放贷，政府（包括中央银行）负责发行货币、发行债券、收税、设定利率、向银行放贷、监管银行和为存款提供保险等；定义要采取的决策集、每个决策规则的结构以及信息交互和动态调整规则，从而形成完整的模型构建。

① 熊琛，金昊. 地方政府债务风险与金融部门风险的"双螺旋"结构：基于非线性 DSGE 模型的分析[J]. 中国工业经济，2018，35（12）：23-41.

② 马树才，华夏，韩云虹. 地方政府债务影响金融风险的传导机制：基于房地产市场和商业银行视角的研究[J]. 金融论坛，2020，25（4）：70-80.

③ 吴德胜，曹渊，汤灿，等. 分类管控下的债务风险与风险传染网络研究[J]. 管理世界，2021，37（4）：35-51.

④ 何德旭，苗文龙，闫娟娟，等. 全球系统性金融风险跨市场传染效应分析[J]. 经济研究，2021，56（8）：4-21.

⑤ 马骏，何晓贝. 金融风险传染机制研究：基于中国上市银行数据的模拟[J]. 金融研究，2021，64（9）：12-29.

3. 定义所有潜在交互

对于演化实验模型的实现，一般通过编码来定义代理所遵循的规则以及交互，下面介绍相关的建模平台以及所使用的语言。

NetLogo 由美国西北大学开发，乌里·威伦斯基（Uri Wilensky）和威廉·兰德（William Rand）于 2015 年出版书籍推出 Netlogo 计算实验平台[①]。这是一个可以模拟许多自然现象和社会现象的建模环境，内置丰富的文档使用说明、教程以及各类模型库，主要使用的是 Logo 语言，贴合人类自然语言，编程语法简单，功能强大，适合对复杂系统进行建模，极大降低了初期研究人员的使用难度。

Swarm 软件平台是由圣菲研究所（Santa Fe Institute，SFI）开发的建模软件，用来给复杂性个体行为建模和对经济行为的复杂性仿真，以研究复杂系统的作用规律以及动态演化。Swarm 是使用 Objective-C 语言开发的，从 Swarm 2.0 开始，提供了对 Java 语言的支持。

MASON 是乔治梅森大学（George Mason University，GMU）进化计算实验室和乔治梅森大学社会复杂性中心共同开发的，使用的语言为 Java，其特点是模型完全独立，可以随时添加、删除或更改，模型可以实现 2D 和 3D 的可视化，在操作中可以对模型进行检查和恢复，并实现跨平台动态迁移模型。基于 MASON 开发的人工金融市场支持大规模代理进行多种机制的交易，可以帮助研究人员很好地理解金融市场。

Altreva 自适应建模系统（Altreva Adaptive Modeler）是一款用于预测股票、外汇、比特币、其他加密货币、交易型廾放式指数基金（exchange traded fund，ETF）或其他市场的软件应用程序。在平台上创建的市场模拟模型中，成千上万的虚拟代理可以将应用于现实世界的真实策略放入模型中竞争与适应，用于之后的价格预测和形成交易信号。得益于平台独特创新的技术，模型与真实的市场是并行的，因此会大大减弱过拟合现象，从而更好地适应和仿真。

此外还有一些建模平台可供研究者学习使用，如 Flame 建模平台，可以提供生物学、经济学等多个领域的复杂系统建模模拟；JAMEL 适用于宏观经济系统的建模，提供了内生货币、生产力冲击等假设，供使用者选择和定义；此外，abcEconomics 使用 Python 语言，是一个开源的经济模拟建模系统，同样可以模拟公司等适应过程。

4. 参数的估计与校准

参数的选取、估计和校准是演化实验模型是否可靠的决定因素之一。在这部

---

① Wilensky U，Rand W. An Introduction to Agent-Based Modeling：Modeling Natural，Social，and Engineered Complex Systems with NetLogo[M]. Cambridge：MIT Press，2015.

分中，首先需要根据研究问题和搭建模型对参数进行校准研究，具体包括：基于
地方金融风险的演化实验模型要素和变量选择校准；结合微观主体行为以及多维
数据分布特征，进行多维度视角下模型参数校准研究；基于舆情数据，研究舆情
对代理的影响和其行为数据的校准方法；结合现实世界数据的"格式化特征"，对
数据参数进行比较，从而进行实时校准。

　　基于陶玲和朱迎[①]、李敏波和梁爽[②]以及范云朋[③]等相关学者的研究，可以把地
方金融风险的相关参数指标分为宏观、中观以及微观三个维度，进而研究数据在
横截面（如企业规模分布、生产率、利润率、增长率、负债率、工资水平等）和
宏观经济层面（GDP 增长和波动、通货膨胀、失业率、市场利率、物价水平、基
尼系数、不良贷款率、菲利普斯曲线、贝弗里奇曲线等）的特征。通过对前述模
型结构的定义以及我国当前地区金融风险的传导演化特点，结合数据的可获得性，
本章将基于文本舆情数据分析方法，重点从三个方面进行分析并构建指数，分别
是地方政府债务指数、政策扶持指数以及企业侧指数。

　　此外，需要针对上述参数指标构建评价体系，用以评价参数的可靠性和鲁棒
性，在这一部分中，需要结合政策以及相关数据的时变特征，从而选择纳入评价
体系的要素，确定评价体系要素权重以及进行相关的稳健性检验。

5. 模型分析

　　在近些年的演化实验相关文献中，有如下几个原因使得以政策分析为重点的
研究逐渐增多。一是由于 2008 年全球金融危机的爆发，决策者和相关学者认识到
了地区系统性风险监管和预防危机爆发的重要性。因此，基于现实需求，后续的
许多研究聚焦于实体经济与金融市场的相互作用、传染效应以及动态预期形成等
问题，也有许多模型尝试用不同方法对风险因素进行捕捉、演化，或是给予冲击
并模拟不同政策对宏观经济系统以及金融体系等的影响。二是由于研究的不断推
进，许多模型都已经得到了系统的开发和改进，能够再现现实世界的某些"格式
化特征"。三是理性预期等假说受到一定的质疑，DSGE 模型对有一些问题不能很
好地拟合和解释，因此计算实验的方法也引起了越来越多的关注。综上，基于代
理的演化实验模型被越来越多地应用在政策分析方面并取得了一定的发展。

　　此外，由于演化实验注重异质代理的演化发展，这使得演化实验模型适合研
究不同政策对宏观经济指标的分布以及政策对宏观变量的非线性影响。演化实验

① 陶玲, 朱迎. 系统性金融风险的监测和度量：基于中国金融体系的研究[J]. 金融研究, 2016, 59（6）: 18-36.
② 李敏波, 梁爽. 监测系统性金融风险：中国金融市场压力指数构建和状态识别[J]. 金融研究, 2021, 64（6）:
21-38.
③ 范云朋. 我国系统性金融风险监测与度量研究：基于 ESRB-CISS 研究方法[J]. 经济问题探索, 2020,
41（11）: 157-171.

模型对其他类型的政策分析也同样适用，包括区分政策的短期、中期和长期影响，以及获取政策触发的潜在路径依赖和滞后效应分析。本章在这里将重点展示财政政策、货币政策、金融监管政策影响的相关演化实验模型研究结果，在后文中，将引入基于文本分析的舆情管理政策建议。

1）财政政策

拉索（Russo）等[①]在商品和劳动力部门中引入随机匹配协议，和有管理价格与工资调整的简单适应性行为规则，在将技术变革内生的基础上，比较以需求为导向和以技术为导向的财政政策对宏观经济变量的影响。哈伯（Haber）[②]使用"AS1"模型，结合地理结构、产品范围、银行业和预期形成过程，来分析扩张性财政政策对关键经济指标的影响。Dosi 等[③④]研究表明财政政策可以降低宏观经济波动，更深层次地探讨了财政政策在危机前和危机中扮演了何种角色，Dawid 等[⑤]则更偏向研究何种政策在促进处于经济危机中的地区复苏和增长方面最有效，如当经济体面对公共债务问题时，作者认为如果没有来自更大、增长更快的地区的财政转移，未来将会导致产出和消费的下降。

结合我国经济发展特征，相关学者多从财政分权和金融分权的视角讨论研究。李政和杨思莹[⑥]通过实证分析，认为财政分权整体上可以促进区域创新效率和经济增长，贾俊雪等[⑦]同样认为财政收入分权总体上能发挥促进经济和财政解困的积极作用。但也有研究认为，财政政策与政府行为并非简单的线性作用，其内部具有复杂的作用机制[⑧]。吕勇斌等[⑨]则通过研究发现，财政金融分权与经济发展并未形成良性互动。从演化视角来看，政府部门代理根据地方经济目标调整财政规则，会通过房地产和地方政府债务发放等作用途径产生影响，进一步地，财政政策也

① Russo A，Catalano M，Gaffeo E，et al. Industrial dynamics，fiscal policy and R&D：evidence from a computational experiment[J]. Journal of Economic Behavior & Organization，2007，64（3/4）：426-447.

② Haber G. Monetary and fiscal policy analysis with an agent-based macroeconomic model[J]. Jahrbücher Für Nationalökonomie und Statistik，2008，228（2/3）：276-295.

③ Dosi G，Fagiolo G，Roventini A. Schumpeter meeting Keynes：a policy-friendly model of endogenous growth and business cycles[J]. Journal of Economic Dynamics and Control，2010，34（9）：1748-1767.

④ Dosi G，Fagiolo G，Napoletano M，et al. Income distribution，credit and fiscal policies in an agent-based Keynesian model[J]. Journal of Economic Dynamics and Control，2013，37（8）：1598-1625.

⑤ Dawid H，Harting P，Neugart M. Fiscal transfers and regional economic growth[J]. Review of International Economics，2018，26（3）：651-671.

⑥ 李政，杨思莹. 财政分权、政府创新偏好与区域创新效率[J]. 管理世界，2018，34（12）：29-42，110，193-194.

⑦ 贾俊雪，张永杰，郭婧. 省直管县财政体制改革、县域经济增长与财政解困[J]. 中国软科学，2013，28（6）：22-29，52.

⑧ 刘冲，乔坤元，周黎安. 行政分权与财政分权的不同效应：来自中国县域的经验证据[J]. 世界经济，2014，37（10）：123-144.

⑨ 吕勇斌，金照地，付宇. 财政分权、金融分权与地方经济增长的空间关联[J]. 财政研究，2020，41（1）：25-44.

会影响以企业、家庭或个人为代表的代理，并与地方金融机构等金融市场主体产生交互，从而产生联结，地方金融风险也随之扩散到各个经济主体。

2）货币政策

货币政策往往通过央行利率调整，进一步对宏观经济变量产生作用。Dosi 等[1]基于 KS 模型，研究了央行利率调整对经济波动的影响，发现只有当利率超过 10%水平后，才会出现与波动增加有关的宏观经济负面影响。拉伯托（Raberto）等[2]发现，一个简单的面向产出缺口的利率规则在一定条件下会使产出和工人效用方面有更好的表现。Gatti 和 Desiderio[3]研究了泰勒规则下央行固定利率和以产出和通胀为导向的经济表现，Ashraf 等[4]同样是基于泰勒规则，研究了央行通胀目标对宏观经济变量的影响。在此基础上，Salle 和 Seppecher[5]通过比较不同货币政策效果，认为针对企业净值变动的货币政策规则显著抑制了信贷周期并降低了金融危机期间的就业成本。

除了研究货币政策对宏观经济变量的影响，演化实验模型研究货币政策的优势还在于其拥有在宏观经济框架中捕捉异质性预期形成过程和学习的能力。Salle 等[6]、Salle[7]的研究中构建了具有家庭社会学习和企业个人学习的宏观经济模型。Cincotti 等[8]则通过比较量化宽松的情景，发现在财政紧缩的情况下，政府的赤字是通过在市场上发行新债券和提高税率解决的。

在地方金融风险中，货币政策往往被设置成遵循泰勒规则的形式，而演化实验则能通过对个体行为的交互分析，更精准地刻画预期的形成和体现与影响。在本章中，我们通过大数据文本分析的方式实现市场对货币政策预期的调整。

3）金融监管政策

从金融监管政策分析，在研究金融风险问题时，不可避免地会讨论到相关的

---

① Dosi G，Fagiolo G，Napoletano M，et al. Income distribution，credit and fiscal policies in an agent-based Keynesian model[J]. Journal of Economic Dynamics and Control，2013，37（8）：1598-1625.

② Raberto M，Teglio A，Cincotti S. Integrating real and financial markets in an agent-based economic model：an application to monetary policy design[J]. Computational Economics，2008，32（1/2）：147-162.

③ Gatti D D，Desiderio S. Monetary policy experiments in an agent-based model with financial frictions[J]. Journal of Economic Interaction and Coordination，2015，10：265-286.

④ Ashraf Q，Gershman B，Howitt P. How inflation affects macroeconomic performance：an agent-based computational investigation[J]. Macroeconomic Dynamics，2016，20（2）：558-581.

⑤ Salle I，Seppecher P. Stabilizing an unstable complex economy on the limitations of simple rules[J]. Journal of Economic Dynamics and Control，2018，91：289-317.

⑥ Salle I，Yıldızoğlu M，Sénégas M A. Inflation targeting in a learning economy：an ABM perspective[J]. Economic Modelling，2013，34：114-128.

⑦ Salle I L. Modeling expectations in agent-based models：an application to central bank's communication and monetary policy[J]. Economic Modelling，2015，46：130-141.

⑧ Cincotti S，Raberto M，Teglio A. Credit money and macroeconomic instability in the agent-based model and simulator Eurace[J]. Economics，2010，4（1）：1-32.

金融风险监管政策，演化实验模型在此类政策分析中也取得了一定的研究结论。在 EUGE 框架下，特格里奥（Teglio）等[1]分析了监管资本的限制性条件，通过在模拟开始的时候给予企业信贷配给强限制，发现这会对短期经济产出有负面影响，但可以避免企业财务脆弱性的积累。同一框架下，Raberto 等[2]探讨了银行的资本充足率如何促进公司对新技术的投资以及绿色能源生产的过渡。波波扬（Popoyan）等[3]比较分析了巴塞尔协议Ⅱ与巴塞尔协议Ⅲ监管下的经济动态，并分析了协议中对目标最有效的条约是哪些。卡尔达奇（Cardaci）[4]在演化实验模型中引入了人工信用网络，以评估不同情境下收入不平等加剧的影响，并从演化的视角分析了2008 年金融危机爆发的原因。博塔（Botta）等[5]也研究了收入不平等问题，发现证券化在短期会刺激经济增长，但在长期会使经济和金融体系更加不稳定和不平等。Popoyan 等[6]则分析了金融不稳定如何在银行间市场和信贷市场共同演变以及如何减轻金融不稳定情况对实体经济的影响。

　　上文中，通过介绍演化实验中对于财政政策、货币政策以及金融监管政策等相关政策的分析研究可以看出，演化实验模型能够实现宏观经济体系中不同变量对政策变化的敏感性分析，同样，也可以通过演化思路理解不同代理之间的交互作用以及作用结果。基于演化实验进行地区金融风险研究，即通过模型的构建以及对不同参数运行结果分析，据此从不同政策角度给予相关的地方金融风险预警结论，包括政策变化对不同代理的影响程度以及经济变量的动态演化结果、不同政策的风险边界以及危机爆发前后政策的干预情况等。通过演化实验的结果与政策分析，能够帮助我们更好地认识地方金融风险的传导规则和演化路径，并在此基础上提出金融行为检测，据此提供地方金融风险早期预警平台的相关设计思路。

　　综上所述，在本章后续部分，将基于大数据分析思路，采取文本数据处理方法，增加对相关舆情数据的动态演化追踪，从地方政府侧舆情管理的视角对地方金融风险进行监管和早期预警模型设计。

　　① Teglio A，Raberto M，Cincotti S. The impact of banks' capital adequacy regulation on the economic system: an agent-based approach[J]. Advances in Complex Systems，2012，15（2）：1250040.

　　② Raberto M，Ozel B，Ponta L，et al. From financial instability to green finance: the role of banking and credit market regulation in the Eurace model[J]. Journal of Evolutionary Economics，2019，29（1）：429-465.

　　③ Popoyan L，Napoletano M，Roventini A. Taming macroeconomic instability: monetary and macro-prudential policy interactions in an agent-based model[J]. Journal of Economic Behavior & Organization，2017，134：117-140.

　　④ Cardaci A. Inequality，household debt and financial instability: anagent-based perspective[J]. Journal of Economic Behavior & Organization，2018，149：434-458.

　　⑤ Botta A，Caverzasi E，Russo A，et al. Inequality and finance in a rent economy[J]. Journal of Economic Behavior & Organization，2021，183：998-1029.

　　⑥ Popoyan L，Napoletano M，Roventini A. Winter is possibly not coming: mitigating financial instability in an agent-based model with interbank market[J]. Journal of Economic Dynamics and Control，2020，117：103937.

5.2.3　基于地方金融风险的演化实验模型改进

在本章前面的内容中，首先介绍了地方金融系统的复杂性——在研究地区金融风险的传播途径和预警防范问题上，因为地方金融系统作为复杂自适应系统存在，微观主体的特征及其内部复杂、非线性的作用规则使得模型结构十分复杂，对地方金融风险预警的难度也随之增加。针对复杂自适应系统对象，通过对地方金融系统的分析和对传统宏观建模思路的介绍，分析了演化实验方法在地方金融风险预警研究中的可行性和适用性。可以看出，以 DSGE 模型为代表的传统模型可能存在一定的局限性，如对于代理的刻画不够细致，不能体现代理内部的互动；参数不具有时变性，使得模型整体缺乏风险动态演化的过程。此外，演化实验模型的参数校准和估计也会对结果分析造成很大影响。有鉴于此，本章尝试使用演化的思路解决传统模型中存在的系列问题，梳理了模型发展的脉络并进行地方金融风险预警研究模型的适用性分析。

在基于演化实验的地方金融风险理论基础方面，本章前述内容则更为详细地介绍了计算实验金融学的设计思想和建模思路。首先，对主流演化实验模型的分类与经典模型做了梳理和简介，包括圣菲研究所的 Authur（亚瑟）等开发的基于代理的金融市场模型——人工股票市场（artificial stock market）模型，Chen 和 Yeh[1]基于人工智能经济（artificial intelligence in economics，AI-ECON）研究建立的人工智能经济下的人工股票市场（AI-ECON artificial stock market，AIE-ASM），特纳（Terna）[2]建立的令人惊讶的（非）现实市场（surprising（un）realistic market，SUM）模型等。其次，介绍了演化实验模型设计的一般思路，分别是确定市场、确定市场的价格形成机制、确定市场中存在的代理类型、确定市场微观结构和互动规则。在演化实验模型中，代理、环境（environment）以及交互（interactions）三部分缺一不可，共同组成了演化实验模型，从而可以更好地拟合和刻画不同的复杂自适应系统中的代理行为。可以看出，不同模型各具特色，在研究资产定价过程、分红预测、市场内部收益的时间序列特性、风险厌恶偏好等问题上"术业有专攻"，并且相关学者从模型建构与数据算法等多个角度对演化实验模型不断改进和优化，在现实世界的模拟预测中取得了一定的研究成果。

在模型构建部分，我们基于地方金融相关研究问题展示了一般建模思路和使

① Chen S H，Yeh C H. Evolving traders and the business school with genetic programming: a new architecture of the agent-based artificial stock market[J]. Journal of Economic Dynamics and Control，2001，25（3/4）：363-393.

② Terna P. SUM: A surprising（un）realistic market: building a simple stock market structure with swarm[R]. Barcelona: Computing in Economics and Finance，2000.

用的软件技术。在定义代理部分，本章介绍了主流模型中对于家庭代理和企业代理的定义；在定义模型结构部分，针对我国地方金融发展特点并结合相关学者研究，明确了由地方政府债务风险、企业风险、房地产风险等共同组成的地方金融演化实验模型的风险边界；在定义所有潜在交互部分，对演化实验模型的建模平台和所使用的计算机语言做了简要介绍；在参数的估计和校准部分，本章后续部分考虑使用多维数据进行拟合，使用舆情数据和大数据文本分析方法，把地方金融风险的相关参数指标分为宏观、中观以及微观三个维度，进而研究数据在横截面和宏观经济层面的特征；对模型的政策分析部分，梳理了相关学者对财政政策、货币政策以及金融监管政策的研究结论，为后文对模型数据结果的分析提供了基础。

在上述演化实验模型基础上，如何针对地方金融风险设计模型并在此基础上改进是本节重点关注的问题。在明确改进措施之前，首先需要明确用演化思路研究中国地方金融风险的意义以及地方金融风险的特征。

2022 年 5 月 9 日，中国人民银行发布《2022 年第一季度中国货币政策执行报告》，重申要统筹做好重大金融风险防范化解工作，坚决守住不发生系统性金融风险的底线。防范化解金融风险，是金融工作的根本性任务，也是金融工作的永恒主题。大数据技术的发展，数学模型、人工智能等方法在金融市场中的广泛应用，为金融系统的风险预警模型和预警平台的建立提供了新的监管思路。通过大数据监管科技，聚焦地方金融安全，可以在时间序列上对金融风险演化路径有所模拟，并帮助相关部门尽早做出应对突发情况的准备和做好防范系统性金融风险的工作。

目前而言，依托互联网快速发展的背景，地方金融主体部门更多元化，除了以家庭部门、企业部门、地方商业银行部门、地方政府部门、地方房地产部门等为代表的典型代理之外，部门内部划分也更加细化，如地方金融机构包含 11 类。此外，随着科技的进步和"互联网＋金融"模式对现代地方经济金融体系的影响逐渐深化，越来越多的地方金融主体部门也被纳入了研究的范畴，如纳入中央监管机构监管的大型金融机构分支，纳入证券监管机构监管的地方上市公司，不纳入金融监管体系的非上市企业、小微企业等。从地方金融风险的来源视角分析，依据央行发布的《地方金融监督管理条例（草案征求意见稿）》，以"7＋4"类地方性、专业性公司为主的非主流金融组织也应被纳入地方金融主体部门体系中，从而进一步解决地方金融监督管理部门监管依据不充分、执法手段不足等问题。同时，由于在演化实验模型中纳入了一系列新兴金融部门，而对这些部门的监管往往因其隐蔽性强、交易复杂、风险传播迅速等变得十分困难，因此衍生出了大量不规范的金融活动，如不规范的社会众筹、不规范的网络借贷、新型网络传销、新型网络非法集资、网络非法公开募集、网络集资诈骗等。这些互联网上的不规范金融活动已经严重影响了地方金融领域的健康发展，给社会和经济发展埋下了潜在的动荡因素。以某市为例，仅 2020 年处置以互联网为信息传播渠道的金融平台以及新型网络传销、新型网络非法集资、网络非法公开募集和网络集资诈骗等类金融非法活动形成的不良贷款已超千亿元。

互联网的快速发展也使部门代理之间的交互规则愈加复杂和难以刻画，不仅存在"一对多"、"多对一"和"多对多"的部门交互联结，如在新科技和互联网的加持下，地方金融生态系统逐渐庞大和复杂化，这催生了大量的跨界新金融业务、非中央监管的金融机构和交叉性金融产品。除此之外，交互规则也体现出强烈的时变性特征，错综复杂的关联关系和各代理随时间的不断演化使传统模型的计算数据量呈几何式增长，对监管的要求也随之提升。

可以看出，随着时代的发展和科技的进步，对地方金融风险的监管和预警也面临新的问题与挑战，对此应提出新的监管要求和目标，以某市为研究对象举例，具体可拆分为以下几点：首先，对其金融系统的多部门协调监管机制进行研究，为地方政府提高监管效率提供咨询建议；其次，围绕某市金融系统微观主体展开研究，为构建地方金融风险监测预警体系提供咨询意见；最后，针对某市在互联网背景下的不规范金融活动监管中面临的挑战，提出其监测平台建设方案的框架。

基于研究目标，本章在现有演化实验模型的基础上进行改进，针对当今地方金融系统风险特征和存在问题以及现有技术，提出了新的监管思路和监管流程。

首先，"互联网＋金融"发展模式所产生的不规范金融活动为地方金融系统带来了非传统金融参与主体，这些参与主体的交互也更为复杂和频繁，因此互联网金融监管思路必须要以互联网大数据等为依托；其次，互联网金融的监管方式应以导向监管为主，即金融监管部门实施监管时，应对出现的一些问题适当保持一定的容忍度和弹性，如针对地方舆情的管理并不能实行"一刀切"的政策，而应采取以引导为主的监管策略；最后，对于互联网金融安全制度的构建，依托金融信用，可以适当采用构建会员邀请制度的方法以避免不确定性，通过构建资金第三方托管机制、信息披露制度以避免信用风险。

在模型和技术层面，目前国内外已经开展了基于大数据的金融市场和预警系统等方面的理论与实证研究。在此基础上，基于演化实验视角和大数据分析方法，本章将尝试利用先进的信息系统和大数据系统，及时检测金融市场与企业的风险特征；用机器学习等先进信息技术手段构建智能监管监测系统，实现全信息的风险识别，构建全信息的风险指标，建立和完善"穿透式"的金融监管协调机制。较之前的一些演化实验模型而言，模型的改进在操作步骤上体现为以下几点：第一，在数据的处理方面，在常规参数的设定和校准方法上，进一步引入大数据分析方法，通过对全网多信息来源的数据搜索，构建涵盖宏观、中观、微观的多维数据体系；第二，本章增加了对可能增加金融风险的不规范金融行为的特征识别，运用隐狄利克雷分布（latent Dirichlet allocation，LDA）模型、Bi-LSTM 神经网络模型、命名实体识别技术等文本数据分析方法,形成文本主题特征库。通过这一步,可以帮助理解模型内部的行为规则和代理之间的交互机制,为地方金融风险评估引入以文本信息为主的大量新型数据指标。

综上所述,用演化的思路解决地方金融风险问题,需要明确演化实验的理论基础、建模思想以及现有成果,并了解当今社会中地方金融系统面临的新挑战和新要求。正如前文所述,互联网的发展使得地方金融体系中的交互行为呈几何式增长,而传播形式更为隐蔽,所以大数据分析和演化实验模型思路能够充分发挥其自身优势,通过分析地方金融风险的新特征,模拟模型内部的演化过程和地方金融风险的时变特征,为地方金融风险监管提供相关的建议与拓展。在后文的模型构建中,我们将结合地方金融风险特征,将重点放在三个方面:一是重点研究微观主体和其内部风险动态演化过程,注意时变性的演化实验模型特点;二是使用网络舆情数据和文本分析等数据技术对数据进行多层次的分析,并提出相关政策性建议和地方金融风险早期预警平台设计思路;三是结合社会经济、金融与互联网的时代发展特点,针对地方金融风险的新特征,探索互联网金融活动的风险演化特征和监管办法。后续,我们将从这三个方面对基于演化实验思路的地方金融风险预警模型进行改进,以期更好地拟合现实情况,为维护地方金融稳定和预防系统性风险提供新的演化实验模型设计思路。

5.3　地方金融风险预警演化实验模型构建

防范化解金融风险是金融工作的根本性任务,而金融风险预警是防范化解金融风险的重要途径。目前,与不规范金融活动相关的监督管理工作主要集中于事前的规范制定和定性的现场检查,事中和事后考虑如何应对突发情况、如何化解风险造成的影响等;但在事前通过互联网大数据和人工智能等新一代科学技术,对可能产生的非常规金融风险进行检测预警的能力,还相对薄弱。因此,应在不规范金融活动的系统性风险集聚的早期进行实时监测,在风险形成与集聚之前实现党中央提出的对系统性风险"早识别、早预警、早发现"的要求,进而实现"早处置",从而最大限度地减少不规范金融活动对整个社会与经济的不良影响。

随着大数据技术的发展,数学模型、人工智能等方法在金融市场中的广泛应用为金融系统的风险预警平台的建立提供了新的监管思路。对地方不规范金融活动的监测与早期预警问题具有重大的科学意义,它作为运用大数据监管科技聚焦地方金融安全的实践,将推动我国在金融科技和监管科技上取得具有中国情境的原创性重大突破。

5.3.1 基于多部门的地方金融风险协调监管机制

近年来，随着地方经济快速发展，地方金融或类金融业态不断涌现，风险也逐步暴露。根据第五次全国金融工作会议精神，小额贷款公司、融资担保公司、区域性股权市场、典当行、融资租赁公司、商业保理公司、地方资产管理公司等，由中央金融监管部门制定规则，地方金融监管部门实施监管。强化地方金融监管部门对辖区内投资公司、开展信用互助的农民专业合作社、社会众筹机构、地方各类交易场所等的监管，严格限定经营范围。在此基础上，为加强对地方金融组织的监管，各省（自治区、直辖市）陆续成立了相关地方金融监管部门。但是，我国尚未制定关于地方金融监管的法律、行政法规，导致地方金融监管部门在履行监督管理、检查处罚、风险处置等职责时，往往面临监管依据不充分、执法手段不足等问题。习近平总书记在第五次全国金融工作会议上强调"地方政府要在坚持金融管理主要是中央事权的前提下，按照中央统一规则，强化属地风险处置责任"①。同时，为贯彻落实中央关于深化金融改革、防控金融风险的指示精神，健全地方金融监管体制，赋予地方政府相应金融监管职责，理顺中央与地方金融管理职权，提升地方金融监管质效，建议由国务院制定《地方金融监督管理条例》（以下简称《条例》）。同时基于上述情形，为适应地方金融监督管理体制改革发展的新形势、新要求，有必要抓紧制定出台《条例》；加快地方金融监管立法，是切实防范和化解地方金融风险的迫切需要。尽管部分省份已经或即将出台地方金融监管的地方性法规，但其覆盖面相对较窄，无法满足跨区监管、监管协调等方面的需要。由中央统一对地方金融监管立法，有助于厘清中央与地方在金融监管、风险防范、非法集资活动处置等方面的职责边界，避免出现监管标准不一、地域分割等问题，实现中央与地方、各省（自治区、直辖市）之间的有序监管协调。

防范和化解金融风险是人民银行的主要职责，《条例》可以明确地方金融监管规则和上位法依据，统一监管标准，构建权责清晰、执法有力的地方金融监管框架。除此之外，许多地区的地方金融监管机构也会配合国家金融管理部门的地方派驻机构开展监管工作，以维护该地区的金融稳定。

在微观层面，地方政府对金融风险的监管存在以下特征。一方面，地方金融风险体系往往面临"发展"和"监管"的选择难题，地方经济的发展往往意味着更宽松的监管要求，但是这会使地域经济呈现出"泛金融化"、过度创新等特征，还会使非法集资事件频频发生，地区非监管金融平台泛滥等，加大地域金融风险的监管难度。另一方面，地方政府在很多方面缺乏监管权限，在日常监管中缺失，

---

① 全国金融工作会议在京召开[EB/OL]. http://www.gov.cn/xinwen/2017-07/15/content_5210774.htm[2017-07-15].

所以一旦发生由金融风险引发的群体性事件，很难做到短期看清全貌，及时整顿金融秩序并化解金融风险。

1. 微观主体风险现状分析

从地区金融风险视角来看，随着金融产品和形式的衍化，央行发布的《地方金融监督管理条例（草案征求意见稿）》，将以"7 + 4"类地方性、专业性公司为主的非主流金融组织纳入监管，以进一步解决地方金融监督管理部门监管依据不充分、执法手段不足等问题。对于相关风险的特征，发现类金融机构主要的风险特征表现为以顺周期效应和非法集资风险为主。

以某市为例，通过走访调查，自 2015 年底开始，《某市地方金融监督管理条例》启动立法工作，自 2019 年 7 月 1 日起施行。目前，某市关于不规范金融活动的监管与处置工作，主要由某市地方金融监督管理局、某市监察委员会、互联网信息办公室、公安与司法系统等多个相关部门一起协调工作。某市地方金融监督管理局是市政府直属机构，为正局级，加挂某市金融工作局牌子。市地方金融监督管理局贯彻落实党中央关于地方金融监管工作的方针政策、党中央和市委关于地方金融监管工作的决策部署，在履行职责过程中坚持和加强党对地方金融监管工作的集中统一领导。根据调查了解到，某市地方金融监督管理局的主要职责包括：贯彻执行有关地方金融监管方面的法律法规，会同有关部门研究起草地方性法规、地方政府规章和政策文件；建立健全地方金融监督管理制度，负责制定地方金融机构的政策措施和监督制度；对金融消费者负责。在金融监管方面维护权益，加强公众经济学知识普及，提高金融消费者自我保护能力，负责防范化解地方金融风险。加强监管机构风险监测评估、风险预警和风险管理，配合国家金融管理部门加强对跨市场、跨行业金融业务的监测、分析和风险管理；主管单位依法依规严厉打击非法金融活动，规范金融秩序，强化监管责任，加强微观层面的稳定监管、行为监管和金融消费者保护。某市地方金融监督管理办公室是打击某市金融违法活动的主力军。

2. 地方金融风险动态演化过程

地方金融风险动态演化是众多因素共同作用的结果，其中相对重要的因素是政府、企业和家庭部门的异质性。由于金融部门与其他部门之间相互联系，不仅该地方经济部门对地方金融风险产生影响，其他地方金融风险也会因空间关联对该地方金融风险产生溢出效应。基于不同的市场环境和异质代理，模型研究代理的互动规则和行为演化，并形成动态策略。在此基础上，设计和接入外部冲击、危机模拟以及政策冲击端口。

在分析政府、企业和家庭部门对金融风险的动态溢出机制之前，必须先厘清它们通过哪些途径直接作用于地方金融风险。沈丽等[①]提出地方金融风险的内在特性决定了其必然要受到经济环境中政府、企业和家庭部门直接溢出效应的影响。

（1）政府行为的双重效应。根据公共财政理论，政府的正效应主要体现为其生产类以及福利性财政支出可直接或间接通过影响产业结构变迁，提高经济各部门的全要素生产率，提高人们的收入水平，从而刺激市场需求，扩大企业生产，缩小区域金融风险。与之对应的是政府行为的负效应：地方金融机构放贷既受我国辖区地方金融机构与地方政府间的隶属关系的行政因素干扰，同时又受逐利动机以及晋升、隐性收入等短期收益的影响，对强信用的地方政府具有较强的放款意愿。这种事实上的信贷软约束机制加剧了政府部门风险对金融部门风险的传导。

（2）企业的信贷渠道和非正规金融渠道。银行对企业贷款受经济周期影响。经济上行期，企业、银行对经济态势乐观，企业积极投资，银行加大信贷投放；一旦经济出现下滑，由于经营管理不善企业无法偿还贷款，银行不良贷款增加，银行体系风险增大。另外，非金融上市企业将获取的资金进行金融投资，导致金融行业体系膨胀，进一步加剧金融风险。张成思和张步昙[②]认为由于信贷市场上信息不对称，非金融上市企业利用自身优势在银行体系获得贷款，直接贷放给难以通过正当手段从正规金融体系获得资金的中小微企业，致使资金从实体经济回流到金融体系增大了金融杠杆，较高的金融杠杆则会形成信贷泡沫，触发金融危机，形成 Allen 和 Gale[③]提出的"信贷——资产泡沫"。

（3）家庭部门的"净传染效应"。这种效应主要是指个体银行的信誉或者不良贷款的上升引发投资者的非理性预期、恐慌心理蔓延、资产抛售的羊群行为，导致银行挤兑风潮发生，诱发银行危机。

5.3.2　地方金融风险监测指标研究

对于地方金融风险监管，根据中国人民银行发布的《地方金融监督管理条例（草案征求意见稿）》内容，按照"中央统一规则、地方实施监管，谁审批、谁监管、谁担责"的原则，使用统一监管框架监管地方各类金融业态，强化对地方金融风险的防范化解和处置效果，牢牢守住不发生区域性金融风险的底线。补齐地方金融监管短板，严格落实地方金融监管责任，以杜绝金融监管真空；明确各自职责有助于中央监管与地方监管协调配合，强化地方金融风险防范与处置机制。地方金融监管体制不断健全和监管效能的提升有助于引导地方金融组织完善内部

---

① 沈丽，张影，李文君，等. 我国区域金融风险的时空演化及驱动机制：基于经济四部门视角[J]. 南方经济，2019，37（9）：1-18.

② 张成思，张步昙. 再论金融与实体经济：经济金融化视角[J]. 经济学动态，2015，56（6）：56-66.

③ Allen F，Gale D. Bubbles and crises[J]. The Economic Journal，2000，110（460）：236-255.

治理、规范开展业务、稳健经营，促进地方金融业高质量发展。

对于地方金融监管而言，面对错综复杂的经济金融环境，监管层需要顺应金融科技发展趋势，结合上述地方金融系统风险特征，通过系统地构建以大数据和云计算等技术为核心的数字化监管体系，实现即时、动态监管和全方位的精准式监管，从而推动地方金融快速、健康地发展。

潜伏期长和破坏性强是金融风险的显著特点，地方金融风险也不例外。从其风险的特性出发，金融风险评价与预警机制必须具有针对性和实用性，以达到有效防范和化解金融风险的目的。维护地方金融稳定、防范系统性金融风险的关键是建立一套地方系统金融风险监测指标体系。

目前，国内外已经开展了基于大数据的金融市场预警系统方面的理论和实证研究。叶强等[1]总结了包含金融风险和监管在内的与互联网金融有关的国家战略需求及关键科学问题。已有的众多研究工作分析了宏观市场风险的传染和网络传播模型，主要通过市场网络之间的风险传染和传播机理，研究市场风险点识别和应对。研究对象包括金融复杂网络（complex network）、银行家的生态学（ecology for bankers）、金融监管以及跨境资本流动风险等。Haldane 和 May[2]演绎了金融系统网络风险形成过程，发现民间融资平台同样存在网络风险传播问题。Arnold 等[3]指出了宏观审慎监管的两个框架，明确了鉴别金融机构对系统风险贡献的重要性，特别是指出了金融监管和理论研究的主要挑战，提出了关于金融机构资本充足率管理的原则。

1. 我国金融风险的监测指标研究

为了有效监测我国经济、金融等行业的运行情况，国家设定了一系列相关数据监控指标，如 GDP、CPI 和汇率等。依据相关指标的变动情况对经济金融的运行情况进行判断，同时也可以对指标数值进行干预，从而对经济金融发展进行调控。现如今经济金融全球一体化的背景下，伴随着互联网金融业务的蓬勃发展，第三方支付业务不断增多，我国面临的金融风险因素也随之增加，金融风险的表现形式随着金融风险种类的增加变得愈加复杂。金融风险具有危害性大、波及面广等特点，如果爆发金融风险会影响社会稳定。加强金融风险的监测预警指标体系研究具有必要性。创新研究思维，丰富金融风险的监测预警指标研究，丰富金融风险的监测预警指标的广度与深度，从而有效提升防范与化解金融风险的能力。

① 叶强，刘作仪，孟庆峰，等. 互联网金融的国家战略需求和关键科学问题[J]. 中国科学基金，2016，30（2）：150-158.

② Haldane A G，May R M. Systemic risk in banking ecosystems[J]. Nature，2011，469（7330）：351-355.

③ Arnold B，Borio C，Ellis L，et al. Systemic risk，macroprudential policy frameworks，monitoring financial systems and the evolution of capital adequacy[J]. Journal of Banking & Finance，2012，36（12）.

2. 地方金融风险监测预警指标构建原则

地方金融风险的评估具有变量多、机制复杂、结构层次难以界定、不确定因素作用显著的特点。如果仅从某一方面来粗略地认识和设计某一地区的地方金融环境评价指标，未免失之偏颇，难以很好地反映地方金融风险的综合发展水平。参考纪家琪[①]，应本着如下原则构建一套系统、科学、全面的综合评价指标体系。

1）集中代表性原则

地方金融风险的发生是由多方面因素造成的，而模型不可能将所有影响因素全部涵盖，只能选取各方面的代表性指标，使之具有概括代表性，能够集中地反映大量的信息，切中要害地说明地方金融机构风险的基本状况。

2）及时灵敏性原则

所选取的指标数值上的细微变化能够及时、敏感地反映地方金融机构风险状况的变化，而金融形势的细微变化也能在指标的变化中得以体现。

3）灵活可拆性原则

足够的灵活可拆性是评价指标体系在实际应用中应具有的特点。好的评价指标应能根据决策者的不同评价目标进行有侧重的拆解重构，进而动态地生成相应的子评价指标系统。

4）指标可得性原则

建立地方金融风险监测预警指标体系，既要考虑其科学性，又要考虑其可操作性。指标的选取首先应该基于可得性，否则无法实现地方金融风险的最终量化评级。指标体系的可得性决定整个评价体系的可操作性。

总之，地方金融风险监测预警指标体系应既能使静态评价与动态评价相结合，又具备评价现状的功能和体现发展潜力、前瞻预警的作用。

3. 地方金融风险监测预警指标研究

地方金融风险监测预警指标体系是对地方金融机构发展状况进行综合评价与研究的依据和标准，是综合反映地方金融机构风险的指标按隶属关系、层次原则有序组成的集合。结合地方的实际情况，根据上述设置原则，进行地方金融风险监测预警指标研究。

1）地方金融微观主体风险现状

地方金融系统微观主体类别很多，仅地方金融机构就包含 11 类，此外还包括纳入中央监管机构监管的大型金融机构分支，纳入证券监管机构监管的地方上市公司，不纳入金融监管体系的非上市企业、小微企业以及家庭或个人。这些微观

① 纪家琪. 中国地方金融风险问题研究[D]. 广州：暨南大学，2005.

主体在复杂的社会关系基础上，通过金融活动，形成多重网络和复杂拓扑结构，给政府部门的监测和管制带来极大的困难。因此，在地方金融的复杂网络中，传统基于个体机构结构化财务数据的风险管理理论与方法不再适用；需要集成金融大数据，对微观主体的风险特征进行有效识别，才能构建出地方金融风险防控的决策平台。

为了有效防范与化解地方金融风险，应加强对金融风险监测预警指标与金融风险指标关联关系的研究。金融风险监测预警指标是金融风险管理数据的载体，通过监测指标的变动情况，能够分析金融风险状况，据此调整关联的金融信息指标，进而防范与化解地方金融风险。

2）地方政府债务风险的防范与化解

近年来，某市政府多举措并行，以期持续优化金融体系，营造良好的投融资环境，进一步推动某市融资结构性改革。从财政视角出发，某市积极响应中央号召，通过债务置换和专项债等方式，逐步实现地方政府债务的"开前门"和"堵后门"，进一步降低隐性债务比例，防范和化解地方政府债务风险，同时缓解地方政府债务压力，确保地方政府债务以及地方财政的可持续性。从经济金融政策角度，某市政府大力推进金融创新，出台一系列融资支持政策，不仅推动"银税平台""某柜台交易市场"等服务平台的建设，而且不断推进融资租赁产业、创投机构、大数据征信等"新金融"模式发展，从而在一定程度上缓解了企业的融资约束难题。从企业侧出发，相关文献已有很多评价融资约束程度的指数构建方式，但因数据限制，相关研究主要围绕上市公司展开。然而，在融资问题上，中小企业、民营企业因信息不对称性更强和融资渠道单一，往往会受到更强的融资约束。因此，通过传统指标的构建对某市上市企业的融资约束程度进行分析，将不能精准刻画和分析某市企业的融资约束情况。有鉴于此，我们采取文本挖掘的方式，通过文本情绪识别构建评价体系，尽可能使数据涵盖异质性企业，从而对某市融资环境是否得以改善进行分析和评价。

4. 地方金融风险监测预警指标体系探索流程

基于上述研究的理论基础，针对某辖区的地方金融机构（典当行、小额贷款公司、融资担保公司、融资租赁公司、商业保理公司、地方资产管理公司、区域性股权市场、投资公司、农民专业合作社、社会众筹机构和地方各类交易所）、非法金融活动（包括但不限于集资诈骗和非法吸收公众存款等）和互联网金融平台，某团队搜集、查阅相关文献资料，深入地方金融机构进行实地调研，走访了某市互联网信息办公室、某市地方金融监督管理局、某市工商行政管理局（现更名为某市市场监督管理局）等相关政府部门，收集了一系列历史资料数据，挖掘出地方金融系统的运作特点和风险特征，同时找出了金融系统中各个微观主体风险传染的影响因素，对地方金融风险的监测预警指标进行了探索。这些研究工作成为设计针对某市互联网不规范金融活动的金融风险监测预警指标体系的重要基础。

5.3.3　地方金融风险演化实验模型设计

上文中，通过理论模型分析以及地方金融风险特征和指标探索，展示了演化实验模型的研究思路和建模流程。本节将基于某市金融风险监管和预警问题，通过构建地方金融风险演化实验模型，分析地方金融风险在各部门演化的时变特征，为地方金融风险早期预警平台提供设计思路。

1. 基于数据挖掘的地方金融风险特征识别

在演化实验模型中，首先需要确定地方金融风险边界。传统文献的划分中，将重点放在地方金融系统中的地方政府部门、房地产部门、企业部门等，但近些年，随着科技的进步，互联网与金融部门的联结愈加紧密，催生了大量新生金融业态，跨界业务和交叉性金融产品不断涌现。事实表明，在经济金融发达的地区，地方金融活动蓬勃发展的同时，地方金融活动也暴露出非常严重的风险问题，如不规范金融活动的增加，而这些不规范金融活动在地方金融体系中有着错综复杂的关联关系，容易造成系统性风险并威胁地方金融安全。本节将在现有研究的基础上，特别针对新时代复杂金融活动，通过互联网金融技术进行风险特征的识别。

首先，通过收集 2018～2020 年全国各级人民法院已经判决的集资诈骗案件，发现不规范金融行为主要集中于东南沿海省份、以川湘豫为代表的个别省份和以京津冀为核心的环渤海地区，累计涉案金额巨大、涉案投资者众多，对地方金融系统和社会结构稳定造成巨大冲击。

其次，抓取全网（包括资讯、论坛、贴吧、博客、新浪微博、问答、视频、腾讯微信等 8 类信息源）超过 30 亿条有关不规范金融活动的数据，发现不规范金融活动数据的来源主要是 App 应用，其余不到 1/4 来自电子新闻网站。此外，不规范金融活动数据集中来源于"腾讯微信"与"新浪微博"，即在演化过程中通过主要社交工具进行交互。

最后，根据抓取的文本信息进行数据清洗预处理，确定金融风险行为特征，并形成文本主题特征库，具体操作如下。

第一步，需要对几家金融风险行为主体的互联网信息的主题进行分析。金融风险的文本数据大部分都是非结构化的，体现为非常明显的大数据特点，不仅数据噪声大，而且其中的信息含量低，因此很难从信息中直接获取相关数据的统计信息，为解决上述问题，我们使用主题模型（隐狄利克雷分布模型）进行分析。

机器学习领域中，隐狄利克雷分布模型由 Blei（布莱）等[①]提出，用来推测文档的主题分布。比如在对几个与金融风险行为相关的互联网信息的主题进行分析时，主题模型能够识别文档里的主题，并且挖掘语料里的隐藏信息，分析金融风险行为的类别和内容，可以从非结构化文本中提取信息和进行特征选择。通过分析，集中每篇文档的主题并以概率分布的形式给出，从而进行主题聚类或文本分类。隐狄利克雷分布模型是生成式模型，具体生成的过程简要说明如下。

按照先验概率 $p(d_i)$ 选择一篇文档 d_i。

从狄利克雷分布 α 中取样生成文档 d_i 的主题分布 θ_i，主题分布 θ_i 由超参数为 α 的狄利克雷分布生成。

从主题的多项式分布 θ_i 中取样生成文档 d_i 和第 j 个词的主题 $z_{i,j}$。

从狄利克雷分布 β 中取样生成主题 $z_{i,j}$ 对应的词语分布 $\varphi_{z_{i,j}}$，词语分布 $\varphi_{z_{i,j}}$ 由参数为 β 的狄利克雷分布生成。

从词语的多项式分布 $\varphi_{z_{i,j}}$ 中采样最终生成词语 $\omega_{i,j}$。

在此基础上，结合专家调研经验，确定金融风险行为主题，并以主题的关键词作为风险行为特征。

第二步，调研专家与项目组专家对相应文本进行人工特征标注，并将人工标注出的特征关键词作为上述主题模型分析得到的关键词的补充。

第三步，运用 Bi-LSTM 模型对上述标记了风险行为特征的文本进行训练，得到金融风险行为的文本分类模型，并以判定图的形式呈现。

LSTM 是 RNN 的一种。LSTM 在主体结构上与 RNN 类似，其主要的改进是在隐藏层 h 中增加了 3 个门控（gates）结构，分别是遗忘门、输入门、输出门，同时新增了一个单元状态（cell state）。Bi-LSTM 神经网络模型分为 2 个独立的 LSTM，输入序列分别以正序和逆序方式输入至 2 个 LSTM 神经网络进行特征提取，将 2 个输出向量（即提取后的特征向量）经拼接后形成的词向量作为该词的最终特征表达。Bi-LSTM 的模型设计理念是使 t 时刻获得的特征数据同时拥有过去和将来的信息，从而通过神经网络模型对文本特征进行提取和分类。

第四步，基于上述训练得到的判定图，对互联网信息进行分析，获取具有行为特征的文本，并形成地方金融风险文本识别词云图（图 5-2）。

---

① Blei D M，Ng A Y，Jordan M I. Latent dirichlet allocation[J]. Journal of Machine Learning Research，2003，3：993-1022.

图 5-2　　地方金融风险文本识别词云图

　　第五步，对具有金融风险行为特征的文本，利用命名实体识别技术找出金融风险行为主体及其活动特征，形成金融风险行为主体（疑似）清单库和不规范金融活动特征库。

　　命名实体识别是指识别文本中实体的边界和类别。命名实体识别的主要功能是把文本中的预先定义好的，需要提取的实体识别出来。命名实体识别模型的整个架构可以分为三个部分：特征表示、特征编码、标签解码。特征表示步骤主要是对输入的文字进行分布式向量表示；特征编码主要是对输入的分布式表示信息进行变换，提取句子的语义信息；标签解码是命名实体识别任务的最后一步，它的主要目标是对输入的每个字符输出一个标签类别。对于此部分而言，我们通过定义地方金融风险中存在的不规范金融活动行为特征，对文本数据中涵盖此类词条的文本进行定位和提取，从而形成专属行为特征库。

　　通过上述文本数据挖掘和金融风险特征识别流程，我们发现互联网背景下的潜在风险行为基本上都具有以下特征：强调高额投资回报而虚拟投资标的，缺乏对投资标的与合规性的描述。同时，相较传统的投资项目集资方式，近三年来以私募基金、资产管理计划、信托计划为名目的不规范金融风险行为显著增加。

　　综上，针对互联网背景下的新时代复杂金融活动，可以通过大数据挖掘方式和文本分析技术对其中的风险交互行为进行特征识别。在后文的指标构建中，将通过此类金融风险行为特征的分析结果，识别在传统地方金融部门中的风险交互行为，并赋予参数权重以监管地方金融风险。

2. 构建主体模型和相关监测指标

基于地方金融风险行为的特征分析，我们进一步使用网络文本数据挖掘方式对相关参数进行赋权，在此基础上构建地方政府债务指标、政策扶持指标、企业融资侧指标，从而对地方金融风险进行识别和监管。

1）地方政府债务指标

地方政府债务从政府部门的视角出发，反映了地区的融资、投资和债务水平，也反映了地区的金融和经济发展水平。从地方政府债务视角考虑地方金融风险及其与地方企业的关联关系，可能有下述两方面的作用。一方面，《中华人民共和国预算法》的实施会对地方政府发债进行一定的限制，因此地方政府可能会选择一些替代性的融资渠道，从而挤占了以地方性银行为主的中小企业银行信贷资源，从而加剧了企业的融资约束[①]。另一方面，地方政府发行债券之后，其融资往往用于地方基础设施建设、房地产等方面，促进了地区的经济发展，优化了企业的金融生态环境。结合抓取文本信息与目前实际地方政府债务融资用途情况、偿债能力分析和相关学者的研究结论，认为地方政府发行债务对企业融资的影响以挤占企业融资为主，即地方政府债务发行越多，企业的融资约束越强，地方金融生态环境越差。而地方政府债务发行越多，越可能通过土地财政模式给房地产一级和二级市场带来负面影响，不利于对地方金融风险的控制。当地方政府发行债务规模逼近预警线，一旦出现问题，则其高杠杆、规模大等特点将会使得相关经济和金融系统受到巨大冲击，不利于地方稳定。

基于上述分析，通过抓取 2019 年 1 月至 2021 年 12 月的全网（涵盖资讯、论坛、贴吧、博客、新浪微博、问答、视频）文本数据信息，构造地方政府债务声量指标和地方政府债务线索量指标，变量说明如下。

声量（Exposure）：每天所有媒体来源共报道的相关文章量。根据上述分析，若新闻报道等相关文章数量较高，说明债务问题受到的关注程度上升，举债和债务压力增加，进一步增加对企业资源的挤占程度，融资环境变差。

线索量（Clue）：根据文本抓取规则，当文本命中设置的线索词（clue_words）时，此条文本数据被抓取。因此，该指标作为声量的补充指标，一方面可以辅证声量指标走势，另一方面可以对文本信息的信息含量进行展示，从而起到评价信息质量的效果。

基于上述变量定义，构建地方政府债务指标：

$$\text{Debt}_t = 0.7 \times \text{Exposure}_t^{\text{Debt}} + 0.3 \times \text{Clue}_t^{\text{Debt}} \qquad (5\text{-}1)$$

---

① 汪金祥，吴世农，吴育辉. 地方政府债务对企业负债的影响：基于地市级的经验分析[J]. 财经研究，2020，46（1）：111-125.

其中，声量和线索量的赋权根据其声量和线索量的比值确定，在地方政府债务指标中，计算可得声量/(声量＋线索量)约为 0.31，因此，给声量赋权 0.7，给线索量赋权 0.3，进一步可构造指数 $Debt_t^1$。

基于上述指标构建，因为涉及春节和国庆两个法定节假日，为降低由小长假造成的数据波动影响，本节对三年中涉及的六个月（分别为 2019 年 2 月、2020年 1 月和 2021 年 2 月以及三年的 10 月）做加权平均处理，处理规则如下：

$$Debt_t^1 = \frac{Debt_{t-1} + Debt_t + Debt_{t+1}}{3} \qquad (5\text{-}2)$$

2）政策扶持指标

政府在金融事业中的角色十分重要，相关学者也做出了相关学术研究。政府部门与地方企业的联动模式如下：吴晓俊[①]考虑中小企业融资的政府行为及由此带来的政策环境的影响，实证发现政策环境越好的地方，中小企业的融资成本越低，反之融资成本越高；吕劲松[②]提出，如果想解决小微企业在融资过程中遇到的问题和困境，就要发挥政府政策的支持作用，完善社会征信体系建设，构建具有实际作用的金融服务体系；花爱梅[③]表明，政府应该成为小微企业融资支持体系建设的重要力量，逐步强化政府对小微企业的服务功能，更好地构建融资体系，缓解小微企业融资难、融资贵的问题；魏昆利[④]发现金融支持政策组合通过降低企业贷款利率，从而增加了银行对民营企业的信贷支持，帮助企业缓解融资约束问题；但左淋丞[⑤]研究湖南省民营小微企业金融支持政策成效时发现，部分政府配套政策落地难，政府对银行支持民营企业融资的资金奖励少，存在政策性融资担保、国有融资担保发展不足的问题。

基于上述分析，本节将政府政策（Policy）作为一项分指标，从网络舆情的角度进行了融资指数构建，其构建规则与上述地方政府债务指标类似，公式如下：

$$Policy_t = 0.8 \times Exposure_t^{Policy} + 0.2 \times Clue_t^{Policy} \qquad (5\text{-}3)$$

$$\frac{Clue_t^{Policy}}{Exposure_t^{Policy} + Clue_t^{Policy}} \approx 0.7927 \qquad (5\text{-}4)$$

其中，根据声量和线索量占全部比例均值情况，分别给予式（5-3）中声量和线索量 0.8 和 0.2 的权重。

---

① 吴晓俊. 地方政府政策对中小企业融资成本影响的实证研究[J]. 财政研究，2013，34（9）：53-56.

② 吕劲松. 关于中小企业融资难、融资贵问题的思考[J]. 金融研究，2015，58（11）：115-123.

③ 花爱梅. 发挥政府作用，缓解小微型企业融资困境[J]. 中国商论，2016，25（3）：59-61.

④ 魏昆利. 从支持民营和小微企业融资的政策组合探究货币政策精准传导机制[J]. 华北金融，2019，37（7）：74-80.

⑤ 左淋丞. 湖南省金融支持民营小微企业发展研究[J]. 金融经济，2019，26（24）：10-11.

进一步，考虑到春节假期和国庆假期对数据波动的影响，采取和上述指标相同的处理方式，公式如下：

$$\text{Policy}_t^1 = \frac{\text{Policy}_{t-1} + \text{Policy}_t + \text{Policy}_{t+1}}{3} \tag{5-5}$$

3）企业融资侧指标

企业在地方金融系统模型中，与金融的联结主要体现为企业的融资借贷活动。对于企业的治理，我们希望其受到的融资约束越小越好，这样可以激励企业研发创新和不断发展；但同时，过度放贷等问题可能会导致银行等金融中介部门出现坏账烂账问题，上市企业通过股票市场等融资渠道积聚金融风险，一旦监管不当，也会对地方金融发展造成负面影响。从企业融资侧构建监测指标，可以衡量企业的融资约束情况，也可以进一步反映出地区金融环境与金融风险的时变特征。传统的衡量是基于国有企业和上市企业的相关财务数据进行指数构建，包括常见的融资约束指数等，本节则从舆情文本分析视角对其进行量化。

国有企业的融资行为受到自身所有权与市场经济体制的双重影响，体现出一定的政策倾向性。正面积极的国有企业融资方面的媒体报道，可以反映国企当下面临的政策支持和其自身经营状况，在促进本地经济增长的同时，还能够提高地区整体经济竞争力与活力[1][2]。上市企业是地区优秀企业的代表，也是考察地区产业发展和融资能力水平的重要窗口。上市公司负面报道增多时，可能反映该企业经营不善和融资困难等问题，从而为中小企业的融资带来负面效应，进一步恶化融资环境[3]；正面报道增多时，企业表现良好，带动地区经济发展，从而给中小企业融资带来便利[4]。

此外，针对文本分析特点，在获取全市国有企业和上市企业文本数据的同时，也一并抓取了其他企业的相关文本数据，从而对企业融资情况进行全方位刻画。由于文本数据的抓取特点，如果直接抓取地方企业融资数据，将得到大量无关数据样本，造成数据整体噪声太大，从而掩盖真正的数据趋势。因此，报告通过设置情绪特征词（Enterprise_sentiment），对企业融资文本数据进行了正面报道（Enterprise_positive）和负面报道（Enterprise_negative）的区分，仅抓取了涵盖情绪特征词的数据样本。通过增加情绪特征词的处理方式，能准确提升数据的精度，但也在一定程度上造成了数据损失。因此，在刻画企业融资侧信息指数时，除了按照上述声量、线索量对其绝对数值走势进行分析，还需进一步构建正向情绪指数：

① 李培功，沈艺峰. 媒体的公司治理作用：中国的经验证据[J]. 经济研究，2010，45（4）：14-27.

② 黄宏斌，翟淑萍，陈静楠. 企业生命周期、融资方式与融资约束：基于投资者情绪调节效应的研究[J]. 金融研究，2016，59（7）：96-112.

③ 赖黎，马永强，夏晓兰. 媒体报道与信贷获取[J]. 世界经济，2016，39（9）：124-148.

④ 倪筱楠，王明先，温佳瑜. 研发活动文本信息披露缓解了融资约束吗[J]. 财会月刊，2021，41（24）：75-82.

$$Enterprise_t = 0.8 \times Exposure_t^{Enterprise} + 0.2 \times Clue_t^{Enterprise} \qquad (5\text{-}6)$$

$$\frac{Clue_t^{Enterprise}}{Exposure_t^{Enterprise} + Clue_t^{Enterprise}} \approx 0.8307 \qquad (5\text{-}7)$$

$$Enterprise\_positive_t = positive_t, \quad Enterprise\_negative_t = negative_t \qquad (5\text{-}8)$$

$$Enterprise\_sentiment_t = \frac{positive_t}{positive_t + negative_t} \qquad (5\text{-}9)$$

此外，对春节和国庆两个法定节假日的处理规则同上，进行平滑处理：

$$Enterprise_t^1 = \frac{Enterprise_{t-1} + Enterprise_t + Enterprise_{t+1}}{3} \qquad (5\text{-}10)$$

3. 数据结果分析

1）政府侧数据分析

首先，从地方政府视角出发，地方政府债务指标和政策扶持指标的月度走势均可体现出宏观政策倾向，且根据上述指标构建规则，两个指标与宏观融资环境均为正相关，即指标值越大，认为地方金融环境越宽松。图 5-3 展示了两个指标的走势。

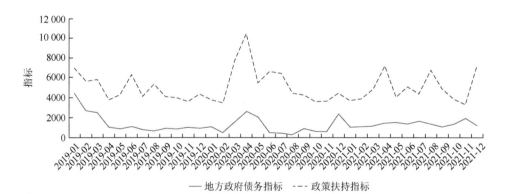

图 5-3 地方政府债务指标与政策扶持指标走势

从图 5-3 可见，地方政府债务指标在 2019 年 1 月至 2019 年 3 月期间逐月下降，之后走势较为平缓，但在 2020 年 4 月和 2020 年 12 月存在两个峰值。自 2021 年起，该指标呈现出略微上涨的趋势。进一步，通过分析相关文本数据可知，在 2020 年 4 月，中央对金融风险防控升级，且通过金融政策持续将资源向重点区域倾斜。

2）企业侧数据分析

从企业侧对金融环境进行分析，首先关注企业信息指数和企业正面信息指数走势情况，如图 5-4 所示。

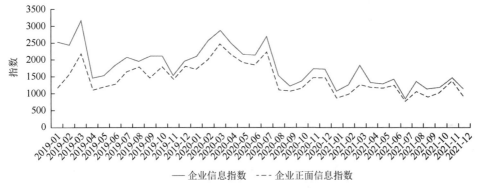

图 5-4　企业侧指标走势

进一步，关注企业正向情绪指数的走势（图 5-5），从该指数可以看出企业对地方金融环境的直接评价。

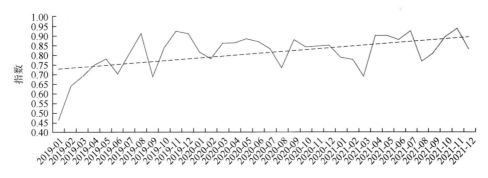

图 5-5　企业正向情绪指数走势

虚线表示企业正向情绪指数呈上升趋势

从图 5-5 中可以看出，企业正向情绪指数呈现出波动上升趋势，在 2019 年 1 月至 2021 年 12 月期间，从 0.4618 上升到 0.8339，金融环境逐渐放松，企业融资约束受到小幅缓解，但同时也要警惕地方金融风险的累积和扩散。

5.3.4　基于演化实验的地方金融风险早期预警平台设计

地方不规范金融行为的层出不穷，严重影响了地方经济和社会的发展。鉴于地方金融安全对全国金融系统性风险事件的有效防范作用，地方政府应当着力推动当地对不规范金融行为的监测与预警工作,建立地方金融风险的早期预警平台。从组织的角度考虑,首先应当在行政体系中建立相关负责机构,诸如金融监督管理局等,然后应当在技术方面产生与之配套的专用监管工具。总的来说,这一平台具有集合线上与线下、行政与商业、交易与非交易的多维数据,全面刻画企业运行情况,监测不规范金融活动以及预测地方金融风险的作用。

以某市为例,目前某市对不规范金融活动的监管分别在组织维度、信息维度和规则维度三方面存在不足。从组织维度来看,某市在不规范金融活动监管方面没有设置专门处置机构,导致不同部门在工作中分工不明确,并且当前相关工作者缺乏金融专业知识,难以高精度识别不规范金融活动。从信息维度来看,监管活动得以开展的基础是拥有翔实的数据以及精密的分析方法。当前对于地方不规范金融活动的监管主要建立在企业定期报送的低频率数据、群众提供的线索以及现场探访获得的资料之上,难以对企业面临的风险进行全面描述,影响了进一步的分析与预测。此外,不同部分之间仍存在信息壁垒,使得全景式监测缺乏支撑。从规则维度来看,相关部门大多缺乏在互联网背景下处理不规范金融活动的条例,并且各个部门在联合工作阶段责任归属不明确,导致处置效率降低。这三个维度的问题既是目前某市在监管不规范金融活动上的问题,也是在建立监测预警平台的过程中需要克服的问题。

目前国内在不规范金融活动监管领域已经有了类似的平台建设案例,2017年,在广州商品清算中心的基础上,广东省成立了唯一一家专职金融风险监测防范机构——广州金融风险监测防控中心。广州金融风险监测防控中心自成立以来,借助大数据、云技术、区块链、人工智能等技术,初步建立了地方经济监测防控体系——金鹰系统,其中涵盖了主动识别、监测预警、舆情监测等共八个平台。

针对目前地方在不规范金融活动监管上的问题,早期预警平台设计从两方面进行了探索,分别是构建了多部门协调监管机制和地方金融风险监测预警体系,二者最终从组织层面和技术层面结合,构成了不规范的金融行为监测与早期预警平台的设计。

1. 多部门协调机制与监测指标体系

上文中组织维度和规则维度存在的问题需要一套明确的部门事权管辖关系才能改善。目前某市对不规范金融活动的监管主要由某市地方金融监督管理局、某市监察委员会、互联网信息办公室、公安与司法系统等多个相关部门共同开展工作。由于这些部门间互相独立,因此在管理过程中很容易产生类似"踢皮球"等导致工作效率低下的问题。在部门协调机制的研究过程中,团队结合文献调查与走访调研,梳理了有关部门的职能与业务关系,以便实现高效的部门共治互动。

在组织结构上,首先由国家金融监督管理总局、"一行两会"、公安局、检察院、法院、国家互联网信息办公室共同组建互联网金融安全委员会,并在这一机构下设金融监督管理局网络安全和信息化办公室,与国家互联网信息办公室下属的大数据管理中心和违法和不良信息举报中心共同牵头建立不规范金融活动监测和预警大数据平台。在监管流程上,该平台以海量网络数据为基础,借助检测模型初步筛选不规范金融活动的账户主体,框定不规范金融活动的主体范围,之后进一步地将低频数据和高频数据相结合,综合分析相关主体的基本信息、社会关系、经营情况、集资手法及宣传名目等不同维度信息,并以资金流和信息流相互验证,综合研判不规范金融行为并对潜在风险进行预警。多部门协调与监测组织结构图(设想架构)见图 5-6。

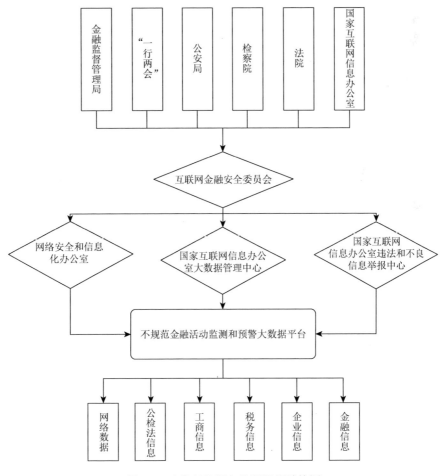

图 5-6　多部门协调与监测组织结构图

　　若潜在的不规范金融活动风险出现,平台将向互联网金融安全委员会发出预警信号,由互联网金融安全委员会牵头带领侦办队伍下场查验,如果确实存在违法行为将进一步移送给专门的检察官和法庭进行处理。而信息维度问题的解决主要依赖于获取更加高频且来源广泛的数据并对其进行分析。互联网不规范金融活动流程图见图5-7。

图 5-7　互联网不规范金融活动流程图

2. 监管平台内部设计

进一步地，借助近年来迅速发展的金融科技，通过咨询专家、走访调研专业机构、查阅相关资料设计出地方金融风险早期预警平台。

1）监管对象

平台主要对"7+4"类地方性、专业性的非主流金融组织进行监管。

2）平台职能

监管平台主要肩负三项职能。第一项为监测职能，这一职能需要平台全天候、多维度、深层次地收集网络信息和企业经营信息以监测风险。第二项为预警职能，借助不断成熟的金融科技，如区块链、人工智能和大数据等手段，在对海量数据进行分析后挖掘出高危信息。第三项为控制和打击职能，在发现企业违法行为后，平台立即向执法部门传递信息，执法部门进行实地调查，在风险扩散前快速截停。

3）内部系统

平台内部由三大系统组成，为企业构建了全方位的数据体系。第一，地方金融活动非现场监管系统负责获取企业经营数据并进行风险研判，其中既包括企业主动报送的经营数据，也包括公检法、工商、税务等部门所掌握的数据。第二，网络非法金融活动检测系统主要面向互联网海量数据，基于社交平台、门户网站等信息源发现潜在的违法违规行为，竭力做到"事前"防控。第三，国家互联网金融安全技术专家委员会可以牵头设立清算公司，除方便地方金融组织进行资金清算、信息登记、合同存证之外，还为平台提供更全面的数据，反映在平台架构中即第三方电子合同存证和资金统一清算系统。

3. 金融科技赋能监管平台

金融科技基于大数据、云计算、人工智能、区块链等一系列技术创新，随着近年来金融科技发展，其在庞大数据的获取、储存、分析上的独特优势为监测预警平台的搭建和运行提供了极大的支持。

近年来各行业不断呈现出网络化、电子化的趋势，产生了大量高频非结构化数据。面对高频非结构化数据，人工智能的相关技术则可以通过实时的数据采集、整理和分析学习，对数据进行有效的处理。在平台系统中，机器学习可以基于过往案件进行学习以优化模型，之后根据当前企业数据、互联网数据、政府部门数据进行主动的、即时的、可持续优化的分析，快速发现企业经营过程中的异常波动，若判定企业存在违规行为则立刻实施预警。由于人工智能技术可以根据历史数据来不断提升预测模型的学习能力，在监管的过程中可以实现模型精度的不断提升以应对愈发复杂的不规范金融活动监管问题。

大数据是在获取、存储、管理和分析等方面超出传统数据库的海量数据。从研究目标来看，大数据技术的战略意义不是对海量数据信息的控制，而是对这些有意义的数据进行专业处理。大数据技术的不断发展使监管机构能够对结构化和非结构化数据进行充分的分析。多维的大数据中蕴含很多有价值的信息，可以为平台系统提供全面、准确反映公司资金交易和风险状况的基础信息。

区块链是一种新型的分布式架构和数据处理，它采用链式结构存储数据，采用分布式节点共识算法创建和更新数据，采用加密技术保证数据安全，采用智能合约处理数据。在搭建监控平台方面，区块链的优势主要体现在安全性和流动性两个方面。传统的管控模式存在管控数据泄露和篡改的风险，没有清晰的管理体系，难以建立部门间的信任。区块链时间戳、非对称加密、数字签名等技术保证了链上数据的安全，有助于建立部门之间的信任基础。此外，区块链在信息共享上具有"多方核算、多方一致性、多方共享"的特点，极大地方便了部门之间的信息交流，打破了"信息孤岛"现象，有利于实现机构间合作。

云计算技术是分布式计算、效用计算等技术不断发展而产生的一门综合性的技术。云计算指的是将庞大的运算流程拆解为若干小程序，再通过多部服务器组成的系统对小程序进行运算，最后得到结果并返回给用户。监管预警平台中大量的数据运算使云计算有了用武之地，可以发挥其在海量数据储存和分析领域的优势。同时，云计算具有"池化管理"的特点，可以根据工作量灵活分配储存、计算、内存、网络等资源。监管平台作为用户可以根据业务需求付费，不必长期维护自身算力水平、存储水平、软件水平，也不需要用户独立搭建大量硬件基础设施，从而有效降低了成本。云计算和人工智能相结合，将风险识别模型嵌入计算流程，可以辅助实现更加高效的风险识别功能。

综上所述，相比传统体系，监管预警平台在金融科技赋能后可以获得更广阔的数据，实现更精密的运算，产生更低的维护成本，建立更透明高效的部门联动。在未来行为监管与风险预测的长期实践中，平台可以根据不同类型企业的经营特征，针对监测模型设定差异化监测阈值，并在监管过程中进行持续的优化，以求不断提升模型识别的准确程度。

第 6 章　地方金融风险评估、防范与处置

　　结合地方金融风险相关研究，本章首先将地方经济活动参与者分为四个部门：公共部门、金融部门、企业部门和家庭部门，分别分析了四个部门主要面临的金融风险，并介绍了近年来地方金融风险面临的新增冲击。其次，介绍了单一部门金融风险评估、预警方法以及多部门间传染风险的评估方法，并构建了基于网络的地方金融稳定评估体系。最后，介绍了地方金融风险防范和应急管理体系，对地方金融风险应急处置提出了政策建议。

6.1　地方金融风险概况

6.1.1　地方金融风险的部门分布

　　宏观经济体系通常将经济活动的参与者划分为四个主要部门，分别是公共部门、金融部门、企业部门和家庭部门，如果按照部门对地方金融风险进行分析，需要对这四个部门的具体内涵重新做出界定。首先是公共部门，一般意义上的公共部门应该包含中央银行，但是对于地方系统性金融风险来说，公共部门主要指的是地方政府。其次，一些地方融资平台虽然以企业的形式存在，但本质上是一种准政府部门，如城市建设投资公司等。金融部门从区域层面来看应该包含地方辖区内的所有银行，但根据中国国情，一般地方上的银行都是国有银行在各地的分支行，这里不纳入地方金融部门进行分析。再次，地方金融风险主要关注对内的清偿问题，而不是对外的清偿力，前者主要在于各部门之间是否会发生信用危机，后者则主要关注外债偿付和违约问题。地方国企和中小企业是地方企业部门的主要组成部分，并且由于以非公有制为主体的中小企业具有数量优势，其在地方经济乃至整个中国特色社会主义市场经济发展中都居于重要地位。最后，家庭部门以家庭为单位，其住房贷款、非住房消费贷款和经营性贷款已成为地方经济中贷款的重要组成部分。

　　接下来，我们对四个部门的地方金融风险进行详细阐释。

　　1. 公共部门

　　我国金融体系的基本特征之一是我国地方政府可以深度参与金融市场，因此，

以地方政府为代表的公共部门是分析地方金融风险分布时不可或缺的部门。地方公共部门主要包含各级地方政府及其主要的各类融资平台。虽然从统计数据来看，我国地方政府的负债率依旧低于国际通常认为的警戒线 60%，但我国地方政府除了直接的显性债务之外，还负担着大量的具有担保责任或者救助责任的隐性债务。根据财政部相关数据，2017 年末，我国地方政府债务余额为 16.47 万亿元，由 IMF 计算得出我国地方政府的隐性债务规模达 27.8 万亿元，总计 46.27 万亿元。地方政府的负债规模由 1996 年的 1829 亿元以年增长率远超同期 GDP 和地方财政收入增长率的速度累积，是地方金融风险的主要来源。

地方公共部门的风险主要集中在地方政府的隐性负债上，并且由于地方隐性债务在运作上的不规范和监管方面的不透明，容易发生系统性金融风险。为了推动地方经济的发展，地方政府倾向于通过举债的方式来满足财政需求。而分税制改革使地方政府失去了直接举债的渠道，因此地方政府往往通过与其关联的各类地方国有企业和地方融资平台来间接举债。这导致了地方政府隐性债务高于显性债务的情况。过去经济高速发展时期，地方政府的债务危机一般不会发生，但在新常态背景下，一旦经济发展势头下滑，地方政府的债务风险由于偿债压力陡增就会暴露出来。2018 年，中央经济工作会议要求防范金融市场异常波动和共振，稳妥处理地方政府债务风险。

按照审计署统计标准，地方政府债务通常被分为以下三类，政府负有担保责任的债务、政府负有偿还责任的债务以及政府可能承担一定救助责任的其他相关债务。地方政府的债务风险主要来源于以下四个方面。

第一，对地方融资平台进行的隐性担保是地方政府债务风险的主要来源。虽然 2013 年审计署的集中审计中将地方国有企业和融资平台的债务与地方政府债务相挂钩，但在一般统计口径上，地方融资平台债务却被计入了企业债范畴。根据平安证券相关研究，如果加上政府隐性负债，我国总体政府债务水平可能达到 GDP 的 90%，已经远超 60% 的国际警戒线。因此一旦地方国有企业和融资平台发生债务危机，在刚性兑付的约束下，地方政府由于担保责任的存在必然面临很大的债务压力。

为了应对地方政府通过地方融资平台大举借债的情况，中央政府开始出台相关规定限制此类政府隐性债务。特别是在 2010 年，中央政府出台文件《国务院关于加强地方政府融资平台公司管理有关问题的通知》，加强地方政府融资平台的规范运作和管理，防范可能出现的财政金融风险。2014 年国务院为推动地方融资平台的市场化，又出台了《国务院关于加强地方政府性债务管理的意见》，该文件明确要求地方融资平台不允许再举政府性债务。上述两个文件分别从地方政府角度和融资平台视角限制了地方政府通过融资平台举债的手段。所以政府部门通过融资平台担负的隐性债务存在的主要风险是存量风险。

第二，以地方政府信用背书的高杠杆的政府与社会资本合作（public-private partnership，PPP）项目是地方政府可能的债务风险。PPP 是地方政府为了缓解财政压力通过引入社会资本提供公共物品的一种方式①。PPP 项目在我国已经有了30 多年的发展历史，走出了一条具有中国特色的道路。PPP 最初作为一种降低地方政府债务的手段，在中国经过多年的发展，目前来看却成为地方政府隐性负债可能的来源之一。面对资金投入巨大的公共项目，如公共交通等，社会资本通常需要向金融机构举债，而这通常需要政府信用作为背书，并且一般 PPP 项目的杠杆都较高。此外，从财政部政府和社会资本合作中心 2020 年 9 月的报告来看，当年共计入库 13 163 个项目，从区域分布来看，新入库项目排名前三的省份是河南（794 个）、贵州（540 个）和云南（502 个）。可以看出，经济发展水平较为落后、地方政府债务压力较大的地区发展 PPP 项目的力度较大。所以目前大量高杠杆的PPP 项目也是政府债务风险的来源之一，但近年来 PPP 热度有所降低，目前来看也主要是存量风险。

第三，政府投资基金。特别地，产业引导基金的快速膨胀是地方政府债务风险的主要增量来源。政府投资基金是地方政府设立的，如 PPP 基金、产业引导基金和专项建设基金等，以回购承诺吸引社会资本或者金融机构进行股权投资的基金②。虽然从表面上看是一种股权投资方式，但是地方政府一般会与资方签署远期受让协议约定回购股权的期限，期满后地方政府以劣后方式补偿社会资本或金融机构的投资本金及收益。通过政府投资基金，地方政府以少量的财政预算，利用高杠杆推动大型地方项目建设。虽然表现形式是股权投资，但由于回购协议的存在，实质上是一种债券融资，项目投资风险基本由地方政府承担。一旦项目失败，股权表象下隐含的是巨量的隐性政府债务。政府投资基金可能以三种方式造成地方政府隐性债务的增加。①与 PPP 项目一样以地方政府信用作为背书，或者以财政补贴承诺保障投资本金和最低利润，来吸引社会资本；②一些地方政府通过挪用债券或者其他形式借贷，设立、注资政府投资基金；③以更加复杂、高杠杆的明股实债的方式变相借债。

第四，房价政策调整。地方房地产企业的风险转移引发的地方政府债务风险是目前最值得关注的公共部门风险。自 1998 年住房制度改革以来，房地产行业迎来了高速发展期，成为一些地方的支柱产业。但由于房价的飞速上涨，国家已经开始调整房地产业的发展方向，定立了"房子是用来住的，不是用来炒的"发展基调，通过多种方式，如各地越来越严格的购房限制以及对房地产企业资金来源

① 龚强，张一林，雷丽衡. 政府与社会资本合作（PPP）：不完全合约视角下的公共品负担理论[J]. 经济研究，2019，54（4）：133-148.

② 马文涛，马草原. 政府担保的介入、稳增长的约束与地方政府债务的膨胀陷阱[J]. 经济研究，2018，53（5）：72-87.

的限制等，来严格控制房价上涨。一些房地产企业由于长期高负债的经营模式，一旦资金来源受到限制，企业的正常运行将很难维持，面临极高的破产风险，如"恒大事件"。而地方房地产企业的破产风险却极易引发地方政府的债务风险[①]，一方面，地方政府的财政收入十分依赖土地出让金，另一方面，房地产行业的火热也导致了以土地作为抵质押方式的融资的扩张。所以作为一些地方支柱产业的房地产企业的破产风险极易传导至地方政府，引发地方政府的债务风险爆发[②]。

2. 金融部门

前文提到地方金融部门不包含国有大型银行在各地的分支机构，这里的地方金融部门主要是一些中小金融机构，包括各地的城市商业银行、信托投资公司、城市信用社和农村信用社等金融机构。随着地方经济的发展，地方金融机构不论是从机构数量还是资金总量上都成为我国金融体系中不容忽视的一环。地方金融机构一般根植于地方经济体系，受到多方因素的干扰，相较于一般金融机构存在较高的业务风险。地方金融风险存在两个主要的传导路径：企业部门到金融部门，公共部门（政府部门）到金融部门。可以看出地方金融部门在地方金融风险的传导上，具有链接作用，一旦地方金融部门发生风险事件，可能会引发多米诺骨牌式的连锁效应。目前来看，地方金融部门的风险主要来源于以下三个方面。

第一，资本充足率偏低和表外业务的扩张导致的经营风险是地方金融机构的主要风险[③]。相较于国有大型银行，地方金融机构主要是一些小型地方银行，不论是在存款吸纳还是贷款发放上都处于相对劣势地位。特别是在利率市场化改革之后，地方金融机构相较于大型机构受到了更大的冲击。从存款吸纳来看，非保本类理财产品（表外理财）作为一种"准存款"，由于可以突破利率管制的限制，成为地方金融机构变相吸纳公众存款、扩展资金渠道的重要方式。数据显示，2016年以前，城市商业银行和农村金融机构理财产品余额增速是国有大型银行的一倍以上。与一般理财产品不同，对于表外理财这种"准存款"，地方金融大多承担着按照预期收益刚性兑付的义务。因此，一旦地方金融机构面临上级监管强化导致的流动性收紧，银行表外业务的扩张将极大提高此类机构的经营风险。

从贷款发放来看，为了获取盈利，地方金融机构由于竞争劣势会采取更加激进的方式来获取利润，比如通过表外业务来扩张加杠杆。这种方式也是我国影子银行的主要业务模式之一："准贷款"。"准贷款"的业务本质与贷款相同，由银行

① 毛捷，曹婧. 中国地方政府债务问题研究的文献综述[J]. 公共财政研究，2019，25（1）：75-90.
② 梅冬州，温兴春，王思卿. 房价调控、地方政府债务与宏观经济波动[J]. 金融研究，2021，64（1）：31-50.
③ 纪敏，李宏瑾. 影子银行、资管业务与货币调控方式转型：基于银行表外理财数据的实证分析[J]. 金融研究，2018，61（12）：1-18.

发放资金，并承担信用风险。虽然按照我国现有的银行监管制度，此类业务也需要纳入表内监管，按照贷款计提风险准备金和资本。但地方金融机构在实际业务中，通常将"准贷款"计为风险权重较低的同业债权来规避监管，提高了地方金融机构的经营风险。

第二，非银行金融机构通过金融科技从事投融资业务带来的创新风险，如如今不再提及、曾经火热发展的 P2P，以及逐渐受到监管收紧的互联网金融等。这类金融创新业务同样属于广义的影子银行范畴，也是影子银行最广泛的定义方式①。由于此类业务的对象通常是信用水平较差的实体，因此具有较高的违约风险。此外，此类业务以互联网为载体通过金融科技的方式可以跨行业、跨市场开展业务，相较于传统银行业务，更加复杂且不透明，监管难度更大，极易成为地方金融风险的源头。

第三，政策性贷款是地方金融机构未来可能面临的新增业务风险。2004 年至今，中央一号文件连续集中关注"三农"问题。然而长期以来，我国农村信贷市场存在高度信息不对称问题，大型金融机构很难深入到广大农村地区，为有资金需求的农户提供金融服务。因此，农业政策性金融供给有助于缓解"三农"问题②。很多研究也发现政策性贷款和支农政策是补足农村金融体系缺口、助力农业发展的重要途径③④。农业政策性金融服务，一般由地方金融机构承担，特别是"生于'三农'，长于'三农'"的农村商业银行。国务院于 2003 年出台了《深化农村信用社改革试点方案》。虽然该方案推进了农商行的股份制改革，但服务"三农"的目标一致。但是在实际的农业政策性金融服务中，地方金融机构的表现参差不齐。一些涉农贷款业务不仅边际成本较高，还具有较大的潜在风险。

3. 企业部门

地方国企和中小企业是地方企业部门的主要组成部分，并且由于以非公有制为主体的中小企业的数量优势，其在地方经济乃至整个中国特色社会主义市场经济发展中都居于重要地位，地方中小企业的健康发展是增强地方经济活力的必要条件。然而地方中小企业由于企业规模小，往往不能通过信贷的方式解决企业融资问题，通常通过民间借贷的方式维持企业运转，但是，借贷的来源不稳定、企业自身的资金实力不足导致还债能力具有高度的不确定性。与此同时，地方中小

---

① 中国银保监会政策研究局课题组，中国银保监会统计信息与风险监测部课题组. 中国影子银行报告[J]. 金融监管研究，2020，9（11）：1-23.

② 何志娟，曲如晓. 农业政策性金融供给与农村金融抑制：来自 147 个县的经验证据[J]. 金融研究，2015，58（2）：148-159.

③ Kaboski J P, Townsend R M. The impact of credit on village economies[J]. American Economic Journal: Applied Economics，2012，4（2）：98-133.

④ 杨栋，郭玉清. 中国农业贷款效率：基于双方程误差修正模型[J]. 金融研究，2007，50（9）：151-159.

企业的经营非常容易受市场不稳定、地方政策变动等因素的影响，所以地方企业部门的风险主要集中在中小企业部分。

中小企业的风险主要来源于融资困难和营利能力下降，尤其是在经济进入新常态背景下[1]。在 2018 年 11 月 1 日，习近平总书记在民营企业座谈会上提出"要优先解决民营企业特别是中小企业融资难甚至融不到资问题，同时逐步降低融资成本"[2]。中小企业在信用缺失，企业自身又没有抵质押物的情况下，相比地方国企存在天然的融资劣势。而地方中小企业面临的融资约束又会影响企业的经营决策，增大企业的破产风险。中小企业面临的融资约束，通常通过民间借贷的方式解决，但较高的融资成本会进一步加剧中小企业的破产风险。

此外，地方国企债券违约风险是近些年来值得关注的风险[3]。自 2015 年某粮食集团出现债券违约以来，我国地方国企债券违约开始逐年出现，打破了以往对于国企债券刚性兑付的预期。特别是 2018 年以来，地方国企的债券违约率呈现逐年上升的趋势，根据 Wind 数据，2020 年末我国的债券市场总体有 33 个地方国企主体，违约的债券累计达 80 多只，违约总金额高达千亿元。更加值得关注的是，在这些国企债券违约的信用主体中，高评级主体也逐渐出现。2015 年至 2018 年之间，违约债券的主体评级多数为 B 级或 C 级，但 2019 年至 2020 年出现了 AAA 级的信用主体。一些研究也对地方公共部门发行债券的评级的可靠性存疑，最主要的原因是地方国企的债券评级往往有地方政府的信用作为背书。一方面，这一背书行为会迷惑投资者，让其认为一旦地方国企债券违约，地方政府大概率会出手救助；另一方面，一些投资者则认为地方国企债券违约，地方政府出手救助的概率较大。

4. 家庭部门

2016 年以后，经过中央一系列去杠杆政策，金融部门和政府部门的杠杆率增速下降，但家庭部门的杠杆率却持续快速上升。根据《2020 年 3 季度中国杠杆率报告》，我国家庭部门杠杆率在 2020 年第三季度继续攀升，由上年末的 55.8% 上升到 61.4%，增幅为 5.6 个百分点[4]，已经逼近美国、日本等国家的居民杠杆率。家庭部门债务一般由三部分组成，依次是住房贷款、非住房消费贷款和经营性贷

① Beck T, Demirguc-Kunt A. Small and medium-Size enterprises: access to finance as a growth constraint[J]. Journal of Banking & Finance, 2006, 30 (11): 2931-2943.

② 习近平. 在民营企业座谈会上的讲话[EB/OL]. http://www.gov.cn/xinwen/2018-11/01/content_5336616.htm [2018-11-01].

③ 钟辉勇, 钟宁桦, 朱小能. 城投债的担保可信吗？——来自债券评级和发行定价的证据[J]. 金融研究, 2016, 59 (4): 66-82.

④ 张晓晶, 刘磊. 我国宏观杠杆率快速攀升已基本结束——2020 年 3 季度中国杠杆率报告[EB/OL]. http://www. jjckb.cn/2020-11/10/c_139504761.htm[2020-11-10].

款，而从结构占比来看，住房贷款占一半以上，并且增长速度较快。同时，由于近年来居民消费习惯的变化，信贷消费的比例逐渐上升，导致非住房消费贷款总额占 GDP 的比重也在 2009 年之后逐渐上升。因此，家庭部门风险主要分布于以下两个方面。

第一，由居民消费理念变化带来的非住房消费贷款上升的风险[①]。近些年来随着消费金融行业的快速发展，各类正规或者不正规的放贷机构也快速出现。一方面，一些消费金融公司由于风控体系不健全，将贷款发放给一些低收入或者收入不稳定的用户，特别是一些具有超前消费观念的年轻一代，增加了居民非住房消费贷款的信用风险。另一方面，一些不符合资质的机构也在开展消费信贷业务，以消费信贷为手段实则是发放高利贷，如"美容贷""培训贷"等。

第二，新冠疫情与房产政策变动双重冲击下的可能由房地产风险引起的住房贷款违约风险[②]。2020 年下半年开始，房地产行业金融政策开始收紧，中央直接出台政策从供需两端倒逼房地产行业去杠杆。2021 年，中央对房地产行业集中密集调整，改变了过去"一城一策"的调控模式。尤其是中央与住房和城乡建设部协作，共同调整房地产行业，升级了调控政策的力度与方式，出现了"人、房、地、钱"的联动调控机制。再加上我国人口进入缓增长阶段，人口红利逐渐消退，都会制约房地产行业的发展。面对如此密集的政策变动，房地产行业过去长期积累的金融风险开始逐渐显露，高杠杆的经营模式带来的危害更加凸显，出现了诸如"恒大事件"的典型案例。而住房贷款作为居民信贷主要的组成部分，其违约风险与房地产行业的稳定紧密相关。一旦房地产行业出现密集的风险事件，一方面会导致住房贷款的大量违约；另一方面，由于房产作为家庭部门的重要投资，也会使部分居民遭受巨大的投资损失，进一步降低家庭部门的偿债能力。

如果家庭部门出现大量违约风险，以地方居民存款为主要来源的地方金融机构由于资金来源的缺失也会出现经营风险。同时房地产行业的破产风险也会传导到以地方政府为主的地方公共部门，多部门的风险爆发会形成巨大的金融体系风险，最终可能会造成地方金融风险的爆发。

6.1.2 地方金融风险的新增冲击

1. 地方经济活力下降

改革开放以来，得益于人力、资本、土地等传统生产要素的持续高投入，我国经济维持了较高的增长速度。随着各生产要素边际收益的下降，我国经济正面

---

① 王洋，王凤丽. 穿透中国家庭部门杠杆走势与风险[J]. 金融市场研究，2019，8（5）：37-45.
② 陈钊，申洋. 限购政策的空间溢出与土地资源配置效率[J]. 经济研究，2021，56（6）：93-109.

临调结构、促增长的改革"深水区"。自 2014 年 5 月习近平提出"新常态"①以来，我国开始进入深层次的产业结构转型和调整时期，在未来可预见的时期总体经济增速都将面临下行压力②。地方经济作为我国经济的主要组成部分，同样面临经济活力下降的困境。整体来看，由人口老龄化程度加剧造成的人口红利下降和转变经济发展模式是导致地方经济活力下降的主要原因。

改革开放之初，我国大量的低成本劳动力推动了以人口密集型产业为主的地方中小企业的发展。但进入 21 世纪后，我国人口结构较之前出现了明显的老龄化趋势，我国的人口红利正逐渐消退③。研究发现，出生率下降、预期寿命不断延长和人口迁移是致使人口老龄化的主要原因。根据第七次全国人口普查数据，我国有上百个城市在人口数量和密度上都出现了下降趋势，在中西部地区大部分乡镇地区的常住人口都出现了明显地减少。从人口流出来看，中小城市特别是地方乡镇地区是主要人口流出地区。而流出人口主要以青壮年为主，这进一步加剧了地方人口老龄化趋势。人口老龄化导致地方经济活力不断下降。一些经济欠发达地区的经济发展由于地方区域间不平衡的人口迁移甚至出现了停滞状态。

另外，在国内国际形势的双重转变之下，我国改革开放已经进入了深耕期。过去依靠投资推动的经济增长模式，带来了由消费、出口和投资"三驾马车"不均衡发展引发的地方经济动力不足等问题。地方经济的发展模式正在由投资主导转向由消费主导，尤其是在 2020 年 4 月 10 日中央财经委员会第七次会议上，习近平首次提出"构建以国内大循环为主体、国内国际双循环相互促进的新发展格局"④之后。

2. 中央房地产调控政策持续

2020 年秋季开始的以控制房地产企业杠杆和银行信贷供给为方式的房地产调控是有史以来最严厉的一轮房地产调控。即使在"恒大事件"之后，房地产调控政策有所放缓，我国房地产行业也面临着巨大的考验。在该轮调控之前，我国房地产企业债务违约出现了大幅上升。从房地产行业占我国经济比重的 25% 来看，房地产企业的大量违约极易造成系统性金融风险。长远来看，中央对房地产行业的调控政策很大可能不会大幅放松，因为大幅放松之后带来的新一轮反弹的金融

---

① 习近平在河南考察：确保经济持续健康发展和社会和谐稳定[EB/OL]. http://www.gov.cn/govweb/xinwen/ 2014-05/10/content_2677109.htm[2014-05-10].

② 朱民，张龙梅，彭道菊. 中国产业结构转型与潜在经济增长率[J]. 中国社会科学，2020，41（11）： 149-171，208.

③ 铁瑛，张明志，陈榕景. 人口结构转型、人口红利演进与出口增长：来自中国城市层面的经验证据[J]. 经济研究，2019，54（5）：164-180.

④ 杜海涛，王珂. 构建新发展格局 重塑新竞争优势[N]. 人民日报，2022-10-12（4）.

风险更加难以控制。因此，中央持续的房地产调控政策将会是地方金融风险的主要冲击。

首先，常态化的房地产调控政策将导致地方中小房地产企业处于债务违约的高风险状态，导致金融部门和家庭部门金融风险增加。地方房地产企业以中小房地产企业为主，其本身自有资本薄弱，加之缺乏除了银行信贷之外的融资渠道，造成了地方中小房地产企业极易受到政策变化的影响。在银行信贷渠道管控的情况下，地方中小房地产企业存在较大的破产风险。地方银行首先会受到地方中小企业破产的冲击，导致银行资产负债表恶化[①]。而地方家庭部门的财富与房地产关联度极高。根据广发银行联合西南财经大学发布的《2018 中国城市家庭财富健康报告》，房地产在中国城市家庭财富中占比 77.7%。地方中小房地产企业的破产风险首先会导致家庭部门的消费下降，更进一步会导致家庭部门住房贷款的违约，增加金融系统的信贷风险[②]。

其次，常态化的房地产调控政策将导致地方政府财政收入下降，从而增加地方政府债务风险。地方政府的财政收入有相当大的比例来自土地出让金。根据 2020 年的数据，我国房地产企业向地方政府支付了 8.4 万亿元土地出让金，大约为该年度公共财政收入的 46%。房地产调控会导致地方政府财政收入大幅下降，从而减少地方债还本付息的直接现金流，使地方政府投融资平台担保能力下降等。我国地方政府目前的债务比例较高，这无疑会加剧地方政府的债务风险。

3. 新冠疫情影响

新冠疫情作为近些年最大的突发性公共事件，给全球范围内的经济发展带来了极大的挑战。虽然中国在应对新冠疫情上成效显著，但疫情依旧对中国经济发展造成了较大影响。特别是在疫情初期，我国经济社会基本处于停摆状态。在地方金融风险方面，疫情也带来了较大的影响，主要体现在以下三个方面。

首先，在新冠疫情初期，我国政府采取了比较严格的防控措施，国内外物流、人流都受到了限制。在该阶段，疫情给我国地方中小企业的经营与财务带来了严重的威胁[③]。在疫情的冲击之下，地方中小微企业的财务危机更加严重，让本就处于融资困难的中小微企业雪上加霜。根据相关调查，2020 年 58.05%的中小微企业年营业收入下降达 20%，其中有 29.58%的中小微企业年营业收入下降达50%以上。

① 祝继高，李天时，尤可畅. 房地产价格波动与商业银行贷款损失准备：基于中国城市商业银行的实证研究[J]. 金融研究，2017，60（9）：83-98.
② 孟宪春，张屹山. 家庭债务、房地产价格渠道与中国经济波动[J]. 经济研究，2021，56（5）：75-90.
③ 朱武祥，张平，李鹏飞，等. 疫情冲击下中小微企业困境与政策效率提升：基于两次全国问卷调查的分析[J]. 管理世界，2020，36（4）：13-25.

其次，新冠疫情对中国地方经济最直接的冲击在于劳动力市场[①]。由于疫情的存在，各地交通被阻断，地方劳动力的正常流动被阻隔。同时，疫情造成家庭部门的消费下降以及企业部门的投资减缓，导致市场对劳动力的需求下降。根据国家统计局公布的全国城镇调查失业率，2020 年 2 月中国城镇失业率达到了自 2018年以来的最高 6.2%。

最后，新冠疫情也对地方政府的财政收入造成了巨大影响。疫情造成居民消费、企业投资双重下降[②]，导致 2020 年全国地方一般公共预算本级收入同比下降了 0.9%。因此在疫情下，本来已经承受巨大债务压力的地方政府的信贷风险进一步加大。

4. 中美博弈

近些年来，中国和美国之间的博弈也阻碍了中国经济的持续健康发展，尤其是对以外贸为主的中小企业和科技型中小企业。从目前来看，中美博弈并没有因为拜登政府的上台而减弱，美国国内舆论将继续绑架美国政府与我国持续对抗。对于地方金融风险，中美博弈的影响主要体现在以下两个方面。

首先，中美博弈给地方中小外贸企业带来了较大的汇率风险和经营风险。一方面，中美博弈造成的汇率波动，导致中小外贸企业的生产成本和销售价格频繁波动，增加了该类企业的经营风险。从产业分布来看，我国地方中小外贸企业主要以劳动密集型产业为主，本身抗风险能力较弱。另外，自我国加入世界贸易组织以来，许多中小外贸企业采用信用销售方式来扩展市场，因此这些企业的资金回笼也会受到汇率波动的影响。

其次，从美国国内市场需求来看，受中美博弈中美国增加关税的影响，美国对部分商品的进口需求显著降低。而美国主要对中国的传统重工业产品、高科技制造业产品和消费品类如衣帽、玩具等增加关税，关税最终由美国消费者承担，造成了对中国进口产品需求的下降。对于我国地方中小企业而言，主要是生产快速消费品的企业，面临需求下降的风险。

6.2　地方金融风险评估与预警

结合现有的研究成果，本节首先对单一部门即公共部门、金融部门、企业部门和家庭部门的地方系统性金融风险评估和预警的方法进行了探究，其次研究了

---

① 蔡昉，张丹丹，刘雅玄. 新冠肺炎疫情对中国劳动力市场的影响：基于个体追踪调查的全面分析[J]. 经济研究，2021，56（2）：4-21.

② 杨克贲，娄季春. 新冠疫情背景下财政政策的组合策略研究：基于纳入预期和债务反馈机制的 DSGE模型[J]. 管理学刊，2021，34（4）：20-36.

两个部门之间以及两个以上部门间的风险传染机制和主要评估方法，最后对地方金融稳定评估体系的构建进行了探究。

6.2.1　单一部门金融风险评估与预警

本节主要对公共部门、金融部门、企业部门和家庭部门的风险评估和预警方法进行探究。其中，公共部门的风险评估主要集中在研究政府债务风险；地方金融部门的风险主要来源于中小银行机构的表外业务扩张以及非银行机构金融创新；地方企业部门的风险主要集中在中小微企业和地方国企，主要风险为信用风险；而家庭部门的风险评估主要集中研究房价对家庭部门杠杆率的影响，其次是金融因素。接下来，详细介绍每个部门的风险评估方式。

1. 公共部门

目前国外对公共部门的风险评估与预警主要集中在研究政府债务风险，自 20世纪 80 年代拉丁美洲国家的大规模主权债务危机以来，政府债务风险的评估逐渐受到重视。政府债务风险与普通金融风险不同，政府债务风险的评估难点主要在于如何界定政府债务风险，以及采用什么方法测度政府债务风险。从国外研究来看，政府债务风险的评估主要有两种方法：以债务融资的可持续性判断[1]和以Black-Scholes 期权定价等理论模型判定债务违约的概率[2]。

2008 年金融危机之后，我国政府部门债务快速增加，国内学者也开始研究公共部门的债务风险问题。借鉴国外以债务融资的可持续性判断公共部门债务风险的方法，马拴友[3]提出了一套评估公共部门可持续性的方法，并发现公共部门债务扩展空间较小。李美洲和韩兆洲[4]利用线性协整技术来评估我国跨期预算约束的可能性。卿固等[5]以 D 地方政府为例，运用逐级多次模糊综合评价法，对地方债务危机度进行整体量化分析，并模拟了不同指标的极差变化如何影响最终风险度量，对我国化解地方政府债务风险的不同路径进行了评测。许争和戚新[6]通过设计借

① Mehrotra N R，Sergeyev D. Debt sustainability in a low interest rate world[J]. Journal of Monetary Economics，2021，124：S1-S18.
② Gray D F，Merton R C，Bodie Z. Contingent claims approach to measuring and managing sovereign credit risk[J]. Journal of Investment Management，2007，5（4）：5-28.
③ 马拴友. 中国公共部门债务和赤字的可持续性分析：兼评积极财政政策的不可持续性及其冲击[J]. 经济研究，2001，47（8）：15-24.
④ 李美洲，韩兆洲. 非线性财政政策效应下财政赤字可持续性研究[J]. 统计研究，2007，24（4）：51-57.
⑤ 卿固，赵淑惠，曹栉元. 基于逐级多次模糊综合评价法构建地方政府债务预警模型：以 D 地方政府为例[J]. 农业技术经济，2011，30（2）：117-126.
⑥ 许争，戚新. 地方政府性债务风险预警研究：基于东北地区某市的经验数据[J]. 科学决策，2013，19（8）：30-47.

债、用债、偿债三个环节的风险预警指标体系，进一步推动了预警指标的细化。缪小林和伏润民[①]以单一主体模型来评估地方政府债务的可持续性，并通过债务综合风险系数对债务可持续性规模进行了修正。贾彦东和刘斌[②]通过简单的 DSGE 模型对我国地方政府债务的持有上限进行了估测。此外，也有一些学者利用期权定价理论来评估政府债务风险。沈沛龙和樊欢[③]采用 CCA 估计了国债的风险，利用可流动性资产负债表，分析了我国 1998～2008 年的债务风险，并对 2009～2010 年的国债风险进行了评估。徐占东和王雪标[④]利用伊藤定理和投资组合理论建立了地方政府债务违约概率测算模型，这一模型将财政收入分为税收和土地出让等部分。韩立岩等[⑤⑥]借鉴美国市政债券风险评估的经验，利用 KMV 模型建立一个我国市政债务风险的评估模型，克服了或有权益方法中正态分布假设带来的偏差问题。洪源和刘兴琳[⑦]、洪源等[⑧]在线性预警指标构建的基础上，尝试建立了非线性的地方政府债务风险仿真预警模型，并在原模型的基础上增加"非线性先导法"的理念对指标选取进行了改进。

在对地方政府债务风险评估与预警的研究中，我国主要基于财政平衡的思想。一种是通过估算地方政府债务的上限或者地方债务的违约概率的方法，当存量债务超出可持续债务或者违约概率超出风险阈值时发出预警；另一种是通过构建风险预警指标体系的方法，对未来发生地方债务危机的可能性做出一个综合评价，根据评价的债务风险等级严重程度发出预警。

本节主要介绍三种地方政府债务风险评估与预警的方法。

1）估算地方政府（单一主体）可持续性债务上限

参考缪小林和伏润民[①]的研究，首先计算地方政府整体（多主体）可持续性债务规模。通过理论分析可以得到地方政府第 t 期弹性收入 DN_t（债务收入）和弹性支出 EE_t 与举借债务 DN_t 的关系如下：

$$DN_t = EE_t - GAP_t \qquad (6-1)$$

① 缪小林，伏润民. 我国地方政府债务可持续性测度研究：基于单一主体模型分析[J]. 当代财经，2014，35（8）：30-40.

② 贾彦东，刘斌. 我国财政极限的测算及影响因素分析：利用含体制转换的 DSGE 模型对全国及主要省份的研究[J]. 金融研究，2015，58（3）：97-115.

③ 沈沛龙，樊欢. 基于可流动性资产负债表的我国政府债务风险研究[J]. 经济研究，2012，47（2）：93-105.

④ 徐占东，王雪标. 中国省级政府债务风险测度与分析[J]. 数量经济技术经济研究，2014，31（12）：38-54.

⑤ 韩立岩，郑承利，罗雯，等. 中国市政债券信用风险与发债规模研究[J]. 金融研究，2003，46（2）：85-94.

⑥ 韩立岩，牟晖，王哲兵. 市政债券的风险识别与控制策略[J]. 管理世界，2005，21（3）：58-66.

⑦ 洪源，刘兴琳. 地方政府债务风险非线性仿真预警系统的构建：基于粗糙集-BP 神经网络方法集成的研究[J]. 山西财经大学学报，2012，34（3）：1-10.

⑧ 洪源，王群群，苏知立. 地方政府债务风险非线性先导预警系统的构建与应用研究[J]. 数量经济技术经济研究，2018，35（6）：95-113.

其中，GAP_t 为政府刚性收支缺口，等于财政预算收入减去预算支出和存量债务还本付息额。从动态角度看，地方债务可持续，意味着弹性支出 EE_t 产生的收益折现能够弥补举借债务 DN_t 产生的成本折现。即

$$\text{SEE}_t = \text{EE}_t \times \sum_k \frac{b_k}{(1+r)^k} \qquad (6\text{-}2)$$

$$\text{SDN}_t = \text{DN}_t \times \sum_k \frac{p_k}{(1+r)^k} \qquad (6\text{-}3)$$

其中，b_k 为地方政府弹性支出在 $t+k$ 期的收益效应系数；p_k 为地方政府债务收入在 $t+k$ 期的收益效应系数；SEE_t 为地方政府弹性支出产生的收益折现之和；SDN_t 为地方政府债务收入产生的成本折现之和；r 为成本和收益的折现率。

取临界值得到地方政府可持续性债务规模为

$$\text{DN}_t^* = \text{GAP}_t \times \frac{\displaystyle\sum_k \frac{b_k}{(1+r)^k}}{\displaystyle\sum_k \frac{p_k}{(1+r)^k} - \sum_k \frac{b_k}{(1+r)^k}} \qquad (6\text{-}4)$$

取收益和成本的平均效应，$b_k = \bar{b}$，$p_k = \bar{p}$，并利用无穷级数计算得到

$$\text{DN}_t^* = \text{GAP}_t \times \frac{\bar{b}}{\bar{p} - \bar{b}} \qquad (6\text{-}5)$$

式（6-5）表明，当 $\text{GAP}_t > 0$ 时，地方政府不需要举债；当 $\text{GAP}_t < 0$，且 $\bar{p} < \bar{b}$ 时，地方政府可以举债。接着根据地区生产总值 Gdp 和财政收入 Fbr 确定地方政府（单一主体）债务初次分配规模

$$\overline{\text{DN}_{it}^*} = \text{DN}_t^* \times \left(\theta_1 \times \frac{\text{Gdp}_{it}}{\displaystyle\sum_{i=1}^n \text{Gdp}_{it}} + \theta_2 \times \frac{\text{Fbr}_{it}}{\displaystyle\sum_{i=1}^n \text{Fbr}_{it}} \right) \qquad (6\text{-}6)$$

其中，$\theta_1 + \theta_2 = 1$ 且系数可以通过回归得到。最后根据债务风险综合系数对地方政府（单一主体）可持续性债务初次分配规模进行调整。风险系数较高的地方政府，可持续性规模在初次分配规模的基础上适度下调；反之，则适度上调。比较各省级地方政府实际存在债务规模和理论可持续债务上限，如果比例大于 1，说明地方政府债务已经不可持续。风险综合系数需要考虑地方政府的债务结构风险、债务负担风险和债务收益风险，可以采用因子分析法构建。债务结构因子包括责任债务占比、银行贷款占比、短期债务占比、逾期债务占比指标，债务负担风险因子包括债务经济负担率、债务财政负担率、债务居民负担率指标，债务收益风险因子包括人均全社会固定资产投资指标。

2）估算地方政府债务违约概率

参考韩立岩等[1][2]的研究，本节估算地方政府债务违约概率，其中，地方政府债务规模基于 KMV 模型进行估算。KMV 模型适用于信用风险管理，借鉴期权思想，利用 Black-Scholes 期权定价公式。此处可以理解为地方债务债权方拥有地方政府"转移"的"税收权"，该权益收益可以通过财政收入、地方债务、行权时间等因素计算。特别地，当债务到期时地方财政收入小于债务，意味着地方政府违约。

假设 t 时刻的地方财政收入 A_t 服从如下随机过程：

$$A_t = f(Z_t) \tag{6-7}$$

其中，Z_t 为随机变量，$f(\cdot)$ 为某一特定函数。当地方财政收入小于市政债券到期日 T 应偿还的债券面值 B_T 时发生违约，即违约条件为 $A_T < B_T$。设违约概率为 p，

$$p = P[A_T < B_T] = P[f(Z_T) < B_T] = P[Z_T < f^{-1}(B_T)] \tag{6-8}$$

如果 $Z_t \sim N(0,1)$，即为标准正态分布时，式（6-8）变为

$$p = P[Z_T < f^{-1}(B_T)] = N[f^{-1}(B_T)] \tag{6-9}$$

定义违约距离 $DD = f^{-1}(B_T)$，于是 $p = N[DD]$。

假设地方财政收入服从具体的随机过程，如

$$dA_t = \mu A_t dt + \sigma A_t dz_t \tag{6-10}$$

其中，μ 为财政收入增长率；σ 为财政收入的波动率；z_t 为维纳过程；dz_t 为维纳过程增量，即 $dz_t \sim N(0,1)$。

令 $t=0$，$A_0 = A$，地方财政收入 $A_t = A \exp\left\{\left(\mu - \frac{1}{2}\sigma^2\right)t + \sigma\sqrt{t}z_t\right\}$，此时地方财政收入服从对数正态分布。可计算得出

$$DD = \frac{\ln\left(\dfrac{A}{B_T}\right) + \mu T - \dfrac{1}{2}\sigma^2 T}{\sigma\sqrt{T}} \tag{6-11}$$

$$p = N\left[\frac{\ln B_T - \ln A - \mu T + \dfrac{1}{2}\sigma^2 T}{\sigma\sqrt{T}}\right] \tag{6-12}$$

其中，μ 和 σ 可以根据实际需要，取时间间隔为一年的序列计算得出。在实际情况下，地方财政收入不完全服从对数正态分布，其分布往往具有更厚的尾部，可以根据需要用软件拟合真实概率分布进一步计算违约概率。到了这一步，研究就可以推算出，不同期限的地方政府存量债务在未来发生违约的概率，以及根据设置的违约概率区间进行预警。换言之，给定违约概率上限，可以反推得到地方政

① 韩立岩，郑承利，罗雯，等. 中国市政债券信用风险与发债规模研究[J]. 金融研究，2003，46（2）：85-94.
② 韩立岩，牟晖，王哲兵. 市政债券的风险识别与控制策略[J]. 管理世界，2005，21（3）：58-66.

府发债规模不应超过的一个最佳规模，即地方政府债务发行的安全规模。事实上，由于体制机制原因，我国现有市政债券信用等级较高，实际违约的可能性较低，研究也并未考虑到新发行债务替换存量债务的可能，因此此方法有一定的局限性。

3）构建地方政府债务风险综合评价指标

本节主要介绍卿固等[①]以及许争和戚新[②]的研究方法，即逐级多次模糊综合评价法。

第一步：预警指标的选取。不同的指标选取角度得到的结果侧重点不一，这里介绍一种考虑地方债务的"借、用、还"三个环节建立指标的方法。如表 6-1 所示，建立因素集（方案层）C，在 B_1 借债环节考虑债务依存度（C_1）、债务负担率（C_2）指标；在 B_2 用债环节考虑债务项目的投入产出比（C_3）、地区生产总值增速与债务增速比例（C_4）、固定资产投资增速与债务增速比例（C_5）、自我偿债额与总债务额比例（C_6）指标；在 B_3 偿债环节考虑债务偿还率（C_7）、债务逾期率（C_8）、借新还旧额占债务余额比重（C_9）指标。

表 6-1　基于层次分析法的预警指标权重

目标层 A	准则层 B	准则层权重	方案层 C	方案层权重
地方政府债务综合风险	B_1 借债环节	b_1	C_1 债务依存度	c_1
			C_2 债务负担率	c_2
	B_2 用债环节	b_2	C_3 债务项目的投入产出比	c_3
			C_4 地区生产总值增速与债务增速比例	c_4
			C_5 固定资产投资增速与债务增速比例	c_5
			C_6 自我偿债额与总债务额比例	c_6
	B_3 偿债环节	b_3	C_7 债务偿还率	c_7
			C_8 债务逾期率	c_8
			C_9 借新还旧额占债务余额比重	c_9

第二步：建立模糊评价集合。首先从因素集中单独抽取出一个指标给予专家评价。建立模糊评价的评语集合 $v=\{v_1(非常安全),v_2(安全),v_3(比较危险),v_4(危险),v_5(非常危险)\}$，邀请 5 位专家进行评价，以确定评价对象对评价集 R 的

① 卿固，赵淑惠，曹栎元. 基于逐级多次模糊综合评价法构建地方政府债务预警模型：以 D 地方政府为例[J].农业技术经济，2011，30（2）：117-126.

② 许争，戚新. 地方政府性债务风险预警研究：基于东北地区某市的经验数据[J]. 科学决策，2013，19（8）：30-47.

隶属度。比如，对于 C_1，有 w_1% 的专家认为"非常安全"，有 w_2% 的专家认为"安全"，有 w_3% 的专家认为"比较危险"，有 w_4% 的专家认为"危险"，有 w_5% 的专家认为"非常危险"，则 C_1 的评价集 $R_1 = (w_1, w_2, w_3, w_4, w_5)$。同理，可得到所有指标的模糊评价集（模糊关系矩阵）$R = (R_1, \cdots, R_9)^{\mathrm{T}}$。

第三步：预警指标的赋权。主要采用层次分析法。将地方政府债务风险预警指标的目标指标、一级指标、二级指标分别设定为目标层、准则层、方案层，进而构造成对比矩阵，邀请 5 位专家对分层指标进行两两比较式评分、决策，用求解判断矩阵特征向量的办法（一致性检验）求得最低一层指标对上一层指标的优先权重。求得的各权重见表 6-1，其中 $b_1 + b_2 + b_3 = 1$，$b_1 = c_1 + c_2$，$b_2 = c_3 + c_4 + c_5 + c_6$，$b_3 = c_7 + c_8 + c_9$，权重集合 $W = (c_1, \cdots, c_9)$。

第四步：进行权重向量与模糊关系矩阵的模糊关系合成运算 $V = WR$。根据最大隶属原则，即最终行向量中最大权重所代表的债务风险等级，判定债务综合风险等级（非常安全、安全、比较危险、危险、非常危险）。进一步地，利用专家赋权结果，可以计算借债、用债、还债三个环节的风险系数和综合风险系数，根据风险系数所处区间对照表[①]，得出各个环节地方债务的综合风险预警结果（安全、轻度危险、重度危险）。比如有的地方在借债、还债和综合风险系数上的预警结果是轻度危险，但在用债环节预警属于重度危险，就需要尤其关注地区用债环节指标的高警原因和对应的化债手段。

此外，有研究采用神经网络进一步评估了地方债务综合风险，与采取层次分析法的指标预警结果作了对比，从而验证其神经网络构建的有效性。但其本质仍在于指标的构建，且神经网络训练的输出标签结果依赖于层次分析法的指标预警结果，对数据数量的要求也较高，部分研究结果有待商榷，因而本节不过多评述此方法。

2. 金融部门

判定地方金融风险的重要标准是地方政府是否需要对所辖地区之内的金融风险负责，虽然大型国有银行发生的风险事件也会对地方经济造成很大影响，但最终责任一般由中央政府承担，所以大型国有银行不包含在地方金融部门中。

地方金融部门的风险主要来源于中小银行机构的表外业务扩张以及非银行机构金融创新，从广义的影子银行定义来看，这两种业务都属于影子银行范畴。所以对地方金融部门的风险评估，主要在于对影子银行风险的评估。地方中小银行通过表外业务的扩展吸收资金并发放贷款，增加了与市场的关联，并通过多元化的投资组合降低了自身风险，但增加了系统性金融风险，一旦投资者忽略尾部风

---

① Brixi H P，马骏. 财政风险管理：新理念与国际经验[M]. 梅鸿，译. 北京：中国财政经济出版社，2003.

险就容易受到流动性风险的影响[①]。由于影子银行本身就是一种风险来源，一般研究主要集中于测度影子银行的规模，但是由于影子银行的隐蔽性，直接数据很难获取，一般采用间接方式来估测影子银行的规模，估测方法一般有三种。第一种，以GDP 为基准，假设影子银行规模是其一部分，主要估计数据来源于各年度的统计年鉴。例如，罗永宣和林玲[②]利用国民收入、可观测收入、金融机构贷款余额和 GDP 的数据来估测影子银行的规模。第二种，采用分层累加的方法，首先分析影子银行的组成部分，然后针对各个部分采用不同的方法进行估计相加。例如，孙国峰和贾君怡[③]将银行负债中的非影子资产去除，包括债券、贷款和外汇等，以此来判断影子银行的规模大小。第三种，以部分影子银行为代表，来估测影子银行的规模。例如，纪敏和李宏瑾[④]根据前人的研究认为银行表外理财产品的余额约占影子银行资产总额的一半，因此采用银行表外理财产品余额来间接估计影子银行规模，其中，地方中小银行的表外业务主要是表外的一种"准存款"形式的理财产品。

　　上述估测方法包括了直接和间接两种方式，由于影子银行的数据较为隐蔽，因此在测算其规模时一般采用直接和间接相结合的方式。本节主要利用部分直接获取的数据，通过蒙特卡洛模拟方法得出大样本，再基于网络结构对影子银行间系统性风险进行测度，并构建预警系统。

　　1）基于网络模型的影子银行系统性风险度量及评估

　　在构建网络模型之前，先简要介绍一下影子银行的风险传染机制。影子银行大部分业务为将银行贷款打包成有价证券进行交易，具有公开信息少、杠杆率较高的特点，且和众多部门都有所关联，当发生金融风险时，极易传染至其他部门。其风险传染机制主要有直接和间接两种途径。直接传染途径为影子银行与其关联的金融机构间的直接传导，由于其资产与负债的关联关系，一旦某一机构发生违约，则会为银行带来流动性风险，同时有可能波及多家银行。间接传染途径主要源于规模挤占效应和"羊群效应"。影子银行的存在使大量存款从银行转出，这便会使银行面临流动性风险，同时影子银行拓宽了借款人的借款渠道，由于借款人有可能将资金投入高风险领域，一旦其无力偿还，银行的损失就会增加，借款人的信用也会降低。并且，一旦某个环节或机构出现问题，都会导致群众积极性下降，引发"羊群效应"，促使风险进一步传播。

① Gennaioli N，Shleifer A，Vishny R W. A model of shadow banking[J]. The Journal of Finance，2013，68（4）：1331-1363.

② 罗永宣，林玲. 中国影子银行规模评估及其对金融稳定的影响[J]. 金融发展评论，2018，9（3）：113-123.

③ 孙国峰，贾君怡. 中国影子银行界定及其规模测算：基于信用货币创造的视角[J]. 中国社会科学，2015，36（11）：92-110，207.

④ 纪敏，李宏瑾. 影子银行、资管业务与货币调控方式转型：基于银行表外理财数据的实证分析[J]. 金融研究，2018，61（12）：1-18.

对影子银行系统性风险进行测度主要通过测度 VaR 和 ES 这两个指标实现。其中，VaR 的含义为在某一置信度水平下，金融机构间的最大可能损失，具体可表示为

$$P(x \leqslant \text{VaR}_\alpha) = 1 - \alpha \tag{6-13}$$

式（6-13）的含义为金融机构间损失小于最大损失的概率为 $1-\alpha$，α 为显著性水平。

同时，由于 VaR 仅估计了一个概率，不足以度量系统风险，因此需要借助另一个指标——ES，它的含义为当金融机构间网络损失超过了 VaR 阈值时所遭受的平均损失，可表示为

$$\text{ES}_\alpha = \frac{1}{\alpha} \int_0^\alpha \text{VaR}_u \, du \tag{6-14}$$

金融机构系统性风险 VaR 和 ES 衡量了金融机构间网络出现极端情况时的平均损失程度。

在设定了衡量系统性风险的指标后，接下来进行风险测度。

首先，要构建一个债务矩阵，在构建债务矩阵之前，先对一些概念进行界定，包括金融机构之间相互持有的内部资产（internal assets，IA）、金融机构持有的外部资产（external assets，EA）、金融机构相互间内部负债（internal liability，IL）、金融机构外部负债（external liability，EL）以及股东权益（equity，E）。债务矩阵 L 可以表示为

$$L = \begin{bmatrix} 0 & l_{12} & \cdots & l_{1N} \\ l_{21} & 0 & \cdots & l_{2N} \\ \vdots & \vdots & & \vdots \\ l_{N1} & l_{N2} & \cdots & 0 \end{bmatrix} \tag{6-15}$$

其中，l_{ij} 为金融机构 j 向金融机构 i 借款的数额。由于影子银行间的借贷数据很难获得，因此一般采用最大熵方法对债务矩阵进行估计。

其次，要界定银行违约条件。当金融机构 i 的股东权益（E_i）小于影子银行的违约损失时，金融机构 i 出现违约，可表示为

$$E_i^* = \text{IA}_i^* + \text{EA}_i - \text{EL}_i < 0 \tag{6-16}$$

由于金融机构间的关联性，金融机构 i 违约可将风险传染至金融机构 j。由此，金融机构 j 的传染违约表示为

$$E_j^* = \text{IA}_j^* + \text{EA}_j - \text{EL}_j < 0 \tag{6-17}$$

接下来进行违约清算。参照 Eisenberg 和 Noe[①]、隋聪等[②]的做法，设定金融机构违约时按债务比例进行偿还，因此偿还比例矩阵 M 的元素表示为

$$m_{ij} = \begin{cases} \dfrac{l_{ij}}{\mathrm{IL}_j}, & \mathrm{IL}_j > 0 \\ 0, & \mathrm{IL}_j = 0 \end{cases} \tag{6-18}$$

影子银行和其他金融机构违约后，金融机构能够从其他金融机构收回的总资产 IA_i^*，取决于其他金融机构能够偿还的负债 IL_j^*，即

$$\mathrm{IA}_i^* = \sum_{i=1}^{N} m_{ij} \mathrm{IL}_j^* \tag{6-19}$$

金融机构 j 的偿还支付取决于其支付能力，可表示为

$$\mathrm{IL}_j^* = \min\{\mathrm{IL}_j, \max(\mathrm{IA}_j^* + E_j^*, 0)\} \tag{6-20}$$

如果 $\mathrm{IL}_j^* < \mathrm{IL}_j$，表明其支付能力小于它承担的负债，此时金融机构 j 就会违约。

最后，进行网络结构模拟实验。

在进行模拟实验之前，需要对银行间债务网络的相关参数进行设置和校准。第一步，构造符合银行间网络特征的网络结构，网络结构的参数包括平均度、平均半径、聚集系数以及集中度。第二步，确定每家银行的相互间资产和相互间负债的总量，在网络结构中，用相互间资产表示银行间的入度强度，相互间负债表示银行间出度强度，银行的债权银行数量表示其入度，债务银行数量表示该银行的出度。相互间资产和负债可根据索拉马基（Soramäki）等[③]的节点强度关系式确定。

$$y = \beta k^b, \quad k \in [1, +\infty] \tag{6-21}$$

其中，y 为节点强度；k 为节点度；b 为参数。

第三步，估计债务矩阵。可用交叉熵法对其进行估计，交叉熵法可以表示为以下优化问题：

$$\min f(L, M) = \sum_{i,j=1}^{N} l_{ij} \ln\left(\frac{l_{ij}}{m_{ij}}\right) \tag{6-22}$$

同时满足以下约束条件：

① Eisenberg L，Noe T H. Systemic risk in financial systems[J]. Management Science，2001，47（2）：236-249.

② 隋聪，谭照林，王宗尧. 基于网络视角的银行业系统性风险度量方法[J]. 中国管理科学，2016，24（5）：54-64.

③ Soramäki K，Bech M L，Arnold J，et al. The topology of interbank payment flows[J]. Physica A: Statistical Mechanics and Its Applications，2007，379（1）：317-333.

$$\begin{cases} \mathrm{IA}_i = \sum_{j=1}^{N} l_{ij} \\ \mathrm{IL}_j = \sum_{i=1}^{N} l_{ij} \end{cases} \quad (6\text{-}23)$$

其中，L 为要估计的债务矩阵；l_{ij} 为矩阵 L 中的元素；M 为金融机构间网络的邻接矩阵；m_{ij} 为矩阵 M 中的元素，m_{ij} 等于 0 或 1，$m_{ij}=1$ 表示金融机构 i 与金融机构 j 存在债权债务关系，反之则不存在债权债务关系。

由于影子银行的数据较难获取，可以使用蒙特卡洛模拟的方法获得大样本，并设计不同强度的冲击情境，利用上文违约条件判断违约银行数量，以衡量系统风险损失。同时根据网络模型中的损失结构，估算出某置信水平下系统性金融风险 VaR 值和 ES 值。

2）影子银行违约引发的系统性金融风险预警

影子银行系统性金融风险预警分为两步，第一步为划分预警区间，第二步为设定预警阈值和预警指标，在此基础上得出合理的系统性风险的预警范围。

A. 划分预警区间

借鉴国内外研究成果，可根据违约概率、VaR 值和 ES 值的取值范围将系统性金融风险划分为三个区，分别为"绿色区""橙色区"和"红色区"三个级别。其中，"绿色区"表明系统整体状况尚好；"橙色区"表明金融系统已出现一定的风险，但尚未超过设定的警戒线；"红色区"则表明金融系统发生系统性风险的概率已经达到很高的水平。预警区间的取值范围要根据地区经济特点设定。

B. 设定预警阈值和预警指标

本部分以影子银行规模作为系统性金融风险的预警基础，构建风险预警指标。

影子银行规模的扩大使得风险进一步累积，如果该经济体不足以承受和化解风险，则可能面临经济体的崩塌，因此风险阈值的设定既与影子银行的规模有关，也和经济体本身有关，中国人民银行西安分行课题组和白鹤祥[①]将出现系统性风险的阈值（Γ）设定为

$$\Gamma = \rho(x) \frac{\mathrm{SBA}}{\mathrm{GDP}} - g_t - g_{M_2} \quad (6\text{-}24)$$

其中，$\rho(x)$ 为折算系数；SBA 为影子银行规模；GDP 为国内生产总值；g_t 为经济增速；g_{M_2} 为货币供应量增速，而将未考虑到的因素的影响通过折算系数进行调整。

在系统性风险阈值 Γ 取值确定的情况下，则有

---

① 中国人民银行西安分行课题组，白鹤祥. 我国影子银行的系统性金融风险测度与防范研究：基于影子银行资产负债表的视角[J]. 金融发展研究，2017，24（11）：9-17.

$$\frac{\text{SBA}}{\text{GDP}} = \frac{1}{\rho(x)}(\Gamma + g_t + g_{M_2}) \tag{6-25}$$

由此，设定我国某地区金融系统性风险预警指标为

$$\Lambda_t^C = \frac{\text{SBA}_t^C}{\text{GDP}_t^C} = \frac{1}{\rho(C)}(\Gamma_t^C + g_t^C + g_{M_2}^C) \tag{6-26}$$

某地区 C 的折算系数 $\rho(C)$ 可根据地区特点调整设定，并根据风险阈值设定预警指标的上下限区间。

预警指标的上下限区间并没有一个国际通用的参考标准，还需考量地方金融发展特色以及既往金融风险事件对折算系数进行选取，最终构建合理的预警指标范围。

3. 企业部门

地方企业部门的风险主要集中在中小微企业和地方国企，其中中小微企业作为国民经济的基石，其健康发展关乎着整个国家的经济增长和社会稳定。但由于信息不完备和本身资本薄弱的原因，我国中小微企业面临着较大的融资困难，这也是地方企业部门主要的潜在风险源。

银行等金融机构在对大型企业进行信用评估时，主要通过其财务报告和审计报告等信息建立信用评分模型。埃德米斯特（Edmister）[1]首次单独分析了中小微企业信用风险，并利用财务比率特征对中小企业违约风险进行了预测与分析。阿特曼（Altman）和萨巴托（Sabato）[2]首次提出需要将中小微企业和大型企业区分开来，分别建立信用风险评估模型，并找出了预测中小企业信用风险的关键财务比率指标。此后，企业信用风险模型主要分为大型企业信用风险模型和中小微企业信用风险模型，且大多数文章都将基于财务比率特征构建的模型作为基线模型。例如，钱皮（Ciampi）和戈尔迪尼（Gordini）[3]借助财务比率数据分析了意大利中小微企业信用风险，基于 2001 至 2004 年的财务比率数据，从活动性、营利性、偿债能力和流动性四个方面分析了企业破产风险。

然而，中小微企业通常缺少规范的财务和审计报告，即使有财务报告，并不能保证其数据可靠性和真实性[4]。直接利用财务比率数据进行中小微企业信用风险评

① Edmister R O. An empirical test of financial ratio analysis for small business failure prediction[J]. Journal of Financial and Quantitative Analysis，1972，7（2）：1477-1493.

② Altman E I，Sabato G. Modelling credit risk for SMEs: evidence from the U.S. market[J]. Abacus，2007，43（3）：332-357.

③ Ciampi F，Gordini N. Default prediction modeling for small enterprises: evidence from small manufacturing firms in Northern and Central Italy[C]//Ciampi F. Emerging Issues and Challenges in Business & Economics: Selected Contributions from the 8th Global Conference. Firenze: Firenze University Press，2009：143.

④ Angilella S，Mazzù S. The financing of innovative SMEs: a multicriteria credit rating model[J]. European Journal of Operational Research，2015，244（2）：540-554.

估的效果可能并不好。如果把中小微企业同大型企业同等对待，使用相同的评分模型，那么得出来的评分结果很可能是有误的[①]。而非财务、非结构化数据为小微企业信用评估带来了前所未有的机遇，机器学习技术为信贷机构信用模型的开发、运行和实时更新提供了强大的技术支撑。基于大数据和人工智能技术的优势，蒋辉[②]将层次分析法和神经网络相结合，并运用数据填补算法，构建了小微企业信用评估模型，并提出了许多改进和优化方式。崔璐[③]设计了基于大数据的小微企业信用评级指标模型，引入互联网舆情等指标，并利用实际业务数据验证模型的有效性。

上述研究表明，在对地方企业风险评估与预警的研究中，除了使用传统的财务数据，一些非财务数据也被用来衡量企业风险，同时一些先进的机器学习和深度学习模型也可用来评估企业风险。

接下来，本节介绍基于供应链的企业部门风险评估与预警方法。

1）基于供应链的企业部门风险评估方法

参考 Yang 等[④]的研究，其核心思想是利用在线金融机构获得中小企业之间丰富的交互关系，该交互关系包含有价值的金融风险信息，有利于对中小企业进行全面建模，进而提高金融风险分析的效果。他们提出的 ST-GNN（spatial-temporal aware graph neural network，时空感知图神经网络）模型主要有两个核心模块：空间感知聚合器和时序感知聚合器。空间感知聚合器主要是用来聚合邻居节点（企业）的信息，以建模邻居节点对目标节点的影响；时序感知聚合器主要是用来考虑不同时刻的网络结构变化，以建模节点之间的时间依赖性。具体来看，首先，在时序图的每个快照中使用空间感知聚合器。其次，对于图快照中的一个节点，我们可以分别获得 T 个空间嵌入（T 为时序图中快照个数）。通过将所有空间嵌入作为输入，时序感知聚合器对序列图快照中的时间变化进行建模，并输出时序嵌入。最后，利用空间嵌入和时序嵌入上的注意机制，ST-GNN 输出最终的节点嵌入表示，并将其与下游学习目标相结合，进行端到端的模型学习。

A. 空间感知聚合器

通过非结构化数据构建企业知识图谱，基于空间感知聚合器得到每个节点（企业）的嵌入表示 Z_u^t。空间感知聚合器 $\phi(\cdot)$ 定义为

$$Z_u^t = \phi\left(X_u^t, \left\{\left(X_u^t, e_{u,v}^t\right) : v \in N_u^t\right\}; \theta_\phi^t\right) \tag{6-27}$$

---

① Gupta J，Gregoriou A，Healy J. Forecasting bankruptcy for SMEs using hazard function：to what extent does size matter?[J]. Review of Quantitative Finance and Accounting，2015，45（4）：845-869.

② 蒋辉. 信息不完备情境下的小微企业信用评估研究[D]. 长沙：湖南大学，2019.

③ 崔璐. 大数据在小微企业信用风险评估中的应用研究[D]. 济南：山东大学，2020.

④ Yang S，Zhang Z，Zhou J，et al. Financial risk analysis for SMEs with graph-based supply chain mining[C]// Bessière C. Proceedings of the Twenty-Ninth International Conference on International Joint Conferences on Artificial Intelligence. Los Altos：Morgan Kaufmann Publishers，2021：4661-4667.

其中，X_u^t 和 $e_{u,v}^t$ 分别为节点 u 和边 (u,v) 的初始特征；θ_ϕ^t 为空间感知聚合器在时刻 t 的可学习参数；N_u^t 为目标节点 u 的邻居。

考虑到不同邻居对目标节点 u 的影响不同，采用线性注意力算子来计算不同邻居节点对目标节点的重要程度 $\alpha_{u,v}^t$。式（6-27）可改写为

$$\alpha_{u,v}^t = \frac{\exp\left(v_\phi^{t\,T}\sigma\left(W_{\phi 1}^t\left[X_u^t, X_v^t, e_{u,v}^t\right]\right)\right)}{\sum_{v'\in N_u^t}\exp\left(v_\phi^{t\,T}\sigma\left(W_{\phi 1}^t\left[X_u^t, X_{v'}^t, e_{u,v'}^t\right]\right)\right)} \tag{6-28}$$

$$Z_u'' = \sigma\left(W_{\phi 2}^t\sum_{v\in N_u^t}\alpha_{u,v}^t\left[X_v^t, e_{u,v}^t\right]\right) \tag{6-29}$$

$$Z_u^t = \sigma\left(W_{\phi 3}^t\left[X_u^t, Z_u''\right]\right) \tag{6-30}$$

其中，Z_u'' 为目标节点的邻居聚合信息；σ 为非线性激活函数；$[\cdot,\cdot]$ 为向量的拼接；$W_{\phi 1}^t$, $W_{\phi 2}^t$, $W_{\phi 3}^t$, v_ϕ^t 为可学习的参数。通过将空间感知聚合器堆叠 L 次，最终的空间嵌入能够学到 L 阶邻域中的拓扑结构和属性信息。

B. 时序感知聚合器

给定目标节点 u 及其从 T 个图快照生成的空间嵌入，时序感知聚合器可以定义为

$$h_u^t = \varphi\left(\left\{Z_u^t\right\}_{t=1}^T; \theta_\varphi\right) \tag{6-31}$$

其中，h_u^t 为 T 个图快照对应的时序嵌入，θ_φ 为可学习的参数。为了对 T 个图快照的时序变化进行建模，在生成的时序嵌入中使用类似于 LSTM 的操作，如下所示：

$$i_u^t = \sigma\left(W_{\varphi i}\left[h_u^{t-1}, Z_u^t\right]\right) \tag{6-32}$$

$$f_u^t = \sigma\left(W_{\varphi f}\left[h_u^{t-1}, Z_u^t\right]\right) \tag{6-33}$$

$$c_u^t = f_u^t\odot c_u^{t-1} + i_u^t\odot\tanh\left(W_{\varphi c}\left[h_u^{t-1}, Z_u^t\right]\right) \tag{6-34}$$

$$o_u^t = \sigma\left(W_{\varphi o}\left[h_u^t, z_u^t\right]\right) \tag{6-35}$$

$$h_u^t = o_u^t\odot c\tanh\left(c_u^t\right) \tag{6-36}$$

其中，i_u^t 为输入门；f_u^t 为遗忘门；c_u^t 为时序记忆；o_u^t 为更新门；$W_{\varphi i}$, $W_{\varphi f}$, $W_{\varphi o}$ 为待学习的参数；$\tanh$ 为激活函数；$\odot$ 为对应元素相乘。

由于最近的快照对 LSTM 的学习过程具有更大的影响，因此在收集节点 u 的所有空间和时序嵌入后，使用注意力算子来聚合所有 T 个图快照中重要的空间和时序信息。具体来看，给定节点的空间和时序嵌入集，生成最终的节点嵌入表示：

$$q_u = \sigma\left(v_{f1}^T\sum_{e\in E_{\text{emb}}}\beta_e e\right) \tag{6-37}$$

$$\beta_e = \frac{\exp\left(v_{f2}^T \sigma(e)\right)}{\sum_{e' \in E_{emb}} \exp\left(v_{f2}^T \sigma(e')\right)} \tag{6-38}$$

其中，$E_{emb} = \left\{z_u^t\right\}_{t=1}^T \bigcup u\left\{h_u^t\right\}_{t=1}^T$ 为学习到的时序和空间嵌入表示集合；e 为时序嵌入和空间嵌入的拼接表示；v_{f1}^T 和 v_{f2}^T 为可学习的参数；β_e 为归一化的注意力分数；q_u 为最终的节点嵌入表示。

C. 企业供应链挖掘

企业供应链挖掘旨在发现小微企业之间真实的供应链关系，我们将供应链挖掘任务形式化为有监督的链接预测问题。具体来说，给定标记的边集 $D_{sc} = \{u, v, y\}$，基于最终节点嵌入 q，采用带有交叉熵损失的多层感知器层，如下所示：

$$L_{sc} = -\frac{1}{|D_{sc}|} \sum_{(u,v,y) \in D_{sc}} y\log(\hat{y}) + (1-y)\log(1-\hat{y}) \tag{6-39}$$

$$\hat{y} = \text{MLP}_{sc}([q_u, q_v]) \tag{6-40}$$

其中，L_{sc} 为交叉熵损失；y 为真实标签，取值为 0 或 1，y 为 1 时表示两节点之间存在供应链关系，反之亦然；$\hat{y}$ 为预测标签；MLP_{sc} 为带有两个全连接层的多层感知器。

D. 信用风险预测

基于第三步得到的供应链网络结构，其中的边具有较高的预测得分，我们将贷款违约预测任务形式化为节点分类问题。具体来说，给定标记节点集 $D_{dp} = \{u, y\}$，采用基于最终节点嵌入 q 的多层感知器层，得到最终的预测结果，如下所示：

$$L_{dp} = -\frac{1}{|D_{dp}|} \sum_{(u,y) \in D_{dp}} y\log(\hat{y}) + (1-y)\log(1-\hat{y}) \tag{6-41}$$

$$\hat{y} = \text{MLP}_{dp}([q_u]) \tag{6-42}$$

其中，L_{dp} 为交叉熵损失；$\hat{y}$ 为真实标签，取值为 0 或 1，$\hat{y}$ 为 1 时表示违约，反之亦然；MLP_{dp} 为带有两个全连接层的多层感知器。

2）基于供应链的企业部门信用风险预警

本节以付玮琼[①]的研究为例。主要通过供应链上的整体指标来对企业的信用风险做出预警。在新型的供应链金融中，除了关注贷款主体经营状况，银行和金融机构更偏向于将整个供应链作为监控的对象进而做出贷款决策。全面考察企业的信用风险，能够增强银行预判贷款企业风险的能力。

---

① 付玮琼. 供应链金融视角下中小农业企业信用风险预警及防范研究[J]. 贵州社会科学，2020，41（4）：158-168.

目前常见的供应链金融模式可以分为存货、预付款、应收账款三种。具体的运作模式如图 6-1 所示，其中①代表金融机构＋核心企业＋上游中小企业；②代表金融机构＋核心企业＋物流企业＋下游中小企业；③代表金融机构＋核心企业＋中小企业＋政府＋其他。对中小企业参与的供应链金融模式进行整体分析，可以得到企业的信用风险。

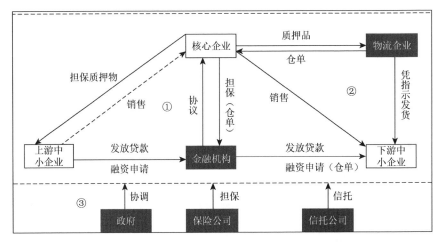

图 6-1　供应链金融模式

首先，结合供应链金融的特定背景，主要从企业的财务能力、供应链融资能力和供应链发展能力分别选取预警指标，如表 6-2 所示。基于建立的中小企业信用风险预警指标，利用因子分析法筛选预警指标并形成新的风险解释变量。

表 6-2　中小企业信用风险预警指标初选

类型	指标名称	代码	类型	指标名称	代码
营利能力	主营业务利润率	X_1	偿债能力	现金流动比率	$X_{10}X_{12}$
	营业利润率	X_2		现金流量增长率	$X_{11}X_{13}$
	销售净利润率	X_3		销售现金比率	$X_{12}X_{14}$
	净资产收益率	X_4		成本费用利润率	$X_{13}X_{17}$
	净利润增长率	X_5X_6			
营运能力	总资产周转率	X_6X_8	成长能力	主营业务收入增长率	$X_{14}X_5$
	流动比率	X_7X_9			
	速动比率	X_8X_{10}		销售现金比率	$X_{12}X_{14}$
	现金比率	X_9X_{11}			

续表

类型	指标名称	代码	类型	指标名称	代码
股利支付能力	总资产增长率	$X_{15}X_7$	供应链融资能力	存货周转率	X_{18}
	摊薄每股收益	$X_{16}X_{15}$		流动资产周转率	X_{19}
				应收账款周转率	X_{20}
	总资产利润率	$X_{17}X_{16}$		供应链融资水平	X_{21}

其次,建立逻辑回归模型,估计供应链中企业信用违约概率 P 。标准的 Logistic 函数表达式如下:

$$P = \frac{1}{1 + \exp\left[-\left(\alpha + \sum_{k=1}^{m}\beta_k X_{ki}\right)\right]} \tag{6-43}$$

其中, P 为中小企业发生违约的概率; X_{ki} 为风险指标。

最后,以 $P=0.5$ 作为预警临界点,当发生概率小于 0.5 时,认为企业的信用风险较小。

4. 家庭部门

自 2008 年金融危机爆发以来,家庭部门方面的风险分析受到越来越多的关注,部分研究学者将家庭部门的资产负债表作为判断经济基本面是否良好的指标,国内也有部分学者采用资产负债表分析的方法来分析国内的风险情况。例如,刘向耘等[1]采用统计数据估计了我国家庭部门 2004～2007 年的资产负债表,并发现我国居民资产负债表从风险角度来看表现出较强的稳健性。再如,许伟和傅雄广[2]以更长的时间跨度、更广泛的资料收集为基础进一步编制了我国家庭部门 1978～2019 年的资产负债表,研究发现,虽然我国家庭部门的杠杆率上升较快,但仍明显优于主要发达经济体次贷危机前的水平。然而,家庭部门资产负债表分析的方法存在较大的局限性,主要体现在相关统计资料的不完全以及统计口径不同方面。

从我国家庭部门的贷款构成来看,住房贷款是家庭部门贷款最重要的组成部分,并且高杠杆主要集中于住房贷款[3]。因此有关家庭部门的风险研究主要集中于研究住房贷款违约风险及房价对家庭部门杠杆率的影响。例如,卡波扎(Capozza)

① 刘向耘,牛慕鸿,杨娉. 中国居民资产负债表分析[J]. 金融研究,2009,52(10):107-117.
② 许伟,傅雄广. 中国居民资产负债表估计:1978—2019 年[J]. 国际经济评论,2022,45(5):30-76,5.
③ 阮健弘,刘西,叶欢. 我国居民杠杆率现状及影响因素研究[J]. 金融研究,2020,63(8):18-33.

和范·奥德（van Order）[①]的研究发现房价波动带来的住房贷款的违约是导致系统性金融风险的主要原因。吉纳科普洛斯（Geanakoplos）等[②]利用华盛顿特区的个人住房贷款数据建立了一个基于代理的住房市场模型，利用该模型得到美国1997～2007 年的萧条和繁盛主要是由住房贷款杠杆的变化引起的。武康平等[③]也发现房地产市场是风险积累的主要载体，并且与金融市场表现出相互共生关系。钱争鸣等[④]构建了借款人、贷款、外部经济和房产等四个特征维度的分析框架，并实证分析了相关显著因素对违约风险的影响程度。丁正斌和施建军[⑤]通过逻辑回归模型，实证分析了相关因素与住房按揭贷款逾期风险的影响关系，并给出了防范风险的管理建议。方匡南和吴见彬[⑥]通过构建基于随机森林的个人住房贷款违约风险评估模型，实证分析并发现了违约风险的关键影响因素，并最终确定了评估违约风险的最优指标体系。

除了住房贷款因素之外，还有一些因素也对家庭部门的风险产生影响。从债务供给的角度来看，金融部门的发展对家庭部门的风险具有显著影响。金融因素对家庭部门的影响主要基于流动性约束假说。信息技术发展带来的信贷渠道的扩展也是我国家庭部门风险增加的原因之一。非住房贷款消费占地方家庭部门信贷的比例逐渐升高，新型消费贷款违约风险也成为地方家庭部门的风险来源之一。

对应于通过住房贷款违约风险来评估地方家庭部门的金融风险，可以通过相应的方法来建立对地方家庭部门金融风险的预警。李妍[⑦]通过运用逻辑回归研究了个体层面的住房贷款风险预警模型，并对银行部门贷前贷后的风险防控给出了相关建议。奚宾[⑧]构建了一个基于信号的信用风险预警系统，并通过实证研究得出相关结论：北京市的商业银行住房抵押贷款处于信用风险预警模型中的小概率、低强度和短期限模块，资产相对安全。

下面主要以方匡南和吴见彬[⑥]的研究文献为基础，介绍通过构建随机森林的住房贷款违约风险评估模型来评估地方家庭部门的金融风险。

---

① Capozza D R，van Order R. The great surge in mortgage defaults 2006–2009: the comparative roles of economic conditions，underwriting and moral hazard[J]. Journal of Housing Economics，2011，20（2）：141-151.

② Geanakoplos J，Axtell R，Farmer J D，et al. Getting at systemic risk via an agent-based model of the housing market[J]. American Economic Review，2012，102（3）：53-58.

③ 武康平，皮舜，鲁桂华. 中国房地产市场与金融市场共生性的一般均衡分析[J]. 数量经济技术经济研究，2004，21（10）：24-32.

④ 钱争鸣，李海波，于艳萍. 个人住房按揭贷款违约风险研究[J]. 经济研究，2010，45（S1）：143-152.

⑤ 丁正斌，施建军. 住房按揭贷款逾期风险及其管理探析[J]. 审计与经济研究，2012，27（1）：106-112.

⑥ 方匡南，吴见彬. 个人住房贷款违约预测与利率政策模拟[J]. 统计研究，2013，30（10）：54-60.

⑦ 李妍. 运用 Logistic 回归原理构建个人住房贷款风险预警模型[J]. 华北金融，2017，35（1）：26-30.

⑧ 奚宾. 商业银行住房抵押贷款信用风险预警系统实证研究[J]. 云南财经大学学报，2013，29（1）：117-124.

1）随机森林方法的简要介绍

随机森林是一种集成学习方法。集成学习通过采用多个学习器来进行机器学习任务，一般情况下比单一学习器有更好的泛化性能。bagging 是最具代表性的集成学习方法，它的基本流程是：对于给定的数据集，通过可放回的采样方法，经过 m 次随机采样得到一个容量为 m 的采样集，照这样重复操作，就可以得到容量为 m 的 T 个采样集；然后，基于每个采样集分别训练出一个基分类器；最后，把这些基分类器进行相应的结合给出最终的预测输出。随机森林是在 CART 算法的基础上，基于 bagging 思想及随机提取特征而形成的一种集成分类器算法[①]。随机森林的随机提取特征的思路是：对于基决策树的每个节点，先从该节点的特征集合中随机选择一个包含 k 个特征的子集，然后再从这个子集中选择它的最优特征来用于划分。随机森林常可用于分类、回归、异常检测和变量重要性评估等多种任务，对噪声容忍度高，不易过拟合，预测准确性高，能很好地处理连续和离散变量；特别适合处理先验信息不清、数据不完整、不规则、多约束的实际应用问题。

CART 算法通过基尼系数来选择进行划分的特征，数据集 D 的纯度可用基尼（Gini）值来进行度量：

$$\text{Gini}(D) = \sum_{k=1}^{|y|} \sum_{k' \neq k} p_k p_{k'} = 1 - \sum_{k=1}^{|y|} p_k^2 \tag{6-44}$$

其中，p_k，$p_{k'}$ 分别为数据集 D 中第 k，k' 类样本所占的比例。直观来说，$\text{Gini}(D)$ 反映了从数据集 D 中随机抽取的两个样本的类别标签不一致的概率。所以，如果 $\text{Gini}(D)$ 越小，那么表明数据集 D 的纯度越高。

数据集 D 某特征 c 的基尼系数可定义为

$$\text{Gini\_index}(D,c) = \sum_{v=1}^{V} \frac{|D^v|}{|D|} \text{Gini}(D^v) \tag{6-45}$$

于是，在候选特征集合 C 中，应该选择使得划分后基尼系数最小的那个特征作为最优划分的特征，即

$$c^* = \arg\min_{c \in C} \text{Gini\_index}(D,c) \tag{6-46}$$

这里进一步地介绍使用随机森林方法进行变量重要性评估的基本思想：首先，使用袋外（out of bag，OOB）数据对已经生成的随机森林进行性能测试，得到相应的 Gini 值；其次，随机改动 OOB 数据中的任一特征的值（也就是人为添加噪声干扰），再使用改动后的 OOB 数据对随机森林进行性能测试，此时可以得到新的 Gini 值；最后，用前后两个 Gini 值的差作为改动的特征的重要性评估值。

---

① Breiman L. Random forests[J]. Machine Language，2001，45（1）：5-32.

2）随机森林方法的实践思路及步骤

A. 随机森林方法构建风险评估及预警模型的实践思路

首先，从地方金融机构个人住房按揭贷款的数据库中导出客户的原始样本集 D，生成独立同分布的随机向量序列 $\Theta_i = (i=1,2,\cdots,j)$，应用自助抽样方法（bootstrap method）从客户样本集 D 中生成 j 个子样本集，记为 $D_i = (i=1,2,\cdots,j)$。其次，对每个子集 D_i 分别建立个人住房贷款违约风险评估的决策树模型 $\{h(X,\Theta_i), i=1,2,\cdots,j\}$，其中的 X 是从数据库中通过领域知识筛选而得的用于违约风险评估的自变量矩阵。再次，对其中的每个决策树模型分别进行训练，进而得到相应的决策树分类模型的序列 $\{h_i(X), i=1,2,\cdots,j\}$，显然，这个决策树分类模型序列构成了一个多分类模型系统，也就是说，这个多分类模型系统其实是通过多数投票法来确定最终的分类结果的，即

$$H(x) = \arg\max_Y \sum_{i=1}^{j} I(h_i(X) = Y) \tag{6-47}$$

其中，$I(\cdot)$ 为示性函数，Y 为模型的输出变量。最后，部署预测准确率较高的多分类模型系统，来对个人住房按揭贷款的违约风险进行评估及预警。

B. 随机森林方法构建风险评估及预警模型的实践步骤

a）变量选择

从个人住房按揭贷款违约风险的影响维度来看，可以把变量划分为借款人特征、贷款项特征、房产特征和社会经济特征等四个维度。其中，借款人特征主要包括收入、年龄、性别、学历、财产状况、婚姻状况、信用状况等；贷款项特征主要包括额度、期限、利率、还款方式、已偿还比例、贷款价值比、有无抵押品等；房产特征主要包括房产类型、地理位置、面积、房龄、单价和评估价与购买价之比等；社会经济特征主要包括经济周期、货币政策和房地产相关政策等，它反映的是宏观经济方面带来的影响。构建模型时，要尽可能地把相关影响变量纳入进来，特别是不要遗漏重要的变量。

b）数据来源

根据风险评估的类型和区域等因素来选择合适的数据来源。由于在这一部分，我们关注的是地方家庭部门的金融风险评估，那么我们的数据来源主要是地方金融机构数据库中的个人住房按揭贷款数据。地方金融机构可以通过自有的个人住房按揭贷款数据进行家庭部门的金融风险评估，地方政府及地方金融监管部门可以通过平台数据共享等方式收集本地的个人住房按揭贷款数据来对本地家庭部门的金融风险进行评估。

c）数据预处理

在进行模型处理及分析之前，要先对采集到的原始数据进行数据预处理，以便更好地进行数据应用：首先，要清理掉与构建模型的主题无关的数据。其次，

检测异常值和缺失值，对于所占比例很小的异常值和缺失值，可以通过直接删除来处理，一般情况下，对评估结果的影响不大，当然，也可以通过其他方式对缺失值进行处理。例如，连续变量的样本缺失值可以用变量的平均值来替代，离散变量的样本缺失值可以用变量的众数来替代。再次，如有必要，可以把相关的多源数据整合成一个或者若干个指标变量。最后，基于随机性原则，按一定比例把数据集划分为训练集、测试集和预测集，可以按照 20%的比例留预测集。

d）确定指标体系

在确定住房贷款违约风险评估模型之前，需要先确定合适的风险评估指标体系。在之前的变量选择中，我们从四个维度特征预选了很多的原始变量，其中，其实并不都有助于风险评估的预测，反而由于有些变量之间的相关性等原因可能会降低风险评估的有效性，因此，有必要从这些原始变量中选取若干合适的变量来构建风险评估指标体系。这一步可以利用之前介绍的变量重要性评估方法来进行操作处理，即通过变量被人为加入噪声前后的 Gini 值差异来判断变量的重要性。可以根据变量重要性排名，先构建若干个指标体系，之后，再根据第五步的建模比较来最终确定指标体系。

e）风险评估及预警

对第四步构建的若干个指标体系分别进行建模应用，计算出违约样本和非违约样本在训练集和测试集上的预测准确率，并应用训练出的模型在预测集上进行预测，得到这些指标体系预测的对比结果。然后，通过分析及从实际出发，从中选择合适的指标体系和相应的风险模型。应用这个风险模型，就可以对地方个人住房按揭贷款的违约风险进行评估及预测，进而对地方家庭部门的金融风险进行评估。地方金融监管部门可以根据本地实际情况及历史数据，设定预警区间及采取应对措施，那么，建立起来的模型就可以给出预警信号，对本地的家庭部门的金融风险进行防范。

6.2.2　多部门间传染风险评估

本节首先分析部门之间金融风险的传染机制，然后介绍主要部门间传染风险的评估方法。

1. 多部门间风险传染机制分析

金融发展的过程充分证明：部门间的主体具有天然的关联关系，且这种关联关系具有多样性，如企业部门与金融部门通过借贷关系关联，企业部门与家庭部门通过消费关系关联，企业部门与政府部门通过监管关系关联等。地方单一部门的金融风险会在经济体和各个经济部门之间表现出很强的传染性，并且这种传染性不仅仅表现在两部门之间的传染，也表现在多个部门之间。因此，单个部门的风险可能通过这些关联关系进行传播。这种部门间由多样关系形成的复杂网络，不仅增大了单部门风险迅速转化为多部门系统风险的强度，也使得对地方系统性金融风险的评估更加困难。针对该问题，一些学者开始研究两部门以及更多部门间的金融风险传染。

1）金融部门与企业部门

企业部门向金融部门进行贷款是常见的现象，但当企业的生产经营情况变差时，其违约可能性就会增加，此时金融部门就有可能承担一定风险，风险便从企业部门传染至金融部门，同时，该风险可能进一步在金融部门之间及企业之间进行互动传染。倘若大量企业出现类似问题，累积至银行，极有可能导致金融部门危机的全面爆发，相互依存的企业部门和金融部门构成复杂的网络，风险能够在网络间快速传染。此外，该传播链条还有可能进行反向传播，当金融部门出现危机，企业部门在金融部门的存款不能提出，这对企业部门来说也是巨大的风险挑战。

对于金融部门与企业部门之间的风险，里切蒂（Riccetti）等[1]在 Gatti 等建立的企业-银行网络模型的基础上，放宽了多期债务结构的限制，并选择考虑多个企业-银行联系。在违约的情况下，还考虑了给定违约率的损失，并发现当增加杠杆时，经济风险比较大；较高的杠杆顺周期性具有不稳定效应，顺周期杠杆会减弱货币政策效应；想要提高利率的中央银行应该事先检查银行系统资本是否充足；增加准备金系数的影响类似于提高政策利率所产生的影响。刘晓星和夏丹[2]基于复杂网络理论，构建了基于信贷关系和产权关系的复杂金融网络，并利用信用转移矩阵和银行的资产负债表建立了一个评估银企间风险传染的模型。研究发现，随着银企间网络的增加，风险传染的概率呈现由大变小的趋势。隋新和何建敏[3]也利用银企间的信贷关系研究了金融部门和企业部门之间的风险传染，与前人研究的不同在于同时引入了企业的上下游企业，并发现资产较大的银行的违约风险会使银行与企业之间的风险传染更加迅速，加剧企业风险的感染。

2）公共部门与金融部门

近些年，由于地方政府债务风险和部分地方中小银行经营风险的凸显，也有一些学者开始研究公共部门与金融部门之间风险的传染。公共和金融两部门之间的风险传染主要是因为对于地方城商行、农商行而言，地方政府融资平台和国有企业是其主要客户群体，这种关联关系可能导致财政与金融风险的交叉感染。欧

① Riccetti L，Russo A，Gallegati M. Leveraged network-based financial accelerator[J]. Journal of Economic Dynamics and Control，2013，37（8）：1626-1640.

② 刘晓星，夏丹. 基于复杂网络的银企间信贷风险传染机制研究[J]. 金融监管研究，2014，3（12）：37-53.

③ 隋新，何建敏. 基于多主体内生信贷网络的银企间风险传染研究[J]. 系统科学与数学，2017，37（8）：1807-1819.

美国家公共部门与金融部门之间的边界划分较为明晰，国外对于公共部门和金融部门之间传染风险的评估的研究较少。塞斯（Sáiz）等[1]研究了作为欧洲银行业联盟第一支柱的单一监管机制如何影响欧元区银行与主权风险之间的传染。斯坦加（Stângă）[2]量化了美国和六个欧洲国家银行救助的效果，并衡量了银行业与政府之间的相互依赖风险，该方法通过识别救助与主权风险冲击并评估它们对银行和政府违约风险的影响来区分两种传染渠道。研究发现：与欧洲相反，救助冲击导致美国银行业违约风险持续下降，且与美国相比，欧洲的银行主权风险传染性更强。何芳等[3]利用省级的债券数据构建了地方政府与银行之间的复杂网络，并以此研究地方政府债券网络的风险特征。研究发现：随着债务规模和密度的增大，该网络的脆弱性也随之增加，并且地方政府和银行之间存在较短的风险传导路径。铁瑛和何欢浪[4]从收入侧研究了地方政府债务风险与银行管制放松之间的关系，研究发现由管制放松带来的地方城商行之间的竞争会显著抑制地方政府的债务风险。熊琛和金昊[5]构建了一个金融部门持有具有违约风险的地方政府债券并受到杠杆约束的 DSGE 模型，并以此模型评估了中国地方政府债务与金融部门之间的传染风险，研究发现金融部门的风险能解释大部分的地方政府债务收益率价差，表明长期债务政策会通过金融部门放大地方政府债务风险。

通过上述研究和相关文献，本节认为，公共部门（主要是地方政府债务风险）与金融部门的金融风险是相互依存和互相转化的，其本质由我国财政和金融体制发展特点与经济发展现状决定。鉴于 6.2.1 节已经阐述了按部门划分的风险生成机理，本节将主要阐述部门间风险的分担和转移机制。

当金融部门的资产质量出现问题，产生大量不良资产或者存款挤兑，公共部门（财政部门和中央银行）作为"最后贷款人"的金融担保职能开始发挥作用。公共部门的金融担保是其负债，当金融部门权益价值降低，公共部门的金融担保负债增加，其他负债，如政府发行的债券价值将降低。而当政府发行债券价值降低时，金融部门作为政府债券的持有者，其权益受到相应的负面影响。此时，公共部门对金融部门的担保又增加，从而造成恶性循环。当然，公共部门可能以发行货币或者债券的方式继续转移风险，但当这种风险积累到较高程

① Sáiz M C，Sanfilippo-Azofra S，Torre-Olmo B. The Single Supervision Mechanism and contagion between bank and sovereign risk[J]. Journal of Regulatory Economics，2019，55（1）：67-106.

② Stângă I M. Bank bailouts and bank-sovereign risk contagion channels[J]. Journal of International Money and Finance，2014，48：17-40.

③ 何芳，滕秀秀，王斯伟. 地方政府债券复杂网络结构及系统性风险特征[J]. 统计与决策，2020，36（4）：136-140.

④ 铁瑛，何欢浪. 银行管制放松、财政开源与地方政府债务治理[J]. 财政研究，2020，41（11）：71-83.

⑤ 熊琛，金昊. 地方政府债务风险与金融部门风险的"双螺旋"结构：基于非线性 DSGE 模型的分析[J]. 中国工业经济，2018，35（12）：23-41.

度时，所有部门都会为最终的危机买单①。

这种财政风险和金融风险互相转化和影响的现象在经济转轨的国家更容易出现。其根本原因在于财政和金融的功能没有得到明确划分，两者的职能表现出现"越位"。一方面，金融部门履行了一部门财政职能，比如在 1994 年以前出现财政赤字货币化；1994 年以后由于"预算软约束"对地方国企尤其是政府投融资平台的支持，地方国有商业银行和城商行纷纷发行国债、政策性贷款等。另一方面，财政部门履行了一部分金融职能，表现在对金融部门的注资、不良资产剥离（财政出资成立四大资产管理公司②）、呆账冲销、财政补贴等。这样看来，在经济转轨初期，金融部门的"准财政"功能运行使得本应在财政部门累积的风险转移到了金融部门内部，而随着经济发展改革，金融部门历史不良资产又慢慢向财政部门汇集。

本节认为，随着我国金融市场化进程不断推进，风险分散和缓释的措施一直都有，但随着经济外部内部环境变化，风险及其规模体量也随之变化，而公共部门和金融部门共生的特点在我国经济现阶段尤其明显，其风险传染转移的路径与影响需要时刻被监测和管理。

3）公共部门与企业部门

政府部门与企业部门之间的关联关系一直是学界较为火热的话题，然而一般研究政治关联对企业的影响。部分研究发现，可以采用政企关联的方式缓解企业的融资压力。一些研究发现政企关联会导致盈余操纵、过度投资，妨碍企业发展。针对企业部门与政府部门之间传染风险的评估研究较少，一些学者研究了地方政府债务与企业融资之间的关系，但主要集中在较高层级的政府债务与企业债务之间的关系，如国家债务或者省级债务，很少研究地方政府债务。例如，范小云等③以"资本组合效应"为研究出发点，发现政府融资行为对企业债务融资成本的影响，并且国有企业的融资成本受到的影响更大。张晓晶等④分析了中国政府债务的形成机制，研究了公共部门债务特别是政府债务对国企的影响。

基于以上研究，本节认为，企业部门对公共部门的风险传染大部分是通过金融部门来实现的，即企业贷款信用违约等带来的金融部门资产质量下降，导致公共部门的金融担保增加、风险累积。而从公共部门传导到企业部门的风险也是间

---

① 王丽娅，余江. 银行与公共部门间的风险分担与转移研究：基于 CCA 方法的分析[J]. 中国投资，2008，15（3）：112-116.

② 国家为剥离中国工商银行、中国农业银行、中国银行、中国建设银行四大行不良贷款和遗留呆账，成立中国华融资产管理股份有限公司、中国长城资产管理股份有限公司、中国东方资产管理股份有限公司、中国信达资产管理股份有限公司四大资产管理公司。

③ 范小云，方才，何青. 谁在推高企业债务融资成本：兼对政府融资的"资产组合效应"的检验[J]. 财贸经济，2017，38（1）：51-65.

④ 张晓晶，刘学良，王佳. 债务高企、风险集聚与体制变革：对发展型政府的反思与超越[J]. 经济研究，2019，54（6）：4-21.

接的，它表现在政府债务过量发行推高企业融资成本、降低企业融资规模，尤其在经济不确定期间，金融部门对国有企业的贷款偏好更强，非国有企业的融资难度进一步加大，非国有企业可能发生经营困难甚至破产。

政府债务过度发行推高企业融资成本可表现为，从市场供给的角度，政府债务过量发行会引起国债价格的下降和到期收益率的上升，金融机构在选择国债或对企业进行贷款时要么会匹配更多的政府债务，要么对企业要求更高的收益率。同时，政府债务利率也被认为是无风险利率的替代指标，当企业的风险溢价不变时，无风险利率上升，也会推高企业的融资成本。再有，金融部门尤其是银行，出于监管要求，偏好持有国债等安全资产，一旦政府债务的发行量增加，便会减少对企业部门的资金配置。从以上三种观点来看，政府债务过度发行确实导致了企业融资成本上升，挤出了企业的融资规模。同时，由于国有企业和非国有企业债务资产与政府资产的替代性不同，国有企业的预算软约束（政府兜底、财政补贴等）导致金融部门对两者的贷款支持并非中立，在经济不确定性条件下，非国有企业的债务融资更容易被挤出，导致了资源配置的倾斜。

4）三部门间风险传染

对金融风险在更多部门之间的传染机理的研究证明我国部门间确实存在多个风险传染路径。例如，家庭部门-金融部门-公共部门、企业部门-家庭部门-金融部门和企业部门-金融部门-公共部门等[①]。宋凌峰和叶永刚[②]研究了区域四大部门，金融部门、公共部门、企业部门和家庭部门之间的金融风险的传染机制，并发现了两条传染路径：企业部门与金融部门之间以及公共部门与金融部门之间的风险传染。宫小琳和卞江[③]利用 2007 年国民经济核算中的金融交易账户数据构建了国民经济部门间的金融关联网络模型，在该模型上，经过模拟发现负面经济冲击会通过部门间的资产负债表传染，并且传染路径主要集中在企业部门和家庭部门之间。吕勇斌和陈自雅[④]利用 CCA 估算了我国区域经济部门的风险状况，并采用空间面板的方法对公共部门、金融部门和家庭部门之间的区域关联关系进行研究，结果表明，我国各区域的金融风险存在两个传染路径：企业部门-金融部门和公共部门-金融部门。

A. 家庭部门-金融部门-公共部门

家庭部门与金融部门的主要联系方式为存款和贷款，这也是金融部门的主要盈利方式。以存款为例，当存款所获得的回报低于其他投资方式时，家庭部门倾向于将存款提出转而进行其他投资，当大量的存款从金融部门提出时，金融部门

① 王丽娅，余江. 银行与公共部门间的风险分担与转移研究：基于 CCA 方法的分析[J]. 中国投资，2008，15（3）：112-116.

② 宋凌峰，叶永刚. 中国区域金融风险部门间传递研究[J]. 管理世界，2011，27（9）：46-48.

③ 宫小琳，卞江. 中国宏观金融中的国民经济部门间传染机制[J]. 经济研究，2010，45（7）：79-90.

④ 吕勇斌，陈自雅. 区域金融风险部门间传递的空间效应：2005—2012 年[J]. 财政研究，2014，35（8）：46-48.

面临的流动性风险就会增加，这使得金融部门的违约风险加大，同时会造成金融部门恐慌，政府为避免恐慌会加大对金融部门的担保，政府的担保增加有可能恶化政府的资产环境，风险从金融部门传染至公共部门。与此同时，金融部门风险增加也会使得家庭部门遭受损失的可能性增加，风险在金融部门、家庭部门和公共部门间交叉传染。另外，保险类金融部门和家庭部门联系较为紧密，当保险公司面临保费收入下降或者家庭部门消极情绪驱使其纷纷提前终止合同的困境时，保险类金融部门面临的流动性风险增加，偿付能力下降，此时保险类金融部门又会将风险传染至银行类金融部门，进而传染至其他部门。

B. 企业部门-家庭部门-金融部门

企业部门的风险也会对家庭部门和金融部门造成影响。当企业还贷压力增大时，就会对金融部门有降低利率的需求，而为鼓励企业和经济发展，中央银行一般会降低利率，利率的降低会加大金融部门的风险，使得风险从企业部门转至金融部门。此时，存款利率在一般情况下也会降低，风险又会传染至家庭部门。为获取更高的收益，家庭部门会将存款提出转而进行其他投资，金融部门为保持自身稳定发展，会提高存款利率吸引存款，同时也会提高贷款利率，此时企业又将承担高资金成本，风险在企业部门、家庭部门和金融部门之间进行相互传染。

2. 多部门间传染风险评估方法

评估多部门间金融风险传染的方法主要有未定权益分析法（contingent claim analysis，CCA）、熵值法、面板模型、社会网络分析、资产负债表法和向量自回归法，其中 CCA 和熵值法主要用于对金融风险进行度量分析，面板模型、社会网络分析、资产负债表法和向量自回归法用于对传染效应进行实证检验，在对传染风险进行实证评估中通常会综合运用以上研究方法。

1）CCA

CCA 被广泛应用于多部门间金融风险传染评估研究。例如，Song 和 Zhang[①]采用 CCA 方法分析了欧盟国家之间的传染风险，其将系统的未定权益与 CoVaR 值相结合构建金融风险网络，为衡量不同国家银行业交叉风险提供了一种新方法，研究发现系统性风险是由内在风险和交叉风险引起。国家间交叉风险是危机时期影响系统性风险的主导因素。此外，风险网络对交叉风险的影响机制表现出不对称性，具有"强而弱"的特点。王丽娅和余江[②]采用 CCA 方法评估了我国部门

① Song L，Zhang Y. Banking network structure and transnational systemic risk contagion：the case of the European Union[J]. Finance Research Letters，2021，39：101660.

② 王丽娅，余江. 银行与公共部门间的风险分担与转移研究：基于 CCA 方法的分析[J]. 中国投资，2008，15（3）：112-116.

之间的风险传染，并对各部门的资产负债表进行了敏感性分析。宫晓琳[①]在汇集、处理并整合各方面数据后，采用 CCA 方法建立了国民经济层面的风险财务表，并以此在宏观层面评价我国 2000 年到 2008 年的金融风险，该方法的主要指标包括财务危机距离、违约概率和预期损失净现值等。

　　未定权益是其未来收益取决于另一项资产的价值的任何金融资产。典型的未定权益是一种期权——在特定到期日前以指定的行权价格购买或出售标的资产的权利。看涨期权是一种买入期权，看跌期权是一种卖出期权。CCA 源自 Black 和 Scholes 及 Merton 的期权定价理论。CCA 基于以下三个原则：①负债的价值源自资产；②负债具有不同的优先级；③资产遵循随机过程。当资产无法偿还债务时，就会发生违约。相对于承诺的债务支付，未来资产价值的不确定变化是违约风险的驱动因素。图 6-2 说明了 CCA 的关键关系及基本原理。资产价值在时间域上遵循一个随机过程，它在时间 T 时的不确定性由一个概率分布表示。在期末，资产价值可能高于债务的承诺付款，表明可以偿还债务，反之，则表明会出现违约危机。

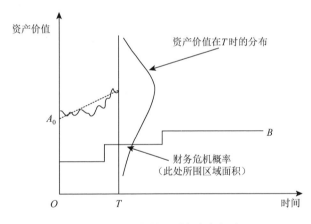

图 6-2　资产价值和财务危机概率

　　设时间 t 时的资产价值为 A_t，资产的收益服从几何布朗运动：

$$\frac{\mathrm{d}A}{A} = \mu_A \mathrm{d}t + \sigma_A \varepsilon \sqrt{t} \tag{6-48}$$

其中，μ_A、σ_A 分别为资产收益率和相应的波动率，$\varepsilon \sim N(0,1)$。

　　图 6-2 中的阶梯实线代表不同时期债务的承诺付款 B，也就是财务危机的临界点。当期末的资产价值低于 B 时，财务危机便会发生，图中点状区域即为实际的危机概率：

① 宫晓琳. 宏观金融风险联动综合传染机制[J]. 金融研究，2012，55（5）：56-69.

$$P(A_t \leqslant B_t) = P\left(A_0 \exp\left[\left(\mu_A - \frac{\sigma_A^2}{2} \right)t + \sigma_A \varepsilon \sqrt{t} \right] \leqslant B_t \right)$$
$$= P\left(\varepsilon \leqslant -d_{2,\mu_A} \right) \qquad (6\text{-}49)$$
$$= N\left(-d_{2,\mu_A} \right)$$

其中，$d_{2,\mu_A} = \dfrac{\ln\left(\dfrac{A_0}{B_t} \right) + \left(\mu_A - \dfrac{\sigma_A^2}{2} \right)t}{\sigma_A \sqrt{t}}$；$d_{2,\mu_A}$ 可以作为 CCA 派生出的一个风险指标，可表示财务危机距离。

对于任一部门，它的资产价值 A 等于各种级别的索取权的价值总和，包括低级索取权 J 和风险债务 D，即 $A = J + D$，其中，D 的价值为无违约风险债务的价值。设承诺付款 B 在 $T - t$ 期后到期，则有（r 为无风险收益率，e 为自然常数）

$$D_t = Be^{-r(T-t)} - P_t \qquad (6\text{-}50)$$

根据 Black-Scholes-Merton 期权定价理论，该模型可转变为隐性看跌期权，它的行权价格为到期的承诺付款。当 $t = 0$，到期日为 T 时，$N(x)$ 为标准正态分布累积概率，则有

$$P = Be^{-rT} \cdot N(-d_2) - A \cdot N(-d_1) \qquad (6\text{-}51)$$

低级索取权可转变为以资产为标的的隐性看涨期权，则有

$$J = A \cdot N(d_1) - Be^{-rT} \cdot N(d_2) \qquad (6\text{-}52)$$

其中，$d_1 = \dfrac{\ln\left(\dfrac{A}{B} \right) + \left(r + \dfrac{\sigma_A^2}{2} \right)T}{\sigma_A \sqrt{T}}$，$d_2 = d_1 - \sigma_A \sqrt{T}$。

结合伊藤定理可得低级索取权的波动率和资产波动率的关系为

$$\sigma_J = \frac{AN(d_1)}{J}\sigma_A \qquad (6\text{-}53)$$

在 B, r, J, σ_J 已知的情况下，要根据 CCA 来计算违约概率等风险指标，还需要先确定两个未知的值，即资产价值 A_t 和相应的波动率 σ_A。这两个未知值可根据前面推导出的相应公式，利用迭代优化算法求得[①]。

2）熵值法

熵值法也是评估多部门之间风险的主要方法之一。例如，宫小琳和卞江[②]在缺乏相应统计数据的情况下，利用最大熵值法推导出部门间资金融通的所有元素，

---

① 宫晓琳. 未定权益分析方法与中国宏观金融风险的测度分析[J]. 经济研究，2012，47（3）：76-87.

② 宫小琳，卞江. 中国宏观金融中的国民经济部门间传染机制[J]. 经济研究，2010，45（7）：79-90.

以此来评估各部门之间的风险关联程度。丁述军等[1]融合我国商业银行的不良贷款率、保险机构的保费增长率和我国证券市场的股票流通市值与 GDP 的比值,通过熵值法合成了部门风险传染指标。熵值法存在的主要问题是计算步骤烦琐,但由于该方法梳理逻辑清晰,可以很好地剔除主观偏差从而得到综合评价指标,总体风险评估的效果良好。

A. 熵值法的原理及计算步骤

熵值法是一种对指标进行客观合理赋权的方法。通过计算每个指标的信息熵,利用指标内在差异程度对目标系统的影响来确定指标的权重系数[2]。相对变化程度大的指标权重越大,对应的指标越重要。具体计算步骤如下。

a)数据标准化

首先将各个指标数据进行标准化处理。给定 k 个指标,$X_1, X_2, \cdots, X_k$,其中 $X_i = \{x_1, x_2, \cdots, x_n\}$。

得到标准化后的值为 $Y_1, Y_2, \cdots, Y_K$,其中,$Y_{ij} = \dfrac{x_{ij} - \min(x_i)}{\max(x_i) - \min(x_i)}$。

b)基于每个指标的信息熵

根据信息熵的定义,每个指标变量的信息熵可以定义为

$$E_j = -\frac{1}{\ln n} \sum_{i=1}^{n} p_{ij} \ln p_{ij} \tag{6-54}$$

其中,$P_{ij} = \dfrac{Y_{ij}}{\sum_{i=1}^{n} p_{ij} \ln Y_{ij}}$,为第 i 项指标下第 j 方案指标值的比重。

c)确定各指标权重

基于上一步计算,得到各个指标的信息熵 $E_1, E_2, \cdots, E_K$。

通过信息熵计算各指标的权重:

$$W_i = \frac{1 - E_i}{k - \sum E_i} (i = 1, 2, \cdots, k) \tag{6-55}$$

B. 熵值法用于部门间风险传导

丁述军等[1]为了研究各部门间的风险传染路径,构建了不同的回归模型。其中在金融部门的回归模型中,金融部门风险指标作为被解释变量,该指标是由商业银行的不良贷款率、保险机构的保费增长率和我国证券市场的股票流通市值与 GDP 的比值这三个指标利用熵值法合成的。基于四个回归方程,实验表明:在我

---

① 丁述军,庄须娟,李文君. 区域金融风险部门间传染机理与实证分析[J]. 经济经纬,2019,36(3):1-8.

② 谢婷婷,李祎. 基于熵值法的新疆区域金融风险测度研究[J]. 石河子大学学报(哲学社会科学版),2020,34(5):62-69.

国四部门之间存在着多条区域金融风险传染路径，金融部门起到中枢作用，金融部门受其他部门的风险传染并且也影响其他部门；家庭部门面临的风险逐渐增大，很容易受到其他部门的风险传染。

3）面板模型

在金融风险研究中，以经济部门为基础的风险分析逐渐得到更多学者的关注。可以通过构建不同部门资产负债的关键指标，应用面板模型来分析金融风险的产生和传播路径。

利用面板模型进行部门间传染风险评估通常采用以下步骤。

A. 地方金融风险传染路径及指标构造

关于地方金融风险传染路径的机制分析，在前面的内容中已经论述，在此不予赘述。下面，我们来论述面板模型的相关指标的构建。

（1）构建金融部门受其他三个部门风险传染的面板模型。被解释变量是金融部门的风险指标，它可以通过之前介绍的熵值法基于以下三个指标合成而得：地方商业银行的不良贷款率、地方保险业务的保费增长率和地方上市公司股票流通市值与地区生产总值的比值。其他三个部门的风险指标可以作为该模型的解释变量。

（2）同理，可分别构建企业部门、政府部门、家庭部门受其他三个部门风险传染的面板模型，被解释变量可以分别是企业亏损额的自然对数、财政缺口的自然对数、家庭可支配收入的方差等风险指标。

（3）可作为解释变量的其他风险指标。金融部门指标包括地方商业银行不良贷款率的自然对数、地方商业银行年末存款余额的自然对数、地方商业银行年末贷款余额的自然对数、地方保险深度的自然对数、地方上市公司股票流通市值的自然对数，企业部门指标包括企业负债合计的自然对数、企业利润总额的自然对数，政府部门指标包括财政收入增长率，家庭部门指标包括城镇登记失业的自然对数。

B. 部门间风险传递的面板数据分析

（1）面板数据模型的选择。面板数据是对不同时点的截面单元进行连续观测所得到的合成数据，考虑了时间序列和部门截面两个维度的信息，因此能够充分反映金融风险在时间和部门上的差异，并探测风险在时间和部门两个维度的变化规律。面板模型可采用如下形式：

$$Y_{it} = \alpha_i + \beta X_{it} + \varepsilon_{it} \tag{6-56}$$

其中，Y 为部门的被解释变量；X 为来自其他部门的解释变量；β 为待估参数，ε 为随机扰动项。

（2）单位根检验、协整检验和豪斯曼检验。对面板模型进行回归之前，首先要进行单位根检验，以防止出现伪回归；其次，进行协整检验，看是否具有长期稳定的均衡关系；最后，进行豪斯曼检验，以此来决定是使用固定效应模型还是随机效应模型来进行实证分析。

（3）模型估计方法和实证。由于面板模型考虑了时间和地区两个维度的信息，残差可能存在截面异方差性和序列相关性，可采用貌似不相关回归（seemingly unrelated regression，SUR）的加权最小二乘法进行实证。可采用的实证样本数据包括国家各个省（自治区、直辖市）或者区域的三部门风险数据，数据频率可以为年度或者季度。

（4）稳健性检验。

4）社会网络分析

社会网络是指一种具有自相似、自组织、小世界和无标度特性中部分或全部特性的网络。小世界特性：虽然很多社会网络的规模很大（即点多边多），但任意两个节点之间的路径却很短；虽然和任一节点相连的节点的数目较少，但却能够连成整个网络。无标度特性：各节点的度分布近似服从幂律分布。通俗来说就是，大多数"普通"节点只有数量很少的边，而少数"中心"节点却有数量很多的边。其中，这些中心节点称为枢纽节点。无标度特性反映了社会网络的严重不均匀性。社会网络可以按照图论中的相关概念来理解：把社会网络看作点和边的集合，其中，"点"代表所研究中的个体，"边"代表相关个体间的关联性。如果 (i,j) 和 (j,i) 指代同一条边，则该网络称为无向图网络；如果 (i,j) 和 (j,i) 指代不同的边，即边有方向，则该网络称为有向图网络。如果边有权重，则该网络称为加权图网络。

A. 社会网络的一些度量概念[1]

a）直径和平均路径长度

社会网络的直径为

$$D = \max d_{ij} \tag{6-57}$$

其中，d_{ij} 是指两个连接着的节点的边数的较小值。

社会网络的平均路径长度为（N 为网络节点数）

$$L = \frac{1}{N^2} \sum_{i \geqslant j} d_{ij} \tag{6-58}$$

b）度和度分布

社会网络中节点的度是指和它相连接的边的数量。记任一节点 i 的度为 k_i，则该社会网络的平均度为

$$\bar{k} = \frac{1}{N} \sum_{i=1}^{N} k_i \tag{6-59}$$

---

① 赵志华. 基于社会网络方法的 FOF 基金组合优化与风险控制研究[D]. 南京：南京大学，2016.

随机选择社会网络中的某一节点，设该点的度为 k 的概率是 $p(k)$，那么可把这个概率分布叫作节点的度分布，其中：

$$p(k) = \frac{\text{度等于} k \text{的节点数}}{N} \tag{6-60}$$

c）中心性

（1）度中心性。节点 i 的度中心性定义为

$$C_i^D = \frac{k_i}{N-1} \tag{6-61}$$

它表示了该节点和网络中的其他节点的连通率，数值越大，表示该节点在网络中有越大的中心度，越处于网络的中心位置。

（2）介数中心性。对于网络中的两个不相邻的节点，某些节点会处在它们的最短路径上，如果某个节点 i 在网络中越多对节点的最短路径上，那么该节点在网络中就越重要，可以用介数 B_i 来表示这种重要性：

$$B_i = \sum_{j \neq l \neq i} \left(\frac{N_{jl}(i)}{N_{jl}} \right) \tag{6-62}$$

其中，N_{jl} 为节点 j 和 l 间的最短路径数；$N_{jl}(i)$ 为节点 j 和 l 间经过节点 i 的最短路径数。节点 i 的介数中心性定义为

$$C_j^B = \frac{2B_i}{(N-2)(N-1)} \tag{6-63}$$

（3）接近中心性。在网络中，可用最短路径长度来表示接近度，设在连通无向图中，d_{ij} 表示节点 i 和 j 的最小边数，则节点 i 的接近中心性可定义为

$$C_i^C = \frac{\sum_{j=1, j \neq i}^{N} d_{ij}}{N-1} \tag{6-64}$$

B. 社会网络分析的一般步骤

（1）根据要评估的部门的特点，选取代表性的指标来构建社会网络的边，进而构建社会网络。例如，评估地方金融部门和企业部门之间的风险情况，可以把地方金融部门和企业部门设为节点，然后把它们之间的净债务标准化后作为边来建立社会网络模型。

（2）中心性分析。首先，对所建的社会网络进行中心性计算，可以通过电脑软件进行处理，如 UCINET 软件。其次，对网络中心性进行分析，其中，度中心性反映了节点的直接影响能力，介数中心性反映了节点的中介影响能力，接近中心性在一定程度上反映了节点对整个网络的影响能力。最后，基于研究问题的需求视角从多个中心性分析的结果中获得所选取指标的重要性节点。

（3）对评估结果进行评价及应用。对步骤（2）得到的重要性节点，地方金融

监管部门可给予重点监管；对网络的整体结构分布特点及反映出的风险依存关系，地方金融监管部门应时常进行重要关注。社会网络分析得出的一些结果，也可以作为其他分析方法的起点来进行更专门、更深入的风险评估。

5）资产负债表法

资产负债表法是从宏观角度对经营主体在特定时期的资产、负债等会计要素进行分析。通过分析资产负债表，能够揭示经营主体的营利能力、偿债能力以及经营风险，同时还可以为投融资决策提供依据，最终实现企业的经营目标。

不同部门机构的资产负债表之间存在勾稽关系，主要体现在以下几个方面。其一，一个部门的负债可能对应于其他部门的资产。其二，一个部门的资产可能对应其他部门的权益，如大众投资企业或金融机构，并拥有部分股份。其三，基于税务征收、社会福利等其他利益的资产负债表关联。其四，基于抵押担保等他物权的资产负债表连接。根据资产负债表法，来自某个部门的风险可能会通过多种连接通道影响其他部门主体的资产负债表。如果风险没有及时得到解决，则可能会传染到整个系统，形成系统性风险，因此可以通过资产负债表法来分析部门间的风险传染效应。各经济部门间的资产负债表连接关系如图 6-3 所示。

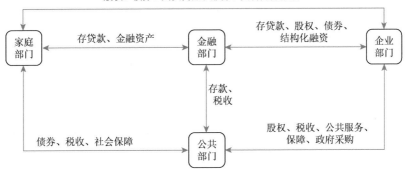

图 6-3　各经济部门资产负债表的连接关系[①]

为了更好地说明资产负债法在部门间风险传染中的应用，本节以宫小琳和卞江[②]的研究为例。首先基于各部门的资产负债表建立部门间的金融关联网络，然后通过模拟测试，揭示部门间金融风险传染机理，同时定量分析金融风险在各部门造成的损失。

① 宋美喆，胡丕吉. 经济部门间风险传导的微观机制与系统性影响：基于资产负债表分析法的研究[J]. 福建金融管理干部学院学报，2017，24（1）：23-32.

② 宫小琳，卞江. 中国宏观金融中的国民经济部门间传染机制[J]. 经济研究，2010，45（7）：79-90.

A. 基于金融工具的部门间资金融通矩阵表

部门间资金融通矩阵

$$
\begin{matrix}
F_{1,1} & F_{1,2} & F_{1,3} & F_{1,4} & F_{1,5} & | & a_1 \\
F_{2,1} & F_{2,2} & F_{2,3} & F_{2,4} & F_{2,5} & | & a_2 \\
F_{3,1} & F_{3,2} & F_{3,3} & F_{3,4} & F_{3,5} & | & a_3 \\
F_{4,1} & F_{4,2} & F_{4,3} & F_{4,4} & F_{4,5} & | & a_4 \\
F_{5,1} & F_{5,2} & F_{5,3} & F_{5,4} & F_{5,5} & | & a_5 \\
\hline
l_1 & l_2 & l_3 & l_4 & l_5 & |
\end{matrix}
\tag{6-65}
$$

其中，$a_i = \sum_{j=1}^{5} F_{ij}$；$l_j = \sum_{i=1}^{5} F_{ij}$；$F_{ij}$ 为部门 i 对部门 j 的金融资产持有量。

在已知 a_i 和 l_j 的情况下，通过最大熵值法可以计算出资金融通矩阵中的各个元素值，从而获得各部门间的金融关联网络。

B. 国民经济部门间金融关联网络结构

基于得到的金融关联网络结构可以进一步分析风险传导的渠道，可以找到整个国民经济金融体系中的核心部门。该部门的任何异常都会对国民经济各个部门产生直接影响，同时该部门也是将外部负面经济冲击传导给整个金融体系的中枢环节。同时利用部门与部门之间的金融关联网络（图 6-4），能够研究基于多种金融工具的部门间风险传染。可以通过模拟金融市场环境中的负面经济冲击，如新冠疫情冲击和银行贷款坏账，探索并定量分析风险冲击在部门间的循环传染机制，进而制定防止区域金融风险蔓延的应对措施。

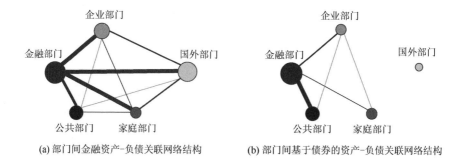

(a) 部门间金融资产-负债关联网络结构　　　(b) 部门间基于债券的资产-负债关联网络结构

图 6-4　经济部门金融关联网络

6）向量自回归法

西姆斯（Sims）[①]提出向量自回归模型，是旨在解决普通回归内生性问题而提出的计量模型，其实证结果可以动态显示不同变量之间的相互关系。对于模型中的每一个方程，内生变量对模型的全部变量的滞后项进行回归，从而估计全部内

---

① Sims C A. Macroeconomics and reality[J]. Econometrica，1980（1）：1-48.

生变量的动态关系，因此利用 VAR 模型可以从时间序列角度分析金融风险在部门间的传染机制。

本节以两个经济部门 (y_{1t}, y_{2t}) 为例，构建两个向量自回归模型。

$$\begin{cases} y_{1,t} = \mu_1 + \sum_{i=1}^{k} \alpha_i y_{1,t-i} + \sum_{j=1}^{m} \beta_j y_{2,t-j} + u_{1t} \\ y_{2,t} = \mu_2 + \sum_{i=1}^{k} \alpha_i y_{2,t-i} + \sum_{j=1}^{m} \beta_j y_{1,t-j} + u_{2t} \end{cases} \qquad (6\text{-}66)$$

其中，$u_{1t}, u_{2t} \overset{iid}{\sim} N(0, u^2)$，$\text{Cov}(u_{1t}, u_{2t}) = 0$。方程中的第一个等式可用作检验部门 y_1 的金融风险是否受到自身以及部门 y_2 金融风险滞后期的影响，第二个等式可用来检验部门 y_2 的金融风险是否受到自身以及部门 y_1 金融风险滞后期的影响。具体来看，对于第一个等式，其零假设为 $\beta_j = 0, j = 1, 2, \cdots, m$；对于第二个等式，其零假设为 $\beta_j = 0, j = 1, 2, \cdots, m$。检验第一个等式的零假设，如果拒绝零假设，则 y_2 的金融风险会传染到 y_1，两部门金融风险存在因果关系。同理，对于第二个等式，可采取相同的分析方式。

对于上述方程中的回归变量，为了探索多部门之间的风险传导机制，我们可以考虑采用各个部门的风险指标。对于政府部门，可以使用财政缺口率来间接体现政府部门的金融风险；对于企业部门，可以采取企业亏损额作为风险指标；对于家庭部门，可以使用居民人均消费性支出与家庭人均可支配收入的比值作为风险指标；对于金融部门，可以采用商业银行的不良贷款率来衡量金融部门的风险。

6.2.3 地方金融稳定评估体系构建

6.2.1 节和 6.2.2 节从部门的角度探讨了地方金融风险的评估方法。本节站在一个更宏观的层面，将地方金融看作一个整体来探究其稳定评估方法。

1. 地方金融稳定的内涵与影响因素

目前，国内外学者对于金融稳定的确切含义尚未达成共识。一些学者从金融市场和金融机构的角度出发，认为金融稳定是指金融市场健康平稳运行、金融机构风险可控以及储蓄和投资在金融市场中能够被有效配置。另一些学者认为金融稳定还应当包括金融系统能够抵御外部冲击、金融资产价格波动不影响货币价值稳定。基于我国基本国情和权威性考虑，本节采用中国人民银行在《中国金融稳定报告 (2005)》中对金融稳定的定义，将金融稳定界定为金融系统各项主要功能有效发挥、经济运行良好、调控政策有效、金融生态环境改善，并且在内外部冲击条件下，金融系统仍然能够有序运行的一种状态。站在地方经济金融层面，地方金融稳定不仅会受到宏观经济的影响，还会受到地方经济、金融结构和金融监管的影响。

1) 宏观经济对地方金融稳定的影响

在经济全球化的背景下，由于资源禀赋存在差异，各经济体之间可以取长补短、分工合作，为各国带来了更多发展的机遇。与此同时，各个国家和地区对外部经济的依赖也逐步增强，任何一个国家的经济发展都或多或少会受到相关联的其他经济体的影响，风险在各个经济体之间的传染性也更强。具体来说，经济一体化下的金融风险传染主要包含以下三个方面。

（1）国际贸易。经济全球化背景下，国际贸易在各国经济发展中发挥的作用增大，当一个国家经济状况变差时，作为拉动经济发展的"三驾马车"之一的消费往往也会疲软。其中包含了该国对他国进口产品需求的下降，进而影响相关国家经济的发展。例如，2008 年美国次贷危机爆发，使中国经济也遭受了重创，同时也导致了欧盟等其他地区和国家经济衰退。同样地，地方经济也可能受到全球经济一体化的影响，特别是一些经济发展非常依赖进出口贸易的地区，如我国义乌市。据义乌海关统计，2020 年义乌外贸进出口总值达到 3129.5 亿元，同比增长3.4%，其中出口 3006.2 亿元。出口增长的部分原因是受疫情影响，其他国家和地区生产相同或类似产品的能力下降，需求只能由中国等少数几个国家满足，而义乌等地区在国内就承担了这样的角色。

（2）国际资本流动。伴随着经济全球化，越来越多的跨国企业出现，其中有很大一部分是跨国金融机构，这些金融机构在不同的国家和地区之间开展业务，使得各个经济体之间产生了复杂的借贷关系，风险和危机也伴随着这些交错的关联网络在不同经济体之间进行传导。一旦某个国家发生经济危机或者出现其他不稳定的因素，资本就会在短时间内外逃，大大减少了金融市场的流动性。

（3）"羊群效应"。尽管各国的经济结构和发展模式不尽相同，但是在金融自由化和市场开放的趋势下，许多国家和地区的经济结构日渐趋同，在发展模式上表现出很多相似之处。当一个国家或地区发生危机时，投资者可能不仅关注到这个国家和地区的经济环境恶化，还可能对相似经济体做出经济情况恶化的预判，从而撤离资金，尽管这些地区的经济并未真正产生危机。例如，当希腊政府债务出现违约时，投资者出于对相同情况的担忧，从经济状况相似的西班牙、葡萄牙等国家撤离了大量资金。这种"羊群效应"会首先影响一国整体的外部经济环境，然后对地方金融稳定产生负面影响。

此外，作为重要的宏观经济调节手段之一，货币政策对地方金融稳定同样具有重大影响。在实践中，货币政策的制定和实施效果可能面临以下挑战。

首先，货币政策调节货币供给常常面临失效。究其原因，主要有以下三点。一是难以准确测量真实货币的数量。传统的经济学将货币供给定义为流通中的现金和活期存款，但随着金融业的不断发展，越来越多复杂、交叉的金融业务或产品出现使得货币政策的定义逐渐变得困难。以支付宝、微信支付为代表的第三方支付工具以及新的金融产品的兴起，正不断扩展货币供给的边界。据报道，支付宝旗下的货币基金余额宝总量曾达到 1.43 万亿元，规模直追我国四大国有商业银行，而这并不在中央银行传统的货币统计口径里。二是货币供给渠道变得更加复杂。基础货币一般被定义为中央银行直接控制的净货币负债，主要包括商业银行存款准备金和流通中的货币。由于现代金融业的快速发展，各种金融机构之间出现同质化的趋势，使得中央银行对基础货币的控制力弱化了一些。三是货币乘数难以调节。货币乘数主要受商业银行超额准备金率、人们持有的通货比率以及物价水平等方面的影响。中央银行很难通过影响这些因素来调节货币乘数。

其次，难以准确估计实际货币需求量。中央银行或货币当局需要准确评估市场上对货币的需求，以合适的时间和代价实现货币政策的目标，这同样面临一些困难。一方面，金融创新促使一些新的金融工具和金融产品产生，这些金融产品大多同时具有投资和储蓄功能，因而改变了传统的货币需求结构。另一方面，金融业的快速发展使得人们对投机性货币的需求增加，而对用于交易和预防的货币需求减少，从而减弱了货币需求的稳定性。货币需求稳定性的下降无疑会增加估计货币需求的难度。

最后，货币政策的传导机制变得越来越复杂。货币政策传导机制是指中央银行或者货币政策当局通过执行一定的货币政策影响居民投资、消费和储蓄以及企业产出，进而达到一定的政策目标。中央银行货币政策不仅可以通过影响利率，还可以通过影响商业银行实际发放的贷款数量来影响企业融资。随着金融业的不断发展和各国、各地区之间经济联系日益紧密，货币政策的传导机制越来越复杂。以上面临的这些挑战会增加货币政策制定和实施效果的不确定性。如果不恰当的货币政策导致货币供给不足，那么企业信贷的难度就会大大加大，进一步增加企业破产的风险，从而影响国家和地方的金融稳定。

2）地方经济结构对金融稳定的影响

经济结构在经济发展的过程中发挥着重要的作用。一个好的经济结构可以推动经济快速发展，相反，不合理的经济结构会降低经济的抗风险能力和发展潜力。经济结构对金融稳定的影响主要包含以下三个方面。

第一，产业结构快速调整可能会影响地方金融稳定。新技术的不断出现和快速更迭导致产业结构的调整频率越来越快。科技的发展是促进经济发展的根本动力之一，然而科技的发展并不总是一帆风顺，基础创新往往伴随着高风险，而资本由于其逐利的特性，常常忽视这些风险，不断投入资金推动一家又一家公司上市以谋取更大利润。在这个过程中，由于技术更新周期很快，一旦企业跟不上技术发展的潮流，无法收回过去的技术投资成本，资本可能从该公司大量撤离，引发股价崩盘并带来其他不稳定因素。与此同时，许多公司打着高科技公司的幌子吸引投资，在获取巨额资金后"跑路"，这样的例子在芯片行业层出不穷，给投资者和地方政府都敲响了警钟。此外，产业结构的快速调整必然伴随着新技术逐渐占领市场和落后产业被逐步淘汰。在这个过程中，不同经济部门的兴衰更替会给经济发展和金融稳定带来一定的风险。

第二，经济结构失衡对地方金融稳定的影响。二元经济结构是指发展中国家中落后的农业经济与现代化的工业经济并存的结构。目前，我国正处于这种二元经济结构中。随着金融业的不断发展，尤其是金融科技的发展，更加多元和丰富的金融产品和金融服务不断涌现，促进了居民储蓄向生产性投资转移，为中小企业和个人的发展提供了更多的资金支持，在一定程度上促进了农村剩余劳动力的转移，加快了二元经济结构转变的速度。然而，在全球金融市场的自由化发展过程中，发达国家凭借其资金、技术优势仅保留高端产业部门，进而享受低利率、低储蓄、高消费的经济模式。而发展中国家从全球经济发展中获得的收益远低于发达国家，金融资源和经济资源不断流向发达国家，加剧了发展中国家二元经济结构中的矛盾，给国家和地方金融稳定带来了不稳定因素。

第三，实体经济和虚拟经济规模不协调对地方金融稳定的影响。随着金融业的不断发展，越来越多的金融衍生工具诞生，极大地促进了虚拟经济的发展，甚至一度要超过实体经济的发展。然而，这并不意味着虚拟经济可以单独快速发展，因为虚拟经济的发展根植于一个健康稳定的实体经济。2021年时任中国人民银行党委书记郭树清在专题研讨班中再次强调要始终坚持金融支持实体经济发展不动摇[①]。当虚拟经济的利润超过实体经济时，大量资本可能从实体经济脱离进入虚拟经济，由此导致银行向市场提供超过实体经济所需的过量贷款。在经济繁荣发展时，这种风险可以较好地隐藏起来，一旦经济下滑，资产价格下降，资金链断裂，将会导致实体经济出现危机，给国家和地方的金融稳定带来负面影响。

3）地方金融结构和金融监管对金融稳定的影响

除了地方经济结构以外，地方金融结构和金融监管也会影响地方金融稳定。

金融结构是指组成金融系统各个部分的种类、相对占比以及关联关系，可以从总体规模、金融市场结构和金融工具结构这三个角度衡量。当一个地区的金融业总体规模较小时，可能导致资本更多地流向实体经济，虚拟经济得不到好的发展。然而，当一个地区金融业发展过热时，资本可能过多进入虚拟经济，导致金融资产价格虚高，产生泡沫，一旦泡沫破裂，可能导致严重的金融危机。从金融市场结构的角度，金融市场结构主要包含两种类型：银行主导型和市场主导型。在银行主导型的金融体系中，企业可能会过度依赖银行贷款，资源配置的效率较低，金融风险过度集中于信贷市场。一旦发生危机，仅靠银行业承担大部分风险，

---

① 人民银行党委举办学习贯彻党的十九届五中全会精神首批轮训厅局级专题研讨班[EB/OL]. http://www.pbc. gov.cn/goutongjiaoliu/113456/113469/4171961/index.html[2021-01-26].

无法有效分散风险，因此很容易造成严重的后果。同时，企业过度依赖银行，自身融资能力也会受到约束，企业发展无法得到充分的支持，整个金融体系的抗风险能力也比较差。在市场主导型的金融体系中，投资者可以选择丰富的投资策略，市场的风险也被分散在各种资产配置中，整个金融体系对外部资金的吸引力也会增强，可以更好地为本地经济发展提供有力的支持。但是，市场主导型的金融体系更加复杂，各种风险因素交织在一起。当风险发生时，处理起来会更加困难。就金融工具的结构组成而言，随着金融业的发展，尤其是金融科技的发展，出现了越来越多融合各种特性的金融工具，这些新的金融工具为投资者提供了更多投资机会，同时在风险评估方面也变得更加困难。这不仅给监管者带来了更大的挑战，也增加了金融市场的不确定性。

金融安全是国家安全的重要组成部分，对于地方经济而言同样举足轻重。因此，发展金融业必须把保障金融安全与稳定作为底线和红线。近年来，金融科技的发展为金融业注入了强劲的动力，但也带来了一定的风险，如果监管者放开监管，短时间内创新速度会比以往更快，但也会因此埋下很多安全隐患，比如可能导致大量金融欺诈产品出现，严重损害消费者的合法权益。如果监管过于严苛，将增加从业机构的合规成本，势必影响机构和个人创新的势能。进一步可能导致错失发展机遇。因此，金融监管要秉持包容审慎的理念，统筹兼顾创新与安全，既控制好金融创新带来的风险，又不会因过度增加创新主体的监管成本而影响创新效率。

2. 地方金融稳定程度的测度

接下来，本节将介绍如何从定量的角度对地方金融稳定程度进行测度。首先对传统地方金融稳定评估体系进行梳理，然后在地方金融网络中借鉴影响力最大化研究方法，构建基于网络的地方金融稳定评估体系。

1）传统地方金融稳定评估体系

实体经济和金融业之间相互影响，实体经济为金融业发展提供基本支撑，金融业发展又反过来促进实体经济的发展。因此，地方金融的稳定性会同时受到地方金融体系的内生性冲击和地方实体经济的外部冲击的影响。地方金融稳定的传统测度主要包含两个方面，一是实体经济的发展情况，二是金融业的发展状况。更具体地，地方金融稳定程度的测度包括地方金融机构是否平稳运行，地方金融市场能否承受较大的外部冲击，实体经济是否平稳运行，以及金融资产价格是否处于正常波动的水平。由于金融稳定包含的内容较多，在度量地方金融稳定时需要利用指标体系进行分析。

一般而言，一套合理有效的评估金融稳定的指标体系应该具备以下特点。一是综合性。测度地方金融稳定程度的目的是发现地方金融系统可能存在的问题，这些问题的来源可能是多方面的。因此，测度金融稳定的指标应该包含较广泛的内容，不仅包括银行等核心金融部门，还应该关注到非银行金融机构；不仅包含金融系统，还应该关注实体经济涉及的企业、私人部门等非金融部门的状况。二是系统性。地方金融稳定的测度应该是从不同的角度对一个地区的金融稳定程度进行评估，并且各个角度之间是互补的，这样才能系统地反映一个地区的金融稳定性。三是可比性。金融稳定评估指标体系所选择的指标应该具有很大的相似性，各个地区的监管部门能够很容易获得这些指标的数据。这样得到的指标体系才是可比的，才有利于监管当局了解外部经济金融环境的变化。

目前，国内外中央银行和学者从不同角度出发提出了不同的金融稳定评估体系。IMF 于 1999 年编制了第一版衡量各国金融机构整体稳定性的指标，并在 2004 年对其进行了修改。在此基础上，欧洲中央银行构建了用于评估成员国金融稳定的宏观审慎指数。此外，国外一些学者对 IMF 构建的金融稳定指数进行了精简和补充，提出了不同的金融稳定指数。虽然 IMF 构建的金融稳定指标被广泛采用，但由于各国经济发展状况以及统计口径存在差异，同时 IMF 构建的指标体系中有部分指标在国内没有统计数据，因此不能直接利用 IMF 构建的指标体系来衡量国内的金融稳定程度。2009 年，中国人民银行金融稳定分析小组发布了《中国金融稳定报告（2009）》，结合中国国情从宏观经济发展状况、金融机构运行状况、金融基础设施和金融风险管理四个角度对国内金融稳定进行了评估。此后，中国人民银行对金融稳定评估的内容进行了调整，主要包含宏观经济运行情况和金融业稳健性评估两部分内容。此外，王明华和黎志成[①]以及万晓莉[②]从银行稳定的角度构建了中国金融稳定测度指标体系。王雪峰[③]利用空间状态模型构建了一个中国金融稳定指数。

结合现有的金融稳定指标体系以及我国金融市场的特点，本节选取以下三类指标构成一个指标体系来测度地方金融稳定程度，具体指标如表 6-3 所示。

表 6-3　地方金融稳定测度指标体系

指标	分项指标	含义
金融机构	资本充足率	资本安全性：衡量金融机构整体风险
	不良贷款率	
	存款准备金率	金融机构偿债能力：衡量抵御风险的能力
	流动负债与流动资产比例	
	同业拆借利率	银行间同业拆借利率可以在一定程度上反映金融系统的稳定

① 王明华，黎志成. 金融稳定评估指标体系：银行稳定的宏观成本控制研究[J]. 中国软科学，2005，20（9）：126-132.

② 万晓莉. 中国 1987—2006 年金融体系脆弱性的判断与测度[J]. 金融研究，2008，51（6）：80-93.

③ 王雪峰. 中国金融稳定状态指数的构建：基于状态空间模型分析[J]. 当代财经，2010，31（5）：51-60.

续表

指标	分项指标	含义
金融市场	利率波动程度	反映了信贷市场的风险状况
	股票市场波动程度	
	房地产价格指数	房地产市场与地方金融密切相关
宏观经济	地区生产总值增长率	反映地方经济增速
	M2/地区生产总值比率	反映地方经济流动性

（1）金融机构。作为金融体系的主要组成单元，金融机构的平稳运行对维持整个金融体系的稳定运转具有支撑意义。具体来说，金融机构的平稳运行是指银行、证券、保险等主要金融机构能够正常履行自身在整个体系中承担的职责，其中尤其以银行等金融机构为主要代表。衡量金融机构是否平稳运行的指标主要包括资本安全性、金融机构偿债能力以及稳定运行状态等。其中，资本安全性包括资本充足率、不良贷款率两个重要指标。资本充足率越高，金融机构抗风险能力越强。不良贷款率越低，金融机构可能产生的损失就越小，越不容易产生风险。金融机构偿债能力主要包括存款准备金率、流动负债与流动资产比例。存款准备金率越高，金融机构偿债能力越强，但在我国现行体制下，中央银行对最低存款准备金率有一定要求，各商业银行和其他金融机构为了尽可能多地发放贷款来追求更大利润，所设置的存款准备金率一般不会高于最低存款准备金率太多。流动负债反映了金融机构需要在短期内偿还的负债，而流动资产则反映了金融机构可以灵活使用的资金。流动负债与流动资产比例越低，金融机构偿债能力就越强，其面临的流动性风险也就越低。稳定运行状态可以通过新增贷款额来衡量。这是因为，我国大型银行多为国有银行，在很大程度上需要配合国家相关政策发放贷款，这部分贷款有很大比例在风险和收益方面是不对等的。如果短时间内出现了大量新增贷款，可能会导致较大的坏账比例，进而增加金融机构面临的风险。作为金融机构的核心，银行间同业拆借利率在一定程度上也可以反映金融系统的稳定程度。

（2）金融市场。金融市场的平稳性可以通过资产价格平稳性来间接度量。资产价格波动较大，尤其是资产价格过高通常意味着经济过热，对金融市场的稳定会产生不利影响。基于前人的研究，本节选取利率波动程度、股票市场波动程度以及房地产价格指数来度量金融市场的稳定程度。其中，利率代表着信贷市场，和股票市场通常呈现相反的变动趋势。当利率较高时，资金会从股票市场回流到信贷市场；当利率较低时，资金会通过居民和企业流向股市。信贷市场和股票市场波动会影响金融市场稳定。房地产市场和金融市场互相影响。一方面，银行作为金融体系的核心机构，拥有大量作为抵押品的房地产。因此，房地产市场与金融市场的稳定密切相关。另一方面，房地产行业的发展也在很大程度上依赖于银行贷款。

（3）宏观经济。当经济繁荣发展时，地方金融一般具有更强的抗风险能力，金融稳定性就会更高。因此，本节选取地区生产总值增长率和 M2/地区生产总值比率这两个指标来衡量地方经济发展水平。地区生产总值增长率反映了地方经济的增长速度。虽然地区生产总值指标存在诸多不足之处，但它仍然是最被广泛使用的综合性经济指标。M2/地区生产总值比率指标反映了地方经济体系的流动性。M2/地区生产总值比率越高，金融市场的流动性也越高。但是，过高的 M2/地区生产总值比率可能意味着严重的通货膨胀，对金融稳定反而会产生不利的影响。

需要注意的是，由于不同地方的经济发展状况存在较大差异，在构建地方金融稳定评估体系时有必要结合地方经济金融特点对以上指标做适当调整。比如不同地区的支柱行业可能有所不同，那么在考虑经济增长时就应该更多地关注本地区主要产业的发展，从而增强测度结果的实用性和可操作性。

由于以上三类指标在数量级上存在差异，因此需要对每个指标进行标准化处理，即将每一个指标相对于历史平均的偏离，然后除以该指标历史数据的标准差作为该指标的取值。通过对这三类指标进行简单的加权平均，就可以得到一个反映地方金融稳定的综合指标。在赋权方面，由于各个指标在反映地方金融稳定的重要性方面有所不同，可以采用专家经验法确定各指标的重要性，然后根据各指标的重要性来确定其在综合指标中所占的权重。

2）基于网络的地方金融稳定评估体系

在地方金融运行中，银行间拆借市场、银企借贷市场以及关联企业等构成了一个大的地方金融网络。本节主要借鉴网络模型中的影响力最大化的研究范式，分析金融风险在地方金融网络中的传播。结合传统金融稳定评估指标和基于网络的风险度量，构建基于网络的地方金融稳定评估体系。

影响力最大化问题研究的是在给定的网络结构中，初始活跃节点的个数，以及在确定的网络传播模型条件下，找到固定数量的节点集合，使得最终活跃的节点总数达到最大。在影响力最大化研究中有两个基本模型，分别是 IC（independent cascade，独立级联）模型和 LT（linear threshold，线性阈值）模型。在独立级联模型中，任意两个相邻节点 v, w 之间存在一个传播概率 $p(v, w)$，假如节点 v 已经处于激活状态，那么节点 v 可以以 $p(v, w)$ 的概率激活他的邻居 w，这个过程和过去发生的事件无关。但是，这个过程仅发生一次。无论节点 w 是否被激活，节点 v 都不会再去重复这一过程。在线性阈值模型中，一个节点 v 同时受他所有邻居节点 $\mathcal{N}(v)$ 的影响，当这些影响之和累加超过一定的阈值，那么节点 v 被激活。定义初始激活种子节点的集合为 A，种子节点在网络中传播所达到的最终影响为

$\delta(A)$，$\delta(A)$ 一般用受到激活的节点个数的期望来表示。那么，影响力最大化问题就可以表述为给定 k 个初始种子节点集合 A 使得 $\delta(A)$ 最大。

　　类似于影响力最大化问题，金融风险在网络中的传播可以看作具有风险的节点将自己的影响施加给关联的节点。部分关联节点被激活后会成为传播风险的节点。这个过程快速进行，直到整个初始风险节点的影响在整个网络中传播开来，最终受到影响的节点个数代表风险的大小。企业的风险可以是破产或者违约风险。当一家企业产生风险时，无疑会影响它的关联企业。例如，在供应链网络中下游企业无法偿还上游企业提供的贷款，或者企业无法按期偿还银行提供的贷款等。影响的大小或者说邻居节点产生风险的可能性，一方面与发生问题的贷款合同金额大小有关，另一方面也与例子中的上游企业规模或银行规模有关。可以通过对贷款做归一化处理，用发生问题的贷款除以授信邻居节点的营收规模来度量风险传播的可能性。除了借贷关系，对于企业间的关联网络，如基于交叉持股或者担保关系产生的关联网络，风险传播在两个相邻企业间的传播概率可以用两个企业间的持股比例来衡量。事实上，当母公司破产时，该企业 100% 持股的子公司绝大多数也处于破产状态。当子公司破产时，对该公司持股的母公司同样会因其投资份额而受到影响。对于一般的关联企业而言，一家企业破产对其关联企业的影响可以被认为随着持股份额的增加而增加。此外，类似于线性阈值模型，风险在网络中的传播是累加的。一家企业可能会同时受到与之关联的多家企业的影响。当这些关联企业产生的风险累积达到该企业所能承受的阈值时，该企业就会产生风险，如出现债务违约等。随着更多风险的累积，该企业可能面临破产。对于规模较大的企业或者金融机构，一般的风险并不会导致大型企业违约或者破产。但这并不意味着风险消失了，而是被这些大型企业吸收了。

　　借鉴影响力最大化的研究方法，一方面，可以通过测定地方金融网络中不同公司或者金融机构节点可能导致整个网络出现风险的范围来衡量这些节点对于风险传播的重要性。另一方面，也可以在给定地方金融网络结构的情况下，分析哪些节点可能导致整个网络风险传播的范围最大，从而特别关注这些节点对应的公司，达到预警风险的目的。将传统金融稳定评估指标和基于网络的风险度量相结合，可以构建出基于网络的地方金融稳定评估体系。由于传统金融稳定评估指标和基于网络的风险度量并非独立，两者对地方金融稳定的影响具有级联效应。因此，在结合传统金融稳定评估指标和基于网络的风险度量时应采用相乘的方式而非简单相加。

6.3　地方金融风险防范

　　本节主要针对不同部门内部风险源开展地方金融风险防范，对部门之间金融风险传导防范计划在未来开展研究。对于公共部门，主要从地方政府债务、投融资平台、PPP 项目和产业投资基金风险防范四个角度开展研究。对于金融部门，主要从中小银行、非银行机构两个角度开展研究。对于企业部门，主要从中小企业、地方国企两个角度开展研究。对于家庭部门，主要从家庭消费金融、家庭住房贷款两个角度开展研究。

6.3.1　公共部门

地方公共部门的风险主要集中在地方政府的显性债务和隐性债务两个方面。

1. 地方政府显性债务

以下从改变地方政府"政绩观"与债务风险意识、完善地方债务市场建设、建立地方政府债务动态监测体系、加强地方债务管理机制建设四个层次提出本书针对地方政府显性债务的风险防范措施。

一是改变地方政府"政绩观"与债务风险意识。首先，优化政绩考核体系与问责机制。将地方政府债务（显性债务）纳入市县政府工作考核范围并贯彻执行，落实"化债就是政绩"的政绩观，对没有落实责任的主要官员坚决问责。实行政府官员债务责任制，将地方债一并纳入离任审计范围，从地方主要行政官员的债务决策权入手，厘清地方债流程，确定债务来源、渠道，确定债务的偿清方式，明确债务管理和债务承担"双主体"责任，"怎么借—怎么用—怎么还"都要严格落实到具体的责任人，以免出现新官不理旧账，相互推诿的现象。其次，优化新增地方债务的发起和分配工作。要求各级政府统筹好财政收入、存量债务规模和建设投资需求之间的关系，合理控制新增债务规模，坚决避免不计成本和过度超前的投资行为，按照各地区风险程度的大小科学分配新增债券。

二是完善地方债务市场建设。做好顶层制度设计，提高地方政府债券发行市场化程度。着力增大对应债券市场的宽度、深度以及弹性程度。完善政府债券市场化定价机制，提高市场化观念，明确市场在债券发行中的决定地位。提倡地方政府创新专项债券的品类，同时鼓励发行标准化地方政府债券，拓宽地方政府债券的销售渠道。

三是建立地方政府债务动态监测体系。建议对地方政府债务（包括显性债务和隐性债务）的规模、结构、期限匹配等进行分类处置，同时实现政府债务从举借到偿还的透明、清晰的全过程监控。通过数据分析和算法匹配，不断优化债券期限结构，合理布局发行 15 年、20 年、30 年期债券，提高市场参与度和认可度，切实降低地方债融资成本。建立系统性债务风险分级预警机制，对于被债务风险重度警告的县（市、区）不可以再增加地方债务。

四是加强地方债务管理机制建设。建立完善的信息披露制度，加强对项目收益专项债券信息披露的监管力度，遵守市场契约精神，及时公开信息，保证信息的时效性、真实性和完整性。加强对地方债发行市场第三方中介机构的管理，提高第三方的专业技能，保障信息披露的真实可靠。加强整改存量违规项目，及时清理超出地方政府财政范围的项目，将现金流较高且市场规模较大的项目转成政府直接投资项目。做好地方政府债务绩效管理，督导各地政府通过压缩支出、优化支出结构、整合转移支付资金、提高预算编制科学性等措施积极偿还债务。建立偿债基金制度，通过年度预算安排、土地出让收入、国有资产经营和处置收益等逐步建立偿债基金制度。

2. 地方政府隐性负债

地方政府隐性债务主要包括为地方政府投融资平台提供隐性担保、以地方政府信用背书的高杠杆 PPP 项目和产业投资基金三个方面。

1）地方政府投融资平台债务担保

地方政府投融资平台对当地城建和经济发展起到非常重要的作用，在不断发展进步的同时，也出现了一些相关联的资金借贷问题。本书提出"去杠杆"和"重防范"两点措施。

"去杠杆"主要是利用融资合作或者盘活资产来调整地方投融资平台债务结构，如融资租赁、供应链融资等新兴方式筹措资金盘活企业资产。"重防范"则是实行全范围、多方位的风控布局构建起完备的价值链防控模式。建立合理的融资风险预警机制，包括为确保投融资数据的真实性和实时性，实地核验相关数据；依据不同风险特点，明确不同风险的级别；通过定量定性分析，筛选不同的预警指标与对应的参数，给出针对不同预警指标的模型，并依据模型确定预警边界值，制定针对不同边界值的预警范围。

2）PPP 项目投资

经研究发现，在我国经济发展水平较落后的地区的地方政府发展 PPP 项目的投资力度反而较大，政府投资风险较高。本书从"提高 PPP 项目监管透明度"和"完善社会资方资质审核"两个方面提出相关风险防范措施。

第一，构建多层次的 PPP 项目监管体系，提高 PPP 项目监管透明度。PPP 项目监管体系包括政府、公众、市场共同参与的监督评价体系，政府与企业信用分担与信用约束机制以及完备公正的市场竞争机制以及公开透明的信息披露机制等。在审批风险控制措施上，对项目运营商提供的融资计划、资金分配使用计划、风险防控计划和资金应急计划等进行动态监测评估。

第二，完善社会资本方资质审核，建立地方政府内部使用的社会资本方信息库。建立地方政府内部社会资本方信息库，包括社会资本方的上下游产业链风险分析、技术专利、社会知名度和美誉度等方面的信息。建立社会资本方信息库"动态进出"机制，维护社会资本方信用评级等关键信息，增加社会资本方风险预警信息披露，减少未来发生地方政府实际投资损失的可能。

3）产业投资基金

研究发现，产融结合是未来我国地方经济发展的重要驱动模式之一，而最主要的载体即为地方政府产业投资基金。在发达地区，总的来看，政府产业投资基金运行情况较好，而部分投资基金发生亏损。据此，本书建议，一是推动市场化、专业化的产业投资基金运作，建立符合地方产业特点的、由市场知名度较高的专业机构担任普通合伙人的、多方参与的、风险共担的产业投资基金模式。二是推动地方政府产业投资"人才提质工程"，建立专业化的产业投资基金管理人才队伍。

6.3.2 金融部门

我国地方金融部门风险主要来源于两方面：因表外业务扩张导致的中小银行经营风险和非银行金融机构的创新风险。

1. 中小银行

地方中小银行是地方金融机构的主要组成部分，不论是在存款吸纳还是贷款发放上都处于相对劣势，相较于大型机构易受到更大的风险冲击。本书建议，在补充中小银行资本金方面，实行发行优先股、永续债等创新方式与增资扩股和定向增发等既有手段获取资金。在优化中小银行负债结构方面，因地制宜，完善与丰富信贷和理财业务种类。在增加中小银行管理金融科技含量方面，加强与金融科技公司共同合作，利用大数据精准识别高风险个人交易、高风险个人和企业客户，有效控制不良贷款率。积极开展技术驱动的供应链金融创新等业务，推动中小银行完成高效率、低成本的智慧化转型。

2. 非银行金融机构

非银行金融机构需要重点识别不同金融业态主体中蕴含的信用风险、信息安全风险、监管套利风险乃至系统性风险。

首先，动态修订和完善地方性法规体系。研究布局区块链、智能投顾等前沿领域的监管法律法规及条例；与行业协会等合作推动制定金融科技领域的相关规则和标准，包括行业技术标准、市场准入准出标准等。比如，对直接从事金融业务的金融科技公司设置资本、组织、人事、技术等方面的门槛，同时为金融科技公司经营业务的特殊性和合理商业目的预留较多自治空间。对金融科技公司的风险控制体系建设提出要求，通过内部自治和外部评估的方式加强风险管理，在业务方面定期进行内部审计、接受外部审计，在技术方面进行系统安全内评、接受技术安全外评等。加强对金融科技公司内部治理的"审视"，重视对管理层、核心技术人员、专业管理人员的任职资格审查以及对普通员工风险意识和安全意识的培育。

其次，以科技手段打造地方金融风险监管系统。统筹协调地方金融办、经济和信息化、商务、公安、工商等政府部门共享数据信息，促进信息标准化、脱敏化与自动化归集，确保信用数据的准确性、实时性、全面性，实现大数据、云计算等技术助力行政审批、风险识别、稽查执法、日常办公等实际业务需求，实现人机互补的智能化监管。尤其在金融风险识别方面，通过大数据技术汇集多源异构数据，采用知识图谱分析、机器学习、深度学习等算法，加强对违法违规活动的识别，将事后监管逐步转为提前识别与防范。

最后，建立多方合作机制与人才联合培养机制。将对立式监管转变为合作双赢，加强国际交流合作，在全球范围内广纳英才，建立人才引进的激励机制，助推地方金融人才监管及技术队伍建设；加强对金融监管、普惠金融等相关领域专业人才的培养，鼓励学校和科研院所开设相关课程，进行相关研究，打通政产学研用壁垒。

6.3.3　企业部门

企业部门主要包括地方中小企业和地方国企。

1. 地方中小企业

中小企业的风险防范可从"融资难"和"盈利难"两个角度找到突破口。针对中小企业融资难问题，可从健全社会信用体系、拓宽中小企业融资渠道、改善中小企业融资担保环境三个方面防范金融风险。

首先，中小企业、银行和担保机构之间沟通不畅的重要原因在于社会信用体系的不健全，本书建议利用社会信用系统和网络技术信息平台创建信息交换中心。担保机构可以向信息平台提供企业偿付能力、信用评价等信息，金融机构可以向平台提供企业的银行信用状况和融资情况，税务部门向平台提供企业缴税的记录信息，以便更多了解中小企业财务水平、融资情况、运营情况和债务清偿能力，有利于对其风险状况进行评估。同时建立中小企风险处置与决策示范应用（由于篇幅原因，具体内容可见本章 6.4.3 节政策建议部分），增加对中小企业经营风险的预警，减少风险管理成本。

其次，拓宽中小企业融资渠道。一般来讲，中小企业规模较小，大多呈现轻资产特点，因此，现有融资途径单一，过度依赖担保。对此，地方政府可助力拓展针对中小型企业的融资途径，如提倡与引导规模较大、营利能力较强的中小公司积极在国内证券交易所挂牌上市，鼓励中小企业通过股票发行的形式筹措资金等。此外，加强中小企业前后端产业链的联系，在产业链上形成互帮互助的融资新渠道，大力发展供应链金融。

最后，改善中小企业融资担保环境。新冠疫情过后，资金来源成为阻碍中小企业发展的重大问题。地方政府应该注重当地融资担保环境，利用国家各类担保政策，建立健全的担保机制。一方面提倡民营机构进入担保市场，增资扩股，努力提升自身的担保能力。另一方面，建议加强政府、银行与担保机构之间的合作，利用人工智能、大数据技术，探索"征信、担保、银行"的信贷融资模式，推动金融创新，降低中小企业融资门槛。

针对中小企业盈利难问题，则可从中小企业自身建设，比如扩宽销售渠道、减少运营成本、增加核心科技竞争力等三个角度防范经营风险。

首先，中小企业应做好市场调查，及时调整销售策略，重视线上销售以及新型的直播电商模式等，分析不同市场销售策略，制定独特的销售模式。其次，降低营业成本和费用支出，减少不必要的人员费用如办公耗材、差旅报销等，保障员工的基本薪资；减少高息债务，同时避免难以收回成本的项目投资等。最后，加大研发力度，提高行业竞争力。对于中小企业来说，上有龙头企业大规模批量生产，下有低价的山寨仿制品，其生存和发展空间是比较窄的。中小企业须打造市场空间大、销售渠道广兼具独特优势的产品。举个例子，电饭煲虽然是市场饱和度非常高的商品，市场总体的销售量在下降，但是智能化电饭煲的销售额却一直在上涨，可见精细创新才是中小企业发展之道。仅投入营销费用和实施低价策略，短期可以增加曝光度却不能赢得消费者的口碑，加大研发力度将产品做精做好才是提高营业收入的关键。

2. 地方国企

地方国企的风险防范则从"法治建设""投融资体制改革""债务结构调整"三个角度找到应对之策。

在市场经济中，资本市场客观存在债券违约的现象。2020年，国内债券市场违约规模增长速度趋于平缓，尤其是我国的民营企业，其违约逐步减少，但是，地方国企的违约额到达了有史以来的峰值。针对地方国企债券违约问题，本书建议防范措施如下。

第一，在保持基本面平稳的情况下，提高市场的法治意识和法治高度，有计划地消除刚性兑付。通过市场的动态发展，在填补法律制度空缺的基础上，进一步提高法律执行的效率，同时加强对违法事实的处罚。国企内行政干预多、决策链长、决策过程烦琐，在当下经济增长缓慢的情况下，地方政府财政收入减少，很难对违约国企施以援手。国企债务违约情况冲击了人们对债务市场的认知，降低了投资方对政府救助的期望。而市场自动筛除过剩、落后的产能，方能充分发挥市场在经济发展中的作用。

第二，认清政府和企业的职能，对投融资体制实施有效改革。投融资体制改革可以使实体经济价值增值更高效，发挥其价值创造功能。当前国内债券市场存量仍然较大，而且地方政府专项债也不断增加，但是整体发债融资比例下跌，在明确职责的前提下，恰当地制订直接、间接融资，长短期资金，政策银行与商业银行资金等的比例规划。

第三，合理制约地方国企发债规模，积极调整债务结构。充分发挥政府资金引导作用，在保证政策稳定实施的前提下，利用政府资金引导地方国企举债。通过证券化、信托基金的方式有效调整政府债务的内部构成。为了提升资产的运作效率，提高营利能力，可以运用补充资本金的方式，帮助调整政府资产负债的结构，提升投融资效率。制约项目收益型专项债和资本补充型专项债边际增加规模，并出台相应的监管政策。比如，在提高信息披露水平上，利用定价机制，精细分化项目收益型专项债和政府一般债，调整资金分配的大小与偏向，充分利用市场在资源自行配置中的强大作用。

6.3.4　家庭部门

家庭部门主要防范由居民超前的消费理念和一些不符合资质的机构违法发放高利贷导致的非住房消费贷款违约风险，以及在新冠疫情与房产政策变动双重冲击下可能引起的居民住房贷款违约风险。

1. 非住房消费金融

目前，消费金融市场成为各金融机构追逐的热点，我国消费金融业务也在迅速发展与成长，但地方非住房消费金融隐性风险较大。针对未来可能发生的风险，市场经济主体应采取一定的措施以防范风险，如减少消费类金融公司的信贷额度、加强机构的风险管理和改进相应的监管方式、增加其坏账准备金、提高信用卡公司的资质并加强信用卡发放审核要求、完善市场准入和退出机制、减少以借新还旧方式进行长期借债行为的发生等。

以下是本书提出的四条防范措施。

第一，增加市场主体的风险防范主观能动性。鼓励地方银行通过改进风险定价和控制模型加强自身风险管控能力，建立合理的风险监测机制。在合法的前提下，加强银行、互联网平台和金融公司之间的信息共享机制建设，降低信息不对称的风险。鼓励互联网公司在数据处理方面利用自身优势完善风险识别、用户画像、信用动态管理以及贷后还款监督等管理。倡导建立联合征信数据平台，进一步细致划分信用评级，加快完善征信体系。

第二，加强对消费金融环境和基础设施的建设。在制度方面，完善群众破产、企业代表人破产信用登记，加强对网络公司宣传广告、文案的监管，倡导特定群体合理消费，拒绝从众消费、过度消费和盲目消费。同时，大力推进法治教育，增强民众普法意识，以提高消费群体对非法集资、套路贷、现金贷等的认识。

第三，采用金融科技监管引导金融机构向居民适度发放贷款。加大对首付贷、消费贷和经营贷等贷款资金流向的检查，防止其流入房地产市场或资本市场，避免"加杠杆炒房、炒股"。采用现代化的监管手段，成立风险监管和预测体系全方面测算居民消费金融杠杆率等关键指标，增强对地方居民消费金融风险的监测能力。

第四，建立多层级且具有消费金融特点的监测指标，严厉打击非法借贷。指标信息主要涵盖消费者收入与具体消费贷款事由、贷款大小和增幅等。除对贷款人进行监测外，还应对重点机构进行风险监测，并随机抽查。进一步细化消费场景，增强对金融产品的监管力度，全面评估资产风险，对消费品运作管理实施完备的动态监管。采取风险缓释、债务重组等方法，逐步完善消费金融风险的处置体系及相应的处置预案，减少因处置不当引起的新问题。

2. 住房贷款

针对住房贷款的金融隐患问题，我们需要有序地推进房地产行业持续稳定、健康发展。扩大人口众多、房价涨幅大的一线城市、热点城市的住宅用地面积，严防违规的经营贷款流入房地产市场。加强对房地产市场投资者的教育，鼓励理性投资。健全房地产相关法律法规，特别是房地产税法和住房租赁法，严厉打击房地产违规行为，加大监管执法力度，对炒房行为零容忍。明确及强化房屋中介的职责，督促其提升履职尽责的能力。同时，对房地产企业的经营范围进行监督，避免由过度扩张造成的资源配置不合理，最终导致房地产企业发生经营性危机。

6.4 地方金融风险应急处置

2017年7月，习近平总书记在第五次全国金融工作会议上强调"金融安全是国家安全的重要组成部分""强化监管，提高防范化解金融风险能力""要把主动防范化解系统性金融风险放在更加重要的位置，科学防范，早识别、早预警、早发现、早处置，着力防范化解重点领域风险，着力完善金融安全防线和风险应急处置机制"。①做好地方金融风险的预警和应急处置工作，建立金融风险的蔓延防

---

① 全国金融工作会议在京召开[EB/OL]. http://www.gov.cn/xinwen/2017-07/15/content_5210774.htm[2017-07-15].

线，防止金融风险的扩散和传染，最大限度地降低金融突发事件对社会的影响，对维护地方金融安全及社会和谐有重要作用和意义。

6.4.1　地方金融风险应急管理体系

当前，我国已经形成了一套比较系统的应急管理体系，如图 6-5 所示，应急管理体系主要包括四个部分，分别为应急管理机制、应急管理法制、应急管理体制和应急预案，合称"一案三制"。其中，应急管理法制是指与应急管理事项相关的法律法规及各项规章；应急管理体制是指应急管理机构的组织架构及权责划分；应急管理机制是进行应急管理的主要依据，实现对突发事件的事前、事发、事中和事后的全环节覆盖，包括预防与应急准备、监测与预警、应急处置、善后处置与评估等多个环节；应急预案是指根据相关法律法规与规章，综合实践经验及当地实际情况，为应对突发事件而预先制定的行动方案①。

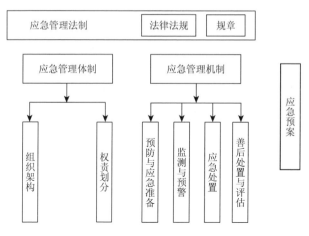

图 6-5　我国应急管理的"一案三制"体系

金融突发事件通常指金融媒介、金融市场和金融基础设施突然发生无法预期或难以预期的，严重影响或可能会严重影响经济社会稳定，需要立即处置的金融事件②。由于地方的突发性金融事件往往具有很大的破坏性和极强的传染性，极易对地区金融秩序造成不良影响，因此积极处置地方金融风险是当前地方金融保障工作的重中之重。由于我国海南省三亚市 2022 年出台修订的处置金融突发事件的

① 钟开斌."一案三制"：中国应急管理体系建设的基本框架[J]. 南京社会科学，2009，20（11）：77-83.
② 刘晓静. 区域金融突发事件应急能力建设与评价[J]. 防灾科技学院学报，2019，21（1）：57-64.

应急预案，相对有更强的时效性和更强的操作性，所以本节将以《三亚市处置金融突发事件应急预案（修订）》^①为例来讲述地方金融风险应急管理体系。

1. 地方金融风险应急管理法制

地方金融风险应急管理法制就是指与地方金融风险应急管理事项相关的法律法规及各项规章，它们是国家或地方在金融突发事件状态下实行法制恢复社会秩序、维护合法权益的基础和保障。目前，我国已基本上建成了较为完善的应对地方金融风险应急管理的相关法律法规，如国家层面上的《中华人民共和国中国人民银行法》《中华人民共和国银行业监督管理法》《中华人民共和国突发事件应对法》等法律法规，以及各地方层面的地方金融监督管理条例等。

2. 地方金融风险应急管理体制

1）组织架构

以三亚市金融风险应急管理体制的组织架构为例。三亚市设立地方金融突发事件应急处置工作领导小组，组长由分管当地金融工作的副市长担任，副组长由市政府协调金融工作的副秘书长、市金融发展局、中国人民银行三亚市中心支行、三亚银保监分局主要领导担任，成员包括市政府新闻办公室、市互联网信息办公室、市发展和改革委员会、市财政局、市公安局、市信访局等单位分管领导。

三亚市的地方金融风险应急管理体制的组织架构，基本上涵盖地方金融风险应急管理相关的部门，而且领导小组组长可根据地方金融突发事件的实际情况来增加临时成员部门。

2）权责划分

领导小组下设办公室、信息监测组、现场督导组和资金救助组。

领导小组办公室（设在市金融发展局）的主要职责：对各单位上报的地方金融突发事件相关的信息进行接收、整理和研判；对异常状况或重大事项及时向领导小组报告，并对启动本应急预案提出相关建议；按照领导小组的要求和相关规定，及时向省金融办汇报、向成员单位通报金融突发事件的相关情况；根据领导小组的要求组织召集紧急会议；研究制定金融突发事件的细化处置方案并提出建议；督促、检查和指导有关部门落实应急措施；组织有关部门做好政策的宣传和解释工作；协调有关部门对应急预案进行事前演练，对金融突发事件的处置情况进行事后评估与总结；对"7＋4"类地方金融机构的突发事件进行应急处置。

① 三亚市人民政府. 三亚市处置金融突发事件应急预案（修订）[EB/OL]. http://www.sanya.gov.cn/sanyasite/gfxwjxx/202202/c1bc481c054744cca96753cfb116459a.shtml[2022-04-18].

信息监测组（设在市金融发展局，市金融发展局、市财政局、中国人民银行三亚市中心支行、三亚银保监分局设专门的信息员）的主要职责：对突发的金融风险信息进行接收和整理，并及时汇报至市金融发展局；向各成员单位传达领导小组的相关指示和要求；收集、汇总和上报各种报表及监测动态；积极主动与相关职能部门联系和沟通，及时了解地方金融机构的动态。

现场督导组（银行保险业金融机构设在三亚银保监分局，"7+4"类金融机构设在市金融发展局）的主要职责：现场督导处置金融突发事件；发送风险预警和提示，并制定风险处置方案；协调相关部门在现场进行风险处置工作；及时向其他小组报告现场工作的相关信息；及时起草金融风险防范和处置工作的责任追究文件，处置工作完成后要对高风险的金融机构进行治理；对风险防范工作进行总结并归档。

资金救助组（设在中国人民银行三亚市中心支行）的主要职责：组织和协调系统内资金的调配；负责再贷款等货币政策工具支持的有关工作。

中国人民银行三亚市中心支行的主要职责：负责所在地区的金融系统风险的监测和分析；参与有关部门通报的金融突发事件的相关会议，给出突发事件风险程度的评估见解，并判断是否需要提供救助资金支持；及时启动人民银行金融突发事件应急预案，积极处理人民银行职责范围内的事项；按相关规定和上级人民银行的指示及批准，保障应急处置救助资金能够及时到位；及时向领导小组报告相关信息并提出启动本应急预案的建议。

三亚银保监分局的主要职责：对本地区被监管金融机构进行相关的宣传和培训工作；负责本地区被监管金融机构平时的应急演练工作；及时对本地区被监管金融机构突发事件的性质和严重程度做出判断，并按照行业有关规定及时启动本部门的应急预案，采取有效的处置措施；及时向领导小组报告相关信息并提出启动本应急预案的建议。

市政府新闻办公室的主要职责：协助领导小组拟定处置金融突发事件的宣传口径；指导有关部门起草新闻通稿，组织金融突发事件处置进展的新闻发布会和接受新闻记者采访，协调各类媒体客观报道本地金融突发事件处置工作的进展、成效和典型案例；加强舆论引导及应对，防止恐慌情绪蔓延。

市互联网信息办公室的主要职责：负责收集相关网上信息来进行网络舆情的研判，积极协助相关部门做好舆论引导工作，依法及时处置相关无据信息和有害信息；根据网络信息的传播情况及传播规律，参与评估金融突发事件的风险程度并提出相关工作建议。

市发展和改革委员会的主要职责：协助分析金融突发事件对本地经济和宏观经济产生的影响，并对金融突发事件的处置提出宏观政策建议。

市财政局的主要职责：为本地金融突发事件提供应急处置和救助资金保障；

根据金融突发事件情况确定是否需要救助资金以及救助资金的筹集方案，及时筹集资金、划拨资金，并对资金使用情况进行严格监督；按照行业有关规定及时启动本部门的应急预案，采取有效的处置措施；加强对地方政府债务风险的分析和监测，并制定相关制度；提出启动本应急预案的建议。

市公安局的主要职责：协调金融突发事件事发区域内的公安机关、武警部队派出警力参与相关的应急处置工作；对涉嫌犯罪的行为及时立案侦查，必要时可采取强制措施，依法处置涉案资产，最大限度挽回损失；组织必要的警力来维护社会公共秩序，以防出现群体事件；保证应急处置工作的顺利开展。

市信访局的主要职责：认真负责因金融突发事件所引发的群众大规模上访的接待、处置工作；积极参与协调金融突发事件的应急处置工作。

3. 地方金融风险应急管理机制

1）预防与应急准备

通过对处置金融突发事件应急预案的编制、宣传、培训和演练，以及对金融运行情况的监测，来加强对地方金融风险的预防与应急准备。

2）监测与预警

各金融行业的监管部门建立本行业系统内的金融风险预警标准，并对本行业的运行情况进行监测和分析，对可能发生和可以预警的金融突发事件进行预警，并及时将监测与预警情况上报至领导小组办公室。各金融行业的监管部门及时通报本行业的金融风险状况，加强与其他监管部门之间的沟通合作和信息共享，并完善本地金融监管协调机制。中国人民银行三亚市中心支行要对本地各金融行业监管部门向其通报的金融风险监测信息进行汇总和分析，并对重点金融风险信息和金融突发事件进行研究，定期评估本地金融风险状况和撰写本地金融稳定报告。

（1）预警级别。依据金融突发事件可能造成的紧急程度、危害程度和发展态势，可以将预警级别划分为四级：Ⅰ级（特别重大金融突发事件）、Ⅱ级（重大金融突发事件）、Ⅲ级（较重大金融突发事件）和Ⅳ级（一般金融突发事件）。

（2）预警信息包括金融突发事件的开始时间、可能的影响范围、预警级别、需警示的事项、应采取的措施和发布机关等。

3）应急处置

（1）先期处置。金融突发事件发生时，事发单位要对该突发事件的性质做出快速准确的判断，并将事件的相关情况逐级上报，同时启动相应的应急处置措施。属于区域性、系统性或跨系统金融突发事件的，领导小组应及时启动本应急预案，实施风险处置。如果需要省级金融监管部门、跨地区协助的，则由领导小组进行协调，并将协调结果及时通报省金融突发公共事件应急处置工作领导小组。若领导小组不能解决，需及时报告省金融突发公共事件应急处置工作领导小组。

（2）处置决策。领导小组办公室在接到金融突发事件的报告后，应当迅速向领导小组汇报相关情况，并对该金融突发事件进行紧急研究，然后向领导小组提出启动本应急预案的建议。若领导小组认为该金融突发事件严重，必须召开应急处置会议的，那么领导小组办公室应快速组织召集会议。会议应对金融突发事件的基本情况、形成原因等方面进行分析，并提出相应的应对措施。若领导小组决定启动本预案的，各成员单位应按照会议形成的决定逐一进行落实，并按照领导小组的决策部署草拟处置方案，报领导小组批准后实施。

（3）指挥与协调。处置方案经批准后，在领导小组指导下协调有关部门和单位组织实施。各成员单位应根据本应急预案的职责分工，加强协调和配合，共同维护金融稳定。

（4）落实措施。处置方案经批准后，领导小组办公室应督促有关部门和单位组织实施。其中，若经相关部门批准需要给予再贷款等货币政策工具支持的，则由中国人民银行三亚市中心支行按相关规定提供相应支持；若需以撤销形式退出金融市场的，则应按照相关的法律规定，由相应的监管部门依据其监管职责和权限发布撤销公告，并由相关部门成立清算组对其进行清算；在处置金融突发事件的过程中，若发现有涉嫌犯罪的情形，公安机关应依法及时立案侦查，并采取积极有效的全方位措施，严防犯罪嫌疑人潜逃，相关部门和单位应予以积极配合；对金融突发事件中相关人员的宣传和解释工作，由市政府的相关部门、相应的区政府及监管部门负责。

（5）新闻发布。建立金融突发事件新闻发言人制度，领导小组办公室设立新闻发言人，由新闻发言人统一代表各金融监管机构或领导小组接受各类新闻媒体关于金融突发事件的采访，新闻发言人在接受媒体采访前需要先了解采访事由，然后依据采访事由向有关部门了解相关事实、相关法律法规及政策并征求发言意见，接着起草新闻发言稿，报领导小组审批同意后，在发言稿范围内进行发言。

4）善后处置与评估

（1）善后处置。根据被救助机构的具体情况，采取相应的善后处置措施。

（2）调查、评估和总结。领导小组办公室协同有关部门和单位对金融突发事件进行调查，查清突发事件的原因，并提出追究相关责任人的提议；对突发事件给当地造成的损失（包含直接损失和间接损失）进行评估。中国人民银行三亚市中心支行就金融突发事件中发生的动用存款准备金、再贷款等货币政策工具的情况进行总结，并上报领导小组办公室与中国人民银行海口中心支行。领导小组办公室对金融突发事件的处置工作进行全面总结，提出改进应急预案的建议等，并上报领导小组，同时向各成员单位通报。领导小组向市应急委员会提交金融突发事件的书面总结报告，内容包括：事件基本情况、采取的处置措施和相应的处理结果等；针对事件中暴露出的有关问题，提出相应的完善应急预案及处置措施的意见和建议。

4. 地方金融风险应急预案

地方金融风险应急预案是指根据相关法律法规及规章、应急管理体制和机制，综合实践经验及当地实际情况，为应对金融突发事件而预先制定的行动方案。制定地方金融风险应急预案的目的就是当金融突发事件发生时能够迅速应对和处置，来降低突发事件给社会带来的危害，维护社会稳定。

6.4.2　地方金融风险应急管理存在的问题

经过近些年的实践和总结，我国地方金融风险应急管理已经取得了较大改善，国家对地方金融的运行安全也越来越重视，出台了监管地方金融机构和处置地方金融风险的相关法律法规及条例等，使得地方金融总体上处于较为安全的状态；但是，地方金融风险应急管理仍然存在一些问题。

1. 地方金融风险应急管理法制存在的问题

目前，我国已基本建成了较为完善的应对地方金融风险应急管理的相关法律法规，但较为重要的国家层面上的《地方金融监督管理条例》尚未正式出台，这也使地方政府应对金融突发事件做应急管理时没有这方面的权威指导，而且这也使得地方监管协调不充分。

2. 地方金融风险应急管理体制存在的问题

总体来看，虽然地方金融风险应急管理体制不断得到改进，但目前仍存在三大问题。

1）地方政府金融发展权与金融监管权错位

中央机构在向地方政府分权时，存在金融发展权与金融监管权错位的问题。因尚不具备与发展水平相适应的监管权，地方政府在充分发展地方金融的同时，容易导致地方金融风险的扩大。同时，各地政府部门和金融机构对自身权责认识模糊，如何切实发挥地方政府属地作用和金融机构主体作用，对基层各方面来说始终缺乏明确的定义、阐述和操作性强的方法路径[①]。

2）地方各责任机构间缺乏协调

地方金融风险处置机构众多，不同职能部门的管理模式也不同，多个处置主

---

① 乔海滨. 金融风险处置中有效发挥地方政府和金融机构作用的思考[J]. 北方金融，2021，28（7）：85-86.

体的责任存在交叉混乱的状况。各部门职责重点不同，进行金融监管的切入点和着力点也不一致。各部门间的协调仍处于遇事沟通的状态，缺乏整体职责规划以及具体的政策协调、信息共享机制，使得多个应急处置的责任主体间缺乏协调，严重制约了地方金融风险的处置效率。

3）现行监管体制同金融新业态发展之间存在矛盾

我国地方金融的混业经营趋势日益明显，各行业间的业务模式逐渐趋同，包括商业银行、消费金融公司在内的多数金融机构都在充分运用新兴技术，加快产品和服务创新，逐步延长其跨市场、跨行业的业务链。然而现行的监管模式却以分业监管为主，基层中央银行、金融监督管理局等监管部门仅对自己所属行业进行管辖，而无法实现对资金的全流程监测，极易出现跨市场、跨行业的地方金融突发事件，引发金融风险。

3. 地方金融风险应急管理机制存在的问题

1）防范与监测预警环节

现代的应急管理体系强调事前防范和监测预警，减小金融风险对地区造成的社会影响和经济损失，但目前仍有部分地区的金融风险事前防范和监测预警机制尚不完善，监测预警的全面性、系统性、专业性和时效性有所欠缺，且未形成日常化管理机制。

2）应急处置环节

虽然大部分地区金融突发事件的监测预警信息报送、应急预案启动较为及时，但当需要对金融突发事件进行跨部门、跨层级高效协调处理时，这种多部门、多层级之间的沟通协调能力仍需加强。在未建立新闻发言人制度的地区，相关部门与媒体沟通流程的规范化程度有待提升。在应急处置环节中，信息公开机制不完善。

3）善后处置与评估环节

这里特别关注涉众型金融风险事件存在的相关问题。为了尽量降低风险事件受害群众的损失，相关部门一般会较早介入风险事件，但由于一些涉众风险事件危害后果的发生往往相对滞后，这就会导致相关部门对其难以取证，以致公安部门很难界定其犯罪性质，给善后处置工作带来困难。

4. 地方金融风险应急预案存在的问题

目前，大部分省（自治区、直辖市）出台的地方金融风险应急预案已比较完善，但仍有部分省（自治区、直辖市）由于各种原因（如出台时间较早），已出台的地方金融风险应急预案仍有待修订和进一步完善，以使地方金融风险应急预案能够更好地应对金融突发事件。

6.4.3　政策建议

2019 年 1 月 21 日，习近平在省部级主要领导干部坚持底线思维着力防范化解重大风险专题研讨班开班式上指出"防范化解重大风险……既要高度警惕'黑天鹅'事件，也要防范'灰犀牛'事件；既要有防范风险的先手，也要有应对和化解风险挑战的高招"①。在应对地方金融风险应急处置方面，地方应在组织体系建设、事前防范、事中处置、事后评估四个层面做到科学应对。据此，本节提出了构建协调联动的组织体系、构建预防为主的地方金融突发事件事前防范机制、构建快速响应的地方金融突发事件事中处置机制、构建科学合理的地方金融突发事件事后评估机制四点政策建议，并提出了可行的政策实施步骤。

1. 构建协调联动的组织体系

构建协调联动的组织体系主要包含两个要点：一是推进地方金融监管立法工作，明晰地方金融应急管理的权责，从体制建设上保障地方金融监管机构有法可依、执法有力；二是科学组织和协调地方政府、中央金融管理部门地方派出机构和地方金融监督管理局三方资源和能力，建设纵横联动的协调机制。

1）推进地方金融监管立法

从必要性来看，虽然地方政府金融监管及应急处理主体责任自党的十八届三中全会后得到逐步强化，但我国在金融层面并未明确制定地方金融监管方面的行政法规，在立法上地方金融监管条例缺乏支撑。

党的十八届三中全会通过了《中共中央关于全面深化改革若干重大问题的决定》，提出落实金融监管改革措施和稳健标准，完善监管协调机制，界定中央和地方金融监管职责和风险处置责任②。随后，国务院出台《关于界定中央和地方金融监管职责和风险处置责任的意见》（国发〔2014〕30 号），进一步确定了金融分级监管，界定了中央和地方的金融监管职责，提出了完善中央和地方金融监管工作协调机制的总体要求。2017 年，习近平在全国金融工作会议上强调，"推进构建现代金融监管框架……地方政府要在坚持金融管理主要是中央事权的前提下，按照中央统一规则，强化属地风险处置责任"③。在此背景下，山东、河北、四川、天津、辽宁、上海、浙江、广西、内蒙古、江西、江苏、湖北、北京、贵州、吉

---

① 习近平在省部级主要领导干部坚持底线思维着力防范化解重大风险专题研讨班开班式上发表重要讲话[EB/OL]. http://www.gov.cn/xinwen/2019-01/21/content_5359898.htm[2019-01-21].

② 中共中央关于全面深化改革若干重大问题的决定[EB/OL]. http://cpc.people.com.cn/n/2013/1115/c64094-23559163-3.html[2013-11-15].

③ 全国金融工作会议在京召开[EB/OL]. http://www.gov.cn/xinwen/2017-07/15/content_5210774.htm[2017-07-15].

林等 15 个省（自治区、直辖市）政府率先出台了地方金融相关条例，其他省级政府地方监管条例也陆续出台。但是，目前我国地方政府的金融监管权力主要来源于一些行政法规、部门规章及出台的各个规范性文件，而在法律层面上并未得到授权。《中华人民共和国立法法》第十一条规定：基本经济制度以及财政、海关、金融和外贸的基本制度只能制定法律；第十二条规定：本法第十一条规定的事项尚未制定法律的，全国人民代表大会及其常务委员会有权作出决定，授权国务院可以根据实际需要，对其中的部分事项先制定行政法规，但是有关犯罪和刑罚、对公民政治权利的剥夺和限制人身自由的强制措施和处罚、司法制度等事项除外[①]。

从可行性来看，司法部会同中国人民银行、银保监会等部门起草《地方金融监督管理条例》，明确地方人民政府金融监管职责，促进地方金融组织规范发展是已经在进行中的[②]。

因此本节建议：在条例中明确中央和地方的金融监管权限及业务边界，避免出现监管重叠及监管空白；建立对地方金融监管的统一指导机制及管理措施，使地方金融监管始终跟随中央层面对金融系统的管控；规范地方金融秩序，统一地方监管规则及措施，防止监管套利；为中央和地方的金融监管协调提供前提和依据；由于各地各区域经济及金融发展不平衡，条例应赋予地方金融监管机构最大限度合理制定本地本区域的金融监管规章条例的权限；建立地方金融监管问责机制。

进一步地，基层中央银行的应急管理工作是有效应对突发事件，最大限度地减少或避免国家和人民财产安全遭受损失。基层中央银行以维护该地区金融稳定为主要职责，在日常工作中要建立有效的事前预警机制，及时了解掌握本地区各金融机构的经营风险状况。在突发事件发生时应通过金融调控等手段，将风险所产生的损失降至最低。地方金融监督管理局负责本区域"7+4"类机构和"两非"（非法集资和其他非法金融业务活动）领域的属地监管与风险处置，主要协调配合有关部门打击其他非法金融活动、出台地方防范化解重大金融风险的实施方案、应急预案等。尤其明确地方金融监督管理局负责本地非储蓄类准金融机构的行为监管，实现对影子银行体系监管的全覆盖。

2）加快地方金融监管纵横协调机制建设

2017 年 7 月，全国金融工作会议宣布设立金融委。2017 年 11 月，金融委挂牌成立。2020 年 1 月，《国务院金融稳定发展委员会办公室关于建立地方协调机制的意见》（金融委办发〔2020〕1 号）印发，将在各省（自治区、直辖市）建立金融委办公室地方协调机制，加强中央和地方在金融监管、风险处置、信息共享

---

① 中华人民共和国立法法[EB/OL]. http://www.npc.gov.cn/c2/kgfb/202303/t20230314_424438.html[2023-03-14].

② 仇兆燕. 司法部将会同人民银行、银保监会等起草《地方金融监督管理条例》[EB/OL]. http://www.cbimc. cn/content/2021-10/23/content_451859.html[2021-10-23].

和消费者权益保护等方面的协作①。2023 年，按照《党和国家机构改革方案》决定，组建中央金融委员会，负责金融稳定和发展的顶层设计、统筹协调、整体推进、督促落实，研究审议金融领域重大政策、重大问题等。

中央金融委员会的设立，为地方金融监管纵横协调机制提供了很好的顶层设计，但在实际运行中可以加强建设以下四个方面。

一是加强中央省级纵向协调机制建设。中国人民银行、国家金融监督管理总局、证监会等中央机构要加强对省级金融监管机构的指导和协调，在做好政策传达、建立信息共享机制方面要"两手抓"。

二是加强省市县纵向协调机制建设。目前中国人民银行在省、市二级均有派出机构，证监会一般在省级设立派出机构，地方金融监督管理局大都在省、市两级政府设立，基本满足上下级协调的需要，但在县域金融风险管理和应急处理协调上，稍显不足。鉴于不可能大幅增派监管从业人员到县域，因而加强对县域金融监管机构从业人员的业务培训和指导分外重要。

三是加强市域内的横向协调机制建设。建议在市域设立"领导小组"或"指导协调小组"（以下简称"协调小组"），办公室可设在市金融监督管理局，当省级地方政府金融工作议事协调机制和中央金融委员会办公室地方协调机制两种机制运行不畅或出现争议时，可以交由协调小组出面解决，在面临地方重大金融风险发生时，也可汇合两种协调机制的力量，加强化解力度。以全国首个地方金融监管执法类别城市温州市为例，"温州市地方金融监管工作小组"由市政府分管领导任组长，市政府联系工作副秘书长和市金融办主要负责人任副组长，市公检法、经济和信息化、国有资产监督管理、财政、商务、市场监督管理、金融办、人民银行、温州银保监分局（今国家金融监督管理总局温州监管分局）、武警温州支队等单位分管负责人为成员。协调小组的职责包括：启动、终止应急响应；统一领导、指挥突发事件的应急处置工作；确定应急处置过程中的具体职责及分工；分析、研判突发事件的有关信息，制定或调整应急措施；协调、指导有关金融机构和地方金融组织的重组、关闭和破产事宜等。

四是加强跨区域协调机制建设。目前，我国形成了很多区域性经济结构，如长三角、京津冀、粤港澳、成渝，地方金融机构提供的区域性金融服务也随之增加。跨区域监管协调变得越来越重要。在国的区域监管协调中，由于"一行一会一总局"的垂直管理特点及金融监管的宏观性，所以在区域的监管协调中"一行一会一总局"应担当重要角色，充分发挥应有作用。在国家层面出台《地方金融监督管理条例》之前，区域内应尽量建立起差异较小的地方金融监督管理条例。

---

① 我国将建立金融委办公室地方协调机制[EB/OL]. http://www.gov.cn/xinwen/2020-01/14/content_5469125.htm [2020-01-14].

在涉及港澳台地区的监管协调中，如粤港澳大湾区，要充分考虑内地和香港、澳门的金融制度的区别，制定合适的监管协调机制，维护金融稳定。建议以粤港澳大湾区或者长三角区域为试点，建立区域内的金融监管协调监管和议事机制，形成标准化的基础体制机制建设模式，并逐步在其他区域试推广，最终打破监管地域壁垒，由下至上畅通地方金融监管汇报、协调、处置事项。

2. 构建预防为主的地方金融突发事件事前防范机制

在从组织体系建设上保障地方金融监管和应急处理顺利实施以后，强化事前的风险评估和风险沟通、建立完善突发事件应急预案体系，也在一定范围内形成了地方金融应急管理事前防范的共识。除此之外，本节还提出，在发展地方金融监管科技、制定应对金融风险的应急管理财政预案、建立中小企业风险预警处置与决策示范应用（系统）三个方面做到未雨绸缪。

1）发展地方金融监管科技

从技术层面看，发展地方金融监管科技是应对技术冲击和提升金融监管力度的重要手段。加快建设以大数据监管平台为核心的底层基础设施，配置相应的智能化辅助系统，利用科技补齐金融监管目前存在的不足、提升地方金融监管应对风险的能力是重要的一环。

监管科技一般可以分为两个互补系统：运用于监管端的监管科技系统和用于机构端的合规科技系统。这里主要指运用于监管端的监管科技系统。好的监管科技不仅可以更好地实现审慎监管，监管宏微观层面的不端行为，还能激发各类金融机构主动地去接受并利用信息和数据。监管端系统主要做到：金融风险识别和监管预警，如建立重大问题、敏感问题的定性、定量预警监测指标体系；信息披露，如适时向社会提示金融风险信息。

据此本节提出以下建议。一是加快建设地方金融监管基础设施，包括地方金融信息收集和发布综合平台、地方金融风险识别预警系统、法律与会计等配套金融制度基础设施等。在地方金融风险识别预警系统的建设中，要做到全天候对跨行业、跨市场的金融行为或存疑数据实现甄别、筛查、预警，从而更好地辅助开展现场专项检查。同时，也要注重数据采集和调用过程中的数据隐私和数据保密。二是加强对监管科技行业的顶层设计，推动监管科技标准制定。在行业政策方面，可通过发布优惠政策扶持监管科技产业健康、稳步发展。在监管标准方面，可建立科学的行业监管标准体系；在监管科技公司准入标准方面，可制定相应的标准规范，建立监管科技公司"红绿灯"。

2）制定应对金融风险的应急管理财政预案

当地方金融机构面临支付困难并对本地经济发展和社会稳定造成较大影响时，地方财政部门应及时参与其中并提供合规应对资金。本节建议，可依据或参考《中华人民共和国突发事件应对法》《中华人民共和国预算法》《国家金融突发事件应急预案》[①]等法律法规，制定地方财政应对金融突发事件的应急预案。

在制定应急预案时应特别关注以下两个方面。第一，坚持预防为主的原则做好事前监督和指导。地方财政部门要指导、督促地方金融机构建立健全财务风险控制体系，如监测机构财务行为合规、应急准备金计提等情况。同时保障一定的金融突发事件演练、宣传等工作所需的相关费用，设立防范和化解地方金融风险准备金。第二，全面履行地方财政部门在应对金融突发事件中的职责。包括但不限于，积极参与评估地方金融突发事件的风险程度，并对地方金融机构、相关企业、相关个人的救助方式提出建议；对救助所需差额资金的筹集方式给出建议，当需要上级财政部门出资救助时，经地方政府同意后报请上级财政部门按相关程序办理；及时划拨救助资金，并对资金的使用情况进行跟踪、监督。

其中，防范和化解地方金融风险准备金可来自各级财政部门本级财政支出预算的某一比例。对于超收的财政收入，经地方政府审批同意后，按某一比例增加到风险准备金中。在风险准备金全过程使用的规范性监管上，地方财政部门要对相关金融机构及下级政府提交的资金申请报告给予高效严格的审核，包括本级政府有效担保的内外债等，确保财政资金在应对金融突发事件时及时到位。

3）建立中小企业风险预警处置与决策示范应用（系统）

中小企业在地方经济活力下降、人口老龄化、新冠疫情、中美博弈等新增冲击下生存困难加大。2022 年 4 月 7 日，时任国务院总理李克强在经济形势专家和企业家座谈会上指出，"市场主体是稳定经济基本盘的重要基础。当前一些市场主体特别是中小微企业、个体工商户困难多、压力大，必须着力帮扶他们渡过难关。政策举措要靠前发力、适时加力，已出台的要尽快落实到位，明确拟推出的尽量提前，同时研究准备新的预案"[②]。据此，本节建议对中小企业建立风险预警处置与决策示范应用（系统），事前防范实体经济风险传导至金融体系。

中小企业风险预警处置与决策示范应用（系统）可包括以下功能。一是监测功能，系统判别原有经济条件下生产计划和实际生产产量的偏差，超出预设监测区间后响应。二是预报功能，系统识别关键风险因子异常后报告生产和管理人员，并自动实施一定程度的风险缓释措施。三是诊断功能，系统提取和分析风险因子异常的原因。四是矫正功能，包括系统自我矫正和人工干预矫正。五是免疫功能，类似于记忆和 Excel 中的"宏"，若再次出现类似风险，可自动调用相应"宏"或者"模块"功能处理，减少人工干预成本。

---

① 国家金融突发事件应急预案[EB/OL]. https://www.gov.cn/yjgl/2005-08/08/content_21276.htm[2005-08-08].

② 李克强主持召开经济形势专家和企业家座谈会[EB/OL]. https://www.gov.cn/xinwen/2022-04/08/content_5684183.htm[2021-07-13].

进一步地，系统可开发风险识别、风险评估、风险预警、风险排除四个子系统。风险识别系统选取并量化风险因子，建立风险指标体系。风险指标主要分为两类，一类是经济环境、政策影响、行业因素、地区差异等定性定量指标，另一类是企业自身的组织架构完整度、技术成熟度、关键性能参数、资产负债率、销售利润率等定性定量指标。风险评估系统则根据设定的风险指标区间范围来评估企业是否面临运营风险，当某项指标超出预设区间，系统会将其评估为可能存在"风险"的状态。要注意，根据不同行业、地区中小企业的特点，在速冻比率、现金覆盖短债率、存货周转比例、利润率等财务指标上要设立不同的运行区间，具体可参考同行业的整体情况（如行业总体或平均水平）、企业的历史情况（如企业自身历史的指标值）等。风险预警系统对评估为"风险"的状态报警，同时开启处理机制、风险记录及事后监测。风险排除系统对预警的事件进行科学分析，并给出解决企业风险事件的措施。

综上，中小企业风险预警处置与决策示范应用（系统）能够及时采集和归纳企业综合数据，形成完善的数据收集、存储、统计、分析和查询模块，为公司管理提供科学决策依据。同时对角色调用数据和自动汇报功能赋权，将极大改进企业信息汇报效率。还可促进中小企业逐步建立现代企业制度、加强技术创新能力等。如今，众多 SaaS 提供商为这一处置决策系统或者平台搭建提供了可实现的路径。

3. 构建快速响应的地方金融突发事件事中处置机制

事中处置主要包含三个方面：一是根据突发事件的性质、严重程度、可控性和影响范围等判断金融突发事件等级；二是根据事件等级执行应急管理的各类主体执行不同程度的应急响应任务，确保应急处置工作措施得到精准落实；三是提高突发事件应急管理信息报告和发布工作的质量。

1）做好地方金融突发事件分类

参考多地金融突发公共事件应急预案，本节建议将金融突发公共事件大致分为以下三级。以一座城市为例，有下列情况之一的为一级事件：具有全市影响的突发事件；已出现或将要出现连锁反应、需要各有关行业主管部门协同处置的突发金融事件；国内或省内出现的影响市内金融安全的突发事件；其他需要按一级事件来处置的突发事件。有下列情况之一的为二级事件：对多个县（市、区）、功能区或多个金融行业产生影响，但未造成本市全市范围内影响的突发事件；需进行跨县（市、区）或跨部门协调的突发事件；其他需要按二级事件来处置的突发事件。有下列情况之一的为三级事件：所涉及县（市、区）、功能区能独立应对，不需跨县（市、区）协调的突发事件；所涉及监管部门能独立应对，不需要进行跨部门协调的突发事件；其他需要按三级事件来处置的突发事件。

2）做好地方金融突发事件应急响应

需要注意的是，应急金融管理和常规金融风险管理有所不同，要遵循的原则也不同。一是相较于常规金融，应急金融管理应遵循"效率"优先的原则，有时候可能效率远远大于效益。二是应急金融的评估依据不同，以及银行批准释放的专项贷款资金的用途、规模不同。三是应急金融的机制流程不同，有时候要允许先行的应急管理措施到位，必要的流程、手续可事后补办。四是风险偏好不同，"两害相权取其轻"，参与机构要考虑更多的是社会风险，而非自身损失①。

根据上文提到的三级分类，本节提出对应的三级响应措施。一级响应，由协调小组启动预案，采取应对措施进行处置。协调小组可组建不同功能类别的小组，如专家组、信息组、治安组、处置组、法律组等，召开集体会议研判突发事件的性质和成因并提出处置方案。同时根据事态的发展，适时启动相应的群体性突发事件应急预案，开展处置工作。二级响应，由事件所涉及的各相关县（市、区）政府、功能区管理委员会、有关成员单位启动预案，协商采取应对措施进行处置。经协商不能达成一致意见的，由相关县（市、区）政府、功能区管理委员会和市级相关部门报请协调小组进行协调。三级响应，由事件所涉及的县（市、区）政府、功能区管理委员会和成员单位启动预案，采取应对措施进行处置。当突发事件的等级随着时间的推移上升至上一级时，按上一级响应程序处置。

3）确保地方金融突发事件应急信息高质量报送和发布

各级金融监管部门、人民银行、金融机构、地方金融组织及其负责人、工作人员为突发事件的报告责任单位和责任人。任何单位和个人发现问题不得瞒报、迟报、谎报。突发事件发生后，责任单位应立即，建议最迟不超过2小时，向同级金融监管部门报告，特别重大和重大突发事件发生后，市职能部门或机构建议最迟不超过4小时上报市协调小组，市协调小组办公室在保密原则下与有关部门进行信息共享。上报内容主要包括：时间、地点、涉事机构名称、事件起因、性质、等级、影响范围、涉及人数、涉及金额以及社会稳定情况；事态发展趋势、可能造成的损失；已采取的应对措施及拟采取措施；其他与本事件有关的重要信息。信息发布部门协助拟定处置金融突发事件的宣传口径，加强舆论引导及应对，防止恐慌情绪蔓延。

4. 构建科学合理的地方金融突发事件事后评估机制

突发事件事后评估机制是在地方金融风险处置完成后，对突发事件及应对措施进行事后评估，以此总结经验教训，改进工作中的不足。通过构建科学合理的

---

① 要重视"应急金融"实践与研究[EB/OL]. http://www.zs.gov.cn/zsjrj/gkmlpt/content/1/1830/post_1830620.html#1348[2020-08-10].

事后评估机制，可以加快总结经验教训，促进政策措施优化，防止类似教训重复发生。本节提出了地方金融突发事件事后评估的五点建议。

1）建立地方金融突发事件事后评估规范

科学分析地方金融突发事件的诱因、传播路径、处置方式、应急资金使用等信息，对应急处置的速度、效果进行评估，如对突发事件造成的直接损失和间接损失进行评估等。在这一过程中，形成风险应对中的现场记录工作制度，研究形成法定评估、技术评估、第三方评估等多种形式的事后评估体系，以促进事后评估工作规范和体系建立。

2）建立完善考评问责机制

地方金融风险事件发生后，地方金融监督管理局应会同基层中央银行对突发事件的相关责任人按照权责对等的原则进行问责，进一步推动地方金融应急处置中责任清单细化，构建清晰明确的责任体系。建议合理设计问责依据、范围和程序，对参与处置工作表现突出的人员，有关单位可按有关规定给予表彰和奖励；对参与处置工作办事不力、扯皮推诿，造成严重后果的人员，依法追究其责任。

3）开发地方金融突发事件案例库

在符合通信和信息共享的保密规定范围内，开发地方金融突发事件案例库。案例库不仅包含地方金融突发事件发生的数据，还上传有相应的文字记录，包括事件背景、风险形成和传导分析、参与人员的分析报告和总结思考等内容，方便地区间应急管理部门和人员的沟通交流、经验学习。可考虑将这一事后评估信息共享系统纳入地方政府、地方监管机构信息化建设的规划或者轨道。

4）建立不良资产联动处理机制、丰富不良资产处理主体

地方政府落实责任到机构和人，明确金融突发事件后不良资产处置的工作内容和最终目标。对管辖范围内金融机构的不良资产进行清单式管理，支持金融机构自适应地制订消化和处置不良资产的方案。积极协调司法机关等相关部门，建立处置不良资产的公共信息平台和联动处理机制，包括发布不良资产处置信息、促进不良资产交易、提供融资服务的综合平台等。地方资产管理公司做好不良资产处置项目对接工作，同时也要发挥主观能动性，灵活运用多种科学手段化解和盘活资产。积极打造不良资产跨境转让试验区，充分发挥国有企业领头作用，使国有企业积极参与到处置不良资产的进程中，通过招商引资等方式加快不良资产处置。设立特殊授权的不良资产专业处置公司，以分级基金、过桥基金等多种形式提供支持，提高不良资产处置效率。

5）进一步完善地方金融风险管理措施

针对处置过程中暴露出的问题，有关单位可进一步提出修改完善金融应急管理、风险监测及预警指标体系建设等方面的意见。同时加强地方金融突发事件后

的执法环境建设，包括但不限于：关注金融涉讼案件，切实提高金融案件的结案率以及债权的执行率；协调组织法院和公安部等相关部门严厉打击逃废债行为，逐步解决法院执行标的执行难的问题；制定抵押资产处置收费标准，做到收费合理，杜绝以此盈利获取非法所得；减少地方保护主义，坚决维护司法公正，让政府权力助力地方经济前行。